Vahlens Handbücher
der Wirtschafts- und Sozialwissenschaften

Unternehmensbewertung

von

Dr. Jochen Drukarczyk

Professor für Betriebswirtschaftslehre
an der Universität Regensburg

unter Mitarbeit von

Dr. Bernhard Schwetzler

Professor für Betriebswirtschaftslehre
an der Handelshochschule Leipzig

2., überarbeitete und erweiterte Auflage

Verlag Franz Vahlen München

Die Deutsche Bibliothek – CIP-Einheitsaufnahme

Drukarczyk, Jochen:
Unternehmensbewertung / von Jochen Drukarczyk. Unter Mitarb. von Bernhard Schwetzler. – 2. Aufl. – München : Vahlen, 1998
ISBN 3-8006-2246-7

ISBN 3 8006 2246 7

Satz: DTP-Vorlagen des Autors
Druck und Bindung: Schätzl-Druck, Donauwörth
Gedruckt auf säurefreiem, alterungsbeständigem Papier
(hergestellt aus chlorfrei gebleichtem Zellstoff)

Vorwort zur ersten Auflage

Dieses Buch ist konzipiert für Studierende der Betriebs- und Volkswirtschaftslehre, für Studierende der Rechtswissenschaften, die die ökonomischen Grundlagen für Unternehmensbewertungen erarbeiten wollen, und für Wirtschaftsprüfer, Steuerberater, Unternehmensberater, Investmentbanker und andere mit dem Kauf bzw. Verkauf von Unternehmen (Unternehmensteilen) betraute Praktiker. Es behandelt die Grundlagen des Bewertungsproblems in den einführenden Kapiteln 2, 3 und 4 und die Discounted Cash-flow-Methoden sowie die Ertragswert-Methode in Kapitel 5, das den Kern des Buches darstellt. Die Bewertung von Verlustvorträgen und die Bewertung in einer Welt mit Geldentwertung werden in Kapitel 6 diskutiert.

Bücher kommen nie ohne Unterstützung Dritter zustande. Zu diesen zählen einmal die Autoren, die durch ihre Arbeiten den Boden für das eigene Produkt bereitet haben. Zu ihnen gehören dann die Personen, die an der Entstehung des Buches aktiv mitwirkten: An erster Stelle nenne ich hier meinen langjährigen Mitarbeiter Bernhard Schwetzler, der - heute selbst Lehrstuhlinhaber - insbesondere an der Entwicklung von Kapitel 4, der Darstellung der Ertragswert-Methode sowie der Behandlung des Zusammenhangs zwischen Preissteigerungen und Bewertung intensiv gearbeitet hat. Dann möchte ich meine Mitarbeiter Ron Davidson, Dirk Honold und Andreas Schüler nennen, die die umfangreichen Korrekturarbeiten unter Zeitdruck übernahmen. Ihnen allen danke ich sehr. Verbleibende Fehler gehen natürlich allein zu meinen Lasten.

Besonders bedanken möchte ich mich bei Ulrike Zimmer. Sie hat - zunächst als studentische Hilfskraft - mehrere Fassungen von großformatigen und dennoch schwer lesbaren Manuskripten in Texte mit makelloser Formatierung übertragen. Und sie hat - dann bereits mit Diplom versehen - die vorliegende Endfassung erstellt.

Schließlich danke ich meiner Familie, die die Opportunitätskosten zu tragen hatte. Ihr ist deshalb dieses Buch gewidmet.

Regensburg, im August 1996 Jochen Drukarczyk

Vorwort zur zweiten Auflage

Die erste Auflage hat eine sehr gute Aufnahme auf dem Markt gefunden. Diese zweite Auflage bringt einige Veränderungen. Neben der Beseitigung von Fehlern und Ungenauigkeiten betreffen diese vorrangig das 5. und das 6. Kapitel: Die Diskussion der Entity-Methode wurde erweitert um das Problem der Bewertung der durch die Kapitalstruktur ausgelösten steuerlichen Vorteile; der Einsatz periodenspezifischer durchschnittlicher Kapitalkostensätze (WACC) wird diskutiert. In Kapitel 6 wurden die Überlegungen zur Bewertung von Verlustvorträgen erweitert und ein Abschnitt zur Rolle von sonstigen Rückstellungen im Rahmen der Bewertung eingefügt.

Von Studierenden habe ich zahlreiche Hinweise und Anregungen erhalten. Dafür bedanke ich mich. Hervorheben möchte ich insbesondere die Anregungen von Sebastian Lobe und Gerald Oberpriller.

Meine Mitarbeiter Ron Davidson, Dirk Honold und Dr. Andreas Schüler haben den Text, Aufgaben und Lösungen kritisch gelesen und mit mir besprochen. Auch bei ihnen bedanke ich mich. Dennoch verbleibende Irrtümer im Text gehen natürlich zu meinen Lasten.

Schließlich gilt mein Dank Marina Schuster. Sie hat es übernommen, die Manuskripte in eine für den Druck akzeptable Form zu bringen und hat dies mit viel Übersicht und Schnelligkeit in einwandfreier Form besorgt.

Regensburg, 30. Dezember 1997 Jochen Drukarczyk

Inhaltsverzeichnis

Verzeichnis der Abbildungen

Verzeichnis der Tabellen

Verzeichnis der Übungsaufgaben

i	Fremdkapitalzinssatz bzw. risikoloser Anlagezinssatz
i_r	realer Zinssatz
i_s	Fremdkapitalzinssatz nach Steuern
JÜ	Jahresüberschuß
k	geforderte Rendite der Eigentümer bei ausschließlicher Eigenfinanzierung
k^F	geforderte Rendite der Eigentümer bei Mischfinanzierung
k_s	Eigenkapitalkostensatz nach Steuern
$KöSt^A$	Körperschaftsteuerzahlung für Ausschüttung
$KöSt^T$	Körperschaftsteuerzahlung für Thesaurierung
L^*	(geplanter) Verschuldungsgrad
LB_t	Lagerbestand der Periode t
LR_t	Leasingrate der Periode t
n	Nutzungsdauer
NE_t	Nettoeinzahlung der Periode t
NKW	Nettokapitalwert
p_j	Eintrittswahrscheinlichkeit für den Zustand j
PR_t	Pensionsrückstellungen der Periode t
r	Rendite
R_t	Rentenzahlung der Periode t
RA_t	Risikoabschlag der Periode t
RBW	Restbuchwert
RBV	Rohbetriebsvermögen
Rl_t	Rücklagen der Periode t
RS_t	Rückstellungen der Periode t
S_t	Sicherheitsäquivalent der Periode t
S_{GE}	Gewerbeertragsteuerzahlung
S_{GK}	Gewerbekapitalsteuerzahlung
S_K	Körperschaftsteuerzahlung
S_V	Vermögensteuerzahlung
s_I	Einkommensteuersatz
s_K	Körperschaftsteuersatz

Verzeichnis häufig benutzter Symbole

Ab_t	Abschreibung der Periode t
AR_t	Auflösung von Rückstellungen der Periode t bei Wegfall des Rückstellungsgrundes
α	durch Fremdkapital bedingter Steuervorteil
BA_t	Betriebliche Aufwendungen der Periode t
BKW	Bruttokapitalwert
β^F	Beta-Wert eines auch fremdfinanzierten Unternehmens
β^u	Beta-Wert eines nur eigenfinanzierten Unternehmens
CF_t	Cash-flow der Periode t
D_t	Ausschüttung der Periode t
E, E^F	Eigenkapital, Wert
EA_t	Erhaltene Anzahlungen der Periode t
EBK_t	Erforderliches Betriebskapital der Periode t
EK	Eigenkapital, Betrag (Buchwert)
EKR	Eigenkapitalrentabilität
$E[N\tilde{E}]$	Erwartungswert der Nettoeinzahlungen
$E[\tilde{r}_M]$	erwartete Rendite des Marktportefeuilles
$E[u(NE_j)]$	Erwartungsnutzen unsicherer Nettoeinzahlungen
$E[\tilde{X}]$	Erwartungswert von Überschüssen $(=\overline{X})$
F	Fremdkapital, Wert
FK	Fremdkapital, Betrag (Buchwert)
$FLEI_t$	Forderungen aus Lieferungen und Leistungen der Periode t
GKR	Gesamtkapitalrentabilität
GvS	Gewinn vor Steuern
g	Preissteigerungsrate
IR_t	Inanspruchnahme des Unternehmens aus Rückstellungsgrund in Periode t
I_t	Investitionsauszahlungen der Periode t

s_K^A	Körperschaftsteuersatz für Ausschüttung
s_K^T	Körperschaftsteuersatz für Thesaurierung
s_{GE}	Gewerbeertragsteuersatz
s_{GK}	Gewerbekapitalsteuersatz
s_V	Vermögensteuersatz
t	Periode t
T_t	Tilgung der Periode t
UE_t	Umsatzerlöse der Periode t
V^E	Unternehmenswert bei reiner Eigenfinanzierung
V^{ESt}	Einkommensteuereffekt
V^F	Unternehmens(gesamt)wert bei anteiliger Fremdfinanzierung
V^{USt}	Unternehmenssteuereffekt
$VLEI_t$	Verbindlichkeiten aus Lieferung und Leistung der Periode t
WACC	durchschnittlicher gewogener Kapitalkostensatz (= weighted average cost of capital)
z^*	Risikozuschlag im einperiodigen Fall
z	Risikozuschlag im mehrperiodigen Fall
ZPR_t	Zuführung zu Pensionsrückstellungen

1. Kapitel: Einführung

Es fehlt nicht an Aufsätzen und Büchern zu Problemen der Bewertung von Unternehmen und Beteiligungen. Dieser Problembereich scheint zu den Dauerbrennern der Betriebswirtschaftslehre zu zählen. In den letzten Jahren hat dieses Gebiet - zum wiederholten Male - eine überraschende Aktualität erfahren. Hierfür lassen sich mehrere Gründe nennen. Die Diskussion um eine verstärkt an Eigentümerinteressen zu orientierende Investitions-, Finanzierungs- und Ausschüttungspolitik von Aktiengesellschaften hat der Diskussion um die Bestimmungsfaktoren von Unternehmenswerten und um die Umsetzung von Strategien zur Steigerung von Unternehmenswerten neue, starke Impulse gegeben. Dies wird unterstrichen durch die zahlreichen Dissertationen und Beiträge, sowie die von Unternehmensberatungsgesellschaften herausgegebenen Bücher, die die Ausrichtung von unternehmerischen Strategien an der Maximierung des Unternehmenswertes unter dem Stichwort Value-Based-Management sehr nachdrücklich empfehlen.[1] Man kann antizipieren, daß sich neue Ansätze der wertorientierten Steuerung und der Performance-Messung, also der Erfolgsdefinition und Kontrolle der Periodenleistung von Unternehmen, verstärkt den theoretischen Ansätzen zuwenden werden, die auch für die Bewertung von Unternehmen benötigt werden. Diese Entwicklungen werden dafür sorgen, daß die Diskussion um moderne Ansätze zur Bewertung von Unternehmen ihre Aktualität behalten werden.

An zweiter Stelle ist auf die hohe Zahl an Transaktionen zu verweisen, bei denen der Übergang von Eigentumsrechten an Unternehmen Verhandlungs- und Vertragsgegenstand sind und auf die empirischen Untersuchungen, die belegen, daß der Anteil der Transaktionen, in denen für die Übernahme der Eigentumsrechte deutlich zu hohe Preise gezahlt werden, erheblich ist.[2] Die Suche nach den Ursachen von Fehlkäufen bzw. überzogenen Preiszugeständnissen ist wichtig. Mögliche Antworten

---

1 Vgl. etwa Rappaport, A. (1986), (1995); Copeland, T./Koller, T./Murrin, J., (1994); Lewis, T. G. (1995); Richter, F. (1996).

2 Vgl. etwa Porter, M. (1987); Coopers and Lybrand (1994).

sind: Synergien werden überschätzt, das Management der erwerbenden Gesellschaft überschätzt die eigenen Fähigkeiten, in noch unbekannten Geschäftsfeldern erfolgreich sein zu können, es werden fehlerhafte Bewertungsmethoden eingesetzt bzw. Bewertungsmethoden fehlerhaft angewendet. Die beiden letztgenannten Aspekte beleben das Interesse an methodischen Fragen der Unternehmensbewertung: Was sind gute und was sind weniger gute Ansätze zur Bewertung von Unternehmen?

Im deutschen Sprachraum ist die Diskussion um Fragen der Unternehmensbewertung durch besondere Umstände belebt. Die Bewertungsmethode, die man in Deutschland als noch vorherrschend[3] bezeichnen kann, die Ertragswert-Methode, stößt auf die im angelsächsischen Raum entwickelten und dort vorherrschenden und von Investmentbankern, Unternehmensberatern, Spezialisten für Mergers and Acquisitions auf den Kontinent übertragenen sog. Discounted-Cash-flow-Methoden und es scheint so, als gäbe es Zweifel an einer Kompatibilität beider Ansätze. Auf jeden Fall gibt es Verständigungsschwierigkeiten zwischen denjenigen, die Ertragswert-Methode bzw. DCF-Methoden praktizieren. Zieht man sich auf die Ertragswert-Methode zurück, stellt man bald fest, daß die Verlautbarungen des Instituts der Wirtschaftsprüfer nicht zur Lösung aller klärungsbedürftigen Fragen beitragen und gelegentlich Lösungshinweise anbieten, die einer kritischen Analyse nicht standhalten. Eine Kritik dieser Empfehlungen für eine zweckkonforme Bewertung ist nicht in erster Linie Kritik des mit dem Begriff „Ertragswert-Methode" belegten Bewertungskalküls, sondern Kritik an Teilen der Handhabungsempfehlungen.

Dieses Buch behandelt die Methoden der Unternehmensbewertung, die Anspruch auf theoretische Fundierung erheben. Es stellt die wichtigsten Spielarten der DCF-Methoden vor: die Entity-Methode (WACC-Version), die Equity-Methode sowie den interessanten und leistungsfähigen, wenn auch bislang wenig beachteten APV-Ansatz. Es folgt die Diskussion der Ertragswert-Methode.

Das Buch wendet sich an Studierende der Betriebswirtschaftslehre, an Wirtschaftsprüfer, Steuerberater, Unternehmensberater, Investmentbanker, Juristen, mit Bewertungsfragen befaßte Richter und andere mit dem Erwerb und Verkauf von Unternehmen (Geschäftsbereichen) betraute

---

[3] Peemöller, V.H./Bömelburg, P./Denkmann, A. (1994); Peemöller, V.H./Meyer-Pries, L. (1995).

Praktiker. Für den so definierten Adressatenkreis muß der Text theoretisch fundiert und praktisch zugleich sein. Dieser Spagat ist nicht einfach zu vollziehen. Wir haben einen behutsamen Einstieg in das Problem gewählt. Unternehmensbewertung ist auch Anwendung der Prinzipien der Investitions- und Finanzierungstheorie. Das Buch beginnt deshalb mit einer Einführung in die Kernsätze der Investitionsrechnung. Diese werden um die im Rahmen der Unternehmensbewertung bedeutsamen steuerlichen Regelungen ergänzt. Kapitel 4 führt in die Bewertung von Zahlungsströmen bei Unsicherheit ein und verdeutlicht die im Rahmen von Bewertungskalkülen erforderlichen bzw. verbreiteten Vereinfachungen.

Dieser behutsame Einstieg in das Problem bedarf einer Begründung. Wären ausschließlich Studenten der Betriebswirtschaftslehre im Hauptstudium die Adressaten des Buches, hätte man einen wesentlich kompakteren Einstieg wählen können, der sich auf die zentralen Teile der Kapitel 3 und 4, also die Erläuterung des deutschen Steuersystems und verschiedene Vorgehensweisen zur Bewertung mehrperiodiger unsicherer Erfolgsströme hätte beschränken können. Bei manchen Lesern liegt die fachliche Ausbildung geraume Zeit zurück. Wer nicht regelmäßig mit Bewertungsproblemen zu tun hat, dem ist z.B. die praktische Umsetzung von steuerlichen Vorschriften in ein nachvollziehbares Kalkül nicht geläufig. Aus diesem Grund werden in den einführenden Kapiteln grundlegende Konzepte erläutert. Zugleich sollen die Übungsaufgaben zur eigenen Anwendung einladen. Wir stellen uns den idealen Leser so vor, daß er spätestens dann, wenn ihm nicht vertraute Prinzipien und Lösungsmöglichkeiten präsentiert werden, zu Bleistift und Taschenrechner greift, um die Beispiele im Text nachzurechnen bzw. die nicht immer einfachen Übungsaufgaben zu lösen. Der Nutzen des Buches erschließt sich demjenigen am schnellsten, der intensiv (nach)rechnet.

Der Leser, der die erforderlichen Grundlagen beherrscht, kann die Lektüre unmittelbar mit Kapitel 5 beginnen. Es macht den Kern des Buches aus. Es stellt einleitend Bewertungsanlässe und Wertkonzeptionen vor. Dann werden die beiden zu unterscheidenden Ansätze der Herleitung von Grenzpreisen vorgestellt: die individualistische Variante, die auf die individuelle Risikoeinstellung des Investors zurückgreift und die Variante, die mit marktmäßig objektivierten risikoäquivalenten Diskontierungssätzen arbeitet. Der erste Ansatz wird üblicherweise mit der Ertragswert-Methode gleichgesetzt. Die Vertreter der DCF-Methoden greifen in aller Regel auf marktmäßig objektivierte risikoäquivalente

Diskontierungssätze zurück. Abschnitt IV. des 5. Kapitels behandelt die wichtige Frage, wie entziehbare Überschüsse im Rahmen der Unternehmensbewertung unter Beachtung steuerlicher Regelungen, der Reinvestitionserfordernisse und gesellschaftsrechtlicher Entzugssperren zu definieren sind. Abschnitt V. behandelt den in der deutschen Bewertungsdiskussion fast vollständig ausgeblendeten Einfluß der Kapitalstruktur des Unternehmens auf Kapitalkosten und Bewertungsergebnis. Dieser Abschnitt dient der Vorbereitung für die dann folgende Darstellung der Discounted-Cash-flow-(DCF)-Methoden. Drei Unterarten der DCF-Methoden werden unterschieden: Equity-, Entity- und APV-Methode. Die größte Akzeptanz in Deutschland scheint die Entity-Methode zu finden. Dies ist auf den angelsächsischen Einfluß und die Präferenz der US-amerikanischen Literatur, Investmentbanken und Unternehmensberater für die sog. WACC-Version[4] zurückzuführen. Die Anwendungsvoraussetzungen für diesen Ansatz sind jedoch sehr eng, weshalb in diesem Buch für die flexiblere und transparentere APV-Methode plädiert wird.

In Abschnitt VII. wird die Ertragswert-Methode dargestellt. Bei richtiger Handhabung kann diese Methode mit Erfolg genutzt werden. Doch sollte die Ertragswert-Methode einige Anleihen bei den DCF-Methoden bzw. den den Hintergrund dieser Methoden bildenden theoretischen Grundprinzipien machen: Die theoretische Basierung von Risikoprämien auf individuellen Risikonutzenfunktionen, die in der Literatur empfohlen wird, dürfte sich praktisch kaum umsetzen lassen. Wird der Kalkül für einen Investor (z. B. Käufer) entwickelt, stellt sich das Problem der empirischen Ermittlung der passenden Risikonutzenfunktion und deren Stabilität im Zeitablauf. Ist der Bewertungskalkül für mehrere Investoren zu entwickeln, resultieren handfeste Probleme, weil die Riskonutzenfunktionen der Investoren nur zufällig identisch sein werden. Pragmatische Vereinfachungen, die in der Literatur vorgeschlagen werden, haben noch nicht den Reifegrad, der für eine breite Akzeptanz notwendig ist. Folglich stehen die Vertreter der Ertragswert-Methode vor dem Erfordernis, Risikoprämien im Diskontierungssatz überzeugend begründen zu müssen. Auch ist die in der Literatur empfohlene und in der Praxis gehandhabte Behandlung steuerlicher Vorschriften im Rahmen der Ertragswert-Methode nicht generell befriedigend; hier bahnt sich indessen Fortschritt an. Schließlich werden die Einflüsse der Kapitalstruktur der Unterneh-

---

4 WACC ≡ weighted average cost of capital.

men auf den Wert des Eigenkapitals im Rahmen der Ertragswert-Methode zu Unrecht vernachlässigt.

Kapitel 6 behandelt ausgewählte Teilaspekte, die im Rahmen von Unternehmensbewertungen häufig von Bedeutung sind: die Bewertung von Verlustvorträgen, den Einfluß der Geldentwertung und die Bedeutung von sonstigen Rückstellungen.

Literaturhinweise

Coopers and Lybrand, (1994): Corporate Finance, Survey of Critical Valuation Issues in Mergers and Acquisitions.

Copeland, T./Koller, T./Murrin, J. (1994): Valuation, Measuring and Managing the Value of Companies, 2. A., New York.

IDW, Stellungnahme HFA 2/1983 (1983): Grundsätze zur Durchführung von Unternehmensbewertungen. In: Die Wirtschaftsprüfung, 36. Jg., S. 468-480.

Lewis, T. G. (1995): Steigerung des Unternehmenswertes, 2. A., Landsberg.

Peemöller, V.H./Bömelburg, P./Denkmann, A. (1994): Unternehmensbewertung in Deutschland - Eine empirische Erhebung. In: Wpg, 47. Jg., S. 741-749.

Peemöller, V.H./Meyer-Pries, L. (1995): Unternehmensbewertung in Deutschland - Ergebnisse einer Umfrage bei dem steuerberatenden Berufsstand. In: Deutsches Steuerrecht, 33. Jg., S. 1202-1208.

Pellens, B./Rockholtz, C./Stienemann, M. (1997): Marktwertorientiertes Konzerncontrolling in Deutschland. In: Der Betrieb, 50. Jg., S. 1933-1939.

Porter, M.E. (1987): From Competitive Advantage to Corporate Stategy. In: Harvard Business Review, Vol. 65, S. 43-89.

Rappaport, A. (1986): Creating Shareholder Value - The New Standard for Business Performance, New York, London.

Rappaport, A. (1995): Shareholder Value - Wertsteigerung als Maßstab für die Unternehmensführung, Stuttgart.

Richter, F. (1996): Konzeption eines marktwertorientierten Steuerungs- und Monitoringsystems. In: Regensburger Beiträge zur betriebswirtschaftlichen Forschung, Bd. 12, Frankfurt am Main.

WP-Handbuch (1992): 10. A., Bd. II., Düsseldorf.

2. Kapitel: Investitionsentscheidung bei Sicherheit

I. Vielfalt an Methoden

Empirische Untersuchungen über die von großen Unternehmen in Deutschland, Österreich und der Schweiz benutzten Methoden zur Bestimmung der Vorteilhaftigkeit von Investitionsprojekten belegen eine erstaunliche Methodenvielfalt. Eine Untersuchung von Grabbe aus dem Jahr 1976 zeigt, daß die befragten 169 Unternehmen unterschiedliche Methoden benutzen und i.d.R. auch mehrere Methoden nebeneinander einsetzen.

Methode	Zahl der Unternehmen	in % von 169
1. Pay-back- oder Amortisationsmethode		
– statische Pay-back-Methode	120	71,0
– dynamische Pay-back-Methode	15	8,9
2. Interne-Zinsfuß-Methode	67	39,6
3. Bilanzielle Renditen (ROI)	49	29,0
4. Kostenvergleichs-Methode	40	23,7
5. Kapitalwert-Methode	33	19,5
6. keine Methode	13	7,7

Tabelle 1: Verwendete Methoden der Investitionsrechnung: Ergebnisse der Untersuchung von Grabbe

Eine weniger betagte Untersuchung von Bröer / Däumler (1986) mit 203 befragten Unternehmen stützt die Ergebnisse von Grabbe. Lediglich die Präferenzen für die einzelnen Methoden haben sich verschoben.

Methode	Zahl der Unternehmen	in % von 203
1. Interne-Zinsfuß-Methode	106	55,2
2. Pay-back-oder Amortisationsmethode	102	50,2
3. Kapitalwert-Methode	97	47,8
4. Kostenvergleichs-Methode	88	43,3
5. Bilanzielle Renditen (RoI)	76	37,4
6. Annuitäten-Methode	46	22,7
7. andere Methoden	7	3,4
8. keine Methode	1	0,5

Tabelle 2: Verwendete Methoden der Investitionsrechnung: Ergebnisse der Untersuchung von Bröer/Däumler

Nun führt die Anwendung verschiedener Methoden auf das gleiche Entscheidungsproblem zu *unterschiedlichen* Ergebnissen. Das bedeutet, daß nicht alle Methoden gleich verläßlich sein können. Es ist folglich wichtig,

1. zu erkennen, welche Methoden verläßlich sind, d.h. richtige Signale produzieren,
2. zu verstehen, warum bestimmte Methoden verläßlich sind und
3. zu erkennen, warum andere Methoden falsche Signale geben können.

Wir erörtern die Zusammenhänge an den folgenden Fragestellungen:

- Lohnt sich die Durchführung eines bestimmten Investitionsprojektes?
- Welches von zwei sich gegenseitig ausschließenden Investitionsprojekten ist das bessere?

II. Vorläufige Definition der bewertungsrelevanten Zahlungen

Wenn in diesem Buch von Investitionen die Rede ist, sind Projekte von auf Gewinn bedachten Unternehmen bzw. Unternehmenseigentümern gemeint. Eine Investition wird dargestellt durch eine Auszahlung, für die das Unternehmen einen körperlichen Vermögensgegenstand (Grundstück, Gebäude, maschinelle Anlage, Nutzfahrzeug etc.), einen immateriellen Vermögenswert (Rechte zur Nutzung von Verfahren, Organisations-know-how, Entwicklung von Humankapital durch Mitarbeiterentwicklungsprogramme) oder Finanzanlagen (langfristige Forderungstitel, Beteiligungen u. ä.) erhält. Man kann unterscheiden, ob diese Vermögenswerte ggf. in Bilanzen aktiviert werden – etwa im Sachanlagevermögen, im Finanzanlagevermögen oder im Umlaufvermögen – oder ob sie bilanziell nicht erfaßt werden. Dieser Aspekt ist nicht ohne Bedeutung, wird aber im folgenden ausgeklammert.

Auszahlungen für Investitionen werden geleistet, um durch den Einsatz der Vermögensgegenstände und -rechte Einzahlungen zu erzielen. Diese Einzahlungen sind in erster Linie Umsatzerlöse für verkaufte Produkte und/oder Dienstleistungen des Unternehmens. Vermindert man diese um die periodengleichen Auszahlungen für Rohstoffeinsätze, Energie, Arbeitslöhne etc., erhält man die auf die Abrechnungsperiode (1 Woche, 1 Monat, 1 Jahr) bezogenen Nettoeinzahlungen. Üblich ist es, die Abrechnungsperiode für langlebige Investitionsprojekte mit dem Kalenderjahr gleichzusetzen und vereinfachend zu unterstellen, daß die Nettoeinzahlung eines Jahres ohne allzu große Auswirkung auf das Ergebnis der Rechnung als am Ende des Kalenderjahres anfallend angenommen werden kann. Bei Ausblendung von Steuerzahlungen und der Unsicherheit über die Ergebnisse künftiger Perioden läßt sich ein Investitionsprojekt abbilden durch eine Zahlungsreihe, die mit einer Auszahlung für die Beschaffung des Investitionsprojektes im Entscheidungszeitpunkt 0 beginnt. Für die geplante Nutzungsdauer des Projektes werden diesem die zurechenbaren Nettoeinzahlungen bzw. -auszahlungen, die annahmegemäß am Ende der jeweiligen Periode anfallen, zugeordnet. Nach diesen wichtigen Vorarbeiten stellt sich die Frage, ob sich das Investitionsprojekt „rechnet". Allein über diese Frage wird im folgenden diskutiert.

III. Einstieg in das Bewertungsproblem: Von der Pay-back-Methode zum Nettokapitalwert

Wir beginnen mit der bei Praktikern beliebten Pay-back-Methode. Sie fragt, wie schnell ein Investitionsprojekt den im Entscheidungszeitpunkt 0 erforderlichen Kapitaleinsatz einspielt und weist das Projekt mit der kürzeren „Einspieldauer" als das bessere aus.

Beispiel:

Zeitpunkte	0	1	2	3	4
Projekt A	– 900	450	450	100	50
Projekt B	– 900	300	300	300	300

Bei Projekt A gewinnt der Unternehmer das eingesetzte Kapital in zwei Perioden wieder; bei Projekt B beträgt die Amortisationsdauer drei Perioden. Gemäß der Pay-back-Methode ist Projekt A wegen der schnelleren Wiedergewinnung vorzuziehen.

Diese Methode scheint bemerkenswert einfach. Die Begründung des Vorgehens könnte lauten, daß bei Projekten mit kürzerer Amortisationszeit das „Verdienen" eher beginnt und daß diese Projekte deshalb vorzuziehen sind.

Die Methode hat, solange man Unsicherheitsprobleme ausklammert, zwei schnell erkennbare Mängel:

1) Sie beachtet nicht, was *nach* der projektindividuellen Amortisationszeit passiert.

2) Sie beachtet nicht, daß „Wiedergewinnung" i. S. v. „Summe der Nettoeinzahlungen entspricht eingesetztem Kapital" ökonomisch keine Wiedergewinnung ist, weil der Einsatz von Kapital immer *Kosten* auslöst. Ökonomische Wiedergewinnung liegt erst vor, wenn auch diese Kosten des eingesetzten Kapitals gedeckt sind.

Nehmen Sie an, Sie dürften zwischen den folgenden Alternativen x und y wählen:

	2.11.98	2.11.99
x	300	-
y	-	300

Sie wählen x! Warum?

Angenommen, man kann zu einem Zinssatz i = 10 % Geld *leihen.* Was ist y im Zeitpunkt 2.11.98 wert? Offensichtlich der mit dem Zinssatz i um ein Jahr *abgezinste* Betrag, also:

$$300 \cdot \frac{1}{1+i} = 300 \cdot \frac{1}{1{,}1} = 300 \cdot 0{,}9091 = 272{,}73$$ [5].

Jetzt ist klar, daß x im Zeitpunkt 2.11.98 mehr wert ist als y. Und es ist auch klar, wieviel x mehr wert ist als y, nämlich 300 – 272,73 = 27,27.

Angenommen, man kann Geld zu einem Zinssatz von i = 10 % *anlegen.* Was ist x im Zeitpunkt 2.11.99 wert? Offensichtlich 300 + Zinsen; die Zinsen betragen 30. Anders ausgedrückt: x wächst im Verlauf eines Jahres auf den Betrag x (1 + i) = 330 an. Um x mit y zu vergleichen, kann man x auch *aufzinsen.*[6]

Es folgt somit:

1. Wenn Sie Geld leihen, fallen Kapitalkosten (Zinsen) an, die künftige Einzahlungen, die Sie zeitlich vorziehen wollen, abwerten.
2. Wenn Sie Geld anlegen, können Sie am Kapitalmarkt Zinsen erzielen. Wenn Sie statt dessen Geld in Investitionsprojekte stecken, verzichten Sie auf diese Zinsen. Es fallen Opportunitätskosten an. Diese Opportunitätskosten muß das Investitionsprojekt mindestens erwirtschaften, wenn es lohnend sein soll.
3. Es ist folglich sinnlos, Zahlungen, die zu verschiedenen Zeitpunkten anfallen (also jeweils ein Jahr auseinander liegen), einfach zu addieren.

Wenn wir diese Erkenntnisse auf unser Beispiel anwenden, könnten wir wie folgt rechnen: Wir beziehen alle Zahlungen des Projektes A bzw. B

---

5 Man bezeichnet $(1+i)^{-1}$, hier 0,9091, auch als Abzinsungsfaktor. Tabelle II im Anhang enthält Abzinsungsfaktoren für unterschiedliche Zinssätze und Zeiträume.

6 Man bezeichnet (1+i), hier also 1,1, als Aufzinsungsfaktor. Tabelle I im Anhang enthält Aufzinsungsfaktoren für unterschiedliche Zinssätze und Zeiträume.

auf den Zeitpunkt 0; dieser Zeitpunkt ist der Startpunkt des Projektes. Wir diskontieren alle nicht in 0 anfallenden Zahlungen mit dem Zinssatz i auf den Zeitpunkt 0. Erst dann können diese Zahlungen addiert werden.

	0	1	2	3	4
Projekt A	– 900,00	450	450	100	50
	409,09 ←	$450 \cdot 1{,}1^{-1} = 450 \cdot 0{,}9091$			
	371,90 ←	$450 \cdot 1{,}1^{-2} = 450 \cdot 0{,}8264$			
	75,13 ←	$100 \cdot 1{,}1^{-3} = 100 \cdot 0{,}7513$			
	34,15 ←	$50 \cdot 1{,}1^{-4} = 50 \cdot 0{,}6830$			

Die Summe der diskontierten Nettoeinzahlungen beträgt 890,27. Wir nennen diesen Betrag den *Bruttokapitalwert (BKW)* im Zeitpunkt 0. Die Summe der diskontierten Vorteile ist damit kleiner als der Preis des Projektes (900): Folglich lohnt Projekt A nicht. Die Aussage der Payback-Methode, das Projekt sei vorteilhaft, ist somit falsch.

Betrachten wir Projekt B.

	0	1	2	3	4
Projekt B	– 900	300	300	300	300
	272,73 ←	$300 \cdot 0{,}9091$			
	247,93 ←	$300 \cdot 0{,}8264$			
	225,39 ←	$300 \cdot 0{,}7513$			
	204,91 ←	$300 \cdot 0{,}6830$			

Die Summe der diskontierten Nettoeinzahlungen, der Bruttokapitalwert, beträgt 950,96. Die Summe der mit dem Zinssatz i abgezinsten Vorteile (950,96) übersteigt den Preis von Projekt B (900). Das Projekt ist somit vorteilhaft.

Es folgt:

1. Das Signal der Pay-back-Methode ist falsch: B ist das bessere Projekt. Projekt A verdient noch nicht einmal den Zinssatz i, den man am Kapitalmarkt erzielen könnte, also die Opportunitätskosten.
2. Die Diskontierung von Nettoeinzahlungen berücksichtigt die Kosten des Kapitaleinsatzes.
3. Die Summe der diskontierten Nettoeinzahlungen heißt Bruttokapitalwert (BKW). Übersteigt der für den Zeitpunkt 0 berechnete Bruttokapitalwert die Anschaffungsauszahlung im gleichen Zeitpunkt (Errichtungskosten), dann lohnt das Projekt.

Dies kann man so begründen: Der BKW bezeichnet den Betrag, den man im Zeitpunkt 0 auf dem Kapitalmarkt zum Zinssatz i = 10 % anlegen müßte, um genau die Einzahlungen zu erzielen, die das Investitionsprojekt bringt. Die folgende Tabelle belegt diese Idee anhand des BKW des Projektes B:

	0	1	2	3	4
Anlage auf dem Kapitalmarkt zum Zinssatz i	– 950,96				
Stand des Kapitalkontos vor Entnahme = Wiederanlage in t-1 · (1+i)		→ 1.046,06	→ 820,66	→ 572,73	→ 300
Entnahme		300,00	300,00	300,00	300
Stand des Kapitalkontos nach Entnahme		746,06	520,66	272,73	0
Wiederanlage des verbleibenden Betrages		- 746,06	- 520,66	- 272,73	

Aus diesem Grund ist es gerechtfertigt zu formulieren, daß der BKW den *Wert* des Projektes anzeigt: Für die gleiche Reihe an Nettoeinzahlungen muß man alternativ 950,96 bezahlen. Wenn der Wert der gleichen Zahlungsreihe (950,96) größer als der Beschaffungspreis des Projektes (900) ist, liegt ein vorteilhaftes Projekt vor.

Die Differenz zwischen BKW und Preis des Projektes heißt Nettokapitalwert (NKW). Dieser NKW ist der Vermögenszuwachs, den die Durchführung des Projektes verspricht.

IV. Übungsaufgaben

Aufgabe 1

Sie haben die Möglichkeit, am Kapitalmarkt zu $i = 0{,}10$ beliebig Mittel anzulegen und bis zur Höhe Ihres Vermögens auch Kredite aufzunehmen. Zugleich wird Ihnen ein Unternehmen angeboten, das in den kommenden fünf Jahren mit Sicherheit folgende Nettoeinzahlungen erwirtschaftet:

0	1	2	3	4	5
	300	100	100	60	50

Nach Periode 5 sind keine weiteren Zahlungen zu erwarten.

a) Welchen maximalen Kaufpreis sind Sie im Zeitpunkt 0 zu zahlen bereit?

b) Welchen Kaufpreis wird der Verkäufer mindestens fordern, wenn die getroffenen Aussagen über die Kapitalmarktsituation auch für ihn gelten?

Aufgabe 2

Gegeben seien zwei sich technisch ausschließende Investitionsprojekte mit ihren zugehörigen Zahlungsreihen:

	0	1	2	3	4
Projekt A	-100	60	40	20	10
Projekt B	-200	0	40	80	140

Nur ein Projekt, A *oder* B, soll realisiert werden.

a) Welches ist das vorteilhaftere Projekt, wenn ein vollkommener Kapitalmarkt besteht, für den ein Marktzinssatz i in Höhe von 10 % gilt?

b) Warum können Veränderungen des auf dem vollkommenen Kapitalmarkt herrschenden Zinssatzes die Rangordnung unter den Projekten verändern?

Aufgabe 3

M. betreibt eine Druckerei. Er geht davon aus, künftig folgende entnahmefähige Überschüsse zu erzielen:

0	1	2	3	4	5	6	...	∞
	200	200	200	200	500	500	...	500

M. überlegt, ob er eine zusätzliche Offset-Anlage beschaffen soll, die folgende Zahlungen auslöste:

0	1	2	3	4
-200	100	100	100	100

M. könnte einen Kredit aufnehmen, will sich aber nicht in Abhängigkeit von Kreditinstituten begeben. Er plant vielmehr, befristet einen stillen Gesellschafter aufzunehmen. Er stößt auf E. und schlägt diesem vor, er solle eine Einlage in Höhe von 200 leisten - damit wäre die Finanzierung der Offset-Anlage gesichert -, und einer Dauer der stillen Gesellschaft von 4 Jahren zustimmen.

Uneinigkeit besteht über die Ausgestaltung der Gewinnbeteiligung. Zur Diskussion stehen zwei Regelungen:

I. E. erhält während der Vertragslaufzeit 5% der entnahmefähigen Überschüsse. Am Ende der Vertragslaufzeit erhält er die geleistete Einlage zurück.

II. E. erhält ebenfalls 5% der entnahmefähigen Überschüsse. Am Ende der Vertragslaufzeit erhält E. eine Zahlung in Höhe von 5% des Unternehmenswertes, der zum Ende der Periode 4 erwartet wird.

a) Welche Variante bevorzugt E., wenn seine Alternativrendite 10 % beträgt?

b) Welche Variante bevorzugt M., wenn seine Alternativrendite 10 % beträgt?

c) Kommt es zwischen M. und E. zu einer Einigung, wenn M. alternative Finanzierungsmöglichkeiten nicht zur Verfügung stehen?

Aufgabe 4

Die A-GmbH ist ein Unternehmen der Automobil-Zulieferbranche. Sie stellt Fahrzeugsitze für den Automobilkonzern V-AG her; die V-AG ist der einzige Abnehmer. Im Januar 1993 unterbreitet die V-AG folgendes Angebot: Das neue Modell „ISCHIA" gehe im Januar 1995 in Serienfertigung; man suche noch einen Partner für die Fertigung der Sitze. Die V-AG garantiere im Jahr 1995 einen Absatz von 40.000 Sitzen zu einem Preis von 200 DM/Stück; bis zum Auslaufen der Produktion am Ende des Jahres 2000 ist ein jährliches Wachstum des Absatzes von 10 % vorgesehen.

Die Gesellschafter der A-GmbH diskutieren die Vorteilhaftigkeit des Angebots. Falls man die Fertigung der Sitze für das neue Modell übernimmt, ist eine Betriebserweiterung notwendig. Der für die Produktion zuständige Geschäftsführer erläutert seine Überlegungen:

- 1993 ist der Kauf eines Grundstücks für die Produktionsanlagen notwendig. Der Kaufpreis beträgt 2,8 Mio. DM. Auf dem Grundstück wird eine neue Fertigungshalle errichtet. Die Errichtungskosten von 1,5 Mio. DM sind zu 50 % bei Baubeginn Ende 1993 und zu 50 % bei Fertigstellung Ende 1994 zu bezahlen.
- Am Ende des Jahres 2000 wird die Fertigung eingestellt. Die Fertigungshalle wird abgerissen; das Grundstück wird verkauft. Man rechnet nach Abzug der Abbruchkosten mit einem Nettoverkaufserlös von 2 Mio. DM.
- Für die Fertigung der Sitze ist der Erwerb von vier Spezialmaschinen zum Stückpreis von 80.000 DM erforderlich. Die Maschinen werden Ende 1994 gekauft und in der Fertigungshalle installiert. Die Fertigung beginnt Anfang 1995. Die laufenden Auszahlungen für die Produktion betragen voraussichtlich:

Materialkosten/Stück: 60 DM;

Lizenzkosten der Fertigung pro Periode: 300.000 DM;

Lohnkosten/Stück (Akkordlohn): 110 DM.

1. Ermitteln Sie die der Erweiterungsinvestition zurechenbaren Nettoeinzahlungen für den Planungszeitraum 1993 bis 2000. Alle Daten können dabei als völlig zuverlässig angenommen werden. Steuerzahlungen sind nicht zu beachten.
2. Kurz vor der Entscheidung erfährt die A-GmbH, daß für den Bereich „Logistik, Beschaffung" der V-AG ein neuer Vorstand verantwortlich ist. In einem Schreiben an die A-GmbH teilt das neue Vorstandsmitglied mit, daß man zur Erhaltung der eigenen Wettbewerbsfähigkeit gezwungen sei, von den Lieferanten längere Zahlungsziele zu verlangen. Die V-AG schlage deshalb vor, daß die von der A-GmbH bezogenen Sitze erst ein Jahr nach Lieferung der Ware bezahlt werden. Wegen ihrer extremen Abhängigkeit von der V-AG ist die A-GmbH nicht in der Lage, andere Vertragsbedingungen durchzusetzen.

   Ermitteln Sie die Nettoeinzahlungen der Erweiterungsinvestition für den Fall, daß sich die V-AG mit ihren Vorstellungen durchsetzt!

Aufgabe 5

Die Manager der A-GmbH beraten über die finanzielle Vorteilhaftigkeit der in Aufgabe 4 beschriebenen Erweiterungsinvestition. Die zurechenbaren Nettoeinzahlungen wurden bereits ermittelt.

1. Prüfen Sie für beide oben genannten Zahlungsziele die Vorteilhaftigkeit der Erweiterungsinvestition mit Hilfe des NKW-Kriteriums! Unterstellen Sie dabei, daß die Investition in vollem Umfang eigenfinanziert wird. Die Nettoeinzahlungen seien sicher. Die A-GmbH kann auf dem Kapitalmarkt finanzielle Mittel in relevanter Höhe zu einem Zinssatz von 8 % anlegen und aufnehmen. Welche Empfehlung geben Sie der A-GmbH?
2. Nach langen, zähen Verhandlungen erklärt sich die V-AG bereit, die gefertigten Sitze sofort bei Lieferung zu bezahlen. Die Manager der

A-GmbH entscheiden, die Erweiterungsinvestition durchzuführen und das Investitionsprojekt vollständig mit Eigenkapital zu finanzieren.

a) Die Gesellschafter der A-GmbH legen Wert auf stetiges, uniformes Einkommen im Planungszeitraum. Ihre Rechnungen haben ergeben, daß Sie im Zeitraum 1994 bis 2000 jedes Jahr einen Betrag in Höhe von 1.029,1 DM entnehmen können, wenn Sie auf die Erhaltung des eingesetzten Eigenkapitals keinen Wert legen. Anlage und Aufnahme von finanziellen Mitteln ist in jeder Periode zu 8 % möglich.

   Zeigen Sie mit Hilfe eines vollständigen Finanzplans, welche Transaktionen (Kreditaufnahme, Kapitalanlage) auf dem Kapitalmarkt durchgeführt werden müssen, damit der oben berechnete Betrag pro Jahr entnommen werden kann.

b) Berechnen Sie den Barwert der von den Gesellschaftern berechneten Entnahme pro Periode zum Zeitpunkt 0! Interpretieren Sie Ihr Ergebnis !

V. Literaturhinweise

Blohm, H./Lüder, K. (1995): Investition. 8. A., München, Kapitel 3.2.12. - 3.2.13.

Bröer, N./Däumler, K.-D. (1986): Investitionsrechnungsmethoden in der Praxis. In: Buchführung, Bilanz, Kostenrechnung, Herne, Heft 13, S. 709-720.

Grabbe, W. (1976): Investitionsrechnung in der Praxis, Köln.

Kruschwitz, L. (1995): Investitionsrechnung. 6. A., Berlin, New York.

Wehrle-Streif, W. (1989): Empirische Untersuchung zur Investitionsrechnung, Köln.

3. Kapitel: Investitionsentscheidung bei Sicherheit und steuerliche Normen

I. Einführung: Eine einfache Gewinnsteuer

Unter idealen Bedingungen können Steuernormen „entscheidungsneutral" wirken: Rechnungen vor bzw. nach Steuern haben dann *gleiche* Ergebnisse (NKW, Rangordnungen) zur Folge. Empirische Steuersysteme sind nicht „entscheidungsneutral". Folglich sind steuerliche Normen von Bedeutung.

Wir betrachten zunächst ein sehr einfaches Steuersystem, in dem steuerliche Überschüsse mit einem von der Höhe des Überschusses unabhängigen (konstanten) Steuersatz s belegt werden. Wir prüfen, welche Größen des Entscheidungskalküls durch die Einführung dieser Steuer berührt werden und welche Auswirkungen auf das Ergebnis der Rechnung erwartet werden können. In späteren Abschnitten werden zusätzliche steuerliche Regelungen eingeführt und ihre Zahlungswirkungen untersucht.

Die Annahme, daß Unternehmen am Kapitalmarkt finanzielle Mittel zu einem Zinssatz i anlegen und ggf. auch aufnehmen können, wird beibehalten.

1. Annahmen

1. Die Überschüsse aus Real- und Finanzinvestitionen werden besteuert. Es findet keine doppelte Besteuerung statt: Die steuerliche Belastung erfolgt auf Unternehmens- *oder* auf Eigentümerebene.
2. Abnutzbare Realinvestitionen sind steuerlich abschreibungsfähig.
3. Aus Vereinfachungsgründen soll die steuerliche Bemessungsgrundlage (SBG) der Nettoeinzahlung des Projektes in Periode t abzüglich der steuerlichen Abschreibung (Ab_t) und ggf. der Zinszahlung für Fremdkapital entsprechen.

4. Die Steuerzahlung erfolgt in der Periode, in der eine positive steuerliche Bemessungsgrundlage vorliegt.
5. Bei negativer steuerlicher Bemessungsgrundlage (SBG) erfolgt eine Rückerstattung in Höhe von s · |SBG| an das Unternehmen. Es liegt eine sog. Negativsteuer vor.
6. Anlagen von finanziellen Mitteln erzielen den Zinssatz i vor Steuern. Kredite kosten vor Steuern ebenfalls den Zinssatz i.

2. Gewinnsteuer und Eigenfinanzierung

Unter diesen Annahmen ergibt sich der NKW eines Projektes, dessen Anschaffungsauszahlung (Errichtungskosten) mit Eigenkapital finanziert werden, aus (1):

$$NKW_0^E = \sum_{t=1}^{n} \left[NE_t - s\left(NE_t - Ab_t\right)\right]\left(1 + i_s\right)^{-t} - I_0 \tag{1}$$

I_0	Anschaffungs- bzw. Investitionsauszahlung im Zeitpunkt 0;
NE_t	Nettoeinzahlung in t; ein möglicher Restverkaufserlös ist in NE_n eingeschlossen;
s	Steuersatz;
Ab_t	steuerliche Abschreibung;
$i_s = i\,(1 - s)$	Alternativrendite nach Steuern;
n	Nutzungsdauer des Projektes.

Welche Informationen liefert (1)?

- Ob ein Projekt lohnt oder nicht, hängt von den Nettoeinzahlungen nach Steuern ab. Diese entsprechen dem Beitrag des Projektes zum Reichtum bzw. Vermögen der Eigentümer (shareholder value).
- Ob ein Projekt lohnt oder nicht, wird an der alternativ erzielbaren Rendite nach Steuern gemessen. Diese beträgt unter den gesetzten Annahmen i (1 – s), weil gemäß Annahme 1 auch die Überschüsse aus Finanzanlagen mit dem Satz s besteuert werden.
- Steuerliche Regeln treffen Investitionsprojekte an drei Stellen, wie eine Umformulierung von (1) zeigt:

$$NKW_0^E = \sum_{t=1}^{n} \left[NE_t (1-s) + s \cdot Ab_t \right] (1+i_s)^{-t} - I_0 \qquad (1')$$

(a) Die Nettoeinzahlungen sinken von NE_t auf NE_t $(1 - s)$,

(b) Steuerminderungen in Höhe von s Ab_t werden erzielt,

(c) die Alternativrendite sinkt von i auf i $(1 - s)$.

- Die Verteilung der steuerlichen Abschreibung über die Zeit beeinflußt den NKW von Projekten. Die „beste" Abschreibung wäre unter den gesetzten Annahmen die Sofortabschreibung. Diese ist – geringwertige Wirtschaftsgüter ausgenommen – steuerlich nicht zulässig. Die Sofortabschreibung im Zeitpunkt 0 (oder alternativ am Ende der Periode 1) wäre die den NKW eines Projektes am meisten steigernde Form der steuerlichen Abschreibung, weil sie den Steuervorteil in Höhe von sI_0 im Zeitpunkt 0 (oder alternativ am Ende der Periode 1) bewirkt. Zeitlich frühere Steuervorteile sind gleich hohen, aber zeitlich späteren Steuervorteilen vorzuziehen.

In der Regel sinkt die Vorteilhaftigkeit von Projekten in diesem steuerlichen System im Vergleich zu einer Welt ohne Steuern. Der NKW eines Projektes kann jedoch mit der Einführung einer Gewinnsteuer auch steigen. Dies wird in der Literatur auch als *Steuerparadoxon* bezeichnet, weil eine für die Eigentümer nachteilige, die Überschüsse verkürzende Steuerlast den NKW des Projektes erhöht. Dieses Ergebnis ist jedoch keineswegs paradox. Es zeigt, daß die Einführung einer Gewinnsteuer verschiedene Investitionsmöglichkeiten in unterschiedlicher Weise trifft und *deshalb* die ökonomischen Werte dieser Investitionsmöglichkeiten, also ihre Bruttokapitalwerte, nicht in gleichem Ausmaß verändert. Anders ausgedrückt: Auch das hier betrachtete einfache Steuersystem ist nicht entscheidungsneutral: Nettokapitalwerte und Rangordnungen von Projekten vor bzw. nach Gewinnsteuern sind nicht generell identisch.

3. Gewinnsteuer und Fremdfinanzierung

Der NKW eines Projektes bei vollständiger Fremdfinanzierung $(F_0 = I_0)$ ergibt sich aus:

$$NKW_0^F = \sum_{t=1}^{n} [NE_t - s\,(NE_t - Ab_t - iF_{t-1}) - iF_{t-1} - T_t]\,(1+i_s)^{-t} \qquad (2)$$

$i F_{t-1}$ Zinszahlung auf den Kreditbestand zu Beginn der Periode;

T_t vertraglich vereinbarte Tilgung.

In Formel (2) taucht I_0 nicht auf. Ursache ist, daß die Anschaffungsauszahlung *vollständig* durch Fremdkapital (F_0) finanziert wird. Die Ansprüche der Fremdkapitalgeber in Höhe von $i F_{t-1}$ (Zinsen) und T_t (Tilgungen) sind in (2) als Auszahlungen berücksichtigt. Es gilt (3):

$$\sum_{t=1}^{n} [i F_{t-1} (1-s) + T_t] (1+i_s)^{-t} = F_0 . \qquad (3)$$

In Formel (2) taucht der Term $i F_{t-1}$ zweimal auf: einmal in der Definition der steuerlichen Bemessungsgrundlage, einmal als explizite Zinszahlung an die den Kredit F_0 gewährenden Gläubiger.

Formel (2) repräsentiert die sog. Nettomethode: Bewertet (diskontiert) werden die den Eigentümern zuzurechnenden Residualzahlungen nach Zinsen, Tilgungen und Steuern. Ganz folgerichtig ist der in (2) benutzte Diskontierungssatz die Alternativrendite, die Eigentümer nach Steuern auf dem Kapitalmarkt erzielen könnten oder der Zinssatz, den Eigentümer nach Steuern für Kredite zu zahlen hätten. Im ersten Fall entspricht der Bruttokapitalwert der residualen Überschüsse dem Betrag, den Eigentümer zur Erlangung gleicher Überschüsse am Kapitalmarkt anzulegen hätten. Im zweiten Fall entspricht der Bruttokapitalwert dem Betrag, den Eigentümer im Zeitpunkt 0 als Kredit aufnehmen könnten, wenn der Kreditbetrag ausschließlich aus den residualen Projektüberschüssen zu verzinsen und zu tilgen wäre.

Wenn, wie bislang angenommen, die Anlagerendite vor bzw. nach Steuern den Kreditkosten vor bzw. nach Steuern entspricht, folgt $NKW_0^E = NKW_0^F$. Unterstellen wir Eigenfinanzierung, lineare Abschreibung über die gegebene Nutzungsdauer, einen Steuersatz von 50 % und eine Alternativrendite von 10 % vor Steuern folgt:

	0	1	2	3
I_0, NE_t	– 3.000	2.000	2.000	2.000
Ab_t		(1.000)	(1.000)	(1.000)
$s\,(NE_t - Ab_t) = S_t$		– 500	– 500	– 500
I_0; $NE_t - S_t$	– 3.000	1.500	1.500	1.500

$NKW_0^E = 4.084,87 - 3.000 = 1.084,87.$

Unterstellen wir *vollständige* Fremdfinanzierung, also $F_0 = I_0$, und periodige Tilgungen in Höhe von $T_t = 1.000$, folgt:

	0	1	2	3
I_0, NE_t	– 3.000	2.000	2.000	2.000
Ab_t		(1.000)	(1.000)	(1.000)
F_t	+ 3.000	(2.000)	(1.000)	(0)
$i\ F_{t-1}$		– 300	– 200	– 100
$s\ (NE_t - Ab_t - i\ F_{t-1}) = S_t$		– 350	– 400	– 450
T_t		– 1.000	– 1.000	– 1.000
$I_0 - F_0$; $NE_t - S_t - T_t - i\ F_{t-1}$	0	350	400	450

$NKW_0^F = 1.084,87.$

Die Finanzierung des Projektes hat somit unter den gesetzten Annahmen keinen Einfluß auf seinen Wert bzw. seine Vorteilhaftigkeit. Die Projektfinanzierung ist entscheidungsneutral, weil die Kosten der Eigenfinanzierung nach Steuern, also i (1 – s), den Kosten der Fremdfinanzierung nach Steuern, also i (1 – s), genau entsprechen. Folglich kann durch eine Änderung der Projektfinanzierung weder ein Vorteil (ein höherer NKW) noch ein Nachteil bewirkt werden. Für reale Steuersysteme gilt diese Eigenschaft in aller Regel nicht.

4. Nettokapitalwert und Mischfinanzierung

Investitionsprojekte werden i.d.R. weder vollständig eigenfinanziert noch vollständig fremdfinanziert. Mischfinanzierung ist die Regel. In diesen Fällen kann der Nettokapitalwert auf zwei Wegen berechnet werden. Der erste Weg ermittelt die den Eigenkapitalgebern verbleibenden Residualzahlungen nach Steuern, Zinsen und Tilgungen, die an Fremdkapitalgeber zu leisten sind. Diese werden mit der Rendite diskontiert, die Eigentümer alternativ nach Steuern erzielen könnten. Wir bezeichnen diese Methode als Nettomethode oder auch als eigentümerbezogene Methode. Ein Projekt ist vorteilhaft, wenn der errechnete Barwert der an die Eigentümer fließenden Zahlungen ihren Eigenkapitaleinsatz übersteigt.

a. Nettomethode

Behalten wir die Annahme bei, daß Eigentümer sich zum Zinssatz i verschulden können und zum gleichen Zinssatz i Mittel außerhalb des Unternehmens am Kapitalmarkt anlegen können, so berechnet sich der Nettokapitalwert bei Mischfinanzierung gemäß (4):

$$NKW_0^M = \sum_{t=1}^{n}\left[NE_t - s\left(NE_t - Ab_t - iF_{t-1}\right) - iF_{t-1} - T_t\right]\left(1+i_s\right)^{-t} - \left(I_0 - F_0\right) \tag{4}$$

Der Unterschied zu (2) erklärt sich daraus, daß bei nicht vollständiger Fremdfinanzierung immer $F_0 < I_0$ gilt. Die Differenz $I_0 - F_0$ entspricht dem Eigenkapitaleinsatz der Eigentümer. Unter den gesetzten Annahmen hat die Finanzierung des Projektes, also der Anteil von Eigen- bzw. Fremdkapital an der Gesamtfinanzierung in Höhe von I_0, keinen Einfluß auf die Vorteilhaftigkeit des Projektes.

b. Bruttomethode: Nettokapitalwert und gewogener durchschnittlicher Kapitalkostensatz

Unter bestimmten Bedingungen kann dann, wenn die Kapitalkosten von Eigen- und Fremdkapital divergieren, mit einem durchschnittlichen Kapitalkostensatz $k^{\varnothing}$ gerechnet werden. Dieser durchschnittliche Kapitalkostensatz ist auf die Nettoeinzahlung nach Steuern *vor* Abzug von Zins- und Tilgungszahlungen anzuwenden. Der NKW eines Projektes ist definiert durch (5):

$$NKW_0^M = \sum_{t=1}^{n}\left[NE_t - s\left(NE_t - Ab_t\right)\right]\left(1+k^{\varnothing}\right)^{-t} - I_0 \tag{5}$$

mit $k^{\varnothing} = i\,(1-s)\cdot a + k_S\,(1-a)$;

- i Kosten des Fremdkapitals;
- k_s Kosten des Eigenkapitals (nach Steuern);
- a Quotient Wert des Fremdkapitals zu Gesamtwert des Projektes;

(1 – a) Quotient Wert des Eigenkapitals zu Gesamtwert des Projektes;

$k^{\varnothing}$ gewogener durchschnittlicher Kapitalkostensatz.

Beispiel:

Die Kosten des Fremdkapitals vor Steuern i seien 10 %; die Kosten des Eigenkapitals nach Steuern seien 12%; die Parameter a bzw. (1 – a) mit 70 % bzw. mit 30 % sollen über die Nutzungsdauer des Projektes konstant bleiben. Für $k^{\varnothing}$ folgt somit für s = 0,5:

$$k^{\varnothing} = 0{,}10\,(1 - 0{,}5)\,0{,}7 + 0{,}12 \cdot 0{,}3 = 0{,}071.$$

	0	1	2
I_0, NE_t	– 1.000	700	700
Ab_t		(500)	(500)
$S_t = s\,[NE_t - Ab_t]$		– 100	– 100
I_0; $NE_t - S_t$	– 1.000	600	600

$$NKW_0^M = -1.000 + 600\,(1{,}071)^{-1} + 600\,(1{,}071)^{-2} = 83{,}31.$$

Nun müssen Nettomethode und Bruttomethode bei richtiger Anwendung zum gleichen Ergebnis führen. Wie sieht die Rechnung gemäß Nettomethode aus?

Hier sind die folgenden Punkte zu beachten:

- Die Parameter a bzw. (1 – a) sind definiert als Quotienten aus F/V^P bzw. E/V^P, wobei F, E und V^P die ökonomischen Werte (Bruttokapitalwerte) des Fremdkapitals, Eigenkapitals und des Projektes bezeichnen.
- a und (1 – a) müssen über die Laufzeit des Projektes konstant sein.

Nun ist der Wert des Projektes im Zeitpunkt 0 $V_0^P = BKW_0 = I_0 + NKW_0^M$. V_0^P ist also 1.083,31. Wenn a = 0,7 ist, muß der Fremdkapitaleinsatz im Zeitpunkt 0, F_0, 0,7 · 1.083,31 = 758,32 betragen. Die Eigenkapitalgeber müssen im Zeitpunkt 0 somit den Betrag 1.000 – 758,32 = 241,68 aufbringen. Der ökonomische *Wert* ihrer Position ist dagegen 1.083,31 – 758,32 = 324,99. Die Differenz zwischen ökonomischem Wert und aufzubringendem Betrag ist der Vermögenszuwachs, den die Eigentümer durch die Realisierung des Projektes erzielen. Er entspricht dem NKW in Höhe von 83,31.

Gemäß der Nettomethode berechnen wir den NKW mittels Formel (4'):

$$NKW_0^M = \sum_{t=1}^{n} \left[NE_t - s\left(NE_t - Ab_t - i\,F_{t-1}\right) - i\,F_{t-1} - T_t\right] \left(1 + k_s\right)^{-t} - EK_0 . \qquad (4')$$

EK_0 bezeichnet den Betrag, den die Eigentümer im Zeitpunkt 0 in das Projekt investieren.

Wie sieht nun die zeitliche Entwicklung der Zahlungen aus? Hier ist insbesondere zu beachten, daß a und (1 – a) in der Zeit konstant bleiben. Dies bedeutet, daß die Tilgung im Zeitpunkt 1 so festgelegt werden muß, daß a den Wert 0,7 beibehält. Der Wert des Projektes im Zeitpunkt 1, V_1^P, berechnet sich in Analogie zu (5) in Höhe von:

$$V_1^P = \left[NE_2 - s\left(NE_2 - Ab_2\right)\right]\left(1 + k^{\varnothing}\right)^{-1}$$

$$= [700 - 0{,}5\ (700 - 500)]\ 1.071^{-1}$$

$$= 560{,}22.$$

Folglich muß der im Zeitpunkt 1 verbleibende Fremdfinanzierungsumfang $F_1 = a \cdot V_1^P$ betragen: F_1 ist somit 392,15. Da $F_0 = 758{,}32$ betrug, muß die Tilgung im Zeitpunkt 1 $758{,}32 - 392{,}15 = 366{,}17$ betragen. Der Finanzplan zeigt in der letzten Zeile die Residualzahlungen, die unter diesen Bedingungen an die Eigentümer fließen:

	0	1	2
I_0, NE_t	– 1.000	700	700
Ab_t		(500)	(500)
F_t	+ 758,32	(392,15)	(0)
$i\,F_{t-1}$		– 75,83	– 39,21
$S_t = s\,[NE_t - Ab_t - i\,F_{t-1}]$		– 62,09	– 80,39
T_t		– 366,17	– 392,15
$I_0 - F_0$; $NE_t - S_t - i\,F_{t-1} - T_t$	– 241,68	195,91	188,25

Die Tilgung in Periode 2 muß dann 392,15 betragen. Der gesamte Fremdkapitalbetrag ist damit zurückgeführt. Berechnet man den Barwert der Residualzahlungen mit $k_s = 0{,}12$ erhält man $195{,}91 \cdot 1{,}12^{-1} + 188{,}25 \cdot 1{,}12^{-2} = 324{,}99$. Vermindert man diesen Barwert um $EK_0 = 241{,}68$, erhält man mit 83,31 den gleichen NKW, den die Bruttomethode auswies.

Die Ergebnisse der Bruttomethode unter Benutzung des durchschnittlichen Kapitalkostensatzes ($k^{\varnothing} = 0{,}071$) und der Nettomethode unter Benutzung der Kosten des Eigenkapitals ($k_s = 0{,}12$) decken sich unter den gesetzten Annahmen.[7]

---

7 Der durchschnittliche Kapitalkostensatz spielt in der amerikanischen Standardliteratur zur Unternehmensbewertung eine wichtige Rolle. Aus diesem Grund wird bereits an dieser Stelle auf dieses Konzept hingewiesen.

II. Vereinfachte Darstellung des deutschen Steuersystems

1. Überblick

Die in Deutschland geltenden steuerlichen Regelungen sind ungleich komplexer als die oben dargestellte einfache Gewinnsteuer. Hier sind die Grundzüge der relevanten Regelungen zu erläutern. Auf steuerrechtliche Details wird verzichtet. Das Literaturverzeichnis enthält eine Reihe von Quellen, in denen der Leser Details nachschlagen kann.

Die bei der Bewertung von Investitionsprojekten wichtigen Steuern werden in zwei Klassen eingeteilt:

(1) Substanzsteuern

Die Bemessungsgrundlagen der Substanzsteuern sind *Bestände*, die über Steuerbilanzen gemessen werden. Zu den Substanzsteuern zählen die Vermögen- und die Gewerbekapitalsteuer. Beide Steuern gehören bald der Vergangenheit an. Weil sie für die historische Analyse von Unternehmen von Bedeutung sind, werden sie hier behandelt.

(2) Ertragsteuern

Bemessungsgrundlagen sind Erträge, also Überschüsse oder Vermögenszuwächse. Ertragsteuern sind nur zu entrichten, wenn positive Überschüsse vorliegen. Substanzsteuern dagegen sind auch zu entrichten, wenn keine Erträge (Überschüsse) vorliegen. Zu den Ertragsteuern zählen die Gewerbeertrag-, die Einkommen- und die Körperschaftsteuer.

Die folgende Tabelle 3 gibt einen Überblick über das System:

		Substanzsteuern
Bewertung:	(1)	Betriebsvermögen (§ 95 BewG), auch Rohbetriebsvermögen; Symbol: RBV
	(2)	Schulden, soweit sie mit der Gesamtheit des Betriebsvermögens in wirtschaftlichem Zusammenhang stehen; § 130 BewG; i.d.R. Ansatz zum Nennwert; § 12 (1) BewG; Symbol: F
	(3)	Einheitswert des Betriebsvermögens (§ 98a BewG); Symbol: RBV–F
Vermögensteuer:	(1)	Freibetrag 500.000 DM (§ 117a (1) BewG)
	(2)	Bemessungsgrundlage 0,75 [RBV – F][8]
	(3)	Steuersatz für Kapitalgesellschaften $s_V = 0{,}6\ \%$ (§ 10 Ziff. 2 VStG)[9]
	(4)	nicht abzugsfähig bei anderen Steuerbemessungsgrundlagen
Gewerbekapitalsteuer:[10]	(1)	Freibetrag 120.000 DM (§ 13 (1) Satz 3 GewStG)
	(2)	Bemessungsgrundlage „Gewerbekapital" (§ 12 GewStG) = RBV – F + Hinzurechnungen – Kürzungen
	(3)	Hinzurechnung: die Hälfte der Schulden, die bei Ermittlung des Einheitswertes abgezogen wurden und 50.000 DM übersteigen (§ 12 (2), Ziff. 1 GewStG)
	(4)	Bemessungsgrundlage ist somit: $RBV - F + 0{,}5\ F = RBV - 0{,}5\ F$
	(5)	Steuersatz: Steuermeßzahl (0,2%) · Hebesatz H/100 Für $H = 400 \Rightarrow s_{GK} = 0{,}002 \cdot \frac{H}{100} = 0{,}008$
	(6)	abzugsfähig bei Gewerbeertragsteuer und Körperschaftsteuer
		Ertragssteuern
Gewerbeertragsteuer:	(1)	Bemessungsgrundlage „Gewerbeertrag" (§ 6 GewStG) = Gewinn aus Gewerbebetrieb + Hinzurechnungen – Kürzungen
	(2)	Hinzurechnung: die Hälfte der Zinsen für Dauerschulden, die bei der Ermittlung des Gewinns abgezogen wurden (§ 8 Ziff. 1 GewStG)
	(3)	Bemessungsgrundlage $NE - Ab - iF - S_{GK} + 0{,}5\ iF = NE - Ab - 0{,}5\ iF - S_{GK}$ (bei Dauerschulden)
	(4)	Steuersatz: $s_{GE} = \frac{0{,}05 \cdot H}{100 + 0{,}05\ H} = \frac{H}{2.000 + H}$ Für $H = 400 \Rightarrow s_{GE} = 0{,}1667$
	(5)	abzugsfähig bei der Körperschaftsteuer
Einkommensteuer bzw. Körperschaftsteuer:	(1)	Anrechnungsverfahren bei Ausschüttung $\Rightarrow s_I$
	(2)	Einbehaltung: Besteuerung mit $s_K^T = 0{,}45$
	(3)	Annahme: volle Entnahme und Wiedereinlage, soweit notwendig.
	(4)	Kirchensteuer und Solidaritätszuschlag bleiben unbeachtet.

Tabelle 3: Überblick über Bemessungsgrundlagen und Steuersätze im deutschen Steuersystem

---

8 Freibetrag (1) und Bemessungsgrundlage (2) gelten nur bis 31.12.1996.

9 Mit dem Urteil des BVerfG vom 22.06.1995 kann die Vermögensteuer wegen ihrer teilweisen Verfassungswidrigkeit ab 01.01.1997 nicht mehr erhoben werden.

10 Wird ab 01.01.1998 nicht mehr erhoben.

2. Substanzsteuern

a. Vermögensteuer[11]

Steuerpflichtig sind sowohl natürliche als auch juristische Personen.

Wir betrachten im folgenden nur die Ebene der juristischen Personen. Ausgangspunkt für die Ermittlung der Vermögensteuer ist das Rohbetriebsvermögen (RBV) i.S.v. § 95 BewG; diese Größe erfaßt die Werte aller Vermögensgegenstände des Unternehmens. Davon abzuziehen sind Schulden, die mit dem Betrieb (Unternehmen) in wirtschaftlichem Zusammenhang stehen. Bezeichnen wir diese Schulden mit F, ist die Differenz RBV – F, also eine Netto-Vermögensgröße, die das Steuerrecht Einheitswert nennt, Bemessungsgrundlage der Vermögensteuer.

Der Vermögensteuersatz s_V beträgt für juristische Personen 0,6 %. Für Betriebsvermögen gilt nach § 117a BewG ab dem 1.1.1993 bis zum 31.12.1996 ein Freibetrag von 500.000 DM; übersteigende Beträge sind nur zu 75 % anzusetzen. Für die Besteuerung maßgebend sind die Vermögensverhältnisse zu Beginn eines Kalenderjahres. Die Vermögensteuer vermindert nicht die Bemessungsgrundlagen anderer Substanz- und Ertragsteuern.

Mit dem Jahressteuergesetz 1997 wurde die Vermögensteuer zwar nicht abgeschafft, doch kann sie aufgrund des Urteils das BVerfG vom 22.06.1995 wegen ihrer teilweisen Verfassungswidrigkeit nicht mehr erhoben werden. Für die folgenden Berechnungen wird der Zustand bis zum 31.12.1996 zugrunde gelegt.

Will man die durch ein Investitionsprojekt ausgelösten Vermögensteuerzahlungen (S_V) ermitteln, muß man den Beitrag des Projektes zum Rohbetriebsvermögen kennen. Unter etwas vereinfachenden, aber realistischen Annahmen besteht der Beitrag im Zeitpunkt 0 bei Eigenfinanzierung des Projektes in der Höhe der Anschaffungskosten I_0. Wir lassen den oben genannten Freibetrag im folgenden unbeachtet; er wird behandelt, als sei er durch andere, bereits vorhandene Investitionsprojekte ausgeschöpft. In den folgenden Perioden schrumpft der Beitrag des Investitionsprojektes zum RBV dann, wenn das Investitionsprojekt abschrei-

---

[11] Trotz ihres Wegfalls ist die Vermögensteuer im Rahmen der Aufarbeitung von Daten zurückliegender Geschäftsjahre von Bedeutung.

bungsfähig ist: Nur sein Restbuchwert trägt zum RBV bei. Es folgt für die Vermögensteuerzahlung:

$$S_V = 0{,}75\ s_V\ RBV_{t-1} \tag{6}$$

wobei, wie schon erwähnt, der Bestand zu *Beginn* der Periode die Bemessungsgrundlage darstellt.

Wird das Investitionsprojekt z.T. fremdfinanziert, ergibt sich die Vermögensteuerzahlung aus (7):

$$S_V = 0{,}75\ s_V\ [\ RBV_{t-1} - F_{t-1}] \tag{7}$$

Auch der Bestand an Fremdkapital wird zu Beginn der Periode gemessen. Er verändert sich von Periode zu Periode durch Tilgungszahlungen bzw. Kreditaufnahmen.

b. Gewerbekapitalsteuer

Schuldner der Gewerbekapitalsteuer[12] ist der Unternehmer (Einzelunternehmer, die Kapital- oder Personengesellschaft), für dessen (deren) Rechnung das Gewerbe betrieben wird. Bemessungsgrundlage ist das „Gewerbekapital" i.S.v. § 12 GewStG. Hierbei handelt es sich um den durch „Hinzurechnungen" und „Kürzungen" modifizierten Einheitswert des Betriebsvermögens. Eine wichtige Hinzurechnung ist nach § 12 (2) Ziff. 1 GewStG die Hälfte der sog. „Dauerschulden", soweit diese einen Betrag von 50.000 DM übersteigen. Als Dauerschulden gelten alle Verbindlichkeiten des Unternehmens, die zu einer nicht nur vorübergehenden Stärkung des Betriebskapitals führen. Wir betrachten alle Verbindlichkeiten mit einer ein Jahr übersteigenden Laufzeit als Dauerschulden. Für das Gewerbekapital gilt ein Freibetrag von 120.000 DM. Der Gewerbekapitalsteuersatz s_{GK} besteht aus zwei Komponenten: Die sog. Steuermeßzahl beträgt 0,2 % (§ 13 (1) GewStG); der Hebesatz H wird von der Gemeinde festgelegt, in der die Betriebsstätte des Unternehmens ihren Sitz hat. Der Gewerbekapitalsteuersatz entspricht dem Produkt aus Steuermeßzahl und Hebesatz; für H = 400 % beträgt der Steuersatz 0,2 % ·400 % = 0,8 %. Die Gewerbekapitalsteuer-Zahlung mindert als

---

12 Auch hier gilt, daß diese Steuer wegen ihres Wegfalls ab 1.1.1998 nur noch für die Aufarbeitung der Daten zurückliegender Geschäftsjahre von Bedeutung ist.

Betriebsausgabe die Bemessungsgrundlagen der Gewerbeertragsteuer und der Einkommen- bzw. Körperschaftsteuer.

Vernachlässigt man den genannten Freibetrag von 120.000 DM, dann ergibt sich die durch ein eigenfinanziertes Projekt ausgelöste Gewerbekapitalsteuerzahlung S_{GK} aus (8):

$$S_{GK} = s_{GK}\, RBV_{t-1} \tag{8}$$

Auch hier sind Bemessungsgrundlagen die Bestände zu Beginn der Periode.

Wird das Projekt z.T. fremdfinanziert, folgt wegen der nur hälftigen Abzugsfähigkeit von Dauerschulden eine Steuerzahlung in Höhe von (9):

$$S_{GK} = s_{GK}\left[RBV_{t-1} - 0{,}5F_{t-1}\right] \tag{9}$$

3. Ertragsteuern

a. Gewerbeertragsteuer

Auch für die Gewerbeertragsteuer ist der Unternehmer (Einzelunternehmen, Personen- oder Kapitalgesellschaft), für dessen (deren) Rechnung das Gewerbe betrieben wird, Steuerschuldner. Bemessungsgrundlage ist der „Gewerbeertrag". Ausgangspunkt für die Ermittlung dieser Größe ist der nach den Vorschriften des Einkommen- bzw. Körperschaftsteuergesetzes ermittelte Erfolg aus Gewerbebetrieb (Gewinn aus dem Gewerbebetrieb bzw. körperschaftsteuerliches Einkommen). Durch „Hinzurechnungen" (§ 8 GewStG) und „Kürzungen" (§ 9 GewStG) erhält man den Gewerbeertrag. Eine wichtige Hinzurechnung besteht in 50 % der Zinsen auf Dauerschulden, die zuvor bei der Ermittlung des Gewinns aus Gewerbebetrieb abgezogen wurden (§ 8 Ziff. 1 GewStG). Im Ergebnis sind damit Zinsen auf Dauerschulden nur zu 50 % von der Bemessungsgrundlage der Gewerbeertragsteuer abzugsfähig.

Bei der Ermittlung des effektiven Gewerbeertragsteuersatzes ist zu berücksichtigen, daß die Gewerbeertragsteuer als Betriebsausgabe ihre *eigene* Bemessungsrundlage kürzt, also von sich selbst abzugsfähig ist. Der transformierte Steuersatz der Gewerbeertragsteuer s_{GE} beträgt deshalb

$$s_{GE} = \frac{0{,}05H}{100 + 0{,}05H} = \frac{H}{2.000 + H}.$$

Für einen Hebesatz H von 400 % folgt s_{GE} mit 16,67 %.

Bei vollständiger Eigenfinanzierung eines Projektes beträgt die Gewerbeertragsteuerzahlung S_{GE}:

$$S_{GE} = s_{GE}\left[NE_t - Ab_t - s_{GK}\,RBV_{t-1}\right] \tag{10}$$

Wird das Projekt teilweise fremdfinanziert (Dauerschulden), ist die Gewerbeertragsteuerzahlung wie folgt definiert:

$$S_{GE} = s_{GE}\left[NE_t - 0{,}5i\,F_{t-1} - Ab_t - s_{GK}\left(RBV_{t-1} - 0{,}5F_{t-1}\right)\right] \tag{11}$$

(10) und (11) berücksichtigen, daß die Gewerbekapitalsteuer die Bemessungsgrundlage der Gewerbeertragsteuer kürzt.

b. Einkommen- bzw. Körperschaftsteuer

(1) Einkommensteuer

Natürliche Personen sind einkommensteuerpflichtig. Ihr Einkommen wird für steuerliche Zwecke in sieben Einkunftsarten unterschieden. Ist der Investor Gesellschafter einer *Personengesellschaft*, dann erzielt er Einkünfte aus Gewerbebetrieb. Hält der Investor dagegen Anteile an einer *Kapitalgesellschaft,* erzielt er Einkünfte aus Kapitalvermögen. Auf eine Darstellung der Einkunftsarten und der Ermittlung des zu versteuernden Einkommens wird hier verzichtet. Die Höhe der Einkommensteuer hängt von der Höhe des zu versteuernden Einkommens ab. Steuerrechts- und Steuertarifänderungen gehören zur bevorzugten Spielwiese der Regierenden. Diesbezügliche Aussagen haben deshalb nur stark verkürzte Lebenszeiten. Im Zeitpunkt der Abfassung dieses Textes galt folgende Regelung für Alleinstehende (§ 32 a (1) EStG):

- für Einkommen ≤ 12.095 ist der Einkommensteuersatz s_I Null („Nullzone“);
- das Intervall von 12.095 bis 55.527 beschreibt die erste Progressionszone, in der der Einkommensteuersatz linear von 0,259 auf 0,335 steigt;

- die zweite Progressionszone beginnt bei 55.528 und reicht bis 120.041; der Einkommensteuersatz steigt linear von 0,335 auf 0,53;
- in der oberen Proportionalzone wird das zu versteuernde Einkommen mit dem Höchstsatz von 0,53 belegt.

(2) Körperschaftsteuer und Anrechnungsverfahren

Kapitalgesellschaften wie Aktiengesellschaften, Gesellschaften mit beschränkter Haftung, Kommanditgesellschaften auf Aktien unterliegen der Körperschaftsteuer. Bemessungsgrundlage ist das „zu versteuernde Einkommen". Sind die Eigentümer der Anteile an einer juristischen Person natürliche Personen, entstünde das Problem der Doppelbesteuerung, wenn die Kapitalgesellschaft mit Körperschaftsteuer und die Eigentümer auf erzieltes Einkommen mit Einkommensteuer belegt würden. Der Gesetzgeber versucht dieses Problem auf eine allerdings umständliche Art zu umgehen.[13] Sehr verkürzt, aber den Kern der Lösung treffend, bewirkt die Regelung folgendes:

- in der Kapitalgesellschaft einbehaltene, also nicht ausgeschüttete Gewinne, werden mit dem Körperschaftsteuersatz s_K^T von 0,45 besteuert;
- ausgeschüttete Gewinne werden auf der Ebene der Ausschüttungsempfänger (Investoren) der Einkommensbesteuerung unterworfen;
- in Kapitalgesellschaften einbehaltene (thesaurierte) Gewinne sollten – vorteilhafte Reinvestition der Mittel vorausgesetzt – Kurssteigerungen bzw. Wertsteigerungen der Anteile bewirken. Zählten diese Kurssteigerungen zum „zu versteuernden Einkommen" der Eigentümer der Anteile, läge eine Doppelbesteuerung vor: Auf der Ebene der Kapitalgesellschaft würden thesaurierte Überschüsse mit s_K^T belastet; u.U. sich ergebende Kursgewinne wären auf Eigentümerebene mit s_I zu versteuern.

Das Steuerrecht enthält zwei Regelungen, die die Doppelbesteuerung vermeiden helfen. Die erste Regelung unterwirft nur *realisierte* Kursgewinne der Einkommensbesteuerung; Einnahmen müssen „zufließen" (§ 8(1) EStG). Verkauft der Investor die Anteile nicht, entfällt die Dop-

[13] Die von Engels und Stützel bereits 1968 vorgeschlagene Teilhabersteuer wäre eine elegantere Lösung.

pelbesteuerung zunächst. Verkauft der Anleger die im Kurs gestiegenen Anteile und beträgt der Zeitraum zwischen Kauf und Veräußerung mehr als 6 Monate (§ 23 (1) Ziffer 1, b) EStG), ist der realisierte Kursgewinn steuerfrei. Damit unterbleibt eine Doppelbesteuerung.[14]

Mit „Anrechnungsverfahren" wird die vom Gesetzgeber gewählte Regelung bezeichnet, die dazu führen soll, daß von Kapitalgesellschaften erzielte und an Anteilseigner ausgeschüttete Gewinne nur einmal steuerlich belastet werden: Die Kapitalgesellschaft leistet Körperschaftsteuer in Höhe der Ausschüttungsbelastung s_K^A von derzeit 0,30 auf den ausschüttbaren Betrag; die Ausschüttungen unterliegen bei den Ausschüttungsempfängern der Einkommensteuer. Die von der Kapitalgesellschaft geleistete Steuerzahlung wird als Vorauszahlung auf die Einkommensteuerschuld des Anteilseigners behandelt.

Im Ergebnis werden die erzielten Überschüsse der Kapitalgesellschaft nur einmal besteuert: Einbehaltene Überschüsse unterliegen der Körperschaftsteuer mit dem Satz s_K^T; ausgeschüttete Gewinne (Dividenden, Entnahmen) unterliegen der Einkommensteuer beim Empfänger mit dem Satz s_I.

---

14 Diese Regelung hat eine wichtige Ausnahme: Sie gilt nur, solange keine wesentliche Beteiligung i. S. d. § 17 EStG vorliegt. Liegen wesentliche Beteiligungen vor, sind Veräußerungsgewinne nach § 34 EStG bis zu 30 Mio DM mit dem halben durchschnittlichen Steuersatz zu versteuern.

III. Eigenfinanzierung und Steuern

Angenommen, ein Investitionsprojekt wird in einer Kapitalgesellschaft durchgeführt und vollständig eigenfinanziert. Bewertungsrelevant sind die Nettoeinzahlungen des Projektes sowie mögliche Liquidationserlöse *nach* Steuern. Die explizite Beachtung der steuerlichen Normen und Sätze verlangt eine Entscheidung über die Verwendung der Nettoeinzahlungen. Werden diese an die Eigentümer der Kapitalgesellschaft ausgeschüttet? Werden sie in der Kapitalgesellschaft in Realinvestitionen oder Finanzanlagen reinvestiert? Werden sie benutzt, um (Alt)Verbindlichkeiten der Kapitalgesellschaft, die steuerlich als Dauerschulden gelten, zu tilgen? Werden sie benutzt, um Fremdkapital, das keine Dauerschulden darstellt, zu tilgen?

Eine klare Antwort auf diese Fragen ist wichtig, weil sie (a) die Besteuerung der Nettoeinzahlungen (Thesaurierung vs. Ausschüttung) und (b) den Diskontierungssatz, mit dem die Nettoeinzahlungen nach Steuern zu bewerten sind, beeinflußt.

Wir wollen zunächst annehmen, daß die Nettoeinzahlungen nach Steuern im Unternehmen einbehalten werden. Unter dieser Annahme werden die Nettoeinzahlungen pro Periode nach Steuern gemäß (12) ermittelt:

$$NE_{t,s} = NE_t - S_{V,t} - S_{GK,t} - S_{GE,t} - S^T_{K,t}$$

mit[15] $S_V = 0{,}75 s_V \, RBV_{t-1};$

$$S_{GK} = s_{GK} \, RBV_{t-1};$$

$$S_{GE} = s_{GE}\left[NE_t - Ab_t - S_{GK}\right];$$

$$S^T_K = s^T_K \left[NE_t - Ab_t - S_{GE} - S_{GK}\right];$$

---

15 Die zeitliche Indizierung der Steuerterme unterbleibt im folgenden.

$$NE_{t,s} = \left[NE_t - 0{,}75 s_V \, RBV_{t-1} \frac{1}{1 - s_K^T} - s_{GK} \, RBV_{t-1} - s_{GE} \left(NE_t - Ab_t - s_{GK} \, RBV_{t-1} \right) - Ab_t \right] \left(1 - s_K^T \right) + Ab_t \,.^{16} \qquad (12)$$

Die Formel (12) setzt die in Tabelle 3 enthaltenen Informationen und die oben entwickelten steuerlichen Regelungen um. Der letzte Term $+Ab_t$ ist zu erläutern: Die Schreibweise in (12) unterstellt zunächst, die Abschreibungsverrechnung verkürze die im Unternehmen verfügbaren Mittel um Ab_t und erhöhe sie um $s_K^T \, Ab_t$. Die Abschreibungsverrechnung verkürzt aber nur die steuerliche Bemessungsgrundlage der Körperschaftsteuer; sie verringert nicht das verfügbare Mittelvolumen im Unternehmen. Folglich muß der Term Ab_t wieder addiert werden, um die verfügbare Nettoeinzahlung nach Steuern zu erhalten.

Beispiel:

Investitionsauszahlung (I_0)	100.000;
Nettoeinzahlung pro Periode (NE_t)	40.000;
Nutzungsdauer des Projektes:	5 Perioden;

Abschreibung: 30 % vom Restwert mit Übergang zur linearen Abschreibung;

Steuersätze: $s_V = 0{,}006$; $s_{GK} = 0{,}008$; $s_{GE} = 0{,}1667$; $s_K^T = 0{,}45$.

---

16 Der Term $0{,}75 s_V \, RBV_{t-1} \frac{1}{1 - s_K^T}$ berücksichtigt, daß die Vermögensteuerzahlung die Bemessungsgrundlage der Körperschaftsteuer *nicht* verkürzt.

		0	1	2	3	4	5
(1)	Anschaffungsauszahlung (I_0)	–100.000					
(2)	Abschreibung (Ab_t)		30.000	21.000	16.333	16.333	16.333
(3)	Rohbetriebsvermögen (RBV_t)	100.000	70.000	49.000	32.667	16.333	0
(4)	Vermögensteuer (S_V = 0,6 % · 0,75 · RBV_{t-1})		450	315	221	147	74
(5)	Gewerbekapitalsteuer (S_{GK} = 0,8 % · RBV_{t-1})		800	560	392	261	131
(6)	Nettoeinzahlung vor Steuern (NE_t)		40.000	40.000	40.000	40.000	40.000
(7)	Gewerbeertragsteuer [S_{GE} = 16,67 % · (NE_t–Ab_t–S_{GK})]		1.534	3.074	3.880	3.902	3.923
(8)	Körperschaftsteuer [S_K = 45 % · (NE_t – Ab_t – S_{GE} – S_{GK})]		3.450	6.915	8.728	8.777	8.826
(9)	Nettoeinzahlung vor Steuern		40.000	40.000	40.000	40.000	40.000
(10)	- Substanzsteuern [(4) + (5)]		1.250	875	613	408	204
(11)	- Ertragsteuern [(7) + (8)]		4.984	9.989	12.608	12.679	12.749
(12)	Nettoeinzahlung nach Steuern ($NE_{t,s}$)		33.766	29.136	26.779	26.913	27.047

Tabelle 4: Ermittlung der Nettoeinzahlungen im deutschen Steuersystem bei vollständiger Eigenfinanzierung und Thesaurierung

Wendet man Formel (12) auf die Daten der Periode 1 an, erhält man:

$$NE_{1,s} = [\,40.000 - 818 - 800 - 1.534 - 30.000]\,(1 - 0{,}45) \quad + 30.000$$
$$= 33.766$$

und damit das Ergebnis aus Tabelle 4. Die Ergebnisse lassen noch unbeachtet, wie die auf Unternehmensebene thesaurierten Mittel verwendet werden.

Der Nettokapitalwert bei Eigenfinanzierung berechnet sich gemäß (13):

$$NKW_0^E = \sum_{t=1}^{n} NE_{t,s}\left(1 + i_s^*\right)^{-t} - I_0 \qquad (13)$$

Lohnt die Realisierung des Projektes? Die Antwort auf diese Frage hängt auch von der Höhe des zu verwendenden Diskontierungssatzes ab, der in (13) mit i_s^* bezeichnet ist. Dieser Diskontierungssatz muß die für das Entscheidungsproblem relevante Alternative nach Steuern darstellen. Angenommen, die (risikoäquivalente) Alternative sei eine Investition in

Finanzanlagen, deren Rendite *vor* Steuern (i_A) 10 % betragen soll. Wie sieht die Rendite nach Steuern aus? Eigenfinanzierte Investitionen in Finanzanlagen erhöhen das Rohbetriebsvermögen des Unternehmens und lösen somit Vermögensteuer- und Gewerbekapitalsteuerzahlungen aus. Die Erträge aus Finanzanlagen unterliegen der Gewerbeertragsteuer und – bei Einbehaltung – dem Normaltarif der Körperschaftsteuer $\left(s_K^T\right)$. Die Nachsteuerrendite i_s^* ergibt sich gemäß (14):

$$i_s^* = i_A \left(1 - s_{GE}\right)\left(1 - s_K^T\right) - s_{GK} \left(1 - s_{GE}\right)\left(1 - s_K^T\right) - 0{,}75\, s_V \qquad (14)$$

und beträgt für die angegebenen Steuersätze 0,03766, ist also erheblich kleiner als der Bruttosatz in Höhe von 10 %.

Das folgende Beispiel erläutert für einen Anlagebetrag von 100.000 (FA), wie die Nach-Steuer-Rendite von 3,766 % zustande kommt, wenn die Bruttorendite (i_A) 10 % beträgt.

Erträge (Einzahlungen) aus Finanzanlagen (i_A FA)	10.000,00
Vermögensteuer (0,75 · 0,006 · FA)	– 450,00
Gewerbekapitalsteuer (0,008 · FA)	–800,00
Gewerbeertragsteuer [0,1667 (10.000 – 800)]	–1.533,64
Körperschaftsteuer [0,45 (10.000 – 800 – 1.533,64)]	–3.449,86
im Unternehmen verbleibender Überschuß nach Steuern	3.766,50

Diskontiert man die Nettoeinzahlungen nach Steuern in Tabelle 4 mit $i_s^* = 0{,}03766$, erhält man einen Bruttokapitalwert von 129.264. Dieses Ergebnis ist so zu interpretieren: Wenn mittels Finanzanlagen mit einer Bruttorendite von $i_A = 10$ % Nettoeinzahlungen nach Steuern in genau der Höhe erzeugt werden sollen, wie sie das Investitionsprojekt des Beispiels liefert, dann muß das Finanzanlagevermögen im Zeitpunkt 0 ein Volumen von 129.264 erreichen. Da das Investitionsprojekt *gleiche* Vorteile bei einem Mitteleinsatz von $I_0 = 100.000$ erzielt, ist es der Finanzanlage klar überlegen. Das Investitionsprojekt ist vorteilhaft, weil es die Alternative „Finanzanlage" dominiert.[17]

---

17 Eigenfinanzierte Finanzanlagen sind auf Unternehmensebene unter den angenommenen steuerlichen Bedingungen nicht optimal. Das Beispiel demonstriert nur die Technik des Kalküls; es ist kein Hinweis auf optimierendes Handeln.

Wie ist das gleiche Projekt einzuschätzen, wenn die Nettoeinzahlungen nach Steuern dazu verwendet werden sollen, Fremdkapital des Unternehmens zu tilgen? Wir wollen annehmen, daß es sich um mittel- oder langfristiges Fremdkapital handelt, das steuerlich zu den Dauerschulden zählt. Der Bruttozinssatz für diese Fremdmittel (i_V) beträgt 10 %. Nach Steuern kostet Fremdkapital mit Dauerschuldcharakter den gemäß (15) definierten Satz:

$$i_{V,s} = i_V \left(1 - 0{,}5\, s_{GE}\right)\left(1 - s_K^T\right) - 0{,}5\, s_{GK}\left(1 - s_{GE}\right)\left(1 - s_K^T\right) - 0{,}75\, s_V \quad (15)$$

Unter Beachtung der angegebenen Steuersätze folgt $i_{V,s} = 0{,}04408$.

Diskontieren wir die in Tabelle 4 angegebenen Nettoeinzahlungen nach Steuern mit $i_{V,s} = 0{,}04408$, erhalten wir einen Bruttokapitalwert von 127.044. Das heißt, daß die Projekteinzahlungen einen im Zeitpunkt 0 aufgenommenen, mittelfristigen Kredit in Höhe von 127.044 verzinsen und tilgen könnten. Nun kostet das Projekt nur 100.000. Man könnte I_0 folglich vollständig fremdfinanzieren ($F_0 = 100.000$) und erzielte dennoch einen Überschuß in Höhe des nach der Zahlung von I_0 verbleibenden Kreditbetrages. Daß der Wert (Bruttokapitalwert) des Projektes im Vergleich zum ersten Fall gesunken ist, ist nicht verwunderlich: Die Fremdkapitalkosten nach Steuern liegen höher als die Finanzanlage-Rendite nach Steuern. Steigt der Diskontierungssatz, fällt ceteris paribus der Wert des Projektes.

Wir wollen nun verdeutlichen, warum der Fremdkapitalkostensatz nach Steuern $i_{V,s}$ nur 4,408 % beträgt, wenn $i_{V,s}$ vor Steuern 10 % ist. Wir unterstellen einen Kredit von 100.000.

Zinszahlungen brutto ($i_V\ F_0$)	- 10.000,00
Ersparnis an Vermögensteuer ($0{,}75 \cdot 0{,}006 \cdot F_0$)	+ 450,00
Ersparnis an Gewerbekapitalsteuer ($0{,}008 \cdot 0{,}5 \cdot F_0$)	+ 400,00
Ersparnis an Gewerbeertragsteuer [0,1667 (0,5 · 10.000 – 400)]	+ 766,82
Ersparnis an Körperschaftsteuer [0,45 (10.000 – 400 - 766,82)]	+ 3.974,93
Belastung nach Steuern	- 4.408,25

Jetzt wollen wir annehmen, daß die Nettoeinzahlungen des mit Eigenkapital finanzierten Investitionsprojektes an die Eigentümer ausgeschüttet werden. Die Kapitalgesellschaft betreibe eine Strategie der Vollausschüttung: Alle verfügbaren Nettoeinzahlungen werden ausgeschüttet. Eigenkapitalbedarfe werden durch Kapitalerhöhungen gedeckt. Der Einkommensteuersatz der Ausschüttungsempfänger s_I sei 0,40. Die den Eigentümern aus dem Projekt zufließenden Nettoeinzahlungen sind durch (16) definiert:

$$NE_{t,s} = NE_t - S_{V,t} - S_{GK,t} - S_{GE,t} - S_{I,t}$$

$$NE_{t,s} = \left[NE_t - 0{,}75 s_V \, RBV_{t-1} \frac{1}{1 - s_K^T} - s_{GK} \, RBV_{t-1} - s_{GE} \left(NE_t - Ab_t - s_{GK} \, RBV_{t-1} \right) - Ab_t \right] (1 - s_I) + Ab_t \tag{16}$$

Gleichung (16) ist zu erläutern. Sie unterstellt, daß die Abschreibung die Bemessungsgrundlagen der Gewerbeertragsteuer und der Einkommensteuer verkürzt, daß aber zugleich ein der Abschreibungsverrechnung entsprechender Betrag in den Verfügungsbereich der Eigentümer gelangt. Man hat sich dies so vorzustellen, daß die Gesellschaft die durch das Projekt ausgelösten Beiträge zum Jahresüberschuß voll ausschüttet und zusätzlich Ausschüttungen in Höhe der durch das Projekt ausgelösten Abschreibungen leistet. Letztere könnten gesellschaftsrechtlich durch entsprechende Kapitalherabsetzungen bzw. durch auf Anteilseignerebene nicht zu versteuernde Auflösungen von Gewinnrücklagen realisiert werden. Diese auf den ersten Blick künstlich erscheinende Konstruktion wird gewählt, um die gesamten finanziellen Folgen der Projektrealisierung während der Laufzeit des Projektes unbeeinflußt von Reinvestitionen von Abschreibungsbeträgen erfassen zu können. Für Periode 1 gilt somit, daß die Gesellschaft den Eigentümern einschließlich Körperschaftsteuergutschrift einen projektinduzierten Vorteil in Höhe von

$$[40.000 - 450 - 800 - 1.534 - 368 - 30.000] = 6.848$$

zur Verfügung stellt. Dieser ist mit $s_I = 0{,}4$ zu versteuern, die Einkommensteuerzahlung beträgt 2.739. Zusätzlich erhalten die Eigentümer eine steuerfreie Ausschüttung in Höhe von 30.000.

Unter Benutzung der Daten des Beispiels folgt Tabelle 5:

	0	1	2	3	4	5
(1) Anschaffungsauszahlung (I_0)	–100.000					
(2) Nettoeinzahlung vor Steuern (NE_t)		40.000	40.000	40.000	40.000	40.000
(3) Abschreibung (Ab_t)		30.000	21.000	16.333	16.333	16.333
(4) Rohbetriebsvermögen (RBV_t)	100.000	70.000	49.000	32.667	16.333	0
(5) Vermögensteuer ($S_V = 0{,}75 \cdot 0{,}6\% \cdot RBV_{t-1}$)		450	315	221	147	74
(6) Gewerbekapitalsteuer ($S_{GK} = 0{,}8\% \cdot RBV_{t-1}$)		800	560	392	261	131
(7) Gewerbeertragsteuer [$S_{GE} = 16{,}67\% \cdot (NE_t - Ab_t - S_{GK})$]		1.534	3.074	3.880	3.902	3.923
(8) Definitivkörperschaftsteuer		368	258	180	120	60
(9) Einkommensteuer auf Ausschüttung [$S_I = 0{,}4\,((2) - (3) - (5) - (6) - (7) - (8))$]		2.739	5.917	7.598	7.695	7.792
(10) Verfügbare Mittel einschl. Abschreibung [(1) – (5) – (6) – (7) – (8) – (9)]		34.109	29.876	27.730	27.875	28.021

Tabelle 5: Ermittlung der Nettoeinzahlungen im deutschen Steuersystem bei vollständiger Eigenfinanzierung und Ausschüttung

In Zeile (8) wird die Definitivkörperschaftsteuer ausgewiesen. Sie wird dadurch ausgelöst, daß die Vermögensteuer bei der Ermittlung des körperschaftsteuerlichen Gewinns nicht abzugsfähig ist.[18] Die Vermögensteuerzahlung löst somit eine Thesaurierungsbelastung aus.[19]

Wie sind die durch das Investitionsprojekt bewirkten Überschüsse nach Steuern zu bewerten? Wie kann ein Diskontierungssatz bestimmt werden? Bedingt durch die Entscheidung, die generierten Mittel auszuschütten, ist das Projekt vor dem Hintergrund der verfügbaren Alternativen auf Anteilseignerebene zu bewerten. Angenommen, Anteilseigner könnten alternativ Mittel in Finanzanlagen zu einem (risikoäquivalenten) Satz $i_A = 10\ \%$ vor Steuern anlegen. Anteilseigner unterliegen der Einkommensteuer und u.U. der Vermögensteuer mit dem Satz $s_V^P = 0{,}5\ \%$.[20] Wenn wir die private Vermögensteuer unbeachtet lassen, beträgt der Alternativertragssatz nach Steuern $i_A(1 - s_I)$, für $s_I = 0{,}4$ somit 6 %. Dis-

18 § 10 Nr. 2 KStG.

19 In Tabelle 4 wurde keine Definitivkörperschaftsteuer ausgewiesen; dort galt:
$$0{,}75 \cdot s_V \cdot \frac{1}{1 - s_K^T}\left(1 - s_K^T\right) RBV_{t-1} = 0{,}75 \cdot s_V \cdot RBV_{t-1}.$$

20 Seit dem 1.1.1995 beträgt der Vermögensteuersatz für Privatvermögen 1 %. Für bestimmte Anlageformen gilt der Steuersatz von 0,5 % (§ 10 Ziff. 1 VStG).

kontiert man die Überschüsse in Zeile (10) mit diesem Satz, errechnet sich ein Bruttokapitalwert in Höhe von 125.069. Auch jetzt lohnt das Projekt: Sein Wert übersteigt die Investitionsauszahlung.

Die Berechnungen vereinfachen sich erheblich, wenn die Wirkungen der Substanzsteuern unbeachtet bleiben können. Zu beachten ist, daß dann ggf. auch die Diskontierungssätze anzupassen sind.

IV. Fremdfinanzierung und Steuern

Fremdfinanzierung hat prägnante steuerliche Vorteile, weshalb eine ausschließliche Eigenfinanzierung von Projekten die Ausnahme sein dürfte. Bei vollständiger $(F_0 = I_0)$ oder teilweiser Fremdfinanzierung $(F_0 < I_0)$ sind in Analogie zu Abschnitt III. zwei Teilprobleme zu unterscheiden:

1. Wie hoch sind die verfügbaren Nettoeinzahlungen nach Bedienung des Fremdkapitals und nach Steuern?
2. Wie sind die verfügbaren Überschüsse zu diskontieren?

Wir unterstellen im folgenden vollständige Fremdfinanzierung $(F_0 = I_0)$ und setzen die Annahme, daß eventuelle Überschüsse nach Bedienung des Fremdkapitals und nach Steuern im Unternehmen einbehalten werden. Das Fremdkapital stelle Dauerschulden dar.

Die Nettoeinzahlungen nach Bedienung der Gläubiger und nach Steuern sind durch (17) definiert:

$$NE_{t,s} = \Bigg[NE_t - 0{,}75 s_V \left(RBV_{t-1} - F_{t-1}\right) \frac{1}{1 - s_K^T} - s_{GK} \left(RBV_{t-1} - 0{,}5 F_{t-1}\right) - s_{GE} \left(NE_t - Ab_t - S_{GK} - 0{,}5\, i F_{t-1}\right) - Ab_t - i F_{t-1} \Bigg] \left(1 - s_K^T\right) + Ab_t - T_t \quad (17)$$

T_t bezeichnet die an die Fremdkapitalgeber zu leistenden Tilgungen.

Wir erläutern die Definition (17) anhand einer Erweiterung des in Abschnitt III. benutzten Beispiels. Zusätzlich zu den oben genannten Daten gilt, daß I_0 vollständig fremdfinanziert wird, der Kredit in gleichen Raten über die Nutzungsdauer zu tilgen ist und der Kreditzinssatz i_V vor Steuern 10 % beträgt.

Tabelle 6 zeigt die Berechnung von $NE_{t,s}$.

	0	1	2	3	4	5
(1) Nettoeinzahlung vor Steuern (NE_t)		40.000	40.000	40.000	40.000	40.000
(2) Abschreibung (Ab_t)		30.000	21.000	16.333	16.333	16.334
(3) Rohbetriebsvermögen (RBV_t)	100.000	70.000	49.000	32.667	16.334	0
(4) Fremdkapital (F_t)	100.000	80.000	60.000	40.000	20.000	0
(5) Tilgung (T_t)		20.000	20.000	20.000	20.000	20.000
(6) Zinsen ($i_V F_{t-1}$)		10.000	8.000	6.000	4.000	2.000
(7) Bemessungsgrundlage Gewerbekapitalsteuer ($RBV_t - 0{,}5 \cdot F_t$)	50.000	30.000	19.000	12.667	6.334	0
(8) Gewerbekapitalsteuer (S_{GK})[21]		400	240	152	101	51
(9) Bemessungsgrundlage Vermögensteuer ($RBV_t - F_t$)	0	-10.000	-11.000	-7.333	-3.666	0
(10) Vermögensteuer (S_V)[22]		0	-45	-50	-33	-17
(11) Gewerbeertragsteuer (S_{GE})[23]		767	2.460	3.420	3.595	3.770
(12) Körperschaftsteuer $\left(S_K^T\right)$[24]		-525	3.735	6.343	7.187	8.030
(13) Nettoeinzahlung nach Steuern ($NE_{t,s}$)[25]	–	9.358	5.610	4.135	5.150	6.166

Tabelle 6: Ermittlung der Nettoeinzahlungen im deutschen Steuersystem bei vollständiger Fremdfinanzierung und Thesaurierung

Man erkennt sofort, daß das Projekt vorteilhaft ist. Es ist vollständig fremdfinanziert und erzielt nach Verzinsung und Tilgung des Fremdkapitals und nach allen steuerlichen Belastungen positive Überschüsse. Diskontieren muß man insoweit also nicht. Stellt sich die Frage, *wie* vorteilhaft das Projekt ist – etwa im Vergleich zu einer technischen Alternative – führt an einer Barwert- oder Endwertermittlung i.d.R. kein Weg vorbei. Wir könnten unser Projekt und seine technische Alternative – deren Existenz hier unterstellt wird – z. B. daran messen, welches Fremdkapitalvolumen (zusätzlich zu I_0) durch die Nettoeinzahlungen bedient werden könnte. In diesem Fall sind die Nettoeinzahlungen in

21 $S_{GK} = s_{GK}\left(RBV_{t-1} - 0{,}5\,F_{t-1}\right)$

22 $S_V = 0{,}75\,s_V\left(RBV_{t-1} - F_{t-1}\right)$. Negative Bemessungsgrundlagen führen bei Verrechnung mit positiven Bemessungsgrundlagen anderer Investitionsprojekte zu Vermögensteuerersparnissen. Zur Kennzeichnung dient das negative Vorzeichen.

23 $S_{GE} = s_{GE}\left(NE_t - Ab_t - S_{GK} - 0{,}5\,i\,F_{t-1}\right)$

24 $S_K^T = s_K^T\left(NE_t - Ab_t - S_{GK} - i\,F_{t-1} - S_{GE}\right)$

25 $NE_{t,s} = NE_t - S_V - S_{GK} - S_{GE} - S_K^T - i\,F_{t-1} - T_t$

Spalte (12) der Tabelle 6 mit $i_{V,s} = 0{,}04408$ i.S.v. (15) zu diskontieren. Für das Projekt folgt ein Nettokapitalwert in Höhe von 27.045. Wir könnten das Projekt (und seine technische Alternative) auch am Volumen der Finanzanlagen messen, das im Zeitpunkt 0 angelegt werden müßte, um gleiche Erfolge nach Steuern zu erbringen. Dazu ist der Diskontierungssatz i_s^* i.S.v. (14) zu verwenden.

V. Übungsaufgaben

Aufgabe 6

Ihnen wird ein Investitionsprojekt angeboten, das die folgenden Nettoeinzahlungen abzuwerfen verspricht und eine Anschaffungsauszahlung von 1.500 erfordert:

	0	1	2	3	4
I_0; NE_t	-1500	500	600	300	500

Die Nutzungsdauer beträgt 4 Jahre. Sie können finanzielle Mittel alternativ zu einem Zinssatz von 10 % anlegen. Der Steuersatz s beträgt 40 %. Die Anschaffungskosten sind linear abzuschreiben. Sofortiger Verlustausgleich kann unterstellt werden.

1. Gehen Sie zunächst davon aus, daß das Projekt vollständig eigenfinanziert wird.

   a) Ermitteln Sie die Nettoeinzahlungen nach Steuern und berechnen Sie den Nettokapitalwert! Wie hoch ist der finanzielle Vorteil, der aus der Abschreibungsfähigkeit des Projektes folgt?

   Nehmen Sie nun an, neben der linearen sei auch die degressive Abschreibung mit einem maximalen Abschreibungssatz von 30% zulässig! Ein Wechsel von der degressiven zur linearen Abschreibung ist dann möglich, wenn die lineare Abschreibung erstmals höher ist als die degressive.

   b) Ermitteln Sie die Abschreibungsbeträge für den Fall, daß die schnellstmögliche zulässige Abschreibung des Projektes angestrebt wird! Wie hoch ist der finanzielle Vorteil aus der Abschreibungsfähigkeit des Projektes jetzt?

   Wie hoch ist der Nettokapitalwert des Projektes?

   c) Was folgern Sie aus dem Vergleich der Ergebnisse aus a) und b) ?

2. Sie ziehen nun eine vollständige Fremdfinanzierung des Investitionsprojektes in Erwägung. Ihre Bank erklärt sich bereit, einen Kredit in Höhe der Anschaffungsauszahlung zu einem Zinssatz von 10 % zu gewähren. Die Tilgung soll in vier gleichen Raten erfolgen. Zinszahlungen kürzen die steuerliche Bemessungsgrundlage. Unterstellen Sie, daß die degressive Abschreibung genutzt wird!

   a) Ermitteln Sie die Nettoeinzahlungen des Projektes und den Nettokapitalwert bei vollständiger Fremdfinanzierung!

   b) Welchen Einfluß hat die Form der Finanzierung unter den gesetzten Annahmen auf die Vorteilhaftigkeit des Investitionsprojektes ?

Aufgabe 7

Die X-GmbH plant ein Investitionsprojekt. Folgende Nettoeinzahlungen werden erwartet (in TDM):

	1	2	3	4	5	6
NE_t	200	200	180	180	180	180

Die Anschaffungsauszahlung von 300 TDM ist sofort zu leisten (= Zeitpunkt 0). Sie ist über die Nutzungsdauer von 6 Jahren abzuschreiben. Zulässig ist die lineare und die degressive Abschreibung (max. 30% des Restbuchwertes am Ende der Vorperiode). Ein Übergang zur linearen Abschreibungsmethode ist zulässig.

Es gilt ein Steuersystem mit folgenden Bemessungsgrundlagen und Steuersätzen:

	Bemessungsgrundlage	Steuersatz
Körperschaft- bzw. Einkommensteuer	Gewinn aus dem Gewerbebetrieb	45 %
Gewerbeertragsteuer	Gewerbeertrag = Gewinn aus dem Gewerbebetrieb + 50% der Zinsen auf Dauerschulden	16,67 %

1. Unterstellen Sie, daß die X-GmbH das Investitionsprojekt mit Eigenkapital finanziert! Ermitteln Sie unter Berücksichtigung aller Steuer-

wirkungen die Nettoeinzahlungen des Projektes! Dabei ist die für das Unternehmen günstigste Abschreibungsmethode anzuwenden. Gehen Sie davon aus, daß die Überschüsse nach Steuern von der X-GmbH einbehalten werden!

2. Die X-GmbH hat einen Kredit zu einem Zinssatz von 13 % in Anspruch genommen. Es wird deshalb erwogen, die Überschüsse aus dem Investitionsprojekt zur Tilgung dieses Kredites zu verwenden.
   a) Welcher Kreditbetrag kann bis zum Laufzeitende des Projektes insgesamt zurückgeführt werden, wenn die Nettoeinzahlungen nach Steuern in der Periode, in der sie anfallen, zur Tilgung verwendet werden und die Zinsersparnisse bzw. Steuermehrzahlungen, die die Tilgungen auslösen, die Tilgungen in den Folgeperioden beeinflussen?
   b) Belegen Sie Ihre Rechnung durch einen vollständigen Finanzplan!
   c) Ist das Projekt vorteilhaft?

Aufgabe 8

Zu beurteilen ist weiterhin das Investitionsprojekt aus Aufgabe 7. Es gelten die gleichen steuerlichen Gegebenheiten. Unterstellen Sie nun, daß die Überschüsse in vollem Umfang an die Gesellschafter der X-GmbH ausgeschüttet werden. Der Einkommensteuersatz der Gesellschafter betrage 40 %.

1. Ermitteln Sie die an die Gesellschafter fließenden Ausschüttungen! Unterstellen Sie dabei, daß eine Umgehung der bilanziellen Ausschüttungssperre durch eine steuerneutrale Kapitalherabsetzung möglich ist und deshalb die gesamten Nettoeinzahlungen nach Steuern ausgeschüttet werden können.
2. Nehmen Sie an, die Gesellschafter verwenden die Ausschüttungen, um private Kredite (Zinssatz 13 %) zu tilgen. Welcher Kreditbetrag kann auf Gesellschafterebene bis zum Ende der Projektlebensdauer in Periode 6 zurückgeführt werden? Vergleichen Sie das Ergebnis mit dem aus Aufgabe 7 und erläutern Sie die Unterschiede!

3. Unterstellen Sie nun, die Ausschüttungen entsprächen genau den Einkommenszielen der Gesellschafter der X-GmbH! Welchen Betrag müßten die Gesellschafter im Zeitpunkt 0 anlegen, um identische Vorteile zu erzielen, wenn der private Anlagezinssatz vor Steuern 10 % beträgt?

Aufgabe 9

Z. ist gutgelaunt. Nachdem er sich 10 Semester lang mit den Fächern Geographie und Anglistik abgeplagt, sich passable Examensnoten erkämpft hatte, mußte er feststellen, daß er nicht gut genug war, um als Lehrer in den Staatsdienst eintreten zu können. Er war zunächst arbeitslos, dann Taxifahrer. Auf eine Zeitungsannonce hin bewarb er sich bei einer bekannten Versicherungsgesellschaft, der MH-AG. Diese stellte ihn im Außendienst ein: Er soll mit Darlehen kombinierte Lebensversicherungen vertreiben. Den Arbeitsunterlagen entnahm er, daß es sich um eine überaus renditeträchtige Anlageform handelte. Da sein Gehalt insbesondere von den Provisionen auf abgeschlossenen Lebensversicherungssummen abhing, war er wegen der Vorteilhaftigkeit dieser Anlageform völlig sicher, zahlreiche Kunden zu finden und entsprechend viel zu verdienen. Daher seine gute Laune.

Im folgenden wird die von der MH-AG angebotene Anlageform erläutert und an einem Beispiel illustriert.

Die MH-AG bietet die Zeichnung von sog. Berlin-Darlehen an.[26] Berlin-Darlehen sind Darlehen mit 25-jähriger Laufzeit; sie werden zu 6 % verzinst und mit 1,5 % getilgt. Schuldner und Kreditnehmerin ist die Wohnungsbau Kreditanstalt, Berlin. Gemäß § 17 (2) Berlin-Förderungsgesetz kann der Zeichner eines Berlin-Darlehens im Jahr der Zeichnung seine Einkommensteuerschuld um 20 % des gezeichneten Nominalwertes des Darlehens kürzen, soweit die Kürzung 50 % der Steuerschuld nicht übersteigt. Es war Z. klar, daß dies ein erheblicher Anreiz war, dieses Darlehen zu zeichnen.

Die MH-AG koppelte diese Anlage mit einer Fremdfinanzierung: Die Zeichner sollten vorrangig die Ersparnis an Steuern als Eigenkapital in-

---

26 Diese Form der Anlage gibt es inzwischen nicht mehr.

vestieren; der Rest sollte durch einen Kredit mit 12-jähriger Laufzeit finanziert werden. Dieser Kredit wiederum sollte durch eine Lebensversicherung unterlegt werden. Das bedeutete, daß der Lebensversicherer die Zahlung der Zinsen auf die Fremdfinanzierung und die Tilgung des aufgenommenen Kredites übernahm, falls der Zeichner vor Ablauf der 12-jährigen Laufzeit des Finanzierungsdarlehens sterben sollte.

Im Ergebnis sieht die Konstruktion also so aus:

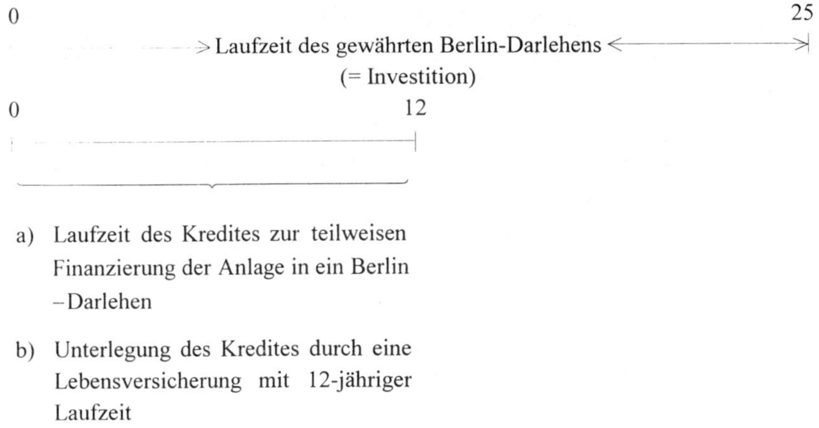

Es war Z. klar, daß er bei manchen Kunden Probleme haben würde, Konstruktion und vor allem den Sinn der Konstruktion zu verdeutlichen. Aber er war überzeugt, daß das folgende Beispiel jeden Zweifel an der Vorteilhaftigkeit der Konstruktion ausräumen würde.

- Es wird ein Berlin-Darlehen in Höhe von 40.000 DM im Dezember 1991 gezeichnet.
- Die Steuerersparnis im Jahr der Zeichnung beträgt somit 8.000 DM.
- Der Zinssatz für die Fremdmittel, die die Investitionssumme z.T. finanzieren, ist 7,4 %. Die Laufzeit beträgt 12 Jahre. Die Zinsen sind jährlich am Ende des Jahres fällig; die Tilgung erfolgt in Höhe des Nominalwertes am Ende des 12. Jahres. Das Beispiel unterstellt, daß das gezeichnete Darlehen zu 75 % fremdfinanziert wird. Das Darlehen wird außerdem mit einem Disagio von 10 %, also zu 90 %, ausgezahlt.
- Das Disagio ist im Jahr seines Anfalls, also 1991, steuerlich abzugsfähig. Zinserträge sind einkommensteuerpflichtig. Zinsaufwendungen können mit Zinserträgen verrechnet werden. Das Beispiel unterstellt

einen Einkommensteuersatz von 35 %. Die Einkommensteuer ist jedoch nur in den Jahren 1991 und 1992 von Bedeutung. Die Bundesregierung hatte angekündigt, den Steuerfreibetrag für Zinserträge ab dem 1.1.1993 auf 6.000 DM für Alleinstehende bzw. 12.000 DM für Verheiratete anzuheben. Das Beispiel unterstellt, daß Zinserträge für den Anleger steuerfrei sind.

- Der Lebensversicherungsvertrag hat eine 12-jährige Laufzeit und erreicht an deren Ende unter Beachtung von Zinserträgen und Gewinnanteilen den zu tilgenden Betrag von 30.000 DM. Unter der Annahme eines durchschnittlichen Eintrittsalters wären hierzu Jahresbeiträge von 1.661 DM beginnend am 1.1.1992 fällig. Die begrenzte steuerliche Abzugsfähigkeit von Lebensversicherungsbeiträgen kann vernachlässigt werden, da i.d.R. die relevanten abzugsfähigen Sonderausgaben-Beträge ausgeschöpft sind.

Die folgenden Tabellen stellen die Daten zusammen:

	(1)	(2)	(3)	(4)	(5)	(6) = (2) + (3) – (4) – (5)
	t	Zinsen aus BD	Tilgung aus BD	Zinsen auf Kredit	Beiträge zur LV	
1992	1	2.166,67	300	2.200	1.661	– 1.414,33
						– 681
1993	2	3.200		2.220	1.661	– 681
	3	3.200		2.220	1.661	"
	4	3.200		"	"	"
	5	3.200		"	"	"
	6	3.200		"	"	"
	7	3.200		"	"	"
	8	3.200		"	"	"
	9	3.200		"	"	"
	10	3.200		"	"	"
	11	3.200		"	"	"
2003	12	3.200		2.220	1.661	– 681
		37.666,67		26.640	19.932	– 8.905,33

Tabelle A: Jahre 1-12 (= 1992-2003)

Zahlungen, die Beiträge zur Lebensversicherung ausgenommen, erfolgen jeweils am Ende der Periode.

In Periode 12 wird das Darlehen in Höhe von 30.000 DM durch den Lebensversicherer abgelöst. Der Anleger erhält somit nur noch Einzahlungen in Form von Tilgungen und Zinsen gemäß Tabelle B.

	(1)	(2)
	t	Zinsen + Tilgung aus BD
13	(=2004)	3.200
14	(=2005)	3.200
15		"
.		"
.		"
.		"
24	(=2016)	3.200
25	(=2017)	5.149,21
		81.215,88

Tabelle B: Jahre 13-25 (= 2004-2017)

Die Beispielrechnung schließt mit dem Hinweis, daß ein Anleger 81.215,88 DM erhält, aber nur 26.640 DM an Zinsen, 19.932 DM an Beiträgen zu Lebensversicherungen und einen Eigenkapitaleinsatz von 5.000 DM leistet, und somit einen gewaltigen Überschuß bzw. eine sehr hohe Rendite erzielt.

Z. ist überzeugt, daß er gute Geschäfte machen wird.

1. Erstellen Sie einen Zahlungsplan, der die bewertungsrelevanten Zahlungen abbildet, die ausschließlich mit dem Berlin-Darlehen verbunden sind!

2. Wie hoch ist die Rendite des Darlehens? Hinweis: Sie sollen den Zinssatz suchen, der den Nettokapitalwert der Anlage auf Null stellt!

3. Berechnen Sie die Kosten des Kredits! Hinweis: Sie sollen den Zinssatz suchen, der den Nettokapitalwert des Kredits auf Null stellt!

4. Nehmen Sie an, der Anleger verzichtet auf den Abschluß der Lebensversicherung. Dann muß er am Ende der Periode 12 30.000 DM tilgen. Nehmen Sie an, er spart diesen Betrag durch Wiederanlage aller Überschüsse im Zeitraum 1-12 und durch Anlage gleichbleibender Beträge zu 8,5 % an. Wie hoch ist die Rendite des „Paketes“ aus Berlin-Darlehen und Kredit?

Aufgabe 10

Nehmen Sie an, Sie seien Geschäftsführer und alleiniger Gesellschafter der Kunststoff GmbH. Sie stehen vor der Entscheidung, ob ein neues Auslieferungslager auf dem Unternehmensgelände errichtet werden soll. Die Baukosten der neuen Lagerhalle (incl. sämtlicher Zusatzkosten) betragen 150.000 DM und sind im Jahr 1993 zur Zahlung fällig. Die gesamten Anschaffungskosten sind linear über eine Nutzungsdauer von 5 Jahren abzuschreiben. Das neue Lager ist Anfang 1994 fertiggestellt. Sie erwarten bereits in diesem Jahr Einsparungen gegenüber dem alten Lagerhaltungssystem in Höhe von 35.000 DM. Weiterhin wird damit gerechnet, daß die erzielbaren Einsparungen in den Folgejahren bis einschließlich 1998 um 10 % p.a. wachsen. Wegen eines erforderlichen und bereits beschlossenen Betriebsumzuges sind nach 1998 keine weiteren Ersparnisse durch das neue Lagerhaltungssystem zu erzielen.

Über die Finanzierung verhandeln Sie mit Ihrer Hausbank; diese bietet Ihnen einen Kredit in Höhe von 75.000 DM zu einem Zinssatz von 10 % bei einer Laufzeit von 5 Jahren an. Die Auszahlung soll 1993 erfolgen. Die Bank besteht auf einer annuitätischen Bedienung des Kredites: Zins- und Tilgungszahlungen sollen in jedem Jahr gleich hoch sein.

Unterstellen Sie die Geltung des bundesdeutschen Steuersystems mit folgenden Steuersätzen:

Einkommensteuer s_I	53 %;
Körperschaftsteuer (Einbehaltungstarif) s_K^T	50 %;
Körperschaftsteuer (Ausschüttungstarif) s_K^A	36 %;
Gewerbeertragsteuer s_{GE}	16,67 %;
Gewerbekapitalsteuer s_{GK}	0,8 %;
Vermögensteuer (Betriebsvermögen) s_V	0,6 %;
Vermögensteuer (Privatvermögen) s_V^P	0,5 %.

Für ausgeschüttete Gewinne gilt das körperschaftsteuerliche Anrechnungsverfahren.

Die Kunststoff GmbH hatte 1992 eine schwere Liquiditätskrise zu überwinden. Deshalb weist sie 1993 einen hohen Bestand an Bankverbindlichkeiten auf, der mit einem Brutto-Zinssatz von 10% zu verzinsen ist.

Gleichzeitig hatten Sie sich als Gesellschafter 1992 in erheblichem Umfang zum gleichen Zinssatz privat verschuldet, um der Gesellschaft die zusätzlich benötigte Liquidität über ein zinsloses Gesellschafter-Darlehen zur Verfügung zu stellen. Die Überschüsse aus der Realisierung des Projektes sollen daher auf jeden Fall zur Tilgung der aufgenommenen Kredite verwendet werden.

1. Nehmen Sie zunächst an, die Nettoeinzahlungen aus dem Projekt würden verwendet, um die Kredite auf *Unternehmensebene* zurückzuführen. Wie hoch ist der maximale Tilgungsbetrag 1993 bei Durchführung des Projektes? Ist der Bau des neuen Lagers vorteilhaft?
2. Unterstellen Sie nun, die Nettoeinzahlungen des Projektes würden zur Tilgung des *privaten* Kredites herangezogen. Welches Kreditvolumen können Sie bei Realisierung des Projektes im Jahr 1993 zurückführen? Lohnt die Realisierung des Projektes? Sie können unterstellen, daß die gesamten Nettoeinzahlungen ausgeschüttet werden können!
3. Vergleichen Sie die Ergebnisse aus 1. und 2. Woraus resultieren die Unterschiede?

Aufgabe 11

Die Westrheinische Energieversorgungs - AG (WEAG) ist ein börsennotiertes Unternehmen mit einem breitgestreuten Anteilseignerkreis. Sitz der Gesellschaft ist Aachen. Der Schwerpunkt der Geschäftstätigkeit liegt im Abbau und der Verstromung der westrheinischen Braunkohlevorkommen.

Die WEAG verfügt über einen außerordentlich hohen Betrag an liquiden Mitteln. Sie benötigt diese Gelder nicht zur Finanzierung der laufenden Geschäfte; sie sind vielmehr für die Finanzierung von Rekultivierungsmaßnahmen nach Beendigung des Braunkohletagebaus notwendig. Bis zu diesem Zeitpunkt sucht das Unternehmen nach lohnenden Anlagemöglichkeiten. Der Umfang der für Anlagezwecke zur Verfügung stehenden Mittel beträgt 700 Mio. DM.

Unterstellen Sie im weiteren die Geltung des bundesdeutschen Steuersystems mit den folgenden Steuersätzen:

Einkommensteuer s_I	50 %;
Körperschaftsteuer (Einbehaltungstarif) s_K^T	50 %;
Körperschaftsteuer (Ausschüttungstarif) s_K^A	36 %;
Gewerbeertragsteuer s_{GE}	16,67 %;
Gewerbekapitalsteuer s_{GK}	0,8 %;
Vermögensteuer (Betriebsvermögen) s_V	0,6 %;
Vermögensteuer (Privatvermögen) s_V^P	0,5 %.

Für ausgeschüttete Gewinne gilt das körperschaftsteuerliche Anrechnungsverfahren.

1. In der Finanzabteilung der WEAG wird zunächst diskutiert, ob die verfügbaren Mittel zum Erwerb von festverzinslichen Wertpapieren verwendet werden sollten. Die jährliche Brutto-Verzinsung dieser Papiere liegt bei 8 %. Die erzielten Überschüsse werden an die Aktionäre ausgeschüttet.

   Wie hoch sind die jährlich an die Aktionäre der WEAG ausschüttbaren Netto-Überschüsse aus der Anlage des Betrages in festverzinsliche Wertpapiere? Unterstellen Sie, daß der Kauf der Wertpapiere vollständig mit Eigenkapital finanziert wird!

2. Auf dem Gebiet der neuen Bundesländer ist bis Ende 1995 die Erhebung der Gewerbekapital- und der Vermögensteuer ausgesetzt; in der Finanzabteilung der WEAG geht man davon aus, daß diese Regelung noch längere Zeit beibehalten wird. Aufgrund dieses steuerlichen Vorteils sucht man intensiv nach Investitionsmöglichkeiten in Ostdeutschland.

   Dem Unternehmen wird folgendes Investitionsprojekt angeboten: Im Jahr 1993 wird bei Leipzig in günstiger Lage ein großer Freizeit- und Vergnügungspark („Ossi-Park") errichtet. Die WEAG könnte sich mit 700 Mio. DM als Hauptinvestor an der Errichtung und Betreibung dieses Parks beteiligen; dieser Betrag würde 1993 zur Zahlung fällig. Die investierten Anschaffungsauszahlungen können linear über sechs Jahre abgeschrieben werden. Die aus dem Betrieb des Parks für die WEAG erzielbaren Nettoeinzahlungen vor Steuern werden wie folgt geschätzt (in Mio. DM):

1994	1995	1996	1997	1998	1999
145	145	145	145	145	145

Unterstellen Sie, daß die erzielbaren Nettoeinzahlungen mit Sicherheit eintreten. Nach 1999 geht man von keinen weiteren Zahlungen aus dem Projekt mehr aus.

Voraussetzung für die Erlangung der oben beschriebenen steuerlichen Vergünstigung ist allerdings, daß das betrachtete Unternehmen seinen Sitz in Ostdeutschland hat. Deshalb hat die WEAG 1993 ein Tochterunternehmen in Leipzig zu gründen und mit den entsprechenden Mitteln für die Investition auszustatten. Die Kosten für die Gründung der Tochtergesellschaft betragen insgesamt 5 Mio. DM; sie sind im gleichen Jahr als Betriebsausgabe steuerlich abzugsfähig. Eine Übertragung der erzielten Nettoeinzahlungen nach Steuern des Tochterunternehmcns an die WEAG sei ohne Probleme und ohne steuerliche Folgen möglich.

Ermitteln Sie die Nettoeinzahlungen nach Steuern bei Realisierung des Freizeitpark-Projektes! Berücksichtigen Sie die genannten steuerlichen Besonderheiten; die übrigen Steuersätze aus 1. gelten weiterhin!

Lohnt sich die Gründung der Tochtergesellschaft und die Durchführung des Projektes für die WEAG? Begründen Sie Ihre Antwort!

3. Nach genauem Studium der Steuerverordnung stellt der Leiter der Finanzabteilung fest, daß die Nicht-Erhebung der Gerwerbekapital- und der Vermögensteuer nicht an Sach-Investitionen des Betriebsvermögens gebunden ist; sie gilt für alle Vermögensarten. Welche Auswirkungen hat dies auf die Vorteilhaftigkeit des Projektes?

   Welche Investitions- bzw. Anlagestrategie empfehlen Sie der WEAG nun?

VI. Literaturhinweise

Engels, W./Stützel, W. (1968): Teilhabersteuer, Ein Beitrag zur Vermögenspolitik, zur Verbesserung der Kapitalstruktur und zur Vereinfachung des Steuerrechts, Frankfurt/Main.

Georgi, A. (1994): Steuern in der Investitionsplanung, 2. A., Hamburg.

Haegert, L./Wittmann, F. (1984): Zur Bedeutung von Abschreibungsvergünstigungen und Investitionszulagen für Investitionsentscheidungen. In: BFuP, 37. Jg., S. 243 - 259.

Kruschwitz, L. (1995): Investitionsrechnung, 6. A., Berlin, New York.

Mellwig, W. (1989): Der Einfluß der Steuern in der Investitionsrechnung - Grundprobleme und Modellvarianten. In: WiSu, 18. Jg., S. 35 - 41.

Rose, G. (1992): Betriebswirtschaftliche Steuerlehre, 3. A., Wiesbaden.

Rose, G. (1997): Die Ertragsteuern, 15. A., Wiesbaden.

Rose, G. (1993): Die Substanzsteuern, 9. A., Wiesbaden.

Siegel, Th. (1982): Steuerwirkungen und Steuerpolitik in der Unternehmung, Würzburg, Wien.

Wagner, F.W. (1990): Betriebswirtschaftslehre und Besteuerung. In: Vahlens Kompendium der BWL, Bd. 2, 2. A., München, S. 463 - 505.

Wagner, F.W./Dirrigl, H. (1980): Die Steuerplanung des Unternehmens, Stuttgart, S. 1 - 114.

4. Kapitel: Investitionsentscheidung bei Unsicherheit

I. Der einperiodige Fall

1. Problembeschreibung

a. Risiko als Eigenschaft des Projektes

Wir haben in den Kapiteln 2 und 3 angenommen, daß die einem Investitionsprojekt zurechenbaren Nettoeinzahlungen so genau antizipierbar sind, daß man sie als sicher ansehen kann. Diese didaktisch nützliche Annahme müssen wir nun aufgeben. Nützlich war diese Annahme, weil sie es erlaubte, unter Ausklammerung der Unsicherheit Bewertungsmethoden und den Einfluß von steuerlichen Regelungen zu erläutern. Die abgeleiteten Ergebnisse gelten auch, wenn wir die Ausblendung der Unsicherheit jetzt aufgeben.

Was bedeutet Unsicherheit? Mit Unsicherheit kann man einen Zustand nicht vollkommenen Wissens bezeichnen, der es nicht erlaubt, die Konsequenz einer Handlung mit so großer Präzision vorherzusagen, daß ein und nur ein Ergebnis ihre Folge ist.

Als Beispiel betrachten wir die Entscheidung über die Fertigung eines neuen Produktes: Die Nettoeinzahlung in Periode 1 hängt von der Zahl der verkauften Produkte ab. Die Anzahl der verkauften Produkte und damit die Umsatzerlöse hängen von der Gesamtnachfrage nach dem Produkt ab; diese wiederum ist abhängig von der Konjunkturentwicklung. Weist der Einflußfaktor „Konjunkturlage" die Ausprägung „gute Konjunktur" auf, werden die Nettoeinzahlungen höher sein als bei Eintritt der Ausprägung „schlechte Konjunktur". Ein weiterer Einflußfaktor könnte die Reaktion der Konkurrenz auf die Einführung des neuen Produktes sein: Falls diese mit einer Senkung der Preise reagiert, gehen die Zahl der verkauften Produkte und damit die Umsatzerlöse zurück. Bleiben die Preise der konkurrierenden Produkte dagegen unverändert, liegen die Umsatzerlöse des eigenen Produktes höher. Der Investor kann den künftigen Konjunkturverlauf nicht und die Reaktion der Konkurrenten kaum beeinflussen und deshalb auch nicht genau vorhersagen. Durch die Kombination der Ausprägungen der beiden Einflußfaktoren „Konjunkturentwicklung“ (gute, schlechte Konjunkturlage) und „Konkurrenzreaktion“ (Preissenkung; keine Preissenkung) erhält man im Beispiel insgesamt vier relevante Umweltzustände. Ein Umweltzustand ist definiert als eine Kombination der Ausprägungen der Einflußfaktoren, die der Entscheidende bei der Folgenabschätzung als bedeutend ansieht. Sind die Einflußfaktoren und die Zahl der Umweltzustände ermittelt, sind noch zwei weitere Aufgaben zu lösen: den Umweltzuständen sind subjektive Wahrscheinlichkeiten zuzuordnen und es sind die finanziellen Folgen für jeden der aus Sicht des Entscheidungszeitpunktes sich gegenseitig ausschließenden möglichen Umweltzustände abzuschätzen. Subjektive Wahrscheinlichkeiten sind Maße für die Überzeugtheitsgrade des Entscheidenden, daß ein bestimmter Umweltzustand aus der Menge der möglichen Zustände eintritt. Sie sind von den dem Entscheidenden verfügbaren Informationsmengen abhängig und von seinen Verarbeitungskapazitäten. Nachvollziehbare formale Wege der Herleitung subjektiver Wahrscheinlichkeiten aus gegebenen Informationsmengen sind nicht bekannt. Wir wissen jedoch aus eigener Erfahrung, daß wir solche Glaubwürdigkeitsmaße bei Bedarf produzieren können. Eine Richtigkeitsgewähr gibt es nicht. Wir unterstellen im folgenden, daß Investoren subjektive Wahrscheinlichkeiten bilden und Umweltzuständen zuordnen. Im Einklang mit der Mehrheit der Literaturvertreter wird eine so formulierte Entscheidungssituation auch als Entscheidung unter Risiko bezeichnet; wir behandeln Risiko und Unsicherheit insoweit als synonym.

Unterstellen wir vereinfachend ein Investitionsprojekt mit einer Lebensdauer von einer Periode: Die Anschaffungsauszahlung I_0 erfolgt im Zeitpunkt 0, die unsichere Nettoeinzahlung $\left(\widetilde{NE}_1\right)$ im Zeitpunkt 1. Die Zahlungsstruktur des Projektes sieht in Analogie zum Fall der Sicherheit so aus:

0	1
$-I_0$	$\widetilde{NE}_1$

Hinter dem Symbol $\widetilde{NE}$ steht die Wahrscheinlichkeitsverteilung über die zustandsabhängigen Nettoeinzahlungen:

	Zustand 1	Zustand 2	Zustand 3	Zustand 4
Konjunktur	schlecht	gut	schlecht	gut
Konkurrenz	senkt Preise nicht	senkt Preise nicht	senkt Preise	senkt Preise
subjektive Wahrscheinlichkeit	0,3	0,2	0,1	0,4
Nettoeinzahlung	500	700	250	450

Die Anschaffungsauszahlung (I_0) betrage 450. Die Zahlungsstruktur sieht dann so aus:

0	1
–450	500 (0,3)
	700 (0,2)
	250 (0,1)
	450 (0,4)

Diese Zahlungsstruktur des Projektes kann auch in Renditen transformiert werden, wobei die zustandsabhängige Rendite r_j definiert ist durch:

$$r_j = \frac{NE_j - I_0}{I_0} = \frac{NE_j}{I_0} - 1. \tag{18}$$

Man erhält:

	z_1	z_2	z_3	z_4
subjektive Wahrscheinlichkeit p_j	0,3	0,2	0,1	0,4
zustandsabhängige Rendite r_j	$\frac{500-450}{450} = 0{,}111$	$\frac{700-450}{450} = 0{,}555$	$\frac{250-450}{450} = -0{,}444$	$\frac{450-450}{450} = 0$

Wie ist nun das Risiko eines Investitionsprojektes zu definieren? Aus der Sicht eines Investors könnte man als Risiko die finanziellen Ereignisse definieren, die sein Vermögensniveau unter dasjenige des Ausgangszeitpunktes befördern und folglich als Chancen diejenigen finanziellen Ereignisse, die sein Vermögensniveau über das des Ausgangszeitpunktes hinaus steigern. Bezugspunkt für Risiko und Chance wäre das im Zeitpunkt 0 vorhandene Vermögensniveau. Die Hauptrichtung der Literatur geht nicht diesen Weg: Sie definiert Risiko durch Streuungsmaße (Varianz, Standardabweichung), welche die Verteilung der zustandsabhängigen Nettoeinzahlungen bzw. Renditen um deren Erwartungswert kennzeichnen. Die Varianz der Verteilung der Nettoeinzahlungen ist definiert durch:[27]

$$\sigma^2_{\widetilde{NE}} = \sum_{j=1}^{J} p_j \left[NE_j - E\left[\widetilde{NE}\right]\right]^2 \tag{19}$$

bzw.

$$\sigma^2_{\widetilde{NE}} = \sum_{j=1}^{J} p_j \cdot NE_j^2 - \left[E\left[\widetilde{NE}\right]\right]^2 .$$

$E\left[\widetilde{NE}\right]$ bezeichnet den Erwartungswert der zustandsabhängigen Nettoeinzahlungen im Zeitpunkt 1; p_j ist die subjektive Eintrittswahrscheinlichkeit für den Umweltzustand j.

Analog läßt sich die Varianz der Renditen berechnen:[28]

$$\sigma^2_{\tilde{r}} = \sum_{j=1}^{J} p_j \left[r_j - E\left[\tilde{r}\right]\right]^2 \tag{20}$$

bzw.

$$\sigma^2_{\tilde{r}} = \sum_{j=1}^{J} p_j \cdot r_j^2 - \left[E\left[\tilde{r}\right]\right]^2 .$$

Die Standardabweichungen sind definiert als Quadratwurzel der jeweiligen Varianzen, also

$$\sigma_{\widetilde{NE}} = \sqrt{\sigma^2_{\widetilde{NE}}} \quad \text{und} \quad \sigma_{\tilde{r}} = \sqrt{\sigma^2_{\tilde{r}}} .$$

Unterstellt man vollständige Eigenfinanzierung, erhält man für das obige Beispiel

27 Die zeitliche Indizierung der Zahlungen unterbleibt hier.

28 $E\left[\tilde{r}\right]$ bezeichnet den Erwartungswert der Renditen.

$$E\left[\widetilde{NE}\right] = 0{,}3 \cdot 500 + 0{,}2 \cdot 700 + 0{,}1 \cdot 250 + 0{,}4 \cdot 450 = 495\ ;$$

$$E[\tilde{r}] = 0{,}3 \cdot 0{,}1111 + 0{,}2 \cdot 0{,}5555 + 0{,}1 \cdot (-0{,}4444) + 0{,}4 \cdot 0$$

$$= 0{,}09999;$$

$$\sigma^2_{\widetilde{NE}} = 0{,}3 \cdot 500^2 + 0{,}2 \cdot 700^2 + 0{,}1 \cdot 250^2 + 0{,}4 \cdot 450^2 - 495^2$$

$$= 15.225;$$

$$\sigma_{\widetilde{NE}} = 123{,}39;$$

$$\sigma^2_{\tilde{r}} = 0{,}3 \cdot 0{,}1111^2 + 0{,}2 \cdot 0{,}5555^2 + 0{,}1 \cdot (-0{,}4444)^2 + 0{,}4 \cdot 0^2 - 0{,}09999^2;$$

$$= 0{,}07517;$$

$$\sigma_{\tilde{r}} = 0{,}27417.$$

b. Risikobeitrag im Rahmen des Entscheidungsfeldes

Sehr häufig verfügt der Investor bereits über einen Bestand an realisierten Investitionen und/oder Finanzanlagen. Eine Entscheidung über ein neues Projekt findet somit nicht vor leerem Hintergrund oder auf der grünen Wiese statt. Das Projekt ist vielmehr in ein vorgeprägtes Entscheidungsfeld einzupassen. Damit entsteht die Frage, ob das Risiko eines neuen Projektes isoliert, d.h. losgelöst von den bereits realisierten Projekten bewertet werden kann, oder ob der mögliche Verbund des Projektes mit den bereits realisierten Projekten für seine Bewertung von Bedeutung ist. Wir wollen eine einfache Weiterführung des Beispiels entwickeln, in dem diese mögliche Verbundwirkung sehr augenfällig ist.

Angenommen, der Investor verfügte bereits über ein Investitionsprojekt, das im Zeitpunkt 1 die folgende Verteilung von Nettoeinzahlungen zu liefern verspricht:

	z_1	z_2	z_3	z_4
subjektive W'keit	0,3	0,2	0,1	0,4
Nettoeinzahlung	300	100	550	350

Realisiert der Investor zusätzlich das Projekt des Beispiels, sieht die gesamte Zahlungsverteilung so aus:

	z_1	z_2	z_3	z_4
subjektive W'keit	0,3	0,2	0,1	0,4
Nettoeinzahlung altes Projekt	300	100	550	350
Nettoeinzahlung neues Projekt	500	700	250	450
Nettoeinzahlung insgesamt	800	800	800	800

Die zustandsabhängigen Nettoeinzahlungen weisen nun keinerlei Risiko mehr auf. Unabhängig vom eintretenden Umweltzustand erhält der Investor Zahlungen in Höhe von 800. Das Beispiel legt den Schluß nahe, daß es nicht auf das isolierte Risiko des Investitionsprojektes, sondern auf den Beitrag des Projektes zum gesamten Risiko im Rahmen des Entscheidungsfeldes des Investors ankommt. Im Beispiel führt die Durchführung des neuen Projektes zu einer *Vernichtung* des Risikos des schon vorhandenen Projektes. Das Risiko aus der Kombination der beiden Projekte hängt offensichtlich vom Ausmaß des Gleichlaufes der Zahlungen von vorhandenem und neuem Investitionsprojekt über die verschiedenen Umweltzustände ab: Im Beispiel verlaufen die beiden Zahlungen genau entgegengesetzt; ein Anstieg der Nettoeinzahlungen des neuen Projektes wird durch einen Rückgang der Zahlungen aus dem vorhandenen Projekt genau ausgeglichen. Das Ausmaß des Gleichlaufes und damit der Risikobeitrag des neuen Investitionsprojektes kann über die Kovarianz bzw. den Korrelationskoeffizienten der beiden Zahlungsverteilungen gemessen werden. Im Beispiel sind die beiden Verteilungen vollständig negativ korreliert. Daraus resultiert der risikovernichtende Effekt des neuen Investitionsprojektes. Der mögliche Risikoabbau durch die Kombination von Projekten, deren Nettoeinzahlungen (Renditen) nicht vollständig positiv korreliert sind, ist der Startpunkt der Überlegungen zur Portefeuillebildung.

2. Individuelle Risikoneigung, Erwartungswert und Sicherheitsäquivalent

Neben der Frage der Darstellung und der Definition des Risikos ist die Frage seiner *Bewertung* durch den Investor wichtig. Die Bewertung des Risikos könnte von der subjektiven Einstellung des Investors zur Übernahme von Risiko bestimmt werden; sie ist dann abhängig von seinen

Risikopräferenzen oder – da Investoren überwiegend als risikoscheu angesehen werden – vom Grad seiner Risikoaversion. Eine Möglichkeit zur Verdeutlichung des Grades der Risikoaversion ist die Ermittlung von Sicherheitsäquivalenten (S). Das Sicherheitsäquivalent ist definiert als der sichere Betrag, zu dem der Investor eine Verteilung von Nettoeinzahlungen abgibt, also verkauft. Durch die Ermittlung des Betrages S können wir erkennen, ob der Investor risikoscheu, risikoneutral oder risikofreudig ist. Weil verschiedene Investoren unterschiedliche Risiko(ab)neigungen haben, werden sie für eine gegebene Verteilung von Nettoeinzahlungen unterschiedliche Sicherheitsäquivalente verlangen (bieten).

Aussagen über die Risikoeinstellung des Investors lassen sich durch den Vergleich zwischen dem Sicherheitsäquivalent und dem Erwartungswert der Zahlungsverteilung gewinnen:

- Ist das Sicherheitsäquivalent gleich dem Erwartungswert der Zahlungsverteilung, bezeichnen wir den Investor als *risikoneutral*.
- Ist das Sicherheitsäquivalent größer als der Erwartungswert, bezeichnen wir den Investor als *risikofreudig*.
- Ist das Sicherheitsäquivalent kleiner als der Erwartungswert, bezeichnen wir den Investor als *risikoscheu*.

Wir unterstellen im folgenden Risikoscheu als dominierende Eigenschaft. Diese wird üblicherweise durch Verweis auf Portefeuillebildung, Versicherungsnahme und die Inanspruchnahme anderer Risiko senkender Mechanismen und Institutionen belegt.

3. Nettokapitalwert und Unsicherheit

In Kapitel 2 wurde begründet, warum der Nettokapitalwert ein gutes Entscheidungskriterium ist. Dieses Ergebnis gilt auch für den Fall unsicherer finanzieller Konsequenzen von Investitionsentscheidungen. Zu zeigen ist jetzt, wie Nettokapitalwerte bei Unsicherheit zu bestimmen sind. Wir behalten die Annahme, daß Projekte nur eine Lebens(Nutzungs)dauer von einer Periode haben, zunächst bei.

Wir unterscheiden zwei Vorgehensweisen, die zum *gleichen* Ergebnis führen müssen. Die erste Vorgehensweise besteht darin, daß die Verteilung von möglichen Nettoeinzahlungen im Zeitpunkt 1 auf das Sicherheitsäquivalent S_1 verdichtet wird.[29] Das Sicherheitsäquivalent ist definiert als der sichere Betrag, dessen Erhalt der Investor der Verteilung der Nettoeinzahlungen $(\widetilde{NE}_1)$ gleichschätzt. Dieser sichere Betrag S_1 ist somit mit dem *risikolosen (sicheren)* Zinssatz i auf den Zeitpunkt 0 zu diskontieren. Wir erhalten den Bruttokapitalwert BKW_0. Die Botschaft, daß Sicherheitsäquivalente (S) mit dem risikolosen Zinssatz i zu diskontieren sind, ist wichtig: Die Transformation der Verteilung der Nettoeinzahlungen in die Größe S bedeutet deren Umbewertung in eine äquivalente sichere Zahlung. Sichere Zahlungen aber sind mit dem risikolosen Zinssatz i zu diskontieren.

$$BKW_0 = S_1 (1+i)^{-1} \tag{21}$$

Der Nettokapitalwert ergibt sich aus $NKW_0 = BKW_0 - I_0$.

Die Beschreibung der Vorgehensweise verdeutlicht, daß der entscheidende Schritt die Herleitung (Gewinnung) von S_1 ist. Wir haben oben gesagt, daß wir risikoscheue Investoren unterstellen wollen. Risikoscheue Investoren geben Sicherheitsäquivalente an, die kleiner als der Erwartungswert sind: $S_1 < E[\widetilde{NE}_1]$.

Man darf die positive Differenz $E[\widetilde{NE}_1] - S_1$ als Ausdruck des Grades der Risikoaversion von Investoren ansehen: Mit zunehmender Risikoaversion steigt der Risikoabschlag, den der Investor hinzunehmen bereit ist, um die unsichere Zahlungsverteilung $\widetilde{NE}_1$ loszuwerden (zu verkaufen).

Die zweite Vorgehensweise verzichtet auf die Transformation der unsicheren Zahlungsverteilung in Zeitpunkt 1, $\widetilde{NE}_1$, in ein Sicherheitsäquivalent S_1. Sie verdichtet die Zahlungsverteilung zunächst nur auf den Erwartungswert $E[\widetilde{NE}_1]$. Damit wird zunächst so gerechnet, als sei der Investor risikoneutral, was er annahmegemäß nicht ist. Seine Risikoaversion wird im Diskontierungssatz berücksichtigt, der um eine Risikoprämie (z^*) erhöht wird. Man kann diese Vorgehensweise vorläufig so interpretieren, daß der risikoscheue Investor für eine Übernahme des mit

29 Wie man Zahlungsverteilungen in Sicherheitsäquivalente überführen kann, wird z.B. anschaulich beschrieben bei Magee, J. F. (1964) und Hammond, J.S. (1967).

$\widetilde{NE}_1$ verbundenen Risikos eine höhere Rendite, die eine Risikoprämie (z^*) einschließt, fordert. Der BKW_0 ergibt sich somit gemäß (22):

$$BKW_0 = E\left[\widetilde{NE}_1\right]\left(1+i+z^*\right)^{-1} \tag{22}$$

Die Höhe von z^* hängt vom Risiko des einperiodigen Projektes und dem Grad der Risikoaversion des Investors ab.

Wie schon gesagt, müssen beide Vorgehensweisen zum gleichen Ergebnis führen: Risikoabschlag in Höhe $E\left[\widetilde{NE}_1\right]-S_1$ und Risikozuschlag in Höhe von z^* „verpacken" die Berücksichtigung von Risiko und Risikoaversion nur unterschiedlich. Wir wollen beide Vorgehensweisen auf unser Beispiel anwenden. Das Sicherheitsäquivalent S_1 sei 480; der Erwartungswert $E\left[\widetilde{NE}_1\right]$ ist 495; der sichere (risikolose) alternative Anlagesatz i sei 10 %. Gemäß (21) folgt:

$$BKW_0 = 480\,(1{,}1)^{-1} = 436{,}36;$$

$$NKW_0 = 436{,}36 - 450 = -13{,}64.$$

Es muß folgen:

$$BKW_0 = E\left[\widetilde{NE}_1\right]\left(1+i+z^*\right)^{-1} = S_1\left(1+i\right)^{-1}.$$

Für den Risikozuschlag z^* zum Diskontierungssatz i folgt somit:

$$z^* = \frac{E\left[\widetilde{NE}_1\right](1+i)}{S_1} - (1+i) \tag{23}$$

$$z^* = \frac{495\,(1{,}1)}{480} - 1{,}1 = 0{,}03438\ .$$

Der vom Investor veranschlagte Risikoabschlag in Höhe von 495 – 480 = 15 entspricht einer Risikoprämie in Form eines Zuschlags zum risikolosen Zinssatz von 3,44 %. Es gilt: $495\,(1 + 0{,}1 + 0{,}03438)^{-1} = 436{,}36$.

II. Der mehrperiodige Fall

Wir betrachten nun Investitionsprojekte mit längeren Lebens(Nutzungs)-dauern und fragen, ob und ggf. warum sich der Bewertungsvorgang komplizierter darstellt als der für den einperiodigen Fall. Wir setzen eine vereinfachende Annahme: Wir betrachten sog. einstufige Entscheidungen: Der Investor entscheidet im Zeitpunkt 0 über ein Investitionsprojekt mit einer Nutzungsdauer von z.B. n Jahren; korrigierende Entscheidungen beim Zugang neuer Informationen über Preisreaktionen von Konkurrenten, Technologieänderungen etc. werden ausgeblendet. Sie werden später in Abschnitt III. behandelt.

Zur Abbildung des Entscheidungsproblems werden *Zustandsbäume* verwendet. Die *Knoten* eines Zustandsbaums repräsentieren die möglichen Umweltzustände in den verschiedenen Perioden. Abhängigkeiten zwischen den Umweltzuständen verschiedener Perioden werden durch *Pfeile* (Kanten) abgebildet: Sie verbinden einen Umweltzustand mit den möglichen Umweltzuständen in der Folgeperiode. Abbildung 1 zeigt einen Zustandsbaum für ein Projekt mit einer Lebens(Nutzungs)dauer von zwei Perioden.

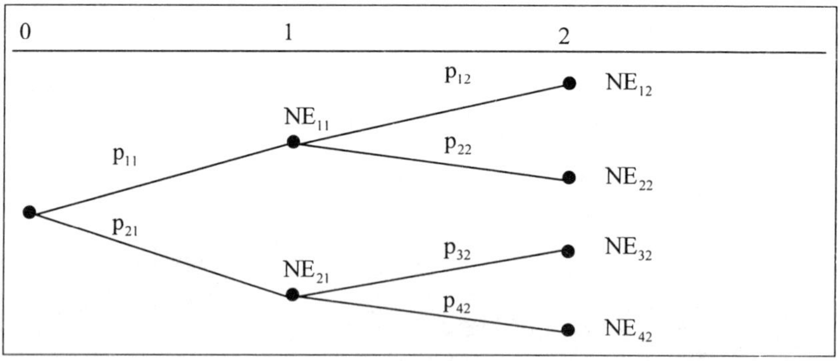

Abbildung 1: Zustandsbaum für ein Projekt mit einer Nutzungsdauer von 2 Perioden

Dabei bezeichnet:

p_{jt} die subjektive Wahrscheinlichkeit für den Eintritt des Umweltzustandes j in Periode t;

NE_{jt} die Nettoeinzahlung des Investitionsprojektes bei Eintritt des Umweltzustandes j in Periode t.

Gemäß diesem Zustandsbaum können in Periode 1 zwei, in Periode 2 vier verschiedene Umweltzustände eintreten. Man erkennt, daß die zeitliche Abfolge nicht beliebig ist: Zustand z_{12} kann nur eintreten, wenn zuvor Zustand z_{11} eingetreten war.

Zur Lösung des Entscheidungsproblems wird der Zustandsbaum von den hinteren Knoten bis zum Wurzelknoten „aufgerollt". Die Rechnung beginnt in den beiden möglichen Umweltzuständen im Zeitpunkt 1, z_{11} und z_{21}: Jedem der beiden Umweltzustände z_{11} und z_{21} folgt eine (bedingte) einperiodige Zahlungsverteilung. An dieser Stelle ist das Problem identisch mit dem der Bewertung eines einperiodigen Investitionsprojektes. Deshalb ermitteln wir für die bedingte Zahlungsverteilung $\{p_{12}, NE_{12}; p_{22}, NE_{22}\}$ das Sicherheitsäquivalent im Zeitpunkt 2 und diskontieren es auf den Zeitpunkt 1. Das Resultat, den BKW_1, addieren wir zu der im Zustand z_{11} eintretenden Nettoeinzahlung NE_{11}. Analog gehen wir für die bedingte Zahlungsverteilung $\{p_{32}, NE_{32}; p_{42}, NE_{42}\}$ vor. Nach diesen Berechnungen hat der Zustandsbaum folgendes Aussehen:

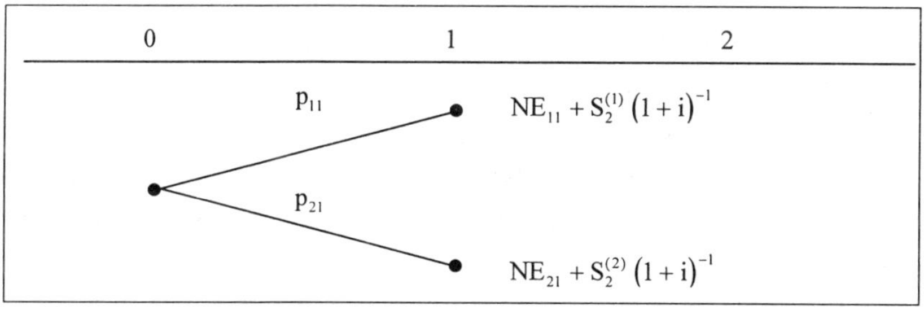

Abbildung 2: Reduzierter Zustandsbaum

Das Symbol $S_2^{(1)}$ steht dabei für das Sicherheitsäquivalent der Zahlungsverteilung im Zeitpunkt 2, die auf den Eintritt des Zustands 1 im Zeitpunkt 1 folgt.

Das verbleibende Bewertungsproblem entspricht dem oben besprochenen einperiodigen Fall: Wir suchen das Sicherheitsäquivalent im Zeitpunkt 1 für die in Abbildung 2 gezeigte Zahlungsverteilung und diskontieren dieses mit dem Zinssatz i.

Betrachten wir ein Beispiel. Abbildung 3 zeigt den Zustandsbaum für ein Projekt mit einer Lebensdauer von zwei Perioden.

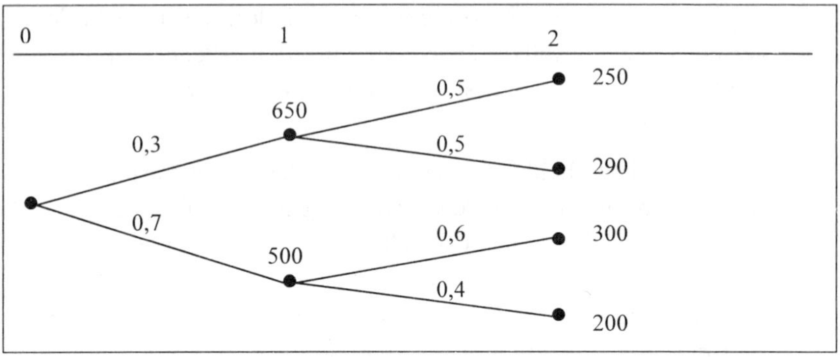

Abbildung 3: Zustandsbaum des Beispiels

Der risikolose Zinssatz i beträgt 10 %. Wir bewerten im ersten Schritt die beiden bedingten Zahlungsverteilungen im Zeitpunkt 2.

Aus der Sicht des Zustandes z_{11} gilt: Der Erwartungswert der Nettoeinzahlungen im Zeitpunkt 2 beträgt $0{,}5 \cdot 250 + 0{,}5 \cdot 290 = 270$. Der Investor gibt ein Sicherheitsäquivalent von 260 an ($S_2^{(1)}$). Im Zustand z_{11} beträgt die relevante Nettoeinzahlung somit $650 + 260\,(1{,}1)^{-1} = 886{,}36$.

Aus der Sicht des Zustandes z_{21} gilt: Der Erwartungswert der Nettoeinzahlungen im Zeitpunkt 2 beträgt $0{,}6 \cdot 300 + 0{,}4 \cdot 200 = 260$. Das vom Investor angegebene Sicherheitsäquivalent $S_2^{(2)}$ sei 240.[30] Im Zustand z_{21} beträgt die bewertungsrelevante Nettoeinzahlung somit $500 + 240\,(1{,}1)^{-1} = 718{,}18$.

Der reduzierte Zustandsbaum sieht so aus:

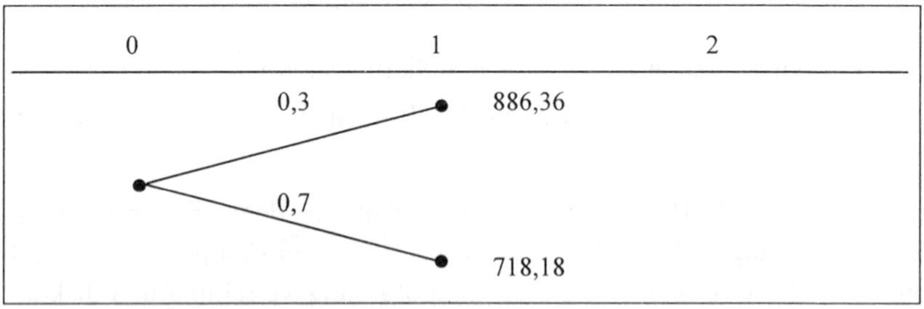

Abbildung 4: Reduzierter Zustandsbaum des Beispiels

30 Wir prüfen nicht, ob der befragte Investor konsistente Antworten gibt.

Aus der Sicht des Zeitpunktes 0 liegt nun ein einperiodiges Problem vor. Der Erwartungswert der Einzahlungen ist 768,63. Das Sicherheitsäquivalent S_1 betrage 745. Der Bruttokapitalwert des Projektes errechnet sich dann in Höhe von $745 \cdot (1{,}1)^{-1} = 677{,}27$. Ob das Projekt vorteilhaft ist, hängt von der Höhe der Investitionsauszahlung I_0 ab.

Bei der hier illustrierten Vorgehensweise wird das Risiko eines Projektes durch die in *jeder* Periode erforderliche Berechnung der Sicherheitsäquivalente von (bedingten) Verteilungen von Nettoeinzahlungen berücksichtigt. Die Herleitung der Sicherheitsäquivalente, die hier nicht demonstriert wurde, beachtet erstens die Verteilung der für möglich gehaltenen Nettoeinzahlungen und zweitens den Grad der Risikoaversion des Investors.

Betrachten wir kurz die zweite Vorgehensweise, die mit Risikozuschlägen zum sicheren Diskontierungssatz i arbeitet. Beim jetzigen Stand der Überlegungen hat diese Vorgehensweise keine Eigenständigkeit: Um z^* abzuleiten ist die Kenntnis der Sicherheitsäquivalente $S_2^{(1)}$, $S_2^{(2)}$ und S_1 und damit die Kenntnis der entsprechenden BKW Voraussetzung. Nur mit Hilfe dieser Informationen kann z^* abgeleitet werden. In Kapitel 5, Abschnitt VI. dieses Buches werden wir jedoch einen Ansatz vorstellen, mit dessen Hilfe risikoangepaßte Diskontierungssätze abgeleitet werden können, ohne daß die Kenntnis von subjektiven Sicherheitsäquivalenten Voraussetzung ist.

Da beide Vorgehensweisen zum gleichen Bruttokapitalwert führen müssen, lassen sich die in den Sicherheitsäquivalenten implizierten Risikozuschläge z^* zum sicheren Zinssatz i ermitteln. Für die bedingte vom Zustand z_{11} ausgehende Zahlungsverteilung folgt gemäß (23):

$$z^* = \frac{270 \cdot 1{,}1}{260} - 1{,}1 = 0{,}04321.$$

Für die bedingte vom Zustand z_{21} ausgehende Zahlungsverteilung folgt:

$$z^* = \frac{260 \cdot 1{,}1}{240} - 1{,}1 = 0{,}09167.$$

Für die vom Zeitpunkt 0 ausgehende Zahlungsverteilung ergibt sich z^* mit:

$$z^* = \frac{768{,}63 \cdot 1{,}1}{745} - 1{,}1 = 0{,}03489.$$

Angewendet auf das Beispiel folgt:

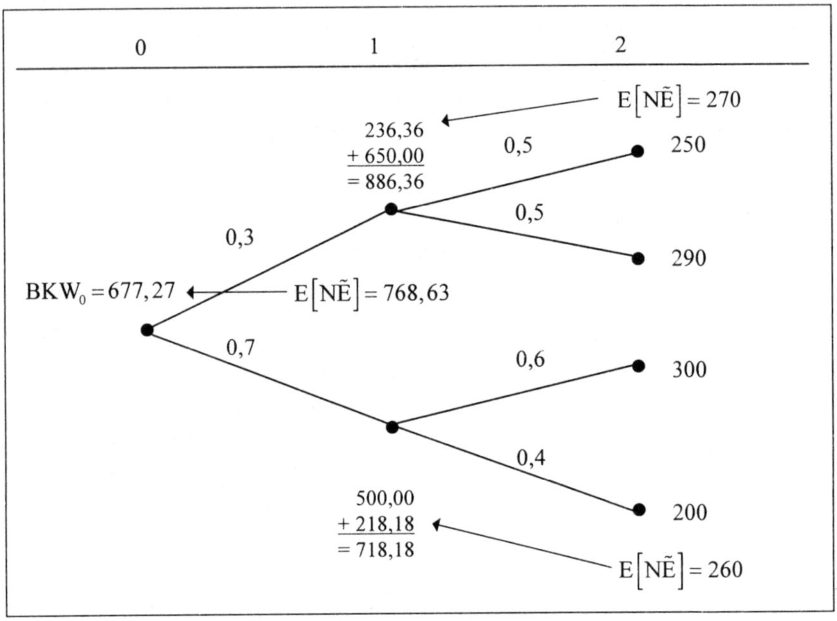

Abbildung 5: Ermittlung des BKW_0 mit Hilfe eines Zustandsbaumes

III. Mehrstufige Entscheidungen

Es besteht in aller Regel die Möglichkeit, in den Lauf der Folgen einer Investitionsentscheidung korrigierend einzugreifen. Neben der Entscheidung im Zeitpunkt 0 sind in späteren Zeitpunkten Entscheidungen möglich, mit denen auf zwischenzeitlich erlangte Informationen reagiert werden kann. Man spricht von mehrstufigen Entscheidungen. Beispiele für solche Entscheidungen (Aktionen) zu späteren Zeitpunkten sind: Der Investor könnte entscheiden, ob er die Fertigung des betreffenden Produktes einstellt und die Produktionsanlagen verkauft, ob eine zusätzliche Werbekampagne durchgeführt wird, ob der Preis des Produktes variiert wird, ob die Kapazität der Anlage aufgestockt wird etc. Jede dieser Entscheidungen hat Einfluß auf die nachfolgenden Zahlungsverteilungen des Projekts. Eine Handlungsanweisung für jeden möglichen Entscheidungszeitpunkt bis zum Planungshorizont wird als *Strategie* bezeichnet. Gesucht wird die optimale Strategie, also die optimale Abfolge von Einzelentscheidungen. Zur Abbildung des mehrstufigen Entscheidungsproblems wird der *Entscheidungsbaum* verwendet. Bei diesem Baum bestehen die Knoten alternierend aus Zufalls- und Entscheidungsknoten. Die Zufallsknoten bilden wiederum mögliche Umweltzustände bzw. Zahlungsverteilungen ab; an Entscheidungsknoten hat der Investor aus mehreren möglichen Aktionen eine auszuwählen.

Ein Beispiel soll die Abbildung und Bewertung eines mehrstufigen Entscheidungsproblems demonstrieren. Betrachtet wird ein zweiperiodiges Projekt, das die Herstellung und den Verkauf eines Produktes zum Gegenstand hat. Zur Vereinfachung wird unterstellt, daß in beiden Perioden nur zwei Umweltzustände („hohe Nachfrage“, „niedrige Nachfrage“) möglich seien. Neben der Investitionsentscheidung im Zeitpunkt 0 kann der Investor im Zeitpunkt 1, nachdem er den dann eingetretenen Umweltzustand kennt, eine weitere Entscheidung treffen, ob er nämlich eine zusätzliche Werbekampagne für das Produkt in Gang setzt oder nicht. In Abhängigkeit vom eingetretenen Umweltzustand und der gewählten Folgeentscheidung im Zeitpunkt 1 gelten für den Zeitpunkt 2 folgende bedingte Zahlungsverteilungen:

realisierter Umweltzustand im Zeitpunkt 1	wählbare Folgeentscheidung im im Zeitpunkt 1	bedingte Zahlungsverteilung in Periode 2		
		Umweltzustand	p_j	NE_j
hohe Nachfrage	Werbekampagne	hohe Nachfrage	0,55	360
		geringe Nachfrage	0,45	300
	keine Werbekampagne	hohe Nachfrage	0,5	310
		geringe Nachfrage	0,5	290
geringe Nachfrage	Werbekampagne	hohe Nachfrage	0,7	240
		geringe Nachfrage	0,3	190
	keine Werbekampagne	hohe Nachfrage	0,4	190
		geringe Nachfrage	0,6	140

Die Werbekampagne verursacht im Zeitpunkt 1 zusätzliche Auszahlungen von 40. Die Zahlungsverteilung im Zeitpunkt 1 hat folgendes Aussehen:

Umweltzustand	p_j	NE_j
hohe Nachfrage	0,4	300
geringe Nachfrage	0,6	150

Der risikolose Zinssatz beträgt 10 %.

Abbildung 6 zeigt den Entscheidungsbaum für das Beispiel:

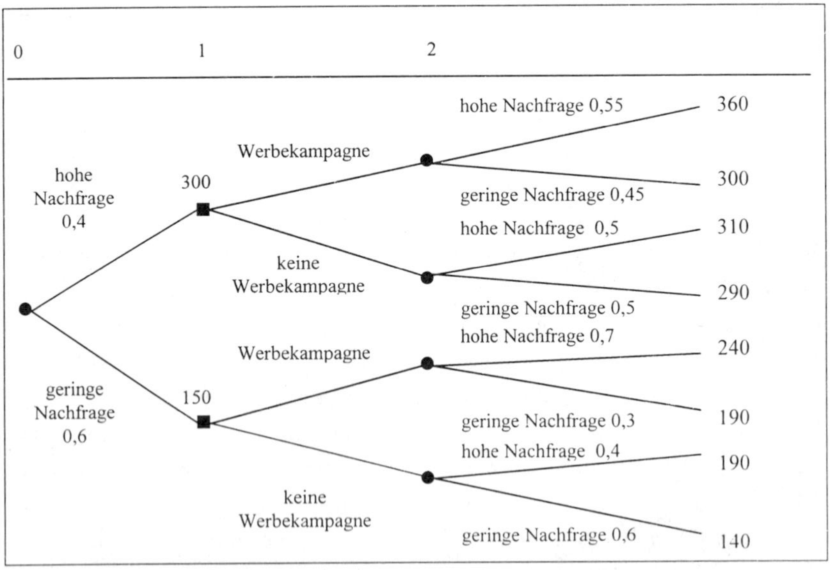

Abbildung 6: Entscheidungsbaum des Beispiels

Zufallsknoten sind durch •, Entscheidungsknoten durch ■ gekennzeichnet.

Das Entscheidungsproblem wird nun über die sog. *Roll-Back-Methode* gelöst. Dabei wird ausgehend von den bedingten Zahlungsverteilungen der letzten Periode der Entscheidungsbaum nach vorne zum Zeitpunkt 0 aufgerollt. An jedem *Zufallsknoten* ermittelt der Investor analog zum Vorgehen beim Zustandsbaum Sicherheitsäquivalent und Bruttokapitalwert der nachfolgenden Zahlungsverteilung. An jedem *Entscheidungsknoten* sind die ermittelten Bruttokapitalwerte der zugehörigen Zahlungsverteilungen zu vergleichen. Gewählt wird die Aktion, die den höchsten Vermögenszuwachs aufweist. Das Vermögen der optimalen Aktion wird dem Entscheidungsknoten zugeordnet. Dieser ist wiederum Bestandteil der Zahlungsverteilung des zeitlich vorhergehenden Zufallsknotens.

Für das Entscheidungsproblem des Beispiels sind im ersten Lösungsschritt die Sicherheitsäquivalente der vier bedingten Zahlungsverteilungen für Periode 2 zu ermitteln. Dann ist für die beiden Entscheidungsknoten im Zeitpunkt 1 die optimale Aktion zu bestimmen. Dabei sind auch die Auszahlungen für die jeweilige Aktion zu berücksichtigen. Gesucht wird also die Aktion i, für die gilt:

$$S_{t+1}^{(i)}(1+i)^{-1} - I_t^{(i)} = \underset{i}{\text{Max}}\ \{S_{t+1}^{(i)}(1+i)^{-1} - I_t^{(i)}\} \tag{24}$$

Dabei ist $I_t^{(i)}$ die durch die Aktion i verursachte Auszahlung im Entscheidungszeitpunkt t und $S_{t+1}^{(i)}$ das Sicherheitsäquivalent der bei Durchführung von Aktion i eintretenden Zahlungsverteilung in der Folgeperiode t+1.

Betrachten wir den Entscheidungsknoten 1,1. Wir wollen annehmen, daß das Sicherheitsäquivalent für die Verteilung {0,55 , 360; 0,45 , 300}, deren Erwartungswert 333 ist, 330 beträgt und daß das Sicherheitsäquivalent für die Verteilung {0,5 , 310; 0,5 , 290} mit dem Erwartungswert von 300 dem Betrag 297 entspricht. Die Werbeaktion löst Auszahlungen in Höhe von 40 aus. Es folgt dann:

$$\underset{i}{\text{Max}}\ \{S_{t+1}^{(i)}(1+i)^{-1} - I_t^{(i)}\} = \underset{i}{\text{Max}}\ \{330 \cdot 1{,}1^{-1} - 40;\ 297 \cdot 1{,}1^{-1} - 0\}$$

$$= \text{Max}\ \{260;\ 270\} = 270.$$

Das Ergebnis ist somit, ausgehend vom Entscheidungsknoten (1,1) keine Werbekampagne in Gang zu setzen.

Auch für den Entscheidungsknoten 2,1 sind zunächst die Sicherheitsäquivalente für die Verteilungen {0,7 , 240; 0,3 , 190} und {0,4 , 190; 0,6 , 140} zu bestimmen. Wir nehmen an, daß sie 205 bzw. 145 betragen. Es folgt dann:

$$\underset{i}{\text{Max}}\,\{S_{t+1}^{(i)}(1+i)^{-1} - I_t^{(i)}\} = \text{Max}\,\{205 \cdot 1{,}1^{-1} - 40; 145 \cdot 1{,}1^{-1} - 0\}$$

$$= \text{Max}\,\{146{,}36; 131{,}82\} = 146{,}36.$$

Hier lautet die optimale Handlung also „Werbekampagne starten“. Damit liegen die beiden bedingten, d.h. vom Eintritt des Umweltzustands im Zeitpunkt 1 abhängigen, optimalen Handlungsmöglichkeiten vor. Unter Beachtung ihrer Zielbeiträge und der im Zeitpunkt 1 möglichen Nettoeinzahlungen sieht die gesamte Zahlungsverteilung in 1 wie folgt aus:

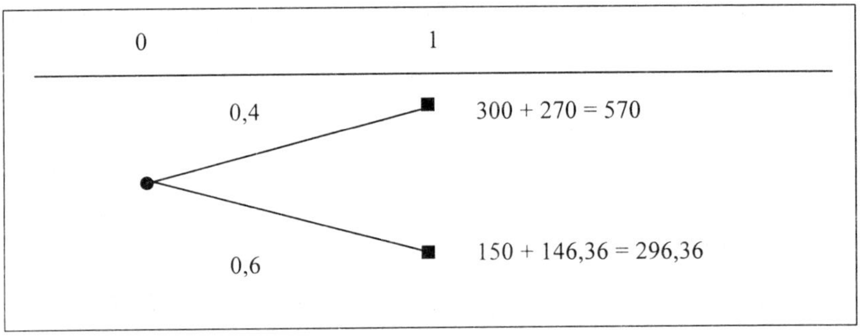

Abbildung 7: Reduzierter Entscheidungsbaum des Beispiels

Im letzten Lösungsschritt ist der Bruttokapitalwert der gesamten Zahlungsverteilung in Periode 1 für den Zeitpunkt 0 zu ermitteln. Der Erwartungswert der Zahlungsverteilung ergibt sich aus:

$$E\left[\widetilde{NE}_{1,ges}\right] = 0{,}4 \cdot 570 + 0{,}6 \cdot 296{,}36 = 405{,}82.$$

Das Sicherheitsäquivalent für die Verteilung {0,4 , 570; 0,6 , 296,36} sei 390. Daraus folgt ein BKW_0 von $390 \cdot 1{,}1^{-1} = 354{,}55$.

Diese Rechnung liefert uns folgende Informationen:

- Das Projekt sollte durchgeführt werden, wenn die Ingangsetzungskosten (Anschaffungsauszahlungen) im Zeitpunkt 0 unter 354,55 liegen.
- Realisiert sich in der ersten Periode der Umweltzustand „hohe Nachfrage“, ist eine Werbekampagne nicht zu empfehlen.
- Tritt in der ersten Periode der Umweltzustand „geringe Nachfrage“ ein, ist eine Werbekampagne, die Auszahlungen von 40 auslöst, vorteilhaft.
- Die optimale Strategie ist eine Folge von bedingten Handlungsanweisungen.

IV. Zwischenergebnisse

Kapitel 4 ist eine einfach gehaltene Einführung in das Problem, Investitionsprojekte bei Unsicherheit abzubilden und zu bewerten. Wichtige Botschaften sind, daß das Konzept von Brutto- und Nettokapitalwerten auch bei Unsicherheit über die zurechenbaren Nettoeinzahlungen anwendbar bleibt, daß Zustandsbäume eine brauchbare Form der Abbildung des Entscheidungsproblems sind, daß Entscheidungsbäume zusätzlich die Abbildung und den Einbau der Handlungsmöglichkeiten erlauben, die sich in mehrperiodigen Planungszeiträumen regelmäßig auftun. Von Bedeutung ist die Risikoabneigung des Entscheidenden: Sie bestimmt neben den Eigenschaften des Investitionsprojektes wie Errichtungskosten, Verteilung der Nettoeinzahlungen in den einzelnen Perioden und der Alternativrendite das Ergebnis, den Brutto- oder Nettokapitalwert des Projektes. Besonders deutlich wird diese Aussage, wenn eine Verteilung von Nettoeinzahlungen in das Sicherheitsäquivalent transformiert wird und wir an der positiven Differenz zwischen Erwartungswert und Sicherheitsäquivalent den Risikoabschlag und damit den Einfluß der Risikoabneigung des Entscheidenden erkennen können. Wir haben hier nicht gezeigt, wie Sicherheitsäquivalente in der Realität gewonnen werden können. Wir haben lediglich die plausible Annahme gesetzt, daß jeder Investor nach einigem Nachdenken und genauer Aufklärung über die Fragestellung für eine definierte Verteilung von Einzahlungen ein (und nur ein) Sicherheitsäquivalent angeben kann.

Wichtig ist auch, daß zwei formale Wege zur Bewertung unsicherer Einzahlungen vorliegen: Es kann mit Sicherheitsäquivalenten gearbeitet werden, die dann mit risikolosen Zinssätzen zu diskontieren sind. Man kann mit Erwartungswerten von Nettoeinzahlungen rechnen, wenn man – risikoscheue Investoren unterstellt – den sicheren Diskontierungssatz (i) um eine Risikoprämie z^* erhöht.

V. Übungsaufgaben

Aufgabe 12

Sie sind ein risikoaverser Investor mit einem Vermögen von 100. Man bietet Ihnen ein Investitionsprojekt (Projekt A) an, das die folgende Verteilung der Nettoeinzahlungen im Zeitpunkt 1 verspricht:

Umweltzustand	z_1	z_2	z_3
Wahrscheinlichkeit	0,3	0,5	0,2
Nettoeinzahlung	80	120	140

Eine Methode zur Bewertung von Investitionsprojekten unter Unsicherheit ist das Konzept des *Risikonutzens*. Hier wird der Nettoeinzahlung eines jeden Umweltzustandes mit Hilfe einer Risikonutzenfunktion ein Nutzenindex als Maßstab für die Vorziehenswürdigkeit zugeordnet. Unter Berücksichtigung der Eintrittswahrscheinlichkeiten wird anschließend der Erwartungswert des Risikonutzens (Erwartungsnutzen) ermittelt. Es wird die Anlagealternative gewählt, die bei gleichem Mitteleinsatz den höchsten erwarteten Nutzen der Nettoeinzahlungen aufweist.

Angenommen, Ihre Risikonutzenfunktion ließe sich beschreiben durch

$$u(NE_{jt}) = 20\ NE_{jt} - 0{,}02\ (NE_{jt})^2.$$

Der sichere Anlagezinssatz beträgt 8 %.

1. Lohnt die Durchführung von Projekt A für Sie, wenn der erforderliche Kapitaleinsatz (I_0) 100 beträgt?
2. Ermitteln Sie den Preis, den Sie für das Projekt A bei Eigenfinanzierung maximal entrichten könnten, ohne daß es zu einer Verschlechterung Ihrer Vermögensposition kommt (Grenzpreis)!
3. Als Alternative wird Ihnen folgendes Projekt B angeboten:

Umweltzustand	z_1	z_2	z_3
Wahrscheinlichkeit	0,3	0,5	0,2
Nettoeinzahlung	60	90	150

Projekt B erfordert einen Kapitaleinsatz von 75. A und B sind technische Alternativen, d.h. sie schließen sich aus technischen Gründen aus. Welches der beiden Projekte sollten Sie realisieren, wenn die oben angegebene Risikonutzenfunktion unverändert gilt?

Aufgabe 13

Nach intensiver Forschung ist es der Proton GmbH gelungen, ein neues Verfahren zur Herstellung von Langlauf-Skiern zu entwickeln. Der Kern des Skis wird mit einem neuartigen Schaumstoff ausgefüllt, der das Gewicht gegenüber herkömmlichen Modellen erheblich verringert. Die Geschäftsleitung der Proton GmbH glaubt jedoch, daß die Konkurrenten den technischen Vorsprung innerhalb von drei Jahren einholen werden und daß wegen deren erheblich größeren Kapazitäten eine weitere Fertigung des Skis durch die Proton GmbH dann nicht mehr lohnen wird. Für die Serienfertigung des Skis sind Spezialmaschinen zu beschaffen; sie kosten 3.000 TDM und sind über eine Nutzungsdauer von drei Jahren linear abzuschreiben.

Die Produktion des neuen Skis wird in den Sommermonaten stattfinden, weil der Handel seine Lager zu Beginn der Wintersaison gefüllt haben möchte. Es ist geplant, in jedem Jahr 10.000 Paar der neuartigen Skier zu produzieren und in der folgenden Wintersaison die gesamte Produktion zu verkaufen. Die Auszahlungen für die laufende Produktion (Material, Löhne etc.) in Höhe von 1.500 TDM fallen damit in jedem Produktionsjahr mit Sicherheit an. Die erzielbaren Umsatzerlöse hängen dagegen stark von der Witterung ab: Im Fall einer schneereichen Wintersaison werden Umsatzerlöse von 3.600 TDM erwartet. Ist der Winter dagegen schneearm, liegen die Absatzzahlen erheblich niedriger. Hinzu kommt, daß die Händler die noch nicht verkauften Skier zu Dumping-Preisen losschlagen. Aus diesem Grund nimmt man die erzielbaren Umsatzerlöse bei einer schneearmen Saison in den ersten beiden Jahren mit jeweils 510 TDM und im dritten Jahr mit 600 TDM an. Die Geschäftsleitung geht mit einer Wahrscheinlichkeit von 90 % von einem schneereichen und mit einer Wahrscheinlichkeit von 10 % von einem schneearmen Winter aus. Man nimmt weiterhin an, daß die Witterungsverläufe der einzelnen Jahre voneinander unabhängig sind. Das bedeutet, daß die Wahrscheinlichkeit für einen schneearmen oder schneereichen Winter unabhängig von der Schneemenge des vorhergehenden Winters ist.

Der Gewinnsteuersatz der Proton GmbH beträgt 50 %. Der sichere Anlagezinssatz ist 10 %. Die Geschäftsleitung ist risikoneutral. Es kann sofortiger Verlustausgleich unterstellt werden.

1. Soll die Proton GmbH die Serienfertigung des Langlauf-Skis aufnehmen?
2. Die Geschäftsleitung ist besorgt wegen des hohen Risikos der Serienfertigung. Man sucht deshalb nach Möglichkeiten, das Risiko zu verringern. Der Assistent des Geschäftsführers macht folgenden Vorschlag: „Wir sollten die Serienfertigung einstellen und die Spezialmaschinen verkaufen, sobald erstmals ein schneearmer Winter eingetreten ist. Dadurch können wir das Risiko senken und die Vorteilhaftigkeit des Projektes erhöhen. Wegen des schnellen technischen Fortschritts beträgt der Verkaufserlös der Maschine lediglich 50 % des jeweiligen Restbuchwertes."
   a) Stellen Sie die vorgeschlagene Strategie mit Hilfe eines Zustandsbaumes dar!
   b) Ermitteln Sie die zustandsabhängigen Nettoeinzahlungen für die einzelnen Perioden und den Bruttokapitalwert der Strategie!
   c) Vergleichen Sie das Ergebnis zu b) mit dem Ergebnis aus 1.! Erhöht die vorgeschlagene Strategie die Vorteilhaftigkeit des Projektes?

Aufgabe 14

Es gelten die Angaben von Aufgabe 13. Um die Planungsunsicherheit zu verringern, hat die Geschäftsleitung der Proton GmbH ein Gutachten bei einem meteorologischen Institut in Auftrag gegeben. Die Wetterforscher kommen zu dem Ergebnis, daß der Schneereichtum aufeinanderfolgender Jahre stark voneinander abhängig ist: Sie verkünden, daß auf einen schneearmen Winter mit Sicherheit weitere schneearme und auf einen schneereichen Winter mit Sicherheit weitere schneereiche Winter folgen werden. Lediglich für die erste Wintersaison (Zeitpunkt 1) könne man nur eine Schätzung abgeben: Das Institut schätzt die Wahrscheinlichkeit für einen schneereichen Winter auf 90 % und diejenige für einen schneearmen Winter auf 10 %.

1. Die Geschäftsleitung will zunächst die Frage prüfen, ob unter der neuen Konstellation die Serienfertigung des Skis über drei Jahre vorteilhaft ist.
   a) Stellen Sie das Investitionsprojekt mit Hilfe eines Zustandsbaumes dar! Die Ausstiegsoption soll hier noch nicht beachtet werden!
   b) Ermitteln Sie die zustandsabhängigen Nettoeinzahlungen und den Bruttokapitalwert des Investitionsprojektes!
   c) Hat sich die Vorteilhaftigkeit des Projektes im Vergleich zur vorhergehenden Aufgabe, Teil 1. geändert? Begründen Sie Ihre Antwort!

2. Jetzt soll der Vorschlag des Assistenten aus Aufgabe 13, Teil 2. diskutiert werden.
   a) Stellen Sie den Strategievorschlag mit Hilfe eines Zustandsbaumes dar!
   b) Ermitteln Sie die zustandsabhängigen Nettoeinzahlungen und den Bruttokapitalwert der Strategie!
   c) Führt diese Strategie gegenüber einer Serienfertigung über drei Perioden zu einer Erhöhung der Vorteilhaftigkeit?

Aufgabe 15

Sie erhalten ein Angebot: Für die Dauer von zwei Jahren können Sie ein Ferienlokal an der Nordseeküste pachten. Der bisherige Pächter ist bereit, gegen eine Abstandszahlung aus dem geltenden Vertrag auszusteigen. Die aus dem Betrieb des Lokals erzielbaren Nettoeinzahlungen werden stark durch nicht beeinflußbare Faktoren wie dem Verlauf der Feriensaison an der Nordsee (Algenpest, Robbensterben etc) beeinflußt. Der folgende Zustandsbaum zeigt die künftig möglichen Umweltzustände mit den erzielbaren Nettoeinzahlungen und den Eintrittswahrscheinlichkeiten:

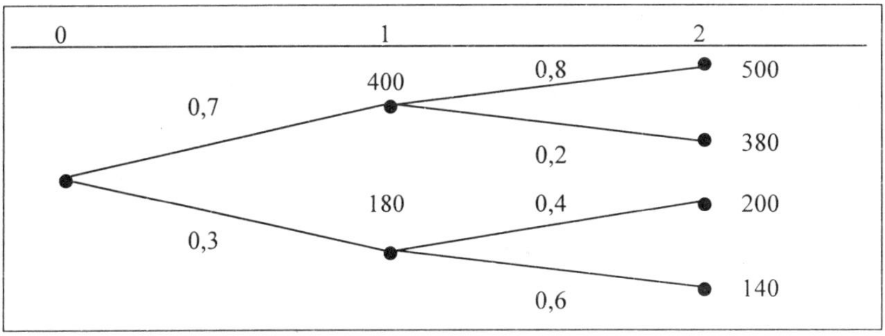

Nach dem Zeitpunkt 2 fallen keine weiteren Zahlungen an. Sie sind risikoavers und ermitteln das Sicherheitsäquivalent einer unsicheren Zahlungsverteilung nach der Formel.

$$S_t = E\left[\widetilde{NE}\right] - 0{,}3\left[E\left[\widetilde{NE}\right] - NE_{min,t}\right]$$

$E\left[\widetilde{NE}_t\right]$ bezeichnet den Erwartungswert und $NE_{min,t}$ die minimale Nettoeinzahlung der Zahlungsverteilung. Sie können zum sicheren Zinssatz von 10 % Mittel anlegen und aufnehmen.

1. Ermitteln Sie den Preis für die zu leistende Abstandszahlung, den Sie maximal entrichten könnten, ohne Ihre Reichtumsposition zu verschlechtern (Grenzpreis)!
2. Wie hoch sind die impliziten Risikozuschläge zum sicheren Zinssatz für die einzelnen Zahlungsverteilungen?
3. Der jetzige Pächter möchte aus dem laufenden Pachtvertrag aussteigen, weil er, wie er meint, eine sehr attraktive Geldanlagemöglichkeit hat: Er kann beliebig hohe Beträge zum risikolosen Zinssatz von

12 % anlegen. Er schätzt die aus dem Betrieb des Lokals erzielbaren Nettoeinzahlungen genauso ein wie Sie. Kommt eine Einigung über die Höhe der Abstandszahlung zustande, wenn der jetzige Pächter das Sicherheitsäquivalent einer unsicheren Zahlungsverteilung nach der Formel

$$S_t = E\left[\widetilde{NE}\right] - 0{,}2\left[E\left[\widetilde{NE}\right] - NE_{min,t}\right]$$

berechnet ? Begründen und interpretieren Sie Ihr Ergebnis!

VI. Komplexitätsreduktion

1. Problem

Können Sie sich vorstellen, daß der Grenzpreis für ein reales Unternehmen mittels eines Entscheidungsbaumes i.S.v. Abbildung 6 ermittelt werden könnte? Wenn Sie mit Ihrer Antwort zögern, dann bedenken Sie, daß ein Käufer bzw. ein Verkäufer den Grenzpreis unter Beachtung der *optimalen* Abfolge von Handlungen ermitteln möchte. Der Verkäufer möchte entschädigt werden für die Aufgabe der Erfolge, die er - bliebe er Eigentümer - bei optimaler Gestaltung der Abläufe erzielen könnte. Der Käufer zahlt maximal den Gegenwert für die entziehbaren Erfolge, die er - verfügte er über die Eigentumsrechte - bei der ihm optimal erscheinenden Strategie im Produktions-, Absatz-, Organisations- und Finanzbereich erreichen könnte. Wenn Sie bedenken, daß der relevante Planungszeitraum lang, die Anzahl der vom Investor nicht beeinflußbaren Umweltzustände groß und die Zahl der Reaktionsmöglichkeiten auf den Eintritt von Umweltzuständen erheblich ist, zeichnet sich eine Antwort ab: Eine realitätsnahe Abbildung des Problems ist wegen der sehr hohen Komplexität nicht möglich.

Dem Bewerter stehen eine Vielzahl möglicher Aktionen zur Verfügung, um die Nettoeinzahlungen des Unternehmens zu beeinflussen: Er kann die Preise seiner Produkte variieren, neue Absatzmärkte erschließen, Werbekampagnen starten oder die Absatzkanäle seiner Produkte verändern; er kann technische Eigenschaften der Produkte ändern, neue Produktionsverfahren anwenden, neue Anlagen einsetzen, Mitarbeiter einstellen oder freisetzen, neue Produktionsstätten aufbauen. Er kann die Zusammensetzung der Finanzierungsquellen des Unternehmens ändern, Eigenkapitalgeber aufnehmen oder aus dem Unternehmen drängen; er kann Teile des Unternehmens veräußern oder zusätzliche Unternehmen erwerben und in das zu bewertende Unternehmen eingliedern. Nicht jede der möglichen Maßnahmen wird in künftigen Zeitpunkten gleich sinnvoll sein: Welche Maßnahme der Bewerter später treffen wird, hängt entscheidend von der dann vorliegenden Situation ab. Für ein Unternehmen, das an der Kapazitätsgrenze produziert, wird eine zusätzliche Werbeaktion mit dem Ziel der Absatzsteigerung kaum in Frage kommen; statt dessen könnte man die Preise für die Produkte erhöhen oder die Produktionskapazitäten ausweiten. Künftige Aktionen hängen von zuvor eintretenden Umweltzuständen und früheren Aktionen ab. Umgekehrt beeinflussen gewählte Aktionen die Optionen der späteren Perioden. Die vollständige Berücksichtigung dieser Interdependenzen führt bereits bei einer geringen Zahl von Perioden zu nicht mehr überschaubaren Entscheidungsbäumen. Das gilt auch für den Versuch, mögliche Reaktionen der Konkurrenz auf eigene Handlungen wie Preisänderungen und Werbemaßnahmen abzubilden: Weil auch die konkurrierenden Unternehmen eine Vielzahl möglicher Reaktionsmaßnahmen ergreifen können, übersteigen die zur vollständigen Abbildung notwendigen Modelle sehr schnell ein für ihre Lösung erforderliches handhabbares Ausmaß.

Notwendig ist also eine Vereinfachung der Modellstruktur, eine Komplexitätsreduktion. Ideal wäre eine Vereinfachung, bei deren Anwendung der ermittelte Grenzpreis nicht allzu weit vom „richtigen" Grenzpreis abweicht. Bei der Suche nach solchen Vereinfachungen stößt man auf ein logisches Problem: Will man diese Abweichung bestimmen, muß man zunächst unter Anwendung des Entscheidungsbaumes den richtigen Grenzpreis ermitteln. Ist dieser bekannt, benötigt man aber keine Vereinfachung mehr. Auch der Versuch, einen „optimalen" Komplexionsgrad durch die Gegenüberstellung von Nutzen und Kosten einer schrittweisen Modellverfeinerung zu bestimmen, scheitert an diesem Problem: Um Kosten und Nutzen einer Modellerweiterung zu kennen, muß diese planerisch durchgerechnet werden. Ist sie durchgerechnet, ist die Prüfung der Frage, ob man sie durchführen soll, überflüssig.[31] Die Suche nach einer optimalen Vereinfachung ist also dann wenig erfolgversprechend, wenn man das vereinfachte Modell selbst wiederum entscheidungslogisch legitimieren will.

Hier wird folgender Weg eingeschlagen: An einem einfach gehaltenen Beispiel wird erläutert, wie Problemvereinfachungen aussehen könnten und welche Ergebnisauswirkungen Vereinfachungen haben können. Wüßten Investoren (Käufer bzw. Verkäufer) welche Auswirkungen (Richtung der Wirkung, Ausmaß) übliche Vereinfachungen auf das Ergebnis (den gesuchten Grenzpreis) hätten, wäre schon viel gewonnen. Zwei Formen von Vereinfachungen sollen unterschieden werden: Die erste Vereinfachung betrifft die Verknüpfung von Aktionen, Umweltzu-

---

31 Teichmann, H. (1972); Ballwieser, W. (1990), S. 12-19.

ständen und Nettoeinzahlungen. Im Vergleich zu dem theoretisch vollständigen Entscheidungsbaum wird eine technisch weniger aufwendige Form der Aufbereitung der Problemstruktur gewählt.

Die zweite Form der Vereinfachung betrifft die Form der Herleitung von Grenzpreisen, wenn die mehrperiodigen Verteilungen von Nettoeinzahlungen prognostiziert sind.

2. Erste Vereinfachung

Einem Investor, wir nennen ihn M, wird der Erwerb einer Taxikonzession für eine süddeutsche Großstadt angeboten. Er möchte den Grenzpreis errechnen. Die Konzession muß vom derzeitigen Eigentümer erworben werden. Es ist bekannt, daß die Stadtverwaltung darüber nachdenkt, durch zusätzlichen Verkauf von Konzessionen die Zahl der im Stadtgebiet zugelassenen Taxis um 50 % zu erhöhen. Diese Entscheidung steht unmittelbar bevor. Eine Ausweitung der Konzessionen hätte für die Inhaber der Alt-Konzessionen einschneidende finanzielle Folgen: Das höhere Transportangebot würde die erzielbaren Umsatzerlöse schrumpfen lassen. M denkt, daß die Nettoeinzahlungen im ersten Jahr nach Erwerb der Konzession nach Abzug aller Auszahlungen für Benzin, Pflege, Reparaturen, Standgebühren bei der gegebenen Konjunkturlage 15.000 betragen. Unterbliebe die Erhöhung der Zahl der Konzessionen, schätzt er die Nettoeinzahlungen im ersten Jahr bei der gegebenen Konjunkturlage dagegen auf 25.000.

Die Zahl der Konzessionen beeinflußt auch den Verkaufserlös für die Konzessionen. M schätzt den Verkaufserlös für eine Konzession am Ende der ersten Periode auf 30.000, wenn die Erhöhung der Zahl der Konzessionen unterbleibt und auf 13.000, wenn die Erhöhung stattfindet. M rechnet wegen der anhaltenden Proteste der Alt-Konzessionäre mit einer Wahrscheinlichkeit von nur 0,3 mit einer Entscheidung der Stadtverwaltung zugunsten der Erweiterung des Kreises der Konzessionäre.

Unabhängig von der Entscheidung der Stadtverwaltung könnte M zu Beginn der zweiten Periode einen Fahrer einstellen, um den Nachtbetrieb des Taxis zu ermöglichen. Die Nettoeinzahlungen sind auch von der in der zweiten Periode sich einstellenden konjunkturellen Situation abhängig. M unterscheidet lediglich zwei Konjunkturlagen: eine gute und eine schlechte. Die folgenden Tabellen enthalten die Erwartungen von M über die Nettoeinzahlungen im Zeitpunkt 2 bei Ein-Schicht- bzw. Zwei-Schicht-Betrieb und die Verkaufserlöse für Konzessionen im Zeitpunkt 2.

NETTOEINZAHLUNGEN BEI EIN-SCHICHT-BETRIEB IN ZEITPUNKT 2				
Umweltzustand in Zeitpunkt 1	Umweltzustand in Zeitpunkt 2	Wahrscheinlichkeit	NE_t	Verkaufserlöse der Konzession im Zeitpunkt 2
Keine Ausweitung der Konzessionen	gute Konjunktur	0,6	32.000	30.000
	schlechte Konjunktur	0,4	25.000	15.000
Ausweitung der Konzessionen	gute Konjunktur	0,6	20.000	15.000
	schlechte Konjunktur	0,4	8.000	7.000

NETTOEINZAHLUNGEN BEI ZWEI-SCHICHT-BETRIEB IN ZEITPUNKT 2				
Umweltzustand in Zeitpunkt 1	Umweltzustand in Zeitpunkt 2	Wahrscheinlichkeit	NE_t	Verkaufserlöse der Konzession im Zeitpunkt 2
Keine Ausweitung der Konzessionen	gute Konjunktur	0,6	40.000	30.000
	schlechte Konjunktur	0,4	20.000	15.000
Ausweitung der Konzessionen	gute Konjunktur	0,6	25.000	15.000
	schlechte Konjunktur	0,4	5.000	7.000

M verfügt über hinreichende eigene Mittel, um den Erwerb der Konzession zu finanzieren. Alternativ kann er seine Mittel zu 8 % ohne Risiko anlegen.

Der Entscheidungsbaum, der die Möglichkeiten von M bis zum Ende der Periode 2 abbildet, hat folgendes Aussehen:

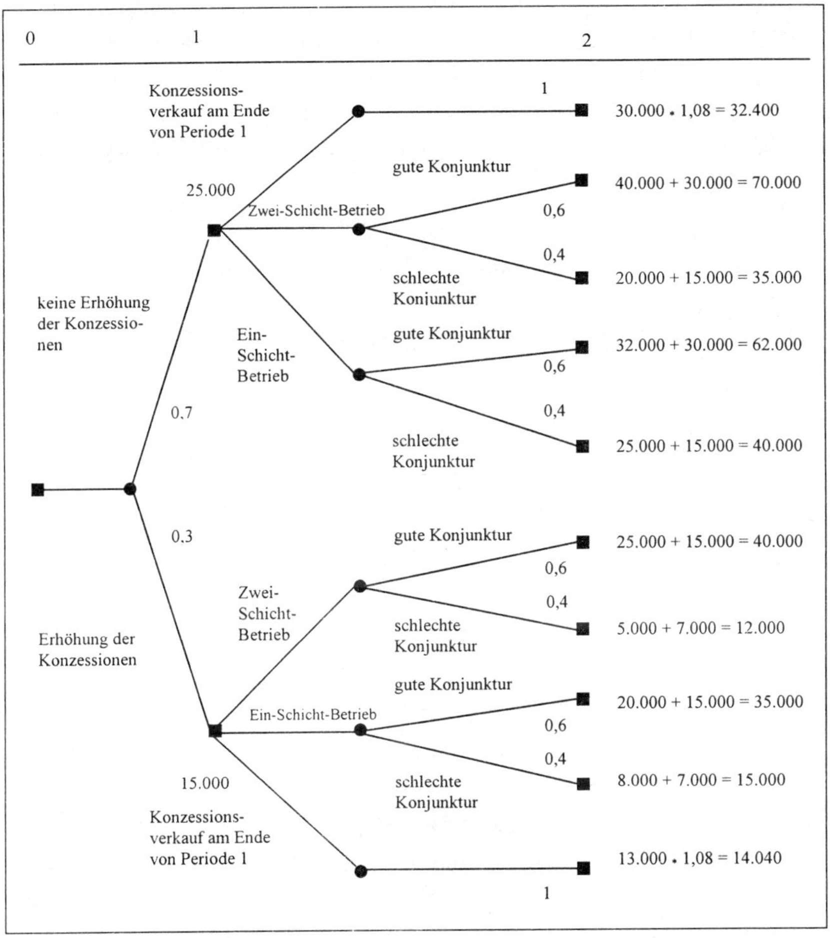

Abbildung 8: Entscheidungssituation des Investors M

Auch am Ende der Periode 2 könnte M die Konzession verkaufen. M nimmt an, daß der Verkaufserlös sowohl konjunkturabhängig als auch von der Entscheidung der Stadtverwaltung abhängig ist: Er beträgt 30.000 bzw. 15.000 bzw. 7.000. Verkauft M die Konzession am Ende von Periode 1, legt er den Erlös für eine Periode zu 8 % an.

Die Risikonutzenfunktion von M lautet

$$u\left(NE_{jt}\right) = \ln NE_{jt}.$$

Im ersten Lösungsschritt werden die Erwartungsnutzen und die Sicherheitsäquivalente der bedingten Zahlungsverteilungen der zweiten Periode ermittelt. Daraus lassen sich die optimalen Handlungen für den Zeitpunkt 1 ableiten. Für den oberen Ast des Entscheidungsbaumes (keine Erhöhung der Zahl der Konzessionen) erhalten wir folgende Ergebnisse:

Handlungsmöglichkeit	$E\left[\tilde{NE}_t\right]$	Erwartungsnutzen E(u)	Sicherheitsäquivalent[32]
Verkauf der Konzession in 1	32.400	10,38591	32.400,00
Ein-Schicht-Betrieb	53.200	10,85959	52.030,62
Zwei-Schicht-Betrieb	56.000	10,87899	<u>53.050,08</u>

Für den unteren Ast des Entscheidungsbaumes (Erhöhung der Zahl der Konzessionen) folgt:

Handlungsmöglichkeit	$E\left[\tilde{NE}_t\right]$	Erwartungsnutzen E(u)	Sicherheitsäquivalent
Verkauf der Konzession in 1	14.040	9,54967	14.040,00
Ein-Schicht-Betrieb	27.000	10,12418	<u>24.938,90</u>
Zwei-Schicht-Betrieb	28.800	10,11505	24.712,03

Die richtige Entscheidung im Zeitpunkt 1 ist von der Entscheidung der Stadtverwaltung abhängig: Erhöht sie die Zahl der Konzessionen nicht, lohnt der Zwei-Schicht-Betrieb. Bei einer Erhöhung der Zahl der Konzessionäre lohnt dagegen nur der Ein-Schicht-Betrieb. Ein vorzeitiger Ausstieg in 1 lohnt dagegen unabhängig von der Entscheidung der Stadtverwaltung nicht.

In Periode 1 sind die folgenden Daten relevant:

32. Das Sicherheitsäquivalent S erhält man durch Einsetzen des berechneten Erwartungsnutzens in die Umkehrfunktion der Nutzenfunktion. Für die hier angenommene Nutzenfunktion u (NE) = ln NE gilt also: $S = e^{E(u)}$.

Umweltzustand	Wahrscheinlichkeit	Relevante Zahlungen (Sicherheitsäquivalente)
keine Erhöhung der Zahl der Konzessionen	0,7	$25.000 + 53.050{,}08 \cdot 1{,}08^{-1} = 74.120{,}44$
Erhöhung der Zahl der Konzessionen	0,3	$15.000 + 24.938{,}90 \cdot 1{,}08^{-1} = 38.091{,}57$

Der Erwartungsnutzen der gesamten Zahlungsverteilung in 1 beträgt 11,01374; das Sicherheitsäquivalent ist 60.702,32. Der Wert der Konzession für M ist somit $60.702{,}32\ (1{,}08)^{-1} = 56.205{,}85$.[33]

Der Vorteil der Problemlösung mittels des Entscheidungsbaumes liegt in dem Ausweis der zustandsabhängigen optimalen Handlungen des M zu Beginn von Periode 2. Dies ist zugleich die Ursache des Nachteils: Die Ableitung der optimalen Aktionen ist wegen der notwendigen Informationsbeschaffung und -verarbeitung aufwendig. Man erreichte eine deutliche Vereinfachung, wenn man auf die explizite Begründung der optimalen zustandsabhängigen Handlungen verzichtete und an die Stelle der Begründung eine *Annahme* über die Aktionen des M setzte. Man kann dann mit dem *Zustandsbaum* arbeiten, der lediglich Umweltzustände und zugehörige Nettoeinzahlungen abbildet. Der zu dem Entscheidungsbaum in Abbildung 8 gehörende Zustandsbaum sieht so aus:

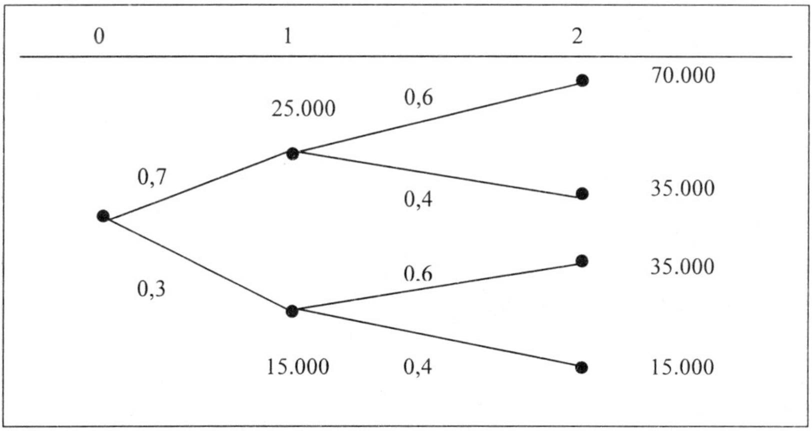

Abbildung 9: Zustandsbaum

33 Auch der hier verwendete Entscheidungsbaum enthält Vereinfachungen. Zu diesen zählt die Annahme der vollständigen Eigenfinanzierung und die Darstellung der alternativen Geldanlagemöglichkeiten durch einen (risikolosen) Zinssatz. Auch dies sind komplexitätsreduzierende Annahmen.

Dieser Zustandsbaum enthält genau die Zahlungen, die Ergebnis der optimalen zustandsabhängigen Handlungen des M am Ende der Periode 1 sind. Er ist einfacher strukturiert als der Entscheidungsbaum und genau so gut geeignet zur Problemlösung wie jener. Nun ist zu beachten, daß dieser Zustandsbaum nur deshalb erstellt werden konnte, weil mittels des komplexeren Entscheidungsbaums die richtige Lösung[34] bereits ermittelt war. Ohne dieses Vorwissen hätte man den „richtigen" Zustandsbaum wohl nur durch Zufall gefunden. Das Problem der Komplexitätsreduktion besteht also darin, die Problemstruktur vereinfacht abzubilden, ohne daß exaktes Wissen über die richtige Abbildung und die einzuschlagenden Aktionen besteht. Eine solche nicht auf Vorwissen zurückgreifende Lösung könnte in der Annahme bestehen, daß im Zeitpunkt 1 *unabhängig* vom eintretenden Zustand eine bestimmte Aktion realisiert wird. Der Grenzpreis wird z.B. ermittelt für die *Annahme*, daß im Zeitpunkt 1 generell

- der Zwei-Schicht-Betrieb bzw.
- der Ein-Schicht-Betrieb aufgenommen wird bzw.
- die Konzession verkauft wird.

Die folgende Tabelle zeigt die zugehörigen Grenzpreise und die Abweichung zum richtigen Grenzpreis:

Handlungsmöglichkeit	Grenzpreis	richtiger Grenzpreis	Abweichung in %
Erwerb Konzession; generell Zwei-Schicht-Betrieb	56.112,68	56.205,85	- 0,16576
Erwerb Konzession; generell Ein-Schicht-Betrieb	55.703,83	56.205,85	- 0,893
Erwerb Konzession; Verkauf der Konzession am Ende der Periode 1	41.588,91	56.205,85	- 0,26

Die mit dieser Vereinfachung ermittelten Grenzpreise sind zu niedrig. Das ist nicht überraschend. Die optimale Handlung in 1 ist zustandsabhängig. Unterstellt man - wie oben - zustands*unabhängige* Handlungen,

---

34 Die richtige Lösung besteht darin, daß sich M für den Zwei-Schicht-Betrieb entscheidet, wenn die Zahl der Konzessionen unverändert bleibt und für den Ein-Schicht-Betrieb entscheidet, wenn die Zahl der Konzessionen erhöht wird.

ist dies suboptimal. Höhere Grenzpreise sind somit ausgeschlossen. Die Abweichungen zum richtigen Ergebnis sind für die beiden ersten Annahmen so klein, daß man geneigt wäre sie zu akzeptieren, wenn Gewähr bestünde, daß sie immer so bescheiden ausfallen. Diese Gewähr besteht nicht, wie die Abweichung bei der letzten Annahme zeigt.

Wir halten also fest, daß die explizite Beachtung zustandsabhängiger Aktionen exakte Ergebnisse bringt. Ein Zurückschneiden der Komplexität der Problemstruktur in der hier vorgenommenen Form bewirkt zu kleine Grenzpreise: Zustandsbäume enthalten weniger Informationen als Entscheidungsbäume und führen zu weniger exakten Grenzpreisen.

3. Zweite Vereinfachung

Wie sollen zustandsabhängige Nettoeinzahlungen von Projekten mit mehrperiodiger Laufzeit zu einem Grenzpreis verdichtet werden? In der Literatur werden vier Aggregationsmethoden vorgeschlagen:

(1) Ausgehend vom letzten Zeitpunkt des Planungszeitraumes werden Sicherheitsäquivalente für die zustandsabhängigen Zahlungsverteilungen ermittelt. Diese Sicherheitsäquivalente werden um eine Periode diskontiert und zu den Nettoeinzahlungen der unmittelbaren Vorgängerknoten addiert. Anschließend wird das Sicherheitsäquivalent der Sicherheitsäquivalente der Folgeperiode zuzüglich der Zahlungen dieser Periode ermittelt. Auf diese Weise von hinten nach vorne durch den Zustandsbaum schreitend ist der Grenzpreis das diskontierte Sicherheitsäquivalent der gesamten Zahlungsverteilung des Zeitpunktes 1. Dies ist somit das Verfahren, das oben angewendet wurde.

(2) Man ermittelt unter Berücksichtigung der entsprechenden Eintrittswahrscheinlichkeiten die Sicherheitsäquivalente für die *unbedingten* Zahlungsverteilungen der einzelnen Perioden. Der Grenzpreis ist der Barwert der periodenbezogenen Sicherheitsäquivalente.

(3) Die möglichen zeitlichen Abfolgen von Nettoeinzahlungen werden mit dem risikolosen Zinssatz in Barwerte transformiert. Der Grenzpreis ergibt sich als Sicherheitsäquivalent der Barwertverteilung.[35]

---

35 So der Vorschlag von Bretzke. Bretzke, W. (1976).

(4) Siegel empfiehlt die „Risikoprofilmethode“.[36] Zustandsabhängige Nettoeinzahlungen werden mit dem relevanten Anlagesatz auf einen zu wählenden Zeitpunkt T aufgezinst. Aus der Verteilung der Vermögensendwerte ist dann der Grenzpreis durch Abwägen von Risiko und Chance abzuleiten.

Wir nutzen die Daten des in Abbildung 9 dargestellten Zustandsbaumes, um diese Vorgehensweisen zu erörtern.

Die Vorgehensweise (1) wurde oben bei der Herleitung des Grenzpreises aus den Daten des Entscheidungsbaumes bereits benutzt. Der Grenzpreis ist 56.205,85. Wendete man die Vorgehensweise auf die Daten des Zustandsbaumes an, erhielte man das gleiche Ergebnis, da dieser Zustandsbaum die Nettoeinzahlungen bei optimaler Handlungsabfolge ausweist.

Um Vorgehensweise (2) umzusetzen, sind zunächst die unbedingten Wahrscheinlichkeiten für Periode 2 zu ermitteln:

Nettoeinzahlung	unbedingte Wahrscheinlichkeit
70.000	$0{,}7 \cdot 0{,}6 = 0{,}42$
35.000	$0{,}7 \cdot 0{,}4 = 0{,}28$
35.000	$0{,}3 \cdot 0{,}6 = 0{,}18$
15.000	$0{,}3 \cdot 0{,}4 = 0{,}12$

Der Erwartungsnutzen beträgt 10,65255; das Sicherheitsäquivalent ist $S_2 = 42.300{,}30$.

Die Verteilung der Nettoeinzahlungen am Ende der Periode 1 sieht so aus:

25.000; 0,7

15.000; 0,3.

Der Erwartungsnutzen beträgt 9,97338; das Sicherheitsäquivalent ist $S_1 = 21.447{,}93$.

Der Grenzpreis ergibt sich aus:

$$GP_0 = 21.447{,}93 \cdot 1{,}08^{-1} + 42.300{,}30 \cdot 1{,}08^{-2}$$

$$= 56.124{,}88.$$

36 Siegel, Th. (1991), (1992).

Aggregationsmethode (3) verlangt zunächst die Ermittlung des Barwertes jeder der möglichen Abfolgen von Nettoeinzahlungen im Planungszeitraum. Bretzke, ein Vertreter dieses Vorgehens, argumentiert, das Risiko eines Projektes (Unternehmens) könne unabhängig von dem zu entrichtenden Preis überhaupt nicht konkretisiert werden;[37] vielmehr bestimme der gezahlte Preis über die Höhe des Risikos, das der Investor eingehe. Der Kern seines Arguments soll an einem sehr einfachen Beispiel erläutert werden: Angenommen, die Reihe der möglichen Nettoeinzahlungen eines Unternehmens sehe wie folgt aus:

	1	2	3	4	.....	∞	W'keit
NE_1	80	80	80	80	.....	80	0,2
NE_2	100	100	100	100	.....	100	0,6
NE_3	120	120	120	120	.....	120	0,2

Es realisiert sich also entweder die unendliche Zahlungsreihe 1 oder 2 oder 3. Die risikolose Alternativrendite sei 10 %.

Bretzke argumentiert nun, daß das Risiko des Projektes vom bezahlten Preis abhänge. Ein Investor, der einen Preis von 800 biete, gehe überhaupt kein Risiko ein, weil das Projekt ihn in jedem Zustand mindestens so gut stellt wie er bei alternativer Geldanlage stünde. Das Projekt bietet ihm darüber hinaus die Chancen, daß sich die Zahlungsreihe NE_2 oder NE_3 realisiert. Zahlt der Investor einen Preis von 1.000, trägt er das Risiko, im Vergleich zur risikolosen Alternative zuviel gezahlt zu haben. Das Risiko realisiert sich, wenn NE_1 eintritt. Er hat zugleich eine Chance im Vergleich zur risikolosen Alternativanlage, nämlich die Aussicht, daß sich NE_3 realisieren könnte. So gesehen wächst das Risiko (und reduziert sich die Chance) mit der Höhe des gezahlten Preises. Die vom Investor übernommene Risikomenge ist eine monoton steigende Funktion des Kaufpreises. Der Kaufpreis und damit die Höhe der bei alternativer Anlage erzielbaren risikolosen Nettoeinzahlungen entscheiden über die Aufteilung des oben abgebildeten Möglichkeitsspektrums in Risiko und Chance. Bretzke folgend wird der Investor den Preis zahlen, für den sich Risiko und Chance die Waage halten. Der Lösungsweg besteht darin, daß mittels des risikolosen Zinssatzes i bedingte Grenzpreise ermittelt werden. Die Verteilung bedingter (auf den Zeitpunkt 0 bezogener)

---

[37] Bretzke, W. (1976).

Grenzpreise ist dann in das Sicherheitsäquivalent des Investors zu transformieren.

Wenn dieser Ansatz für die Ermittlung des Grenzpreises der Taxikonzession nutzbar gemacht werden soll, sind im ersten Schritt die bedingten Grenzpreise für jede mögliche Abfolge von Umweltzuständen zu ermitteln. Es folgt:

Kombination Nr.	Zahlung in 1	Zahlung in 2	W'keit	Barwert
1	25.000	70.000	0,42	83.161,87
2	25.000	35.000	0,28	53.155,01
3	15.000	35.000	0,18	43.895,75
4	15.000	15.000	0,12	26.748,97

Im zweiten Schritt ist das Sicherheitsäquivalent der Barwertverteilung unter Beachtung der Risikonutzenfunktion von M zu ermitteln.[38] Der Erwartungsnutzen beträgt 10,95209; das Sicherheitsäquivalent ist 57.073,20.

Aggregationsmethode (4) wird von Siegel empfohlen. Siegels Anliegen ist zum einen didaktischer Natur: Es geht ihm darum, daß der Investor die Problemstruktur genau durchschaut. Siegel glaubt, daß die Verteilung der im Zeitpunkt T erreichbaren Endwerte hier besonders einprägsam wirkt. Siegel steht der Methode der Sicherheitsäquivalente skeptisch gegenüber[39] und glaubt, daß die Ermittlung periodenspezifischer Sicherheitsäquivalente Informationen unterdrücken könne. Auf jeden Fall verlange sein Vorschlag nur einmal die Ermittlung eines Sicherheitsäquivalentes.[40]

Wendet man seinen Vorschlag auf das obige Problem an und unterstellt man vereinfachend einen Wiederanlagesatz von $i = 0{,}08$ im Planungszeitraum, erhält man die folgende Endwertverteilung am Ende der Periode 2:

38 Gesucht ist $S_0\left(BK\widetilde{W}_0\right) = e^{10{,}95209} = 57.073{,}20$.

39 Siegel, Th. (1991), S. 626.

40 Siegel, Th. (1991), S. 633.

Kombination Nr.	Zahlung in 1	Zahlung in 2	W'keit	Endwert im Zeitpunkt 2
1	25.000	70.000	0,42	97.000
2	25.000	35.000	0,28	62.000
3	15.000	35.000	0,18	51.200
4	15.000	15.000	0,12	31.200

Der Erwartungsnutzen ist 11,10601; das Sicherheitäquivalent S_2 beträgt 66.570,37.

Diskontiert man S_2, erhält man einen Grenzpreis von 57.073,36.

Die folgende Tabelle stellt die ermittelten Grenzpreise zusammen:

Aggregationsmethode	Grenzpreis	Abweichung zum Ergebnis von Methode (1) (in %)
(1)	56.205,85	0
(2)	56.124,88	– 0,1441
(3)	57.073,20	+ 1,5432
(4)	57.073,36	+ 1,5435

Was zeigt uns die Tabelle?

1. Die Aggregationsmethoden (3) und (4) sind im Beispiel gleichwertig. Es macht keinen Unterschied, ob die Barwertverteilung oder die Endwertverteilung alternativer Pfade von Nettoeinzahlungen bewertet wird, wenn sich Auf- und Abzinsungsfaktoren gleichen und die hier unterstellte Risikonutzenfunktion $u(NE) = \ln NE$ gilt. Sie impliziert nämlich barwertkonstante Risikoabschläge, wenn die Zahlungsverteilungen mit gegebenen Wachstumsfaktoren in der Zeit verschoben werden. Dies ist zu erläutern.

   Benutzen wir den Ansatz von Bretzke, ermitteln wir einen Risikoabschlag in Höhe der Differenz $E\left[B\widetilde{K}W_0\right] - S_0$. Im Beispiel beträgt diese Differenz 3.849,30.[41] Wählen wir Siegel's Ansatz und entscheiden uns für Endwerte am Ende der Periode 2, beträgt der Erwartungswert der Endwerte 71.060. Das Sicherheitsäquivalent beträgt 66.570,37.

41 Der Erwartungswert der alternativ möglichen Barwerte beträgt 60.922,50. Das Sicherheitsäquivalent S_0 ist 57.073,20.

Der Risikoabschlag im Zeitpunkt 2 ist somit 4.489,63. Diskontiert auf den Zeitpunkt 0 erreicht der Risikoabschlag den Wert von $4.489{,}63 \cdot 1{,}08^{-2} = 3.849{,}13$. Von Rundungseinflüssen abgesehen, erhalten wir einen barwertkonstanten Risikoabschlag. Das Ergebnis ändert sich nicht, wenn wir den relevanten Zeitpunkt für die Berechnung der Endwerte auf das Ende der Periode 15 oder 35 verschieben. Der Erwartungswert der Endwerte am Ende der Periode 15 beträgt 193.256,35; das Sicherheitsäquivalent S_{15} hat den Wert 181.046,20; der Risikoabschlag ist somit 12.210,15. Der Einfluß des Risikoabschlages auf den BKW_0 ist jedoch unverändert: Er beträgt $12.210{,}15 \cdot 1{,}08^{-15} = 3.849{,}15$.

2. Die Aggregationsmethoden (1) und (2) führen zu unterschiedlichen Ergebnissen. Die Ursache ist die mit dem Niveau der zu bewertenden Einzahlungen abnehmende absolute Risikoaversion bei Verwendung der Risikonutzenfunktion $u(NE) = \ln NE$. Die Konkavität dieser Risikonutzenfunktion nimmt mit steigenden Nettoeinzahlungen ab. Dies soll an einem Beispiel erläutert werden. Wir gehen von der Zahlungsverteilung unseres Beispiels im Zeitpunkt 1 aus: 25.000, 0,7; 15.000, 0,3. Der Erwartungswert ist 22.000; das Sicherheitsäquivalent beträgt 21.447,93. Der Risikoabschlag ist folglich $22.000 - 21.447{,}93 = 552{,}07$. Wird nun jedes Element der Zahlungsverteilung um 30.000 erhöht, beträgt der Erwartungswert 52.000; das Sicherheitsäquivalent ist 51.786,63. Der Risikoabschlag ist *gefallen*: er beträgt nur noch 213,37. Die absolute Risikoaversion nimmt für die hier unterstellte Risikonutzenfunktion ab. Dieser Effekt führt bei Aggregationsmethode (1) zu tendenziell kleineren Risikoabschlägen.

3. Die Aggregationsmethoden (1) und (2) einerseits und die Methoden (3) und (4) andererseits unterscheiden sich in der Reihenfolge der Aggregationsschritte. Die Methoden (3) und (4) aggregieren zunächst über die Zeitpunkte des Planungszeitraums, indem sie zeitliche Einzahlungsfolgen zu Barwerten bzw. Endwerten zusammenfassen. Dann erst wird die Verteilung der Barwerte (Endwerte) zu einem Erwartungswert bzw. Sicherheitsäquivalent aggregiert. Die Methoden (1) und (2) fassen zuerst die Nettoeinzahlungen je Periode zusammen; dann erst bewältigen sie die zeitliche Zusammenfassung. Auch hier ist der Verlauf der Risikonutzenfunktion von Einfluß auf das Ergebnis.

Die Unterschiede zwischen den in der Tabelle ausgewiesenen Grenzpreisen fallen nicht sehr hoch aus: die Abweichung zwischen maximalem und minimalem Wert beträgt gerade 1,5 %. Es wäre jedoch ein Fehler, hieraus den Schluß zu ziehen, daß es auf die Wahl der Aggregationsmethode bei der Grenzpreisermittlung nicht ankomme. Die Ursache für die geringen Abweichungen liegt in der Kürze des Planungshorizontes: Weil die Nettoeinzahlungen nur über zwei Perioden aggregiert werden, ist die Differenz zwischen den Werten, die in die Risikonutzenfunktion eingesetzt werden, nicht groß. Die Abnahme der Konkavität der Risikonutzenfunktion im relevanten Werteintervall ist nicht erheblich. Diese Wirkung wird stärker, je weiter die relevanten Zahlungen streuen. Mit wachsendem Planungshorizont werden deshalb die Differenzen der Grenzpreise gemäß Methode (2) einerseits und Methode (3) bzw. (4) andererseits zunehmen. Die geringen Unterschiede im Beispiel sind also nicht geeignet, die Frage als vernachlässigbar einzustufen.

Wie ist nun vorzugehen? Investoren betreiben ihre Unternehmen, um ihre Konsumpläne zu finanzieren.[42] Konsumpräferenzen und Risikoneigungen der Investoren sind folglich auf den ersten Blick lösungsrelevant. Vor diesem Hintergrund sind Modelle, die Entnahmen auf einen beliebigen Zeitpunkt T komprimieren, besonders begründungsbedürftig. Interpretiert man Risikonutzenfunktionen als Instrument zur Bewertung unsicherer, für die Finanzierung von Konsumausgaben verwendbarer Mittel, scheint auch der Ansatz von Bretzke begründungsbedürftig, weil Barwerte von konsumtiv verwendbaren Mitteln einer Bewertung unterzogen werden, als ob auch diese Barwerte im Zeitpunkt 0 konsumtiv verwendbar wären. Das sind sie nicht. Niemand käme auf die Idee, den Marktpreis einer uniform unendlichen Nettoeinzahlungsreihe von 80 pro Periode in Höhe von 800 als ein dieser Einzahlungsreihe äquivalentes *Konsumpotential* zu betrachten, wenn er die Mittel nicht wiederanlegen dürfte, sondern im Zeitpunkt 0 konsumieren müßte. Somit erscheint eine individuelle Bewertung von Einzahlungen in dem Zeitpunkt, in dem sie zufließen und konsumtiv verwendet werden können, im Prinzip richtig. Dies spricht für die Methoden (1) und (2).

Nun gibt es handfeste Argumente gegen die Idee, die Konsumsphäre explizit in die Bewertung von Unternehmen einzubeziehen. Hierzu gehört der Mangel an gefestigtem Wissen über Konsum- und Zeitpräferenzen

---

42 Moxter, A. (1966), Drukarczyk, J. (1970); Lehmann, M. (1975).

und die prinzipielle Separierbarkeit von Konsum- und Investitionsentscheidungen. Wenn über subjektive Kalküle einzelner Investoren gesprochen wird, verwenden wir in späteren Abschnitten Ansatz (2) und benutzen die periodenbezogene Risikonutzenfunktion zur Ableitung periodenspezifischer Sicherheitsäquivalente. Im Hintergrund steht die Idee, daß eine konsumtive Verwendung im Zeitpunkt des Mittelzuflusses wenigstens erfolgen könnte.

Wir behalten im Auge, daß es sich um eine wichtige Vereinfachung handelt, weil sie den Verbund der Perioden, der bei Aggregationsmethode (1) korrekt beachtet wird, löst, nicht beachtet.

VII. Literaturhinweise

Ballwieser, W. (1980): Möglichkeiten der Komplexitätsreduktion bei einer prognoseorientierten Unternehmensbewertung. In: ZfbF, 32. Jg., S. 50 - 73.

Ballwieser, W. (1981): Die Wahl des Kalkulationszinsfußes bei der Unternehmensbewertung unter Berücksichtigung von Risiko und Geldentwertung. In: BFuP 33. Jg., S. 97 - 114.

Ballwieser, W. (1990): Unternehmensbewertung und Komplexitätsreduktion, 3. A., Wiesbaden.

Ballwieser, W. (1993): Methoden der Unternehmensbewertung. In: Gebhardt, G./Gerke, W./Steiner, M. (Hrsg.) Handbuch des Finanzmanagements, München, S. 151 - 176.

Bamberg, G./Coenenberg, A.(1994): Betriebswirtschaftliche Entscheidungslehre, 8. A., München, Kapitel 5. und 9.

Bretzke, W. (1975): Das Prognoseproblem bei der Unternehmensbewertung: Ansätze zu einer risikoorientierten Bewertung ganzer Unternehmen auf der Grundlage modellgestützter Erfolgsprognosen, Düsseldorf.

Bretzke, W. (1976): Zur Berücksichtigung des Risikos bei der Unternehmensbewertung. In: ZfbF, 28. Jg., S. 153 - 165.

Coenenberg, A. (1970): Unternehmensbewertung mit Hilfe der Monte-Carlo-Simulation. In: ZfB, 40. Jg., S. 793 - 804.

Drukarczyk, J. (1970): Investitionstheorie und Konsumpräferenz, Berlin.

Eisenführ, F./Weber, M (1994): Rationales Entscheiden, 2. A., Berlin.

Goetze, U./Bloech, J. (1992): Investitionsrechnung. Modelle und Analysen zur Beurteilung von Investitionsvorhaben, Berlin.

Hammond, J.S. (1967): Better Decisions with Preference Theory. In: Harvard Business Review, Vol. 45, S. 123 - 141.

Krag, J. (1978): Die Berücksichtigung der Ungewißheit in der Unternehmensbewertung mit Hilfe eines modifizierten Ertragswertkalküls. In: ZfB, 48. Jg., S. 439 - 451.

Kromschröder, B. (1979): Unternehmensbewertung und Risiko, Berlin.

Kruschwitz, L. (1995): Investitionsrechnung, 6. A., Berlin, New York.

Laux, H. (1971): Unternehmensbewertung bei Unsicherheit. In: ZfB, 41. Jg., S. 525 - 540.

Lehmann, M. (1975): Zur Theorie der Zeitpräferenz, Berlin.

Magee, J.F. (1964): How to use Decision Trees in Capital Investment. In: Harvard Business Review, Vol. 42, S. 79 - 96.

Maul, K.-H. (1976): Unternehmensbewertung bei Unsicherheit. In: Wpg, 29. Jg., S. 573 - 579.

Maul, K.-H. (1979): Probleme prognose-orientierter Unternehmensbewertung. In: ZfB, 49. Jg., S. 107 - 117.

Moxter, A. (1966): Die Grundsätze ordnungsmäßiger Bilanzierung und der Stand der Bilanztheorie. In: ZfbF, 18.Jg., S. 28 - 59.

Saliger, E. (1993): Betriebswirtschaftliche Entscheidungstheorie, 3. A., München, Wien, Kapitel 3.1.

Schneider, D. (1995): Informations- und Entscheidungstheorie, München, Wien.

Siegel, Th. (1991): Das Risikoprofil als Alternative zur Berücksichtigung der Unsicherheit in der Unternehmensbewertung. In: Aktuelle Fragen der Finanzwirtschaft und der Unternehmensbesteuerung; Festschrift für Erich Loitlsberger zum 70. Geburtstag; Rückle, D. (Hrsg.), Wien, S. 619 - 638.

Siegel, Th. (1992): Methoden der Unsicherheitsberücksichtigung in der Unternehmensbewertung. In: WiSt, 21. Jg., S. 21 - 26.

Teichmann, H. (1972): Die optimale Komplexion des Entscheidungskalküls. In: ZfbF, 24.Jg., S. 519 - 539.

5. Kapitel: Unternehmensbewertung

I. Einleitung

Wir kommen nun zum Kern dieses Buches. Alle Problemkreise, die in den Kapiteln 2, 3 und 4 angesprochen wurden, werden hier erneut angetroffen. Die oben vermittelten Instrumente und Sichtweisen sind somit unverändert von Bedeutung. Wegen des Umfangs des Kapitels 5 erscheint es ratsam, zunächst über seinen Inhalt zu informieren.

Abschnitt II. gibt einen Überblick über Fragestellungen, die den Anstoß zur Bewertung eines Unternehmens bzw. einer Unternehmensbeteiligung geben. Diese Fragestellungen sind deshalb wichtig, weil sie die Zielrichtung des Kalküls zur Ermittlung des Wertes eines Unternehmens bestimmen. Es könnte z.B. darauf ankommen, ob der maximale Kaufpreis ermittelt werden soll, den ein Erwerber für ein Unternehmen bezahlen könnte, der dieses Unternehmen aus freien Stücken erwerben will, weil es in das Netz seiner bereits bestehenden wirtschaftlichen Aktivitäten paßt oder ob Minderheitsaktionäre, die von dem Großaktionär des Unternehmens durch bestimmte strategische Züge aus dem Unternehmen gedrängt werden sollen, angemessen abzufinden sind. Ein Ergebnis der Fallunterscheidungen wird sein, daß Unternehmensbewertungen zum einen die Frage beantworten sollen, welchen Preis der Käufer maximal bezahlen, der Verkäufer mindestens verlangen muß, wenn er als rational handelnd angesehen werden will. Als rational handelnd wird ein Käufer dann angesehen, wenn er im Zeitpunkt des Erwerbs keinen Preis bietet, der seine finanzielle Lage unter Beachtung der erwarteten finanziellen Überschüsse aus dem Unternehmen unter sein Ausgangsniveau drückt. Der Kaufpreis, der seine finanzielle Lage unter Beachtung der Überschüsse aus dem zu bewertenden Unternehmen gerade *nicht* verbessert und *nicht* verschlechtert, heißt (subjektiver) Grenzpreis. Bewertungsrechnungen, die diesen Grenzpreis zu bestimmen suchen, heißen auch Grenzpreiskalküle. Sie können sowohl für den Käufer als auch für den Verkäufer entwickelt werden und aus vielerlei Gründen spricht wenig dafür, daß die subjektiven Grenzpreise von Käufer und Verkäufer übereinstimmen. Gründe für das Auseinanderfallen der Grenzpreise von Käufer und Verkäufer sind die wertbestimmenden Parameter des sog. Entscheidungsfeldes von Käufer und Verkäufer (z.B. Besteuerung, Finanzierungsmöglichkeiten) und persönliche Eigenschaften, wie z.B. Prognosefähigkeiten oder der Grad der Risikoabneigung.

Unternehmensbewertungen sollen zum anderen die Frage beantworten, wie eine Grenzpreisdifferenz angemessen aufgeteilt werden könnte. Für diese Fragestellung werden regelmäßig Gutachter berufen, die in der Regel Wirtschaftsprüfer sind, aber auch Investment Banker oder Unternehmensberater sein können. Hier geht die Aufgabenstellung über die Ermittlung des Grenzpreises für Käufer oder Verkäufer hinaus. Es müssen die Grenzpreise *beider* Parteien ermittelt werden, bevor ökonomische Überlegungen für eine begründete Aufteilung der Differenz zwischen dem (höheren) Grenzpreis des Käufers und dem Grenzpreis des Verkäufers angestellt werden.

Abschnitt III. stellt zwei Konzeptionen der formalen Gewinnung von Barwerten vor: Der individualistische, präzise an den Parametern des Käufers (Verkäufers) und an der Risiko(ab)neigung orientierte Kalkül einerseits und der Kalkül, der bei der Zuordnung von risikoäquivalenten Diskontierungssätzen auf Marktdaten und nicht auf subjektive Grade der Risikoabneigung setzt. Abschnitt IV. diskutiert Definitionen für entziehbare Überschüsse unter Beachtung von steuerlichen Regelungen und Rechnungslegungsnormen. Abschnitt V. stellt den Einfluß der Kapitalstruktur des zu bewertenden Unternehmens auf den Bewertungskalkül dar. Abschnitt VI. ist den verschiedenen Spielarten der Discounted-Cash-flow-Methode gewidmet. Abschnitt VII. behandelt die Ertragswert-Methode. Abschnitt VIII. versucht eine Einschätzung der verschiedenen methodischen Ansätze.

Sonderprobleme sind in Kapitel 6 ausgelagert. Hierzu zählen die Bewertung von Verlustvorträgen, der Einfluß der Geldentwertung und die steuerlichen Wirkungen von sonstigen Rückstellungen im Rahmen der Bewertung.

II. Fragestellungen und Wertkonzeptionen

1. Anlässe zur Bewertung von Unternehmen oder Unternehmensanteilen

Wir betrachten zunächst die Anlässe, die den Anstoß zu einer Bewertung von Unternehmen oder von Unternehmensanteilen geben. In der Regel ist die geplante oder erzwungene Veränderung in der Zusammensetzung der Eigentümer Anlaß für eine Unternehmensbewertung. Weniger zahlreich sind die Fälle, in denen die Zusammensetzung der Eigentümer nicht oder nicht explizit geplant ist, und dennoch eine Bewertung des Unternehmens erfolgen muß. Zu diesen Fällen zählt die Bewertung für steuerliche Zwecke (z.B. Vermögensbesteuerung), die Bewertung im Rahmen von Sanierungsverhandlungen, Kreditwürdigkeitsprüfungen und Insolvenzverfahren. Wir lassen diese letztgenannten Fälle zunächst unbeachtet und konzentrieren uns auf die Fälle, in denen sich die Struktur der Eigentümer ändert. Tabelle 7 gibt einen Überblick über die Vielfalt der Fälle und untergliedert in nicht dominierte und dominierte Situationen.

Anlässe	nicht dominierte Situationen	dominierte Situationen
Kauf, Verkauf, Abfindung in Geld, Enteignung, Erbteilung	– Kauf oder Verkauf des Unternehmens oder von Unternehmensanteilen	– Ausscheiden eines Gesellschafters aus einer Personengesellschaft • durch Austritt des Gesellschafters (Kündigung) • durch Ausschluß eines „lästigen“ Gesellschafters • durch Eröffnung des Konkursverfahrens über das Vermögen eines Gesellschafters – Barabfindung von Minderheitsgesellschaftern • bei Abschluß eines Gewinnabführungs- oder Beherrschungsvertrages (§ 305 AktG) • bei Eingliederung durch Mehrheitsbeschluß (§ 320 AktG) • bei Umwandlung durch Übertragung des Vermögens (§ 174 UmwG) • bei einer formwechselnden Umwandlung (§ 190, § 207 UmwG) – Enteignung/Vergesellschaftung nach Art. 14, 15 GG – Erbauseinandersetzungen, Erbteilungen – familienrechtliche Abfindungen (Zugewinnausgleich)
Gründung, Eintritt, Abfindung in Aktien, Verschmelzung	– Gründung einer Gesellschaft mit Einbringung von Gesellschaftsanteilen – Eintritt neuer Gesellschafter in eine bestehende Gesellschaft ohne Austritt anderer Gesellschafter – Verschmelzung nach §§ 2ff. UmwG	– Abfindung von Minderheitsgesellschaftern in Aktien der Obergesellschaft • bei Abschluß eines Gewinnabführungs- oder Beherrschungsvertrages (§ 305 AktG) • bei Eingliederung durch Mehrheitsbeschluß (§ 320 AktG) • bei Verschmelzung (§ 19, § 29 UmwG)

Tabelle 7: Anlässe für eine Unternehmensbewertung

Eine *nicht dominierte Verhandlungssituation* liegt vor, wenn jede Partei die Option hat, die Vertragsverhandlungen abzubrechen und den Status quo beizubehalten. In diese Kategorie fällt der klassische Anlaß für eine Unternehmensbewertung: der Kauf oder Verkauf eines Unternehmens bzw. von Unternehmensanteilen. Der potentielle Käufer oder Verkäufer wird der Transaktion nur zustimmen, wenn sich seine ökonomische Situation verbessert. Ist dies nicht zu erwarten, bricht er die Verhandlungen ab und verzichtet auf die Transaktion. Andere nicht dominierte Bewertungsanlässe führen zu einer Änderung der Eigentümerstruktur, ohne daß es zu einer Auswechslung von Unternehmenseigentümern kommt: Tritt z.B. ein neuer Gesellschafter in ein bestehendes Unternehmen gegen Einlage von Kapital ein, so ist wegen dessen Teilhabe an den künftigen Überschüssen ein „fairer Eintrittspreis" zu bestimmen, der weder ihn noch die Altgesellschafter benachteiligt. Für die Bestimmung des Eintrittspreises ist eine Unternehmensbewertung notwendig. Im Falle einer *Verschmelzung* von zwei oder mehreren Aktiengesellschaften (§§ 60-70 UmwG) erhalten die Aktionäre der aufgegangenen Unternehmen für ihre Anteile Aktien an der neuen, durch die Fusion entstandenen Gesellschaft. Das Umtauschverhältnis von Alt- zu Neuaktien bemißt sich nach dem Verhältnis der Werte der in der neuen Gesellschaft aufgegangenen Unternehmen. Auch für andere Rechtsformen ist eine Unternehmensbewertung erforderlich, wenn durch Zusammenlegung mehrerer Altgesellschaften eine neue Gesellschaft entsteht: Gründen z.B. zwei Konzerne für ein Joint-Venture eine Gesellschaft in Form einer GmbH und bringen eigene Tochterunternehmen im Rechtskleid der GmbH oder einer GmbH u. Co. KG oder Anteile als Einlage ein, so ist für die Ermittlung der jeweiligen Anteilsquoten an der neuen Gesellschaft der Wert der Einlagen zu bestimmen.

Dominierte Verhandlungssituationen sind dadurch gekennzeichnet, daß eine Partei die Option des Abbruchs der Verhandlungen und der Rückkehr zum Status quo nicht mehr besitzt. Die andere Partei kann die Änderung der Eigentümerstruktur bzw. der Eigentumsrechte einseitig durchsetzen. Eine solche erzwungene Veränderung der Eigentumsverhältnisse ist nur unter bestimmten Bedingungen möglich. I.d.R. hat die dominierte Partei die Möglichkeit, die Bedingungen, zu denen die Veränderung der Struktur der Eigentumsverhältnisse stattfindet, durch ein Gericht überprüfen zu lassen. Beispiele für dominierte Verhandlungssituationen sind:

- Eine Aktiengesellschaft schließt mit einer anderen Gesellschaft einen Gewinnabführungs- und Beherrschungsvertrag ab. Dies stellt für die Minderheitsaktionäre einen gravierenden Eingriff in ihre Rechte und Vermögensposition dar. Ein Beherrschungsvertrag erlaubt der herrschenden Gesellschaft Weisungen, die für die beherrschte Gesellschaft nachteilig sind, ohne daß die Minderheitsgesellschafter dies verhindern könnten. Außenstehende Aktionäre haben deshalb Anspruch auf Ausgleich der durch den Abschluß solcher Verträge entstehenden Nachteile, wenn sie sich entscheiden, Aktionär der beherrschten Gesellschaft zu bleiben (§ 304 AktG): Sie haben Anspruch auf „angemessenen Ausgleich". Dieser erfolgt durch eine regelmäßig an den Aktionär zu leistende Ausgleichszahlung. Bei der Ermittlung der Ausgleichszahlung ist von der Annahme der Vollausschüttung der Überschüsse nach Maßgabe der bisherigen Ertragslage und der künftigen Ertragsaussichten unter Berücksichtigung angemessener Abschreibungen und Wertberichtigungen auszugehen. Nach § 305 Abs. 2 Nr. 1 und Nr. 2 AktG können die Aktionäre der beherrschten Gesellschaft eine Abfindung in Form von Aktien der herrschenden Gesellschaft verlangen, wenn diese eine nicht abhängige inländische Aktiengesellschaft oder Kommanditgesellschaft auf Aktien ist. Für die Bestimmung des Wertes der Anteile der ausscheidenden Minderheitsgesellschafter und damit die Zahl der im Gegenzug zu gewährenden Aktien der herrschenden AG ist eine Bewertung beider Aktiengesellschaften durchzuführen. Nach § 305 Abs. 2 Nr. 3 AktG ist den Minderheitsaktionären in anderen Fällen eine Barabfindung anzubieten. Hier ist zur Bestimmung des Abfindungsangebotes eine Bewertung des abhängigen Unternehmens erforderlich.

- Nach § 320 Abs. 1 AktG kann eine Aktiengesellschaft durch Mehrheitsbeschluß in eine andere Aktiengesellschaft eingegliedert werden, wenn die Obergesellschaft mindestens 95 % der Anteile der betreffenden AG hält (Eingliederung durch Mehrheitsbeschluß). Den Minderheitsgesellschaftern ist für die Einziehung ihrer Aktien eine angemessene Abfindung zu gewähren (§ 320 b AktG). Die Abfindung kann als Barzahlung oder in Form von Aktien der Hauptgesellschaft geleistet werden. Für die Ermittlung der Höhe der Abfindung sind auch hier Unternehmensbewertungen erforderlich.
- Wird eine Aktiengesellschaft durch Mehrheitsbeschluß nach § 240 UmwG in eine GmbH umgewandelt, hat ein Minderheitsaktionär, der gegen die Umwandlung Widerspruch erklärt, Anspruch auf angemessene Barabfindung (§ 207 UmwG).

Das *Ausscheiden eines Gesellschafters aus einer Personengesellschaft* ist häufig Anlaß für eine Unternehmensbewertung. Ursachen für das Ausscheiden sind:

- Der Gesellschafter kündigt und die Gesellschaft wird von den verbleibenden Gesellschaftern fortgeführt.
- Der Gesellschafter wird, weil „lästig", von den anderen Gesellschaftern ausgeschlossen.
- Über das Vermögen des Gesellschafters ist ein Konkursverfahren eröffnet worden.
- Ein Privatgläubiger des Gesellschafters kündigt die Gesellschaft nach § 135 HGB; die verbleibenden Gesellschafter führen die Gesellschaft fort.

Weil die Veränderung der Eigentumsverhältnisse vom ausscheidenden Gesellschafter (Kündigung), durch die in der Gesellschaft verbleibenden Gesellschafter (Ausschluß des Gesellschafters) oder durch einen Dritten (Kündigung durch einen Gläubiger des Gesellschafters) gegen den Willen der anderen Partei durchgesetzt werden kann, handelt es sich um *dominierte Bewertungsanlässe.* Der ausscheidende Gesellschafter hat, sofern im Gesellschaftsvertrag nichts anderes bestimmt ist, nach § 738 Abs. 1 Satz 2 BGB Anspruch auf die Zahlung des Betrages, den er im Fall einer Auflösung der Gesellschaft bei der Auseinandersetzung erhalten würde. Wird die Gesellschaft nicht aufgelöst, sondern von den verbleibenden Gesellschaftern fortgeführt, ist für die Ermittlung des zu zahlenden Betrages eine Bewertung des Anteils notwendig. Im Regelfall enthalten Gesellschaftsverträge Bestimmungen, nach denen sich die Ermittlung der Abfindungszahlung an ausscheidende Gesellschafter richten soll. Das Ausscheiden eines Gesellschafters ist Anlaß für eine Unternehmensbewertung, wenn sich die Abfindungszahlung am Wert der Gesellschaft im Zeitpunkt des Ausscheidens orientiert.

Auch bei Ehescheidungen kann die Bewertung von Unternehmen oder Unternehmensanteilen erforderlich werden, wenn der gesetzliche Güterstand der Zugewinngemeinschaft vereinbart wurde und zum Vermögen der Ehegatten ein Unternehmen oder nicht notierte Gesellschaftsanteile gehören. Erbauseinandersetzungen oder Erbteilungen gehören ebenfalls zu den dominierten Bewertungsanlässen.

Schließlich sind noch Enteignungen nach Art. 14 GG und Vergesellschaftungen nach Art. 15 GG aufzuführen. Die Entschädigung für den Enteigneten ist nach Art. 14 Abs. 3 GG „unter gerechter Abwägung der Interessen der Allgemeinheit und der Beteiligten zu bestimmen".

Wie oben angedeutet, sind Unternehmensbewertungen auch notwendig, ohne daß eine Änderung der Eigentumsverhältnisse explizit geplant ist. Wir wollen hier den steuerlichen Bewertungsanlaß etwas näher betrachten. Die Grundlage für die zu leistenden Zahlungen für Vermögen- und Gewerbekapitalsteuer auf Unternehmensebene bildet die Einheitsbewertung des Betriebsvermögens nach §§ 95 - 109a BewG. Für die Ermittlung des steuerlichen Einheitswertes ist das Einzelbewertungsverfahren anzuwenden. Der Einheitswert des Betriebsvermögens entspricht der Summe der Werte der einzelnen Vermögensgegenstände abzüglich der Unternehmensschulden. Die Wertansätze für die Vermögensgegenstände und die Schulden können dabei bis auf wenige Ausnahmen aus der Steuerbilanz übernommen werden.

Anteile an Kapitalgesellschaften sind zum Zwecke der Substanzbesteuerung im Betriebs- und im Privatvermögen mit ihrem Kurswert bzw. gemeinen Wert anzusetzen (§§ 11, 109 Abs. 3 BewG). Sind Kurswerte oder realisierte Verkaufspreise für die Anteile nicht festzustellen oder unmaßgeblich, so ist ihr gemeiner Wert mit Hilfe einer spezifischen Bewertungsmethode festzustellen. Nach § 11 Abs. 2 Satz 2 BewG hat die Schätzung des gemeinen Wertes „unter Berücksichtigung des Vermögens und der Ertragsaussichten" der Kapitalgesellschaft zu erfolgen. Die Finanzverwaltung wendet das sog. „Stuttgarter Verfahren" an. Bei diesem Verfahren wird der Unternehmenswert als Summe eines „Vermögenswertes" V und eines die „Ertragsaussichten" berücksichtigenden Korrekturbetrages ermittelt. Der Vermögenswert V basiert dabei auf dem Einheitswert des Betriebsvermögens. Die Feststellung der „Ertragskomponente" baut auf folgenden Überlegungen auf: Ausgangspunkt ist die Vorstellung, daß eine über die „marktübliche" Verzinsung des eingesetzten Kapitals hinausgehende Rendite in einer durch Wettbewerb geprägten Wirtschaftsordnung nur vorübergehend erzielt werden könne. „Überrenditen" locken neue Anbieter an; die verstärkte Konkurrenz läßt die erzielbare Rendite wieder auf die „normale" Marktverzinsung zurückfallen. Die Finanzverwaltung setzt an die Stelle von „Überrenditen" nun „Übergewinne": Der „Übergewinn" einer Periode entspricht der Differenz zwischen den erzielbaren Überschüssen der Eigentümer NE und der marktüblichen Verzinsung auf das eingesetzte Eigenkapital. Dabei werden die anzusetzenden Überschüsse als Durchschnitt der letzten drei Jahre ermittelt. Das Stuttgarter Verfahren verwendet als eingesetztes Eigenkapital den Kaufpreis für die Eigentumsrechte des Unternehmens und damit den gesuchten Unternehmenswert. Der erzielbare Übergewinn pro Jahr ist definiert durch NE - r·UW. Dabei bezeichnet r die marktübliche Verzinsung und UW den Unternehmenswert in Form des eingesetzten Eigenkapitals. Die Vermögensteuerrichtlinien normieren den Zeitraum, für den das Unternehmen Übergewinne erzielen kann, auf 5 Jahre. Die Formel für den gesuchten Unternehmenswert lautet dann $UW = V + 5 \cdot (NE - r \cdot UW)$. Auf eine Diskontierung der Übergewinne wird somit verzichtet. Durch Umformen erhält man

$$UW = \frac{V + 5 \cdot NE}{1 + 5 \cdot r} \quad .$$

Setzt man, wie in den Vermögensteuerrichtlinien 1995 vorgesehen, die marktübliche Verzinsung r mit 9 % an, dann vereinfacht sich die Formel für den Unternehmenswert UW zu

$$UW = 0{,}68966 \cdot (V + 5 \cdot NE) .$$

Beträgt der ermittelte Vermögenswert V 100.000 DM und erzielt das Unternehmen Überschüsse in Höhe von 12.000 DM pro Jahr, dann errechnet sich der Unternehmenswert nach dem Stuttgarter Verfahren mit

$$UW = 0{,}68966 \cdot (100.000 \text{ DM} + 5 \cdot 12.000 \text{ DM}) = 110.345 \text{ DM}.$$

Der periodische Übergewinn des betrachteten Unternehmen beträgt $12.000 - 0{,}09 \cdot 110.345 = 2.069$ DM. Den gleichen Unternehmenswert erhält man über

$$UW = 100.000 \text{ DM} + 5 \cdot 2.069 \text{ DM} = 110.345 \text{ DM}.$$

Bewertungsanlässe liefern schließlich Situationen, in denen ein Übergang der Eigentumsrechte nicht geplant war: die Insolvenz des Unternehmens. In der Insolvenz haben Gläubiger über die Verwertung des Vermögens zu entscheiden. Als Alternativen bieten sich prinzipiell die Liquidation, die Veräußerung des Unternehmens als Ganzes und die ggf. modifizierte Fortführung des Unternehmens (Reorganisation) an. Grundlage für die Verwertungsentscheidung ist der Vergleich zwischen Liquidations- und Fortführungswert des Unternehmens: Der bei Liquidation erzielbare Liquidationswert entspricht der Summe der erzielbaren Einzelveräußerungserlöse der Vermögensgegenstände abzüglich Stillegungskosten (Sozialpläne, Altlastenbereinigung); der Fortführungwert ist der Barwert der bei Weiterführung durch Dritte oder die Altkapitalgeber erzielbaren Nettoeinzahlungen.

2. Bewertungszwecke und Wertkonzeptionen

Der Wert eines Unternehmens kann nicht losgelöst vom Zweck der Wertermittlung bestimmt werden. „Es gibt nicht den schlechthin richtigen Unternehmenswert: Da Unternehmenswertermittlungen sehr unterschiedlichen Zwecken dienen können, ist der richtige Unternehmenswert jeweils der zweckadäquate."[43]

Der wichtigste Zweck einer Unternehmensbewertung ist die Ermittlung von *Grenzpreisen* für potentielle Käufer bzw. Verkäufer von Unternehmen. Dieser Preis gibt an, welchen Kaufpreis die betreffende Partei gerade noch bezahlen kann bzw. mindestens verlangen muß, damit die mögliche Transaktion nicht zu einer Verschlechterung ihrer Vermögensposition führt. Grenzpreise geben die Grenze der Konzessionsbereitschaft für die anstehenden Verhandlungen der Parteien über den Eigentumsübergang an. Weil der Grenzpreis die Grundlage für die Entscheidung über den Kauf/Verkauf des Unternehmens bildet, wird er auch als der *Entscheidungswert* des Unternehmens bezeichnet. Investoren haben unterschiedliche Möglichkeiten der Anlage oder der Beschaffung finanzieller Mittel, unterschiedliche Möglichkeiten zur Beeinflussung der Unternehmenserfolge, unterschiedliche Zielsetzungen, Risikoneigungen etc.. Die Grenzen der Konzessionsbereitschaft sind damit intersubjektiv verschieden. Die ermittelten Grenzpreise bzw. Entscheidungswerte sind in diesem Sinn *subjektive Unternehmenswerte*.

Vor der Durchführung der Transaktion stehen regelmäßig intensive Verhandlungen über Vertragsinhalte und Kaufpreis für das Unternehmen. Käufer und Verkäufer haben bezüglich des Preises entgegengesetzte Interessen. Ein weiterer Zweck der Unternehmensbewertung kann nun darin liegen, einen Preis zu bestimmen der geeignet ist, einen „möglichst guten" Interessensausgleich herzustellen. Dieser wird als *Schiedsspruchwert oder Arbitriumwert* des Unternehmens bezeichnet. Vor Be-

---

43 Moxter, A. (1983), S. 6.

ginn der Verhandlungen werden die Parteien ihren Grenzpreis bzw. Entscheidungswert, also die Grenze der Konzessionsbereitschaft ermitteln; die Kenntnis der Entscheidungswerte ist Voraussetzung für die Ermittlung eines Arbitriumwertes. In nicht dominierten Verhandlungssituationen muß der Grenzpreis des Käufers über dem Grenzpreis des Verkäufers liegen, damit es zu einer Einigung der beiden Parteien über die Höhe des Kaufpreises kommen kann. Nur wenn ein positiver „Einigungsbereich" existiert, ist die Ermittlung eines Arbitriumwertes möglich. Gibt es diesen Einigungsbereich, dann ist seine „Aufteilung" auf die beiden Parteien in Form eines Arbitriumwertes ein schwieriges theoretisches Problem.[44] Hier ist z.B. die Frage zu klären, inwieweit der Verkäufer des Unternehmens an Synergieeffekten, die der Käufer zu realisieren plant, partizipieren soll. Solche Synergieeffekte sind ein wichtiger Grund für höhere Grenzpreise des Käufers und damit für positive Einigungsbereiche. Ein Arbitriumwert, der oberhalb des Grenzpreises des Verkäufers liegt, läßt diesen an den erst zu schaffenden Synergieeffekten teilhaben. Andererseits ist zu berücksichtigen, daß der Verkäufer durch die Aufgabe der Eigentumsrechte dem Käufer die Realisierung dieser Vorteile erst ermöglicht. Auch die Frage, ob andere Eigenschaften der Parteien bei der Aufteilung des Einigungsbereiches, z.B. die Einbeziehung der erzielbaren Alternativrenditen oder die individuelle Steuerbelastung zu berücksichtigen sind, ist zu klären. Aus Gründen der Praktikabilität und unter Verweis auf Gerechtigkeitsüberlegungen wird häufig die Mittelung des Einigungsbereichs vorgeschlagen;[45] der Arbitriumwert des Unternehmens entspricht dann dem Mittel der Grenzpreise der beiden Parteien.

Schwierig ist die Ermittlung des Schiedsspruchwertes in *dominierten* Verhandlungssituationen: Weil hier eine Partei die Änderung der Eigentumsverhältnisse gegen den Willen der anderen erzwingen kann, ist die Existenz eines positiven Einigungsbereiches für die Ermittlung eines Arbitriumwertes nicht erforderlich. Wir betrachten zur Verdeutlichung den Fall eines auszuschließenden „lästigen" Gesellschafters: Bei einem Verbleib im Unternehmen würden pro Jahr Nettoeinzahlungen in Höhe von 10 GE auf ihn entfallen. Zur Vereinfachung unterstellen wir einen unendlichen uniformen Zahlungsstrom und schließen nichtfinanzielle Konsequenzen aus. Der Grenzpreis des Gesellschafters beträgt bei einer

---

44 Vgl. die ausführliche Diskussion bei Matschke, J. (1979) S. 126 - 308.

45 Z.B. Sieben, G./Schildbach, T. (1979), S. 457; Moxter, A. (1983), S. 18 .

alternativ erzielbaren risikoäquivalenten Rendite von 8 % 125 GE. Bei Erhalt dieses Betrages und Anlage zu 8 % kann er einen unendlichen Zahlungsstrom von $125 \cdot 0{,}08 = 10$ GE erzielen. Er ist damit indifferent zum Verbleib im Unternehmen. Scheidet der Gesellschafter aus, fallen die Nettoeinzahlungen in Höhe von 10 GE den verbleibenden Gesellschaftern zu. Können diese alternativ Mittel zu 10 % anlegen, beträgt ihr Grenzpreis für den zusätzlichen Zahlungsstrom 100 GE. Weil der Grenzpreis des ausscheidenden Gesellschafters als „Verkäufer" über dem Grenzpreis der im Unternehmen verbleibenden Gesellschafter, der „Käufer" des Anteils, liegt, existiert kein Einigungsbereich. Dennoch können die verbleibenden Gesellschafter, einen entsprechenden Gerichtsbeschluß vorausgesetzt, den lästigen Gesellschafter ausschließen und die Veränderung der Eigentümerstruktur erzwingen. Wegen der besonderen Schutzbedürftigkeit der „schwächeren" Partei wird in diesem Fall deren Grenzpreis als Arbitriumwert vorgeschlagen. Im Beispiel wäre der Schiedsspruchwert also der Grenzpreis des ausscheidenden Gesellschafters in Höhe von 125 GE. Weil dieser den Eigentumsübergang nicht verhindern kann, ist er wenigstens so zu stellen, als ob der Eigentumsübergang unterblieben wäre.

Im Rahmen nicht dominierter Verhandlungssituationen sucht jede der beiden Parteien nach Argumenten, die geeignet sind, die eigene Verhandlungsposition zu stärken und das Verhandlungsziel schneller zu erreichen. Zu solchen Argumenten zählen auch Gutachten Dritter über Unternehmenswerte. Die Unternehmensbewertung erfüllt in diesem Fall den Zweck der Unterstützung der *Argumentation* einer Partei. Natürlich wäre es taktisch unklug, den wahren individuellen Grenzpreis als Argumentationswert in die Kaufpreisverhandlungen einzuführen. Beide Parteien werden vielmehr versuchen, die andere Seite über ihren wahren Grenzpreis im Unklaren zu lassen, um einen möglichst großen Anteil des positiven Einigungsbereiches zu gewinnen. Die Schwierigkeit besteht also darin, einen Argumentationswert zu begründen, der einerseits einen möglichst großen Abstand zum eigenen tatsächlichen Grenzpreis aufweist, um den möglichen Vorteil aus der Transaktion zu maximieren. Andererseits darf die Differenz zum wahren Grenzpreis nicht zu hoch ausfallen, wenn die angeblichen Verwendungsmöglichkeiten des Unternehmens und alternativen Anlagemöglichkeiten etc. von der anderen Partei als glaubhaft empfunden werden sollen. Die Ermittlung solcher „Argumentationswerte" erscheint, im Gegensatz zur Bestimmung von

Grenzpreisen und Schiedswerten, einer rationalen, über die angeführten allgemeinen Überlegungen hinausgehenden Analyse kaum zugänglich. Argumentationswerte werden im folgenden nicht weiter beachtet.

Schließlich erfüllt die Unternehmensbewertung den Zweck, Bemessungsgrundlagen für Substanzsteuerzahlungen zu ermitteln. Aus Gründen der Rechtssicherheit und der Steuergerechtigkeit ist der Einfluß subjektiver Komponenten und damit der Ermessensspielraum des Bewerters auf Bemessungsgrundlage und Höhe der zu leistenden Steuerzahlungen möglichst klein zu halten. Dies kommt z.B. beim Stuttgarter Verfahren dadurch zum Ausdruck, daß für die Ermittlung der Ertragskomponente unabhängig von den tatsächlichen Anlagemöglichkeiten für alle Steuerpflichtigen ein einheitlicher Zinssatz von 9 % festgelegt und die Dauer der Übergewinn-Erzielung unabhängig von den künftigen Handlungen und Absichten der Eigentümer auf 5 Jahre normiert wird. Für die Ermittlung von Steuerbemessungsgrundlagen werden somit *objektivierte Unternehmenswerte* über normierte, robuste und leicht zu überprüfende Bewertungsverfahren ermittelt. Mit dem Wegfall der Substanzsteuern wird die Bedeutung solcher objektivierter Werte abnehmen. Sie bleiben von Bedeutung für Zwecke der Erbschaft- und Schenkungsteuer.

III. Zwei Konzeptionen der Gewinnung von Barwerten (Grenzpreisen)

Die zentrale Botschaft von Kapitel 2 ist, daß sich der Wert von Investitionsprojekten aus den finanziellen Überschüssen ableitet, die ihre Realisierung in der Zukunft erwarten läßt. Bei Ausblendung der Unsicherheit über künftige Ereignisse werden Barwerte (Bruttokapitalwerte) berechnet, indem die künftigen Nettoeinzahlungen diskontiert werden mit der besten erzielbaren Alternativrendite oder – bei Sicherheit – einem Fremdkapitalkostensatz. Die Botschaft von Kapitel 3 ist, daß und wie steuerliche Normen die Nettoeinzahlungen von Investitionsprojekten *und* Alternativrenditen verkürzen. Weil die große Mehrzahl der empirischen Steuersysteme dazu führt, daß Vor-Steuer-Bruttokapitalwerte von Nach-Steuer-Bruttokapitalwerten abweichen, sie also nicht entscheidungsneutral wirken – was in Kapitel 2 nicht belegt, aber implizit unterstellt wurde – sind generell Nach-Steuer-Kalküle erforderlich. Das gilt auch für die Bewertung ganzer Unternehmen.

In Kapitel 4 wurde die Annahme risikoloser oder sicherer Nettoeinzahlungen aufgehoben: Risiko als Eigenschaft des Projektes bzw. der Projekteinzahlungen wurde eingeführt. Die Bewertungsrelevanz wurde mit den individuellen i.d.R. unterschiedlichen Graden der Risikoaversion von Investoren begründet.

In der Literatur werden zwei verschiedene Konzeptionen vorgetragen, um dem Risiko von Investitionsprojekten (Unternehmen) im Rahmen der Bewertung Rechnung zu tragen. Die erste Konzeption entspricht dem in Kapitel 4 bereits vorgestellten Ansatz. Wir bezeichnen ihn wegen seines Rückgriffs auf individuelle Risikoeinstellungen als den individualistischen Ansatz. Die zweite Konzeption bemüht sich um die Ableitung von risikoäquivalenten Renditen aus Marktdaten. Gesucht werden am Markt beobachtbare Risikoprämien, die zu Bewertungszwecken eingesetzt werden können und den Rückgriff auf individuelle Risikoneigungen erübrigen könnten.

1. Individualistischer Ansatz

Eine Problemliste, die Auskunft darüber gibt, welche Teilprobleme zu lösen sind, um Grenzpreise für Unternehmen abzuleiten, könnte so aussehen:

- Definition der dem Unternehmen entziehbaren Überschüsse nach Unternehmenssteuern und Investitionen für eine explizite Prognoseperiode,
- Prognose entziehbarer Überschüsse nach Unternehmenssteuern und Investitionen für alternative Konstellationen der den Überschuß beeinflussenden Parameter, um Ursachen und Auswirkungen der „Mehrwertigkeit" erkennbar zu machen,
- Entscheidung über die Länge der expliziten Prognoseperiode und Schätzung des Wertes des Unternehmens am Ende der expliziten Prognoseperiode (Endwert),
- Abschätzung der Bedeutung von Steuerbelastungen auf der Ebene des Investors,
- Verdichtung mehrwertiger Überschüsse zu Sicherheitsäquivalenten (oder Erwartungswerten),
- Bestimmung eines brauchbaren risikolosen bzw. risikoäquivalenten Diskontierungssatzes, der sich zur Abzinsung von Sicherheitsäquivalenten bzw. von Erwartungswerten von Nettoeinzahlungen eignet.

Der hier zu diskutierende individualistische Ansatz weist bezüglich der Problemliste einen entscheidenden Unterschied auf zu der zweiten, gleich darzustellenden Konzeption: Er postuliert den Rückgriff auf die investorspezifische Risiko(ab)neigung, indem er auf subjektive Sicherheitsäquivalente zurückgreift. Wenn wir den Grenzpreis des Unternehmens im Entscheidungszeitpunkt mit GP_0 bezeichnen und vereinfachend unterstellen, daß die Verknüpfung der Ausprägungen der Überschüsse verschiedener Perioden eine sehr einfache Form annimmt und Steuern zunächst unbeachtet bleiben, dann kann der Grenzpreis so definiert werden:

$$GP_0 = \sum_{t=1}^{T} S_t (1+i)^{-t} \qquad (25)$$

mit S_t Sicherheitsäquivalent der Periode t;

T Ende der Lebensdauer des Unternehmens;

i risikolose Alternativrendite.

Das Sicherheitsäquivalent ergibt sich aus dem um einen Risikoabschlag (RA) verkürzten Erwartungswert der Verteilung der Überschüsse in einer Periode t.

$$S_t = E\left[\widetilde{NE}_t\right] - RA_t \tag{26}$$

Die Höhe von RA_t ist ein Indikator für die Intensität der Risikoabneigung des Investors. Daß man Sicherheitsäquivalente empirisch bestimmen kann, ist unbestritten. Ebenso unbestritten ist, daß Investoren Hilfestellung benötigen, wenn sie für Verteilungen von Überschüssen Sicherheitsäquivalente angeben *und* konsistent bewerten sollen. „Konsistent bewerten" heißt, daß die vorgenommenen Risikoabschläge einem nachvollziehbaren Muster folgen sollen. Angenommen, es sind die Risikoabschläge bzw. Sicherheitsäquivalente für die beiden folgenden Verteilungen von Überschüssen zu ermitteln:

Verteilung der Überschüsse	
A	B
9 (0,1)	600 (0,6)
999 (0,9)	1.350 (0,4)

Der Erwartungswert beider Verteilungen beträgt 900. Angenommen, der Investor gibt für Verteilung A ein Sicherheitsäquivalent von 850 und für B eines von 905 an. Eine konsistente Bewertung liegt offenbar nicht vor, da der Investor sich bei der Bewertung von A risikoscheu (das Sicherheitsäquivalent unterschreitet den Erwartungswert), bei der Bewertung von B aber risikofreudig verhält: das Sicherheitsäquivalent überschreitet den Erwartungswert in Höhe von 900.

Nehmen wir nun an, der Investor nenne die Sicherheitsäquivalente $S_A = 625$ und $S_B = 800$. Eine unplausible Bewertung ist jetzt auf den ersten Blick nicht erkennbar: In beiden Fällen weist sich der Investor als risikoscheu aus. Er stuft das Risiko von B offenbar niedriger ein als das von A, weil er den Risikoabschlag bei B mit 100, bei A jedoch mit 275 veranschlagt. Kann man hier von konsistentem Bewertungsverhalten sprechen? Ist das Risiko von A, gemessen als Varianz (oder Standardabweichung oder Variationskoeffizient) der Einzahlungen höher als das von B? Es ist nicht so[46]: Gemessen an der Varianz der Überschüsse ist B riskanter. Nun ist die Varianz als Risikomaß zwar ein möglicher Indikator für höheres Risiko, aber allein nicht verläßlich zur Herleitung oder Begründung von Risikoabschlägen. Um Risikoabschläge (Sicherheitsäquivalente) für Dritte auf Konsistenz überprüfbar zu machen, benötigt man eine formalisierte Erhebung über den Grad der Risikoaversion des Investors: Man muß wissen, wie er Verteilungen von Überschüssen in Sicherheitsäquivalente umrechnet. Anders ausgedrückt: Man muß seine *Risikonutzenfunktion* kennen.

Nehmen wir an, daß eine empirische Analyse von Entscheidungen unseres Investors ergeben habe, daß er entscheidet, als ob er einer Risikonutzenfunktion der Gestalt $u(NE) = \ln (NE)$ folge. Die „als-ob"-Formulierung soll verdeutlichen, daß nicht behauptet wird, der Investor rechne explizit zustandsabhängige Nettoeinzahlungen in Nutzengrößen der Form $u(NE_j) = \ln (NE_j)$ um, multipliziere mit subjektiven Wahrscheinlichkeiten, addiere über alle Zustände und wandle den sich ergebenden Nutzenerwartungswert in ein monetäres Sicherheitsäquivalent um. Behauptet wird aber, daß sich der Prozeß des Nachdenkens, in dem der Investor eine Verteilung von Nettoeinzahlungen in ein Sicherheitsäquivalent umrechnet, durch eine Risikonutzenfunktion der Gestalt $u(NE) = \ln (NE)$ und die oben skizzierten Rechenregeln annähernd *beschreiben* läßt.[47]

Gemäß dieser Interpretation folgt für unseren Investor für die Überschußverteilung A:

$$\ln 9 = 2{,}1972 \qquad \ln 999 = 6{,}9068$$

Der sogenannte Erwartungsnutzen beträgt $2{,}1972 \cdot 0{,}1 + 6{,}9068 \cdot 0{,}9 = 6{,}4358$. Das zugehörige Sicherheitsäquivalent ist 623,78.

Betrachten wir die Überschußverteilung B:

$$\ln 600 = 6{,}39693 \qquad \ln 1.350 = 7{,}20786$$

---

46 var(A) = 88.209; var(B) = 135.000.

47 Risikonutzenfunktionen und das zugehörige Bernoullikriterium werden u.a. dargestellt bei: Bitz, Michael (1981); Bamberg, G. / Coenenberg, A.G., (1992); Kruschwitz, L. (1993); Drukarczyk, J. (1993); Eisenführ, F. / Weber, M. (1993).

Der Erwartungsnutzen der Verteilung B beträgt 6,39693 · 0,6 + 7,20786 · 0,4 = 6,72130. Das zugehörige Sicherheitsäquivalent ist 829,90. Es ist somit deutlich höher als das von A; der Investor hat somit – unter sonst gleichen Bedingungen – eine klare Präferenz für B. B ist die risikoärmere Alternative für unseren Investor, obwohl die Verteilung B durch eine höhere Varianz als A gekennzeichnet ist. Unserem Investor kommt es aber auf die Varianz der Verteilung nicht an.

Das änderte sich, wenn ein Investor 2, der ebenfalls zwischen A und B zu wählen hat, ein Wahlverhalten an den Tag legt, das sich durch die Risikonutzenfunktion $u(NE) = 10\,NE - 0{,}0004\,NE^2$ beschreiben läßt. Die Sicherheitsäquivalente für Investor 2 betragen für die Verteilung A 896,20 und für B 894,19. Für Investor 2 ist Verteilung B mit der höheren Varianz die risikoreichere Alternative, wie man an dem etwas höheren Risikoabschlag bei B erkennen kann. Ob also eine besondere Varianzempfindlichkeit vorliegt oder nicht, hängt von der jeweiligen Risikonutzenfunktion des Investors ab.

Sind die Sicherheitsäquivalente ermittelt, sind sie mit der sicheren Alternativrendite zu diskontieren, um den Wert der Zahlungsverteilung im Zeitpunkt 0 zu ermitteln.

Der individualistische Ansatz kann an dieser Stelle noch nicht beurteilt werden. Wir wollen aber festhalten, daß dieser Ansatz von vielen Vertretern der Ertragswert-Methode für praktikabel und einsetzbar gehalten wird. Er hat einen pädagogischen Vorteil: Er verdeutlicht, worauf es bei der Bewertung von zustandsabhängigen Nettoeinzahlungen ankommt. Sind die Sicherheitsäquivalente und somit Barwerte (Grenzpreise) ermittelt, lassen sich mittels dieser Informationen auch Risikoprämien ableiten. Für ein einperiodiges Projekt muß gelten:

$$GP_0 = S_1\left(1+i\right)^{-1} = E\left[\widetilde{NE}_1\right]\left(1+i+z^*\right)^{-1}$$

und somit

$$z^* = \frac{E\left[\widetilde{NE}_1\right](1+i)}{S_1} - (1+i)\,. \qquad (27)$$

Der Ansatz hat auch Nachteile: Wie ist zu verfahren, wenn mehrere Investoren ein Unternehmen kaufen (verkaufen) wollen? Wessen Risikonutzenfunktion (Sichereitsäquivalente) soll bewertungsrelevant sein?

Sind periodenbezogene Risikonutzenfunktionen, also solche, die im Entscheidungszeitpunkt empirisch erhoben wurden, für spätere Perioden relevant? Gibt es hinreichende zeitliche Stabilität? Ist der Rückgriff auf Risikonutzenfunktionen nicht ein zu filigraner Weg zur Herleitung von Grenzpreisen von Unternehmen, der wegen der Feinheit des Meßanspruchs im Widerspruch steht zu den sonstigen, an vielen Stellen des Kalküls notwendigen Vereinfachungen?

2. Marktmäßig objektivierte Risikoprämie

Diese zweite Konzeption greift nicht auf *subjektive* Sicherheitsäquivalente von Verteilungen von Überschüssen zurück; ein Rückgriff auf *individuelle* Risiko(ab)neigungen findet nicht statt. Verteilungen von periodenbezogenen Überschüssen werden zu Erwartungswerten $E\left[\widetilde{NE}_t\right]$ zusammengefaßt; diskontiert wird mit Zinssätzen, die eine Risikoprämie z enthalten. Diese Risikoprämie z, die der risikolosen Rendite i zugeschlagen wird, muß dem Risiko des zu bewertenden Projektes entsprechen: Der Diskontierungssatz $k = i + z$ muß die Rendite einer *risikoäquivalenten* Alternativanlage repräsentieren.

Wenn wir den Wert eines Projektes (Unternehmens) im Entscheidungszeitpunkt mit V_0 bezeichnen, folgt:

$$V_0 = \sum_{t=1}^{T} E\left[\widetilde{NE}_t\right](1+k)^{-t} \qquad (28)$$

mit $k = i + z$;

z	Risikozuschlag;
$E\left[\widetilde{NE}_t\right]$	Erwartungswert der zustandsabhängigen Nettoeinzahlungen des Projektes (Unternehmens) in Periode t;
i	risikolose Alternativrendite;
T	Ende der Lebensdauer des Unternehmens.

Der Unterschied zum vorhergehenden Ansatz hat eine formale und eine inhaltliche Seite. Der formale Unterschied besteht darin, daß an die Stelle des Risikoabschlages $RA_t = E\left[\widetilde{NE}_t\right] - S_t$ ein Risikozuschlag z im Diskontierungssatz tritt. Weil sich der Risikoabschlag RA_t im individualistischen Ansatz, wenn er bekannt ist, in einen äquivalenten Risikozuschlag i.S.v. (27) umformulieren läßt, ist der formale Unterschied nicht von großer Bedeutung.[48]

Inhaltlich ist der Unterschied erheblich. Während der individualistische Ansatz auf die Risikoeinstellung des Investors zurückgreift, spielt der Rekurs auf *individuelle* Risiko- und Chancenbewertungen in der zweiten Konzeption keine Rolle. Hier wird gefragt, welche Renditen am Markt für *risikoäquivalente*, also im Vergleich zum zu bewertenden Projekt (Unternehmen) vergleichbar riskante Projekte erzielt werden. Die erzielbaren erwarteten Überschüsse sind mit der erwarteten Rendite vergleichbar riskanter Projekte (Unternehmen) zu diskontieren. Um die Konzeption umzusetzen, benötigt man somit

- ein Risikomaß (Risikomaße), dessen (deren) Bedeutung für die Bewertung riskanter Projekte am Markt belegbar ist,
- eine Meßregel, um das Risiko von Projekten (Unternehmen) auch dann quantifizieren zu können, wenn deren Anteile am Markt nicht gehandelt werden,
- eine Zuordnungsregel von historischen (oder erwarteten) Renditen zu Risikoeigenschaften von Unternehmen, die für die Marktbewertung nachweisbar von Bedeutung sind.

Kann man die drei Teilprobleme lösen, ist der Ansatz im Prinzip implementierbar. Abbildung 10 verdeutlicht die Lösungsidee.

I	II	III
Welche Risikomaße erklären Marktbewertungen von Unternehmensanteilen und damit Risikoprämien am besten ?	Welchen Risikogehalt i.S.v. I weist das zu bewertende Projekt (Unternehmen) auf ?	Welche Renditeanforderung stellt der Markt an das zu bewertende Unternehmen ? Um wieviel übersteigt diese den risikolosen Zinssatz i ?

Abbildung 10: Anforderungen an eine marktmäßig objektivierte Risikoprämie

48 Kennt man die marktmäßig objektivierte Risikoprämie z, kann man diese benutzen, um den Ansatz i.S.v. (28) in einen Ansatz zu transformieren, der mit „marktmäßig objektivierten" Sicherheitsäquivalenten arbeitet. Beide Formulierungen führen natürlich zum gleichen Ergebnis V_0.

Abbildung 11 stellt die beiden Konzeptionen gegenüber. Vertieft behandelt werden diese in den Abschnitten VI. und VII.

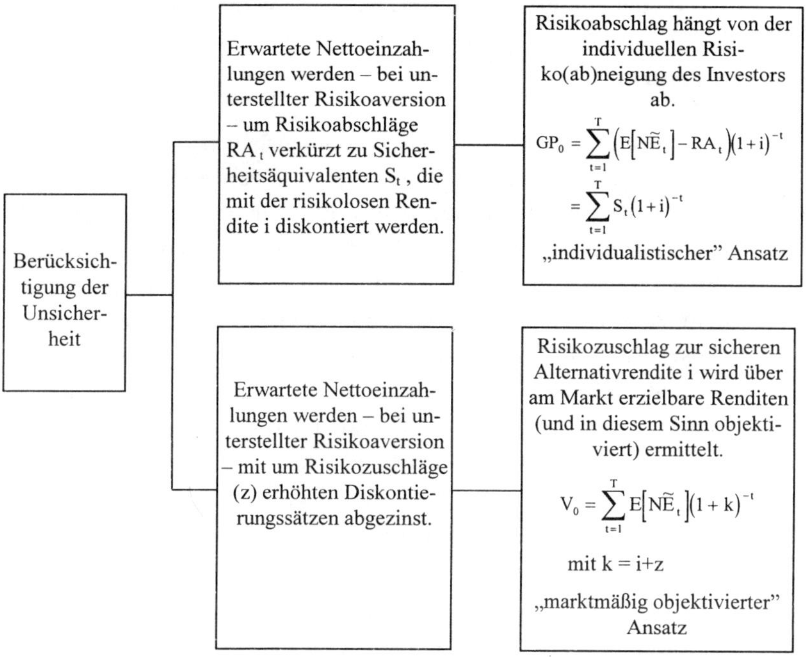

Abbildung 11: Individualistischer und marktmäßig objektivierter Ansatz

IV. Welche Überschüsse sind entziehbar (ausschüttbar)?

1. Das Prinzip

Das Prinzip ist einfach: Basis der Unternehmensbewertung sind entziehbare (ausschüttbare) Überschüsse. Es gibt auf den ersten Blick keine prinzipiellen Unterschiede zu den in Kapitel 3 angestellten Überlegungen. Bewertungsgrundlage sind an die Investoren fließende *Zahlungen.* Überschüsse im Sinne einer Aufwands- und Ertragsrechnung sind nur dann geeignet zur fehlerfreien Herleitung von Unternehmenswerten, wenn diese Überschüsse Zahlungsüberschüssen äquivalent sind. „Earnings (Jahresüberschüsse, J.D.) are only a means to an end, and the means should not be mistaken for the end. Therefore we must say that a stock derives its value from its dividends, not its earnings. In short, a stock is worth only what you can get out of it."[49] Nur das, was bei den Kapitalgebern als „Zufluß" auftritt, ist bewertungsrelevanter Überschuß.[50]

Klarheit über das Prinzip erleichtert die Durchsetzung bei der praktischen Bewertungsarbeit. Nun ist die Durchsetzung des Prinzips nicht ganz einfach. Dies hat verschiedene Ursachen: Die Ermittlung entziehbarer Überschüsse berührt die Zahlungsebene und wegen der Bedeutung steuerlicher Regelungen und gesellschaftsrechtlicher Vorschriften die Aufwands- und Ertragsebene. Unterschiedliche Bewertungsmethoden (z.B. die Ertragswert-Methode oder die Varianten der DCF-Methoden) verlangen zudem unterschiedliche Definitionen der entziehbaren Überschüsse.

2. Definitionen für entziehbare Überschüsse (freie Cash-flows)

Die Überlegungen in Kapitel 3 zur Berechnung der Nettoeinzahlungen von Investitionsprojekten nach Steuern blendeten Rechnungslegungsnormen und von der Zahlungsebene abweichende Steuerbemessungs-

---

49 Williams, J.B. (1938), S. 57/58.

50 Moxter, A. (1983), S. 79.

grundlagen weitgehend aus. Dies war sinnvoll für die dort verfolgten Zwecke. Für die Herleitung von Unternehmens(gesamt)werten sind Modifikationen notwendig, um die Finanzierbarkeit *und* Ausschüttungsfähigkeit von Überschüssen unter realistischen Bedingungen zu gewährleisten. Die Gründe sind insbesondere:

- Neben den hier als Unternehmenssteuern bezeichneten Vermögen-, Gewerbekapital- und Gewerbeertragsteuern sind Belastungen durch Körperschaftsteuer für Thesaurierung und Körperschaftsteuer für Ausschüttung sowie die auf der Ebene der Eigentümer zu leistende Einkommensteuer zu beachten. Die Belastung durch Körperschaftsteuer für Thesaurierung bzw. Einkommensteuer hängt davon ab, welche Teile des Überschusses im steuerlichen Sinn thesauriert bzw. ausgeschüttet werden.
- Unter finanziellem Aspekt sollte der Investor die Mittel aus dem Unternehmen entnehmen (ausschütten), deren Anlage im Unternehmen keine positiven Wertzuwächse auslösen, weil die projektspezifischen Renditen die erzielbaren risikoäquivalenten Renditen außerhalb des Unternehmens nicht erreichen. Wenn der Mittelbedarf für Investitionsprojekte, die den Unternehmenswert erhöhen, mit I_t belegt wird, dann lautet eine einfache Ausschüttungsregel, die positive Differenz zwischen dem verfügbaren Cash-flow und I_t auszuschütten. Diese Größe bezeichnen wir als „Jensen-Cash-flow" oder auch als residuale Ausschüttung.[51] Übersteigt I_t den auf Unternehmensebene verfügbaren Betrag, sind Mittel am Kapitalmarkt in Form von Eigen- oder Fremdkapital aufzunehmen.
- Diese plausible Regel zur Bemessung von Ausschüttungen wird durch mindestens zwei Aspekte modifiziert.

  Bei der Entscheidung über die Ausschüttung ist nicht nur die Finanzierbarkeit der Ausschüttung, sondern auch die *Ausschüttungsfähigkeit* des in Frage stehenden Betrages zu prüfen. Bei Kapitalgesellschaften, die wir durchweg unterstellen, sind Ausschüttungsrestriktionen des HGB bzw. AktG zu beachten. Als Ausschüttungsobergrenze

---

51 Jensen ist einer der Autoren, die besonders eindringlich argumentieren, daß Unternehmen die Mittel, die sie nicht besser einsetzen können als Eigentümer, den Eigentümern zur Verfügung stellen sollen. Jensen, M.C. (1986). Vgl. auch Easterbrook, F. H. (1984).

fungiert der Jahresüberschuß bzw. der um Auflösungen von Gewinnrücklagen bzw. Entnahmen aus der Kapitalrücklage erhöhte oder um Einstellungen in Gewinnrücklagen verminderte Bilanzgewinn (§ 158 AktG). Prinzipiell gilt, daß finanzierbare residuale Ausschüttungen bei entsprechenden Beständen von Gewinnrücklagen *ausschüttungsfähig* gemacht werden können.

Der zweite, die obige einfache Ausschüttungsregel modifizierende Aspekt ist die Belastung mit Körperschaft- bzw. Einkommensteuer. Es hängt von der Konstellation von Thesaurierungsbelastung, Einkommensteuerbelastung der Eigentümer und den Kosten der Wiedereinlage von Mitteln in das Unternehmen ab, ob es lohnt, der obigen einfachen Ausschüttungsregel zu folgen oder eine Ausschüttungsstrategie zu fahren, die steuerlich günstiger ist und Verletzungen des Prinzips der residualen Ausschüttung durch Wiedereinlage von Mitteln seitens der Eigentümer heilt.

Wir unterstellen im folgenden *vollständige Eigenfinanzierung* des Unternehmens.[52] Neben der Frage der Finanzierbarkeit der Ausschüttung wird immer auch die der Ausschüttungsfähigkeit geprüft. Die Prüfung erfolgt über die begleitende Entwicklung von Plan-Gewinn- und Verlustrechnungen sowie Plan-Bilanzen. Ausschüttungsfähigkeit liegt vor, soweit die geplanten Jahresüberschüsse die geplanten Ausschüttungen erlauben.[53]

Wir unterscheiden zwei Fälle: Der erste ist der Fall der Jahresüberschuß-bezogenen Vollausschüttung. Die Obergrenze der Ausschüttung wird in diesem Fall durch die periodige gesellschaftsrechtliche Ausschüttungssperre gezogen, die wir hier so definieren, als dürfe höchstens ein Betrag in Höhe des Jahresüberschusses ausgeschüttet werden. Das ist eine stark vereinfachende Annahme, weil die Ausschüttungsfähigkeit von Mitteln durch Auflösung von Gewinnrücklagen und ordentliche Kapitalherabsetzungen erhöht werden kann, auch wenn in der Realität von diesen Maß-

---

52 Wir wählen vollständige Eigenfinanzierung, weil zwei der Spielarten der unten in Abschnitt VI. zu besprechenden DCF-Methode erwartete entziehbare Überschüsse bei (fingierter) vollständiger Eigenfinanzierung des Unternehmens bewerten. Außerdem vereinfacht diese Annahme die formelmäßige Darstellung der entziehbaren Überschüsse.

53 Altbestände von Gewinnrücklagen sowie die damit verbundenen steuerlichen Ausschüttungspotentiale bleiben zunächst unbeachtet.

nahmen zur Erhöhung der Ausschüttungsfähigkeit eher selten Gebrauch gemacht wird. Da es an dieser Stelle vorrangig um die Klärung technischer Zusammenhänge geht - und nicht um Überlegungen zur optimalen Gestaltung der Ausschüttungen - ist die Annahme verteidigbar. Wir können aber festhalten, daß die so definierte Ausschüttungsrestriktion durch die Auflösung von Gewinnrücklagen bzw. ordentliche Kapitalherabsetzungen gelockert werden kann.

Der zweite zu betrachtende Fall ist der der Jahresüberschuß-bezogenen Teilausschüttung.

Fall 1: Jahresüberschuß-bezogene Vollausschüttung

Wir definieren als Gewinn vor Steuern bei reiner Eigenfinanzierung

$$GvS_t = UE_t - BA_t - Ab_t - ZR_t + AR_t$$

mit	UE_t	Umsatzerlöse der Periode t,
	BA_t	betriebliche Aufwendungen der Periode t,
	Ab_t	Abschreibungen der Periode t,
	ZR_t	Zuführungen zu Rückstellungen der Periode t,
	AR_t	Auflösungen von Rückstellungen der Periode t bei Wegfall des Rückstellungsgrundes.

Vereinfachend werden UE_t und BA_t zunächst als zahlungsgleich angesehen. Unterschiede zwischen dem bilanziellen Überschuß GvS_t und der Ausschüttung entstehen durch Steuerzahlungen, Investitionszahlungen I_t und die Positionen Ab_t, ZR_t sowie AR_t. Eine Jahresüberschuß-bezogene Vollausschüttung beachtet den Mittelbedarf für neue, werterhöhende Investitionsprojekte I_t im ersten Schritt nicht. Durch Vollausschüttung ausgelöste Finanzierungslücken müssen folglich in einem zweiten Schritt durch Wiedereinlagen (Kapitalerhöhungen) geschlossen werden, soweit die benötigten Mittel nicht durch Innenfinanzierung bereitgestellt sind. Die Innenfinanzierung wird im wesentlichen durch Abschreibungsverrechnung und Veränderungen der Rückstellungsbestände bewirkt. Die folgende Tabelle zeigt die Wirkungen von ZR_t, AR_t und Inanspruchnahmen des Unternehmens aus Gründen, für die Rückstellungen gebildet wurden, IR_t, auf den Gewinn vor Steuern, das Innenfinanzierungsvolumen und die bilanzielle Ausschüttungsbegrenzung.

	Anlaß	Wirkung auf den Gewinn vor Steuern in t	Wirkung auf das Innenfinanzierungsvolumen in t	Bilanzielle Ausschüttungsbegrenzung in Periode t
ZR_t	Antizipation künftiger Auszahlungen; vorperiodisierter Aufwand	erfolgssenkend	erhöhend	wird erhöht
AR_t	Wegfall des Rückstellungsgrundes	erfolgserhöhend	senkend	wird gesenkt
IR_t	Inanspruchnahme des Unternehmens aus Rückstellungsgrund	erfolgsneutral	senkend	neutral

Der Gewinn vor Steuern, GvS_t, wird bei Wegfall eines Rückstellungsgrundes durch die Auflösung der Rückstellung erhöht. Wird das Unternehmen in Periode t aus einem Anlaß, für den in einer früheren Periode eine Rückstellung gebildet wurde, in Anspruch genommen, wirkt dies nicht auf GvS_t und die bilanzielle Ausschüttungsbegrenzung, wenn die Rückstellungsbildung der Höhe der finanziellen Belastung entspricht.[54]

Bei unterstellter Eigenfinanzierung ist die Jahresüberschuß-bezogene Vollausschüttung unter Beachtung aller Unternehmenssteuern und der Körperschaftsteuer auf Ausschüttung wie folgt definiert:

$$J\ddot{U}_t = D_t = \left[GvS_t - 0{,}75 s_V RBV_{t-1} \frac{1}{1 - s_K^T} - s_{GK} RBV_{t-1} \right.$$
$$\left. - s_{GE}\left(GvS_t - s_{GK} RBV_{t-1}\right) \right] - s_K^A \cdot J\ddot{U} \frac{1}{1 - s_K^A} \qquad (29)$$

54 Soweit dies nicht der Fall ist, ist der übersteigende Betrag in BA_t enthalten.

mit $JÜ_t$ Jahresüberschuß,

D_t Ausschüttung,

RBV_{t-1} Rohbetriebsvermögen,

s_K^A Körperschaftsteuersatz auf Ausschüttung ($s_K^A = 0{,}30$),

s_K^T Körperschaftsteuersatz auf Thesaurierung ($s_K^T = 0{,}45$).

Der letzte Term in (29) stellt die Ausschüttungsbelastung dar: Der Überschuß vor Körperschaftsteuerbelastung $JÜ_t \frac{1}{1 - s_K^A}$ wird mit $s_K^A = 0{,}30$ belastet.[55]

Da die Anteilseigner neben der oben definierten tatsächlichen Gewinnausschüttung, der sog. Bar-Dividende, auch eine Körperschaftsteuergutschrift über die vom Unternehmen vorgeleistete Ausschüttungsbelastung in Höhe von $JÜ_t \frac{s_K^A}{1 - s_K^A}$ erhalten, verfügen diese nach Einkommensteuern über

$$\left[GvS_t - 0{,}75 s_v RBV_{t-1} \frac{1}{1 - s_K^T} - s_{GK} RBV_{t-1} - s_{GE}\left(GvS_t - s_{GK} RBV_{t-1}\right)\right]\left(1 - s_I\right). \tag{30}$$

(30) berücksichtigt den Kapitalbedarf für die in Periode t zu finanzierenden Investitionen, I_t, nicht explizit. Nur das durch nicht ausschüttungsfähige Beträge aufgebaute Innenfinanzierungsvolumen steht für Investitionszwecke zur Verfügung. Es setzt sich zusammen aus $Ab_t + ZR_t - AR_t - IR_t$.

IR_t bezeichnet die finanziellen Inanspruchnahmen des Unternehmens, für die in früheren Perioden Rückstellungszuführungen vorgenommen wurden. Wenn I_t das Innenfinanzierungsvolumen in Höhe von $Ab_t + \Delta R_t$ übersteigt[56], ist der fehlende Betrag im Wege der Außenfi-

---

55 Die Ausschüttungsbelastung beträgt 30 % der Brutto-Gewinnausschüttung, also der ausschüttbaren Gewinne *vor* Abzug der Körperschaftsteuer.

56 $\Delta R_t = ZR_t - AR_t - IR_t$

nanzierung zu beschaffen. Sollte $I_t < Ab_t + \Delta R_t$ sein, ist die Differenz, soweit die Ausschüttungsfähigkeit nicht hergestellt werden kann, in Finanzanlagen zu parken.[57] Bei Jahresüberschuß-bezogener Vollausschüttung und unterstellter Eigenfinanzierung ist der bewertungsrelevante (erwartete) Cash-flow auf der Ebene der Eigentümer durch (31) definiert:

$$CF_{t,s}^{V} = \left[GvS_t - 0{,}75 s_V RBV_{t-1} \frac{1}{1-s_K^T} - s_{GK} RBV_{t-1} - s_{GE}\left(GvS_t - s_{GK} RBV_{t-1}\right) \right] \left(1-s_I\right) - \left(I_t - Ab_t - \Delta R_t\right). \quad (31)$$

Wenn wir die Substanzsteuern ausblenden, vereinfacht sich (29):

$$J\ddot{U}_t = D_t = GvS_t\left(1-s_{GE}\right) - J\ddot{U}_t \frac{s_K^A}{1-s_K^A}. \quad (29')$$

Die Anteilseigner verfügen unter Beachtung der Körperschaftsteuergutschrift nach Einkommensteuern über:

$$GvS_t\left(1-s_{GE}\right)\left(1-s_I\right).$$

und nach Berücksichtigung von I_t über:

$$CF_{t,s}^{V} = GvS_t\left(1-s_{GE}\right)\left(1-s_I\right) - \left(I_t - Ab_t - \Delta R_t\right). \quad (31')$$

Fall 2: Jahresüberschuß-bezogene Teilausschüttung

Plant der Investor Teilausschüttungen, ist die tatsächliche Gewinnausschüttung bei Eigenfinanzierung und unter Beachtung von Substanzsteuern definiert durch (32):

$$D_t = \left[GvS_t - 0{,}75 s_V RBV_{t-1} \frac{1}{1-s_K^T} - s_{GK} RBV_{t-1} - s_{GE}\left(GvS_t - s_{GK} RBV_{t-1}\right) - \Delta Rl_t \left(1 + \frac{s_K^T}{1-s_K^T}\right) \right] - D_t \frac{s_K^A}{1-s_K^A}. \quad (32)$$

---

57 *Eigenfinanzierte* Finanzanlagen auf Unternehmensebene lohnen aus steuerlichen Gründen häufig nicht.

Der letzte Term auf der rechten Seite entspricht der Körperschaftsteuergutschrift. ΔRl_t bezeichnet die Zuführung zur Gewinnrücklage; $\Delta Rl_t \frac{s_K^T}{1-s_K^T}$ ist die zugehörige Körperschaftsteuerbelastung für Thesaurierung.[58]

Unterstellt man, daß die Thesaurierung (ΔRl_t) so dimensioniert wird, daß das Innenfinanzierungsvolumen bestehend aus Ab_t, ΔR_t und ΔRl_t genau ausreicht, um I_t zu finanzieren, sind Wiedereinlagen von Mitteln durch Eigentümer nicht erforderlich. Nach Einkommensteuer verfügen die Eigentümer somit über (33):

$$CF_{t,s}^T = \left[GvS_t - S_{V,t}^* - S_{GK,t} - S_{GE,t} - \Delta Rl_t\left(1 + \frac{s_K^T}{1-s_K^T}\right)\right](1 - s_I). \quad (33)$$

mit $S_{V,t}^*$ Vermögensteuerzahlung einschließlich Definitivkörperschaftsteuer,

$S_{GK,t}$ Gewerbekapitalsteuerzahlung,

$S_{GE,t}$ Gewerbeertragsteuerzahlung.

(33) definiert den bewertungsrelevanten erwarteten Cash-flow aus Sicht der Eigentümer.

Wenn wir die Substanzsteuern ausblenden, tritt an die Stelle von (32) der Ausdruck (32'):

$$D_t = GvS_t(1 - s_{GE}) - \Delta Rl_t\left(1 + \frac{s_K^T}{1-s_K^T}\right) - D_t \frac{s_K^A}{1-s_K^A}. \quad (32')$$

An die Stelle von (33) tritt dann (33'):[59]

$$CF_{t,s}^T = \left[GvS_t - S_{GE,t} - \Delta Rl_t\left(1 + \frac{s_K^T}{1-s_K^T}\right)\right](1 - s_I). \quad (33')$$

---

58 Belastet mit s_K^T wird der Bruttobetrag vor Körperschaftsteuerbelastung, also $\Delta Rl_t \frac{1}{1-s_K^T}$.

59 (33') unterstellt eine für die Finanzierung von I_t ausreichende Dimensionierung von ΔRl_t.

Ist die Ausschüttung in einer Periode Null, wird also voll thesauriert, wird die rechte Seite von (33) bzw. (33') Null. Der gesamte Gewinn nach Unternehmenssteuern wird aufgeteilt auf Rücklagenbildung und Körperschaftsteuer auf Thesaurierung. Es gilt somit

$$GvS_t - S^*_{V,t} - S_{GK,t} - S_{GE,t} = \Delta Rl_t \left(1 + \frac{s_K^T}{1 - s_K^T}\right) \tag{34}$$

bzw. bei Ausblendung der Substanzsteuern

$$GvS_t - S_{GE,t} = \Delta Rl_t \left(1 + \frac{s_K^T}{1 - s_K^T}\right). \tag{34'}$$

Das Investitionsvolumen der Periode ist dann

$$I_t = \Delta Rl_t + Ab_t + \Delta R_t. \tag{35}$$

Übersteigt das wertschaffende I_t die rechte Seite von (35), ist es sinnvoll, wenn die Eigentümer die Differenzbeträge in das Unternehmen einbringen. Der bewertungsrelevante Cash-flow ist in dieser Periode dann negativ.[60]

Zwei Ergänzungen der Überlegungen sind angebracht. Die erste betrifft die Definition von I_t; die zweite betrifft die vorläufig getroffene Annahme[61], UE_t und BA_t seien zahlungsgleich.

Es ist i.d.R. erforderlich, die Cash-flow-Prognosen im Planungszeitraum durch Plan-Bilanzen und Plan-Gewinn- und Verlustrechnungen zu unterlegen, um die Bilanzbilder in den einzelnen Perioden zu erkennen, die Kapitalstrukturplanung zu stützen und die Steuerzahlungen in den einzelnen Perioden zu ermitteln. Aus Praktikabilitätsgründen wird es sich empfehlen, Plan-Bilanzen und Plan-GuV-Rechnungen auf zentrale, mit hinreichender Genauigkeit planbare Größen zu reduzieren. Man könnte sich z.B. auf die folgenden Bilanzpositionen konzentrieren:

---

60 Es versteht sich, daß die Einzahlungen, die in künftigen Perioden durch Investitionen I_t generiert werden, im Kalkül abgebildet werden müssen.

61 Vgl. oben S. 105.

SAV	Sachanlagevermögen
FAV	Finanzanlagevermögen
EBK	erforderliches Betriebskapital (Nettoumlaufvermögen)
EK	Eigenkapital
PR	Pensionsrückstellungen
RS	Rückstellungen (ohne PR)
FK	zinspflichtiges Fremdkapital

Es gilt $SAV_t + FAV_t + EBK_t = EK_t + PR_t + RS_t + FK_t$.

Nicht zinspflichtiges Fremdkapital kürzt das Nettoumlaufvermögen. Zum nicht zinspflichtigen Fremdkapital zählen insbesondere Verbindlichkeiten aus Lieferungen und Leistungen ($VLEI_t$) und erhaltene Anzahlungen (EA_t).

Jetzt kann I_t definiert werden. Das Investitionsvolumen der Periode t beträgt dann

$$I_t = SAV_t - SAV_{t-1} + Ab_t + FAV_t - FAV_{t-1} + EBK_t - EBK_{t-1}. \quad (36)$$

Wir haben oben die Größen UE_t und BA_t in einem ersten Schritt als zahlungsgleich angenommen. Wenn die Größen UE_t und BA_t Plan-GuV-Rechnungen entnommen werden, fehlt es i.d.R. an der vollständigen Entsprechung von Einzahlung und Ertrag bzw. Auszahlung und Aufwand. Deshalb wird hier die Korrekturgröße ΔEBK vorgeschlagen. EBK steht für „erforderliches Betriebskapital" und damit für die operativen Netto-Bestände im Umlaufvermögen. EBK ist definiert durch (37):

$$EBK_t = LB_t + FLEI_t + GA_t - VLEI_t - EA_t \quad (37)$$

mit LB_t	Lagerbestände an RHB-Stoffen,
$FLEI_t$	Forderungen aus Lieferungen und Leistungen,
GA_t	geleistete Anzahlungen.

Ein Beispiel soll die Lösungsidee erläutern. Die folgende Tabelle zeigt die Daten für die Perioden t-1 und t. Personalaufwand und sonstige betriebliche Aufwendungen seien auszahlungsgleich. Gemäß den GuV-Daten für Periode t ergibt sich ein Ertragsüberschuß in Höhe von 69.266.

Der Einzahlungsüberschuß in Periode t ist jedoch um die Differenz ΔEBK in Höhe von 7.344 kleiner, weil Umsatzerlöse nicht zu gleich hohen Einzahlungen, Materialaufwendungen nicht zu gleich hohen Auszahlungen führten und weil die Bestände an Roh-, Hilfs- und Betriebsstoffen aufgestockt wurden.

	t-1	t
(1) Nettoumsatzerlöse	270.000	331.200
(2) Materialaufwand	72.000	88.290
(3) Personalaufwand	73.828	81.949
(4) Sonst. betriebliche Aufwendungen	83.359	91.695
(5) Ertragsüberschuß (= (1) – (2) – (3) – (4))	40.813	69.266
(1) Lagerbestände an RHB-Stoffen	24.300	29.808
(2) Forderungen aus Lieferungen und Leistungen	35.100	43.056
(3) Verbindlichkeiten aus Lieferungen und Leist.	27.000	33.120
(4) EBK	32.400	39.744
(5) $\Delta EBK = EBK_t - EBK_{t-1}$	-	7.344
(6) Einzahlungsüberschuß (= (5) – (10))		61.922

Eine die zeitliche Entwicklung von ΔEBK beachtende Rechnung kann also auf den Ertrags- und Aufwandsschätzungen der Plan-GuV-Rechnungen aufbauen. Die Größe ΔEBK korrigiert das partielle Auseinanderfallen von Aufwendungen und Erträgen und den Aufbau von Lagerbeständen bei Roh-, Hilfs- und Betriebsstoffen. Der Aufbau von Lagerbeständen bei Halb- und Fertigfabrikaten bedarf im Rahmen des Gesamtkostenverfahrens keiner Korrektur, da die zugehörigen Aufwendungen (Auszahlungen) erfaßt sind.

ΔEBK ist damit Bestandteil des Investitionsvolumens der Periode und ist bei der Ermittlung der entziehbaren Überschüsse abzusetzen.

3. Entziehbare Überschüsse, Steuern und Rechnungslegungsnormen

a. Problem

Was im konkreten Fall entziehbarer Überschuß ist, ist keine Frage, auf die völlig eindeutige Antworten gegeben werden können. Warum dies so ist, ist zu erläutern.

Die Entziehbarkeit von Überschüssen hängt ab

- von den Investitionsstrategien und damit den erwarteten Renditen des Unternehmens im Zeitablauf,
- von der Gestaltung der Kapitalstruktur, also der Zusammensetzung der Passivseite des Unternehmens,
- der Häufigkeit, mit der auf Quellen der Außenfinanzierung zurückgegriffen wird,
- von den gesellschaftsrechtlichen Ausschüttungsrestriktionen und
- den geltenden steuerlichen Regelungen.

Betrachten wir z.B. die Frage, ob Teile des Jahresüberschusses einbehalten werden sollen. Sie ist unter zwei Aspekten relevant. Sie beeinflußt erstens die Höhe der Körperschaft- bzw. Einkommensteuerbelastung des Verbundes Unternehmen - Eigentümer; unterschiedliche Steuerbelastungen aber sind in aller Regel wertrelevant. Sie beeinflußt zweitens die Unternehmenssteuern, *wenn* die realisierte Ausschüttung zu einer Veränderung der Kapitalstruktur der Gesellschaft führt. Der erste Aspekt soll an einem Beispiel erläutert werden. Der Anteil am ausschüttungsfähigen Überschuß (vor Investitionsauszahlungen), der einbehalten wird, sei mit s_K^T zu besteuern. Der auszuschüttende Anteil werde mit dem Einkommensteuersatz (s_I) der Ausschüttungsempfänger belastet. Die *gemeinsame* Steuerbelastung für Unternehmen und Eigentümer hängt von der Ausschüttungsquote ab. Angenommen, ein Unternehmen weist einen ausschüttbaren Überschuß vor Steuern (GvS) von 300 auf. Eine Investition von 200 ist geplant. Die folgende Aufstellung zeigt verschiedene Möglichkeiten der Aufbringung der Mittel für die Investition und die zugehörige Steuerbelastung für $s_K^T = 0{,}5$ und $s_I = 0{,}3$. Das Symbol c bezeichnet die Einbehaltungs-, (1–c) die Ausschüttungsquote.

GvS	I	c	(1-c)	Körperschaftsteuer	Einkommensteuer	Einbehaltung nach Steuern	Ausschüttung nach Steuern	Kapitalerhöhung	Verfügbarer Cash-flow auf Eigentümerebene (Nettoausschüttung)
300	200	0,0	1,0	–	90	–	210	200	10
300	200	0,1	0,9	15	81	15	189	185	4
300	200	0,3	0,7	45	63	45	147	155	–8
300	200	0,5	0,5	75	45	75	105	125	–20

Tabelle 8: Ausschüttungsquote und verfügbarer Cash-flow auf Eigentümerebene

Unterstellt man vereinfachend eine transaktionskostenfreie Wiedereinlage der Mittel und schließt man Unterbewertungen der Aktie im Zeitpunkt der Kapitalerhöhung ebenso aus wie Fehlreaktionen des Marktes auf Ausschüttungsänderungen, ist im Beispiel wegen der klaren steuerlichen Vorteile für die Jahresüberschuß-bezogene Vollausschüttung zu plädieren: Die mit steigenden Werten für die Einbehaltungsquote c sinkenden Nettoausschüttungen sind allein auf steuerliche Nachteile zurückzuführen.

Nun ist das Beispiel einperiodig und beweist noch wenig. Aber es lenkt die Aufmerksamkeit auf den relevanten Sachverhalt, daß die Steuersätze s_K^T und s_I sehr häufig divergieren.

b. Ein Beispiel

Aus den oben aufgezählten Einflußgrößen, die die Höhe und zeitliche Struktur der entziehbaren Überschüsse bestimmen, wählen wir die Gestaltung der Kapitalstruktur der Gesellschaft aus. Wir stellen die Gesellschaft, die Value AG, mit gegebener Kapitalstruktur, gegebenem Investitionsprogramm und gegebener Ausschüttungspolitik vor und fragen wie eine radikale Änderung der Kapitalstruktur der Gesellschaft auf die entziehbaren Überschüsse wirkt. Wir fragen noch nicht, wie diese Änderung auf den Wert der Gesellschaft, den Unternehmens(gesamt)wert, wirkt. Diese Frage wird später aufgegriffen.

Tabelle 9 stellt die Planbilanzen und Plan-Gewinn- und Verlustrechnungen der Value AG dar.

Bilanz/GuV	t=0	1	2	3	4	5	6	7	8 ff.
Sachanlagen	10.000	10.200,0	10.710,0	11.459,7	11.688,9	11.922,7	12.161,1	12.769,2	12.769,2
Netto-Umlaufvermögen[62]	9.900	9.960,0	10.159,2	10.057,6	10.359,3	10.773,7	11.096,9	11.318,8	11.318,8
Bilanzsumme	19.900	20.160,0	20.869,2	21.517,3	22.048,2	22.696,4	23.258,0	24.088,0	24.088,0
Eigenkapital	11.000	11.707,4	12.457,6	13.145,8	13.854,4	14.644,9	15.493,2	16.379,6	16.379,6
Pensionsrückst.	3.000	3.024,0	3.048,5	3.073,6	3.099,2	3.125,4	3.152,0	3.179,5	3.179,5
Fremdkapital	5.900	5.428,6	5.363,1	5.297,9	5.094,6	4.926,1	4.612,8	4.528,9	4.528,9
Bilanzsumme	19.900	20.160,0	20.869,2	21.517,3	22.048,2	22.696,4	23.258,0	24.088,0	24.088,0
Umsatzerlöse		12.000,0	12.240,0	12.117,6	12.481,1	12.980,4	13.369,8	13.637,2	13.637,2
Betriebl. Aufwendungen		6.840,0	6.976,8	6.907,0	7.114,2	7.398,8	7.620,8	7.773,2	7.773,2
Abschreibungen		1.250,0	1.275,0	1.338,8	1.432,5	1.461,1	1.490,3	1.520,1	1.596,1
Zuführung zu Pensionsrückstellungen		480,0	490,4	501,2	512,2	523,6	535,3	547,3	559,7
Zinsaufwand		413,0	380,0	375,4	370,9	356,6	344,8	322,9	317,0
Gewinn vor Steuern		3.017,0	3.117,8	2.995,2	3.051,3	3.240,2	3.378,5	3.473,6	3.391,1
Steuern		1.602,2	1.660,2	1.599,6	1.635,3	1.742,4	1.822,9	1.879,7	1.612,3
Jahresüberschuß		1.414,8	1.457,6	1.395,6	1.416,0	1.497,9	1.555,6	1.593,9	1.778,8
Ausschüttungen		707,4	707,4	707,4	707,4	707,4	707,4	707,4	1.778,8
Zuführung zu Gewinnrücklagen		707,4	750,2	688,2	708,6	790,5	848,2	886,5	0,0

Tabelle 9: Value AG bei geplanter Kapitalstruktur und geplanter Ausschüttungspolitik

Wie sieht die zu diesen Plandaten passende Finanzrechnung aus? Tabelle 10 enthält die Antwort. Diese ist zu erläutern.

Tabelle 10 zeigt zunächst, daß der gesamte Cash-flow auf Unternehmensebene - von Rundungsfehlern abesehen - Null ist. Finanzplanung und Jahresabschlußdaten sind somit konsistent. Betrachten wir die Position Unternehmenssteuern in Zeile (7). Alle notwendigen Erläuterungen hierzu wurden in Kapitel 3 geliefert. Nur die Berechnungen werden erläutert.

62 Der Begriff Netto-Umlaufvermögen ist deckungsgleich mit dem oben benutzten Begriff EBK (erforderliches Betriebskapital). Wir benutzen hier den gebräuchlicheren Begriff.

	1	2	3	4	5	6	7	8 ff.
(1) Umsatzerlöse	12.000	12.240	12.117	12.481	12.980	13.370	13.637	13.637
(2) Betriebliche Aufwendungen	6.840	6.977	6.907	7.114	7.399	7.621	7.773	7.773
(3) Abschreibung	1.250	1.275	1.339	1.433	1.461	1.490	1.520	1.596
(4) Zinsen	413	380	375	371	357	345	323	317
(5) Zuführung zu Pensionsrückstellungen	480	490	501	512	523	535	547	560
(6) Gewinn vor Steuern	3.017	3.118	2.995	3.051	3.240	3.379	3.474	3.391
(7) Unternehmenssteuern	720	743	733	751	792	825	851	850
- Vermögensteuer[63]	50	53	56	59	62	65	70	74
- Gewerbekapitalsteuer[64]	112	115	121	126	131	137	142	149
- Gewerbeertragsteuer[65]	519	532	510	518	548	569	582	567
- KöSt auf VSt	40	43	46	49	51	54	57	60
(8) Körperschaftsteuer auf Ausschüttung[66]	303	303	303	303	303	303	303	762
(9) Körperschaftsteuer auf Thesaurierung[67]	579	614	563	579	647	694	725	0
(10) Investitionen[68]	1.510	1.984	1.987	1.963	2.109	2.052	2.350	1.596
(11) Zinsen	413	380	375	371	357	345	323	317
(12) Tilgungen	470	66	65	203	169	313	84	0
(13) Rentenzahlungen[69]	456	466	476	487	497	509	520	560
(14) Ausschüttungen	707	707	707	707	707	707	707	1.779
Gesamter Cash-flow auf Unternehmensebene	2	0	1	2	0	1	1	0

Tabelle 10: Finanzplan der Value AG[70]

Steuerbemessungsgrundlage für die Vermögensteuer ist das Rohbetriebsvermögen zu Beginn der Periode (RBV_{t-1}), das wir hier vereinfa-

---

63 $S_V = 0{,}75\, s_V \left[RBV_{t-1} - F_{t-1} - PR_{t-1}\right]$

64 $S_{GK} = s_{GK} \left[RBV_{t-1} - 0{,}5\, F_{t-1} - PR_{t-1}\right]$

65 $S_{GE} = s_{GE} \left[(6) + 0{,}5\,\text{Zinsen} - S_{GK}\right]$

66 $S_K^A = D_t \cdot \frac{s_K^A}{1 - s_K^A} = D_t \cdot \frac{0{,}30}{1 - 0{,}30} = D_t \cdot 0{,}42857$

67 $S_K^T = Rl_t \cdot \frac{s_K^T}{1 - s_K^T} = Rl_t \cdot \frac{0{,}45}{1 - 0{,}45} = Rl_t \cdot 0{,}81818$

68 $I_t = \Delta SAV + \Delta UV + Ab_t$

69 Aus Daten der GuV und Bilanz berechenbar: $R_t = ZPR_t - (PR_t - PR_{t-1})$.

70 Differenzen sind auf Rundungsfehler zurückzuführen.

chend mit der Bilanzsumme gleichsetzen. Verkürzt wird das RBV_{t-1} um die Verbindlichkeiten des Unternehmens, die zu Beginn der Periode bestanden (F_{t-1}). Zu den abzugsfähigen Positionen zählt auch der Teilwert der Pensionsrückstellungen zu Beginn der Periode (PR_{t-1}). Vereinfachend nehmen wir an, daß der Teilwert mit dem Ansatz der Pensionsrückstellungen in der Handelsbilanz übereinstimmt.

Die Vermögensteuerzahlung beträgt somit:

$$S_V = 0{,}75 s_V \left[RBV_{t-1} - F_{t-1} - PR_{t-1}\right].$$

Für die Periode 1 folgt: $0{,}75 \cdot 0{,}006 \cdot [19.900 - 5.900 - 3.000] = 49{,}50.$ [71]

Die Steuerbemessungsgrundlage für die Gewerbekapitalsteuer unterscheidet sich im Beispiel von der der Vermögensteuer durch die nur hälftige Abzugsfähigkeit der Dauerschulden. Vereinfacht gelten als Dauerschulden Verbindlichkeiten mit einer Laufzeit von mehr als einem Jahr. Alle in der Bilanz der Value AG ausgewiesenen Verbindlichkeiten seien Dauerschulden.

Die Gewerbekapitalsteuerzahlung beträgt somit

$$S_{GK} = s_{GK} \left[RBV_{t-1} - 0{,}5 F_{t-1} - PR_{t-1}\right].$$

Für Periode 1 folgt: $0{,}008 \cdot [19.900 - 0{,}5 \cdot 5.900 - 3.000] = 111{,}60$.

Die Bemessungsgrundlage der Gewerbeertragsteuer ist definiert durch

$$UE_t - BA_t - Ab_t - 0{,}5 i F_{t-1} - ZPR_t - S_{GK}$$

mit $i F_{t-1}$ Zinsen,

ZPR_t Zuführung zu Pensionsrückstellungen.

Für Periode 1 folgt:

$$0{,}1667 [12.000 - 6.840 - 1.250 - 480 - 0{,}5 \cdot 413 - 111{,}60] = 518{,}75.$$

Die vom Unternehmen zu leistende Vermögensteuerzahlung ist eine nicht abzugsfähige Betriebsausgabe. Sie ist deshalb mit Körperschaftsteuer belastet. Eine Vermögensteuerzahlung von 100 hat einen

71 Alle Angaben in Tabelle 10 sind gerundet.

„Körperschaftsteuerschatten“ in Höhe von $S_V \left(\frac{1}{1-s_K^T} - 1 \right) = 0{,}81818 \cdot S_V$.

Eine Vermögensteuerzahlung von 49,50 löst somit eine Körperschaftsteuerbelastung von 40 aus. Damit ist die Summe der Unternehmenssteuern in Höhe von 720 erläutert.

Nun soll die oben angesprochene radikale Änderung der Kapitalstruktur stattfinden. Wir unterstellen, das Unternehmen schwenke zu einer nur aus Eigenkapital bestehenden Kapitalstruktur über und fragen, welche Überschüsse nach dieser Änderung entnehmbar (ausschüttbar) sind, wenn die geplante Investitionsstrategie unverändert durchgeführt werden soll. Die Value AG weist auf der Passivseite dann weder Verbindlichkeiten noch Pensionsrückstellungen auf.

Aus ganz unterschiedlichen Gründen ist die Annahme einer reinen Eigenkapitalfinanzierung nicht realistisch. Der Aspekt der Realitätsnähe interessiert hier aber nicht. Hier soll gezeigt werden, daß neben der geplanten Investitionsstrategie und steuerlichen Regelungen insbesondere die Kapitalstruktur einer Gesellschaft darüber bestimmt, was entziehbar (ausschüttbar) ist. Das läßt sich am besten zeigen, wenn man Extrempositionen betrachtet.

Überlegen wir zunächst, wie sich die Bilanzen und Gewinn- und Verlust-Rechnungen im Vergleich zur ursprünglichen Kapitalstruktur und damit Tabelle 9 ändern. In den Bilanzen bleiben die Aktivseiten unverändert, da die Investitionsstrategien unverändert bleiben. Auf der Passivseite finden wir nach vollzogener Umschichtung nur noch eine Position vor: Eigenkapital. In den Gewinn- und Verlustrechnungen bleiben Umsatzerlöse, betriebliche Aufwendungen und Abschreibungen wegen der unveränderten Investitionsstrategie gleich. Zinsaufwendungen und Zuführungen zu Pensionsrückstellungen entfallen mit der Folge, daß der Gewinn vor Steuern steigt. Wie ist dieser Gewinn vor Steuern auf Steuern, Einbehaltung und Ausschüttung zu verteilen? Wie und warum verändern sich die entziehbaren Überschüsse der Value AG im Vergleich zum Ausgangszustand?

Wir wollen in einem ersten Schritt annehmen, das Management der Value AG wolle die Ausschüttungen genau auf dem Niveau des Ausgangszustandes halten, also in den Perioden 1 bis 7 Beträge in Höhe von 707 ausschütten. Was folgt? Tabelle 11 zeigt die zugehörigen Gewinn- und Verlustrechnungen und die Gewinneinbehaltungen.

	1	2	3	4	5	6	7	8
Umsatzerlöse	12.000	12.240	12.118	12.481	12.980	13.370	13.637	13.637
- Betriebliche Aufwendungen	6.840	6.977	6.907	7.114	7.399	7.621	7.773	7.773
- Abschreibungen	1.250	1.275	1.339	1.433	1.461	1.490	1.520	1.596
- Unternehmenssteuern	947	964	955	975	1.014	1.047	1.069	1.069
- Körperschaftsteuer auf Ausschüttung	303	303	303	303	303	303	303	762
- Körperschaftsteuer auf Thesaurierung	879	906	858	877	944	991	1.019	296
Steuern insgesamt	2.129	2.173	2.116	2.155	2.261	2.341	2.391	2.127
Jahresüberschuß	1.781	1.815	1.756	1.779	1.859	1.918	1.953	2.140
Zuführung zu Gewinnrücklagen	1.074	1.108	1.049	1.072	1.152	1.211	1.246	361
Ausschüttung	707	707	707	707	707	707	707	1.779

Tabelle 11: GuV bei reiner Eigenfinanzierung und unveränderter Ausschüttungspolitik der Value AG

Die entscheidende Frage ist, was das Management bei unveränderter Ausschüttungspolitik mit den im Vergleich zum Ausgangszustand in Tabelle 9 viel *höheren* Rücklagenzuführungen (Gewinnrücklagen) anstellt. Die Daten in Tabelle 11 geben darüber keine Auskunft. Für diese Mittel gibt es im Prinzip drei Verwendungsmöglichkeiten:

- Verwendung für Realinvestitionen,
- Verwendung für Finanzanlagen,
- Tilgung von Fremdkapital.

Die Realinvestitionen der Value AG müssen als bereits finanziert gelten, da wir das Investitionsprogramm als gegeben ansehen und als optimal unterstellen. Tilgung von Fremdkapital scheidet aus; die Value AG hat annahmegemäß keine Verbindlichkeiten. Es bleibt somit die Anlage von Mitteln in Finanzanlagen (Wertpapiere des Anlagevermögens, Beteiligungen, Darlehen an verbundene Unternehmen, Wertpapiere des Umlaufvermögens). Hier entsteht ein Problem: Wenn diese Investitionen werterhöhend wären, hätte die Value AG diese Finanzanlagen bereits im Ausgangszustand planen sollen. Wir nehmen also an, daß diese Investitionen nicht werterhöhend sind; folglich macht es keinen Sinn, thesaurierte Mittel in Form von Finanzanlagen zu parken. Für die fehlende

Vorteilhaftigkeit *eigenfinanzierter* Finanzanlagen sprechen insbesondere steuerliche Gründe: Die Belastung mit Substanz- und Ertragsteuern auf Unternehmensebene ist deutlich höher als auf Ebene der Anteilseigner. Da es keine rationale Verwendung für die zunächst thesaurierten Mittel gibt, sieht Tabelle 11 auch keine zurechenbaren Erträge vor. Die Mittel sind an die Eigentümer auszuschütten. Tabelle 12 zeigt, welche Beträge für die Mehrausschüttung prinzipiell zur Disposition stehen. Es ist der nach Unternehmenssteuern, Körperschaftsteuer für Thesaurierung, Körperschaftsteuer für Ausschüttung und den geplanten Reinvestitionsauszahlungen noch verfügbare Cash-flow auf Unternehmensebene.

	1	2	3	4	5	6	7	8
Umsatzerlöse	12.000	12.240	12.118	12.481	12.980	13.370	13.637	13.637
- Betriebliche Aufwendungen	6.840	6.977	6.907	7.114	7.399	7.621	7.773	7.773
- Unternehmenssteuern	947	964	955	975	1.014	1.047	1.069	1.069
- KöSt auf Ausschüttung	303	303	303	303	303	303	303	762
- KöSt auf Thesaurierung	879	906	858	877	944	991	1.019	296
- Investitionen	1.510	1.984	1.987	1.963	2.109	2.052	2.350	1.596
- Ausschüttungen	707	707	707	707	707	707	707	1.779
Gesamter Cash-flow auf Unternehmensebene	814	399	401	542	504	592	416	362

Tabelle 12: Gesamter Cash-flow auf Unternehmensebene bei Eigenfinanzierung und unveränderter Ausschüttungspolitik der Value AG

Die in Tabelle 12 ausgewiesenen Auszahlungen für Investitionen entsprechen dem periodischen Wachstum der Bilanzsumme der Value AG erhöht um die verrechneten Abschreibungen. Für Periode 1 gilt: 20.160 – 19.900 + 1.250 = 1.510.

Um suboptimale Mittelverwendungen zu vermeiden, muß die Value AG also deutlich mehr ausschütten. Die Ausschüttung muß so gestaltet werden, daß die Investitionsauszahlungen unter Beachtung des Gewinns vor Steuern und aller Steuerzahlungen, d.h. Unternehmenssteuern, Thesaurierungs- und Ausschüttungsbelastung gerade finanziert werden können. Es müssen also residuale Ausschüttungen geleistet werden.

Für jede Periode muß also gelten:

$$GvS_t - USt_t - S_K^A - S_K^T - D_t = I_t - Ab_t \quad (38)$$[72]

mit GvS_t Gewinn vor Steuern;

USt_t Unternehmenssteuern;

S_K^A Körperschaftsteuer auf Ausschüttung;

S_K^T Körperschaftsteuer auf Thesaurierung;

D_t Dividende (Ausschüttung);

I_t Investitionsauszahlungen.

Bei Eigenfinanzierung gilt $GvS_t = UE_t - BA_t - Ab_t$, weshalb folgt

$$D_t = UE_t - BA_t - USt_t - S_K^A - S_K^T - I_t. \quad (39)$$

(39) definiert die residuale Ausschüttung unter Beachtung von Investitionsbedarf, Rechnungslegungsnormen und den Regeln des Steuersystems. Tabelle 13 weist die sich ergebenden Ausschüttungen (entziehbaren Überschüsse) aus. Sie unterscheiden sich deutlich von den in Tabelle 9 ausgewiesenen Ausschüttungen.[73]

---

72 Der Nettokapitalbedarf für Investitionen ist $I_t - Ab_t$, da ein Betrag in Höhe von Ab_t durch die Abschreibungsverrechnung bereits ausschüttungsgesperrt ist: die Größe GvS_t ist bereits um Abschreibungen verkürzt.

73 Der Leser könnte zunächst erwarten, daß sich die residuale Ausschüttung als Summe der ursprünglichen Ausschüttung (707) und dem bei Eigenfinanzierung zusätzlich verfügbaren Cash-flow auf Unternehmensebene (Tabelle 12: 814) ergibt, in Periode 1 also 1.521 betragen sollte. Diese Überlegung übersähe die Rückwirkungen der veränderten Rücklagendotierung und Ausschüttung auf $KöSt_t^T$ und $KöSt_t^A$. Die finanzierbare Ausschüttung ist 1.743 und somit höher als 1.521.

	1	2	3	4	5	6	7	8 ff.
(1) Umsatzerlöse	12.000	12.240	12.118	12.481	12.980	13.370	13.637	13.637
(2) Betriebliche Aufwendungen	6.840	6.977	6.907	7.114	7.399	7.621	7.773	7.773
(3) Unternehmenssteuern	947	964	955	975	1.014	1.047	1.069	1.069
(4) Investitionen	1.510	1.984	1.987	1.963	2.109	2.052	2.350	1.596
(5) Verfügbar für KöSt und Ausschüttungen	2.703	2.315	2.268	2.429	2.458	2.650	2.445	3.199
Erforderliche Gewinnrücklagen (ΔRl_t)	260	709	648	530	648	562	830	0
(6) KöSt auf Thesaurierung	213	580	530	434	530	460	679	0
(7) KöSt auf Ausschüttung	747	521	521	599	578	657	530	960
(8) Ausschüttungen	1.743	1.215	1.217	1.397	1.350	1.533	1.236	2.239
(9) Gesamter Cash-flow auf Unternehmensebene	0	-1	0	-1	0	0	0	0
(10) nachrichtlich: Jahresüberschüsse	2.003	1.924	1.865	1.927	1.998	2.095	2.066	2.239

Tabelle 13: Ermittlung der residualen Ausschüttungen bei Eigenfinanzierung

Zeile (5) zeigt die Beträge, die für Körperschaftsteuerzahlungen und Ausschüttungen verfügbar sind; die Mittelbedarfe für Investitionen sind in Zeile (4) bereits abgesetzt. Die nachrichtlich ausgewiesene erforderliche Gewinnrücklage entspricht in jeder Periode der Differenz von Investitionsauszahlung und verrechneter Abschreibung. In Periode 1 gilt etwa 1.510 – 1.250 = 260.

Wie sind die in Zeile (5) ausgewiesenen Beträge aufzuteilen auf Ausschüttung und Körperschaftsteuerzahlungen? Beginnen wir mit der Körperschaftsteuerzahlung für Thesaurierung: Die erforderliche Gewinnrücklage (ΔRl_t) ist bekannt. Für die resultierende Körperschaftsteuerbelastung gilt

$$S_{K,t}^{T} = \Delta Rl_t \cdot \frac{s_K^T}{1 - s_K^T} \quad \text{mit } s_K^T = 0{,}45 \tag{40}$$

$$= \Delta Rl_t \cdot 0{,}81818.$$

Damit sind die Angaben in Zeile (6) erklärt.

Finanzmittel in Höhe der Differenz der Eintragungen in Zeile (5) und (6) stehen für Ausschüttungen und $S_{K,t}^{A}$ zur Verfügung. Dividiert man diese

Differenzen durch $\left[1+\frac{s_K^A}{1-s_K^A}\right]=1{,}42857$, erhält man die Ausschüttung D_t. Dabei stellt s_K^A den Körperschaftsteuersatz für Ausschüttungen dar. Für Periode 1 und $s_K^A = 0{,}30$ folgt: (2.703 – 213) : 1,42857 = 1.743. Die finanzierbare Ausschüttung ist somit 1.743. Die Körperschaftsteuer auf die Ausschüttung beträgt

$$S_{K,t}^A = D_t \cdot \frac{s_K^A}{1-s_K^A}. \tag{41}$$

Für Periode 1 gilt: $0{,}42857 \cdot 1.743 = 747$.

Zeile (10) weist die Jahresüberschüsse aus. Für sie gilt: $J\ddot{U}_t = D_t + \Delta Rl_t$. Die Eintragungen zeigen, daß alle Ausschüttungen auch ausschüttungsfähig sind. Die in Zeile (8) ausgewiesenen Beträge sind somit erstens *finanzierbar* und zweitens *ausschüttungsfähig*, d.h. im Sinne der Kapitalerhaltungsregeln des deutschen Rechts für Kapitalgesellschaften zur Ausschüttung freigegeben. *Beide* Bedingungen müssen erfüllt sein.

4. Ergebnisse

Ausgangspunkt war die Frage, welche Überschüsse entziehbar (ausschüttbar) sind, denn nur entziehbare Überschüsse können Basis einer rationalen Bewertung von Unternehmen sein. Dabei zeigte sich, daß den Sachverhalten Besteuerungsnormen, realitätsnaher Definition von steuerlichen Bemessungsgrundlagen, geplanten Investitionsauszahlungen und ausschüttungsbegrenzenden Regelungen besondere Bedeutung zukommen. Entziehbare (ausschüttbare) Überschüsse sind nur präzise ermittelbar in einer Rechnung, die Investitions-, Finanz- und Steuerplanung mit Planbilanzen und Plan-GuV-Rechnungen verknüpft.

Das was ausschüttbar ist, ist keine naturgegebene Größe; es kann präzise gesteuert werden. Setzen wir Rechnungslegungsnormen und steuerliche Rahmenbedingungen als gegeben, dann sind die wichtigsten Steuerungshebel die Investitionsstrategie, die geplante Kapitalstruktur sowie die Frage, ob benötigte Mittel für Investitionen vorrangig intern oder durch externe Finanzierung aufgebracht werden sollen. Die Bedeutung der Kapitalstruktur für die Ermittlung entziehbarer Überschüsse wurde an einem realitätsnahen Beispiel erläutert. Die dem Unternehmen entziehbaren Überschüsse i.S.d. den *Eigentümern* zufließenden Beträge hängen entscheidend von der vom Management der Gesellschaft gewählten Kapitalstruktur ab. Die Value AG muß bei reiner Eigenfinanzierung weit höhere Beträge an die Eigentümer ausschütten als bei der im Ausgangszustand gegebenen Kapitalstruktur. Die Frage welche Kapitalstruktur bzw. Ausschüttungsreihe für die Eigentümer besser ist, ist hier noch nicht von Interesse. Hier galt es nur zu zeigen, welche Parameter darüber entscheiden, was ausschüttbar (entziehbar) ist.

Es dürfte einleuchten, daß (bei gegebener Kapitalstruktur) eine Veränderung der Investitionsstrategie der Value AG ebenfalls einen klaren Einfluß auf Höhe und Struktur der entziehbaren Überschüsse hat.

5. Übungsaufgaben

Aufgabe 16

Gegeben sind die Daten in der folgenden Tabelle. Es gelten folgende Steuersätze:

$s_{GE} = 0{,}1667$ (Gewerbeertragsteuer)

$s_K^A = 0{,}30$ (Körperschaftsteuer auf Ausschüttungen)

$s_K^T = 0{,}45$ (Körperschaftsteuer auf Thesaurierungen)

Bilanz/GuV	t=0	1	2	3	4	5	6	7	8ff
Sachanlagen	10.000	10.200,0	10.710,0	11.459,7	11.688,9	11.922,7	12.161,1	12.769,2	12.769,2
Netto-Umlauf-vermögen	9.900	9.960,0	10.159,2	10.057,6	10.359,3	10.773,7	11.096,9	11.318,8	11.318,8
Bilanzsumme	19.900	20.160,0	20.869,2	21.517,3	22.048,2	22.696,4	23.258,0	24.088,0	24.088,0
Eigenkapital	11.000	11.707,4	12.457,6	13.145,8	13.854,4	14.644,9	15.493,2	16.379,6	16.379,6
Pensionsrückst.	3.000	3.024,0	3.048,5	3.073,6	3.099,2	3.125,4	3.152,0	3.179,5	3.179,5
Fremdkapital	5.900	5.428,6	5.363,1	5.297,9	5.094,6	4.926,1	4.612,8	4.528,9	4.528,9
Bilanzsumme	19.900	20.160,0	20.869,2	21.517,3	22.048,2	22.696,4	23.258,0	24.088,0	24.088,0
Umsatzerlöse		12.000,0	12.240,0	12.117,6	12.481,1	12.980,4	13.369,8	13.637,2	13.637,2
Betriebl. Auf-wendungen		6.840,0	6.976,8	6.907,0	7.114,2	7.398,8	7.620,8	7.773,2	7.773,2
Abschreibungen		1.250,0	1.275,0	1.338,8	1.432,5	1.461,1	1.490,3	1.520,1	1.596,1
Zuführung zu Pensionsrück-stellungen		480,0	490,4	501,2	512,2	523,6	535,3	547,3	559,7
Zinsaufwand		413,0	380,0	375,4	370,9	356,6	344,8	322,9	317,0
Gewinn vor Steuern		3.017,0	3.117,8	2.995,2	3.051,3	3.240,2	3.378,5	3.473,6	3.391,1
Steuern		1.602,2	1.660,2	1.599,6	1.635,3	1.742,4	1.822,9	1.879,7	1.612,3
Jahresüberschuß		1.414,8	1.457,6	1.395,6	1.416,0	1.497,9	1.555,6	1.593,9	1.778,8
Ausschüttungen		707,4	707,4	707,4	707,4	707,4	707,4	707,4	1.778,8
Rücklagenzu-führungen		707,4	750,2	688,2	708,6	790,5	848,2	886,5	0,0

1. Entwickeln Sie die entziehbaren Überschüsse für die ersten zwei Perioden, wenn eine Jahresüberschuß-bezogene Vollausschüttung stattfinden soll!

2. Prüfen Sie die Finanzierbarkeit und die Ausschüttungsfähigkeit der Ausschüttung. Setzen Sie ggf. eine plausible Annahme über die Deckung von möglichen Finanzdefiziten bzw. die Anlage von Überschüssen!

Anmerkungen:

1. Umsatzerlöse und betriebliche Aufwendungen sind zahlungsgleich!
2. Runden Sie alle Zahlen; Stellen nach dem Komma sind zu vernachlässigen!
3. Der Zinssatz für Fremdkapital ist 7%.
4. Die in der Tabelle berechneten Steuern enthalten auch Substanzsteuern (Vermögen- und Gewerbekapitalsteuer). Sie sollten für Ihre Rechnungen Substanzsteuern außer acht lassen, um die Rechnung zu vereinfachen.

V. Unternehmensgesamtwert, Wert des Eigenkapitals und Kapitalstruktur

1. Das Problem: Der Einfluß der Kapitalstruktur eines Unternehmens

Hat die Struktur der Passivseite, die Kapitalstruktur eines Unternehmens Einfluß auf den Unternehmensgesamtwert? Warum hat sie ggf. Einfluß? Wenn sie Einfluß hat, welche Folgerungen kann man für die Strukturierung der Passivseite ziehen?

Die Frage, ob die Kapitalstruktur Einfluß auf den Unternehmensgesamtwert hat, mag überraschen, da in Abschnitt IV. gerade belegt wurde, daß die Kapitalstruktur das Niveau der entziehbaren Überschüsse klar beeinflußt. Daß der Wert des Eigenkapitals vom Niveau der entziehbaren Überschüsse abhängt, erscheint einleuchtend. Wir werden sehen, daß in aller Regel die Kapitalstruktur von Unternehmen Einfluß auf den Unternehmensgesamtwert hat und warum dies so ist. Als Startpunkt werden wir jedoch einen Fall wählen, in dem die Kapitalstruktur ohne Werteinfluß ist. Der Fall ist gut geeignet um zu verdeutlichen, um was es im Kern geht.

Angenommen, es ist das folgende Projekt zu bewerten: die Errichtungskosten (17) werden vollständig eigenfinanziert; die zustandsabhängigen Überschüsse wiederholen sich in jeder Periode; die periodenspezifischen Verteilungen sind unabhängig voneinander.

	0	1	2	3	···	∞
Errichtungskosten	−17					
Entziehbare Überschüsse $(\tilde{X}_t)$		5 (0,3) 3 (0,4) 1 (0,3)	5 (0,3) 3 (0,4) 1 (0,3)	5 (0,3) 3 (0,4) 1 (0,3)	··· ··· ···	5 (0,3) 3 (0,4) 1 (0,3)
erwarteter entziehbarer Überschuß $E[\tilde{X}_t]$		3	3	3	···	3

Es liegt also eine sehr einfache Form von Unsicherheit vor. Zusätzlich wird die Lebensdauer des Projektes als unbegrenzt angenommen. Das ist nicht sehr realistisch, erleichtert aber die Barwert-Berechnungen. Angenommen wird auch, daß die Eigentümer bei einer alternativen Anlage ihrer Mittel in einer *risikoäquivalenten* Anlage eine Rendite von 10 % erzielen können. Sie fordern deshalb von dem hier zu beurteilenden (risikoäquivalenten) Projekt eben diese Rendite. Wir bezeichnen diese Renditeforderung als Kapitalkosten oder auch als geforderte Rendite und benutzen das Symbol k. Steuerliche Regelungen bleiben unbeachtet. Werden die erwarteten Überschüsse des Projektes mit $k = 0{,}10$ diskontiert, erhält man den Wert des Projektes mit $E_0 = 30$. Da das Projekt eigenfinanziert ist, stehen alle erwarteten Überschüsse den Eigentümern zu. Der Wert des Eigenkapitals entspricht dem Wert des Projektes. Da $E_0 = 30 > I_0 = 17$, liegt ein profitables Projekt vor.

Wir ändern nun die Finanzierung (Kapitalstruktur) des Projektes: Gläubiger leisten einen Finanzierungsbeitrag von 10 für einen Zinssatz in Höhe von $i = 0{,}07$. Dies ist der Zinssatz für nicht ausfallbedrohte Kredite der hier relevanten Laufzeit im Zeitpunkt 0.[74] Wie sehen die entziehbaren Überschüsse aus der Sicht der Eigentümer jetzt aus?

	0	1	2	3	···	∞
Errichtungskosten	–17					
Eigenkapitaleinsatz	– 7					
Fremdkapitaleinsatz	–10					
Entziehbare Überschüsse der Eigentümer		4,3 (0,3) 2,3 (0,4) 0,3 (0,3)	4,3 (0,3) 2,3 (0,4) 0,3 (0,3)	4,3 (0,3) 2,3 (0,4) 0,3 (0,3)	··· ··· ···	4,3 (0,3) 2,3 (0,4) 0,3 (0,3)
erwarteter entziehbarer Überschuß der Eigentümer $\left(E\left(\tilde{X}_t\right)-iF\right)$		2,3	2,3	2,3	···	2,3
Zahlung an Gläubiger (iF)[75]		0,7	0,7	0,7	···	0,7

74 Natürlich gibt es keine unbeschränkten Laufzeiten in Kreditverträgen, obwohl es inzwischen Bonds mit 100-jähriger Laufzeit gibt. Nur zur Vereinfachung wird hier diese Annahme genutzt.

75 Tilgungen werden explizit nicht beachtet. Wäre die Kreditlaufzeit unendlich, käme es nie zu einer Tilgung der Verbindlichkeit. Wen diese Interpretation stört, kann auch annehmen, daß regelmäßige Tilgungen erfolgen, diese aber unmittelbar durch Neuaufnahme von Fremdkapital ersetzt werden. Der Zinssatz im Beispiel bleibt unverändert 7 %.

Der Erwartungswert der entziehbaren Überschüsse der Eigentümer ist um die Zinszahlung (0,7) gefallen; im Gegenzug stellen die Eigentümer einen geringeren Finanzierungsbetrag (7) zur Verfügung. Wie ist der Wert des Projektes nun zu beurteilen?

Jetzt sind zwei Klassen von Financiers an der Projektfinanzierung beteiligt: Eigentümer und Kreditgeber. Man kann folglich den Wert der Eigentümerposition und den Wert der Gläubigerposition bestimmen. Die Summe beider Positionswerte ergibt den *Unternehmensgesamtwert*. Unternehmensgesamtwert minus Wert der Gläubigerposition (Wert des Fremdkapitals) ergibt den Wert des Eigenkapitals.

Der Wert der Gläubigerposition ergibt sich als Barwert der an die Gläubiger fließenden *sicheren* Zahlungen; die Eigentümer können die vertragliche Leistung in jedem Zustand erbringen. Diskontierungssatz ist die sichere Alternativrendite i =0,07; die Fremdkapitalgeber hätten alternativ einen ebenfalls risikolosen Kredit zum Satz i = 0,07 vergeben können. Folglich entspricht der Wert der Gläubigerposition (F_0) hier dem Finanzierungsbeitrag oder Nominalwert der Forderung (10). Den Wert der Eigentümerposition könnte man wie folgt berechnen: Man diskontiert den erwarteten Überschuß der Eigentümer (2,3) mit der geforderten Rendite $k = 0{,}10$ und erhält $E_0 = 23$. Da der Wert der Gesamtposition, den wir im folgenden mit V_0 bezeichen, sich aus E_0 und F_0 zusammensetzt, erhalten wir $V_0 = 10 + 23 = 33$. Der Wert des Projekts wäre im Vergleich zum Ausgangszustand (reine Eigenfinanzierung) gestiegen. Die Kapitalstruktur hätte somit Einfluß auf den Unternehmensgesamtwert!

Woher könnte die Wertsteigerung resultieren? Wir unterscheiden im folgenden einen Rendite- und einen Risikoeffekt. Zunächst zum Rendite-Effekt: Definiert man die Rendite der Eigentümer als Quotient aus erwartetem Überschuß zum eingesetzten Eigenkapital in Höhe des Buchwertes, ergibt sich für den Fall der Eigenfinanzierung eine erwartete Rendite von 0,176[76] und für den Fall der Mischfinanzierung eine erwartete Rendite von 0,329[77].

---

76 $3/17 = 0{,}176$.

77 $2{,}3/7 = 0{,}329$.

Dieser Renditeanstieg folgt der bekannten Leverage-Formel:

$$EKR = GKR + (GKR - i)\frac{FK}{EK} \tag{42}$$

mit EKR Eigenkapitalrentabilität;

GKR Gesamtkapitalrentabilität;

i Zinssatz für Fremdkapital;

FK Fremdkapitalbetrag (Buchwert);

EK Eigenkapitalbetrag (Buchwert).

Diese Renditesteigerung besagt noch nicht, daß sich die Position der Eigentümer verbessert hat, daß diese reicher geworden sind.

Betrachten wir den Risikoeffekt: Die Position der Eigentümer ist mit der Veränderung der Kapitalstruktur *riskanter* geworden. Die Varianz (Standardabweichung) der zustandsabhängigen Renditen der Eigentümer ist bei reiner Eigenfinanzierung kleiner als bei Mischfinanzierung.[78]

	Eigenfinanzierung	Mischfinanzierung
zustandsabhängige Renditen	5/17 = 0,2941 (0,3)	4,3/7 = 0,6143 (0,3)
	3/17 = 0,1765 (0,4)	2,3/7 = 0,3286 (0,4)
	1/17 = 0,0588 (0,3)	0,3/7 = 0,04286 (0,3)
Varianz der Rendite	0,0083	0,0489
Standardabweichung	0,0911	0,2213

Die Veränderung der Kapitalstruktur bewirkt somit eine Verschiebung der Position der Eigentümer gemäß Abbildung 12 von A nach B.

78 Eine höhere Varianz einer Zahlungs- oder Renditeverteilung ist dann ein klares Signal für ein subjektiv höheres Risikoniveau, wenn die Risikoaversion der Eigentümer durch eine quadratische Risikonutzenfunktion dargestellt werden kann: Vgl. hierzu oben Kapitel 4. Dies wird hier zur Vereinfachung unterstellt.

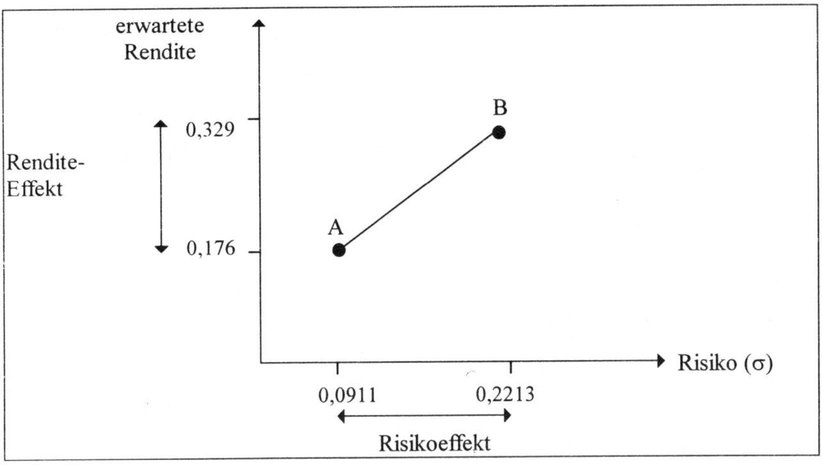

Abbildung 12: Rendite- und Risikoeffekt

Was ist der Nettoeffekt der Bewegung von A nach B? Eine (berühmte) Antwort auf diese Frage ist, daß der Nettoeffekt auf einem funktionierenden Kredit- und Kapitalmarkt Null ist: Rendite- und Risikoeffekt heben sich auf. Wenn dies zutrifft, kann die Bewegung von A nach B auch keine Wertsteigerung bewirken. Es müßte unverändert $V_0 = E_0 + F_0 = 30$ gelten!

Betrachten wir zunächst die Begründung für die Aussage, daß der Nettoeffekt Null sei. Wir setzen einige nützliche Annahmen:

- Steuern und Transaktionskosten bestehen nicht.
- Unternehmen und Investoren können sich zum Zinssatz i verschulden, solange die Kreditgeber keine Ausfallrisiken übernehmen.
- Illiquiditätsrisiken bestehen nicht.
- Die Investitionsprogramme der Unternehmen sind gegeben.
- Es gebe zwei Unternehmen mit identischem Investitionsrisiko und damit identischen erwarteten entziehbaren Überschüssen vor Bedienung der Fremdkapitalgeber, aber unterschiedlichen Kapitalstrukturen.

Wir bezeichnen den Wert des nur eigenfinanzierten Unternehmens mit V^E, den des mischfinanzierten Unternehmens mit V^F. Die Ansprüche der Kapitalgeber der Unternehmen sind in Form von Aktien und Obligationen verbrieft und werden auf liquiden Märkten gehandelt.

Angenommen, es gälte $V^F > V^E$. Ein am Aktienkapital des auch fremdfinanzierten Unternehmens beteiligter Investor, der eine Quote a hält, könnte nun „umsteigen". Er verkauft seine Anteile zum Preis $a\left(V^F - F\right)$ und verzichtet damit - wir behalten zur Vereinfachung den unendlichen Fall mit $\overline{X}_1 = \overline{X}_2 = \overline{X}_t$ und gegebener Kapitalstruktur bei - auf periodige Überschüsse in Höhe von $a\left(\overline{X} - iF\right)$.

Identische risikoäquivalente Überschüsse kann der Investor erzielen, wenn er folgende Maßnahmen ergreift:

Maßnahmen des Investors	Investition	erwarteter entziehbarer Überschuß
1. Kauf eines Anteils a am Aktienkapital des eigenfinanzierten Unternehmens	$a\,V^E$	$a\overline{X}$
2. private Verschuldung in Höhe von aF	$-a\,F$	$-a\,i\,F$
	$a\left(V^E - F\right)$	$a\left(\overline{X} - iF\right)$

Mit $a\left(\overline{X} - iF\right)$ erzielt der Investor ein identisches (risikogleiches) Einkommen wie in der Ausgangsposition mit dem Unterschied, daß er nun privat die Ertragskraft seines Aktienvermögens $\left(a\,V^E\right)$ beleiht, während im Ausgangszustand das verschuldete Unternehmen sein Ertragspotential im *gleichem* Maße beliehen hatte: Das Unternehmen belastet (im unendlichen Fall) die entnehmbaren Bruttoüberschüsse $\left(\overline{X}\right)$ mit iF; der sich privat zum Satz i verschuldende Investor belastet „seine" entziehbaren Überschüsse $\left(a\,\overline{X}\right)$ mit a i F: Er ersetzt „firm leverage" durch „homemade leverage". Sind Ausgangsposition und Endposition identisch, kann man Verkaufserlös und Einstiegspreis vergleichen. Es gilt: $a\left(V^F - F\right) > a\left(V^E - F\right)$, da annahmegemäß $V^F > V^E$ gilt. Also lohnt das „Umsteigen"; der umsteigende Investor erzielt einen Arbitragegewinn ohne jedes Risiko. Investoren, die die Wertrelation $V^F > V^E$ erkennen, steigen solange um, bis die Chance für Arbitragegewinne nicht mehr besteht, bis also $V^F = V^E$ gilt.

Betrachten wir den Fall, daß $V^E > V^F$ gilt:

Erwartete Überschüsse des Investors: $a\,\overline{X}$

Verkaufserlös bei Ausstieg: $a\,V^E$

Maßnahmen des Investors	Investition	erwarteter entziehbarer Überschuß
1. Kauf eines Anteils a am Aktienkapital des mischfinanzierten Unternehmens	$a\left(V^F - F\right)$	$a\left(\overline{X} - iF\right)$
2. Anlage von Mitteln in Höhe von a F zu i	$a\,F$	$a\,i\,F$
	$a\,V^F$	$a\,\overline{X}$

Die erwarteten Überschüsse im Endzustand, also nach den Maßnahmen des Investors, sind identisch mit denen des Ausgangszustands: Der Investor kauft die Quote a an den Aktien *und* Obligationen des verschuldeten Unternehmens und hebt damit die Splittung des erwarteten Zahlungsstroms $\overline{X}$, die das Management des Unternehmens durch die Wahl der Kapitalstruktur hergestellt hat, wieder auf. Da $\overline{X}$ für beide Unternehmen annahmegemäß identisch ist, muß die Endposition gleich der Anfangsposition sein. Vergleicht man Verkaufserlös und Einstiegspreis folgt $a\,V^E > a\,V^F$: Der Investor erzielt einen risikolosen Arbitragegewinn. Folglich kann ein Wertverhältnis $V^E > V^F$ auf Dauer nicht bestehen bleiben. Es muß vielmehr gelten, daß der Unternehmensgesamtwert *nicht* beeinflußt wird. Der wertmäßige Nettoeffekt der Bewegung von A nach B in Abbildung 12 ist Null.

Dies ist der Kern des berühmten Aufsatzes von Modigliani und Miller aus dem Jahr 1958.[79] Die Aussage lautet, daß der durch Investitionsprogramme generierte Strom an Überschüssen durch die Wahl der Kapitalstruktur in Teilströme zerlegt wird und daß unter den oben genannten Bedingungen bei dieser Zerlegung nichts verloren geht, aber auch nichts gewonnen wird. Die Eigentümer eines Unternehmens könnten diese Zerlegung, wäre sie erwünscht, immer auch selbst vornehmen, indem sie Anteile eines z.B. voll eigenfinanzierten Unternehmens teilweise privat fremdfinanzieren. Hat das Management eines Unternehmens über die Wahl der Kapitalstruktur bereits eine bestimmte Zerlegung der erwarteten Überschüsse aus den Investitionsprogrammen vorgenommen, können die Eigentümer diese Zerlegung ganz oder teilweise rückgängig machen, indem sie Aktien und Obligationen in ihrem privaten Portefeuille mischen. Unter den oben genannten Bedingungen leistet das Management mit der Wahl einer bestimmten Kapitalstruktur nichts, was die Anteilseigner nicht ebenso könnten. Folglich schaffen Kapitalstrukturänderungen unter den gesetzten Bedingungen keinen zusätzlichen Wert. Die kürzeste Formulierung der Botschaft des Modells liefert Miller selbst. Auf die Frage, wie man Radiohörern oder Fernsehzuschauern die Botschaft des Modells prägnant nahebringen könne, sagt Miller (nach einigen weniger erfolgreichen Versuchen), daß die Bewegung in Richtung komplexerer Kapitalstrukturen „more pieces, but not more pizza“ schaffe: Der Unternehmensgesamtwert - die Pizza - bleibt unverändert.[80] Für das Beispiel folgt:

$$V_0 = \overline{X}\frac{1}{k} = E_0 + F_0 . \tag{43}$$

Akzeptiert man dieses Ergebnis, sind Folgerungen für die Kapitalkosten zu ziehen. Betrachten wir zunächst die Kosten des Eigenkapitals (die von den Eigentümern geforderte Rendite). Im unendlichen Fall ist die Rendite der Eigentümer definiert durch $\left(X - iF_0\right)/E_0$. Wegen (43) gilt $X = k\left(E_0 + F_0\right)$. Eingesetzt in die Renditedefinition folgt:

$$k^F = \frac{k\left(E_0 + F_0\right) - iF_0}{E_0} = k + \left(k - i\right)\frac{F_0}{E_0} . \tag{44}$$

Die von den Eigentümern geforderte Rendite im Fall der Mischfinanzierung des Unternehmens (k^F) übersteigt die im Fall der reinen Eigenfinanzierung geforderte Rendite (k) um eine Risikoprämie in Höhe von $\left(k - i\right) F_0/E_0$, wobei F_0 bzw. E_0 *Marktwerte* des Fremd- bzw. Eigenkapitals bezeichnen. Formel (44) ähnelt der Leverage-Formel (42), in der *Beträge* (Buchwerte) für Fremd- und Eigenkapital (FK, EK), nicht Marktwerte, und bilanzielle Rentabilitäten (EKR, GKR), nicht risiko-

---

80 Eine ausführliche Diskussion des Modells findet sich z.B. bei Drukarczyk, J. (1993), S. 125-150.

äquivalente geforderte Renditen (k, k^F) definiert werden. Die Botschaft von (44) ist, daß eine Verschiebung der Kapitalstruktur von A nach B in Abbildung 12 von den Anteilseignern auch privat bewerkstelligt werden könnte, nämlich durch private Verschuldung. In diesem Fall könnten die Eigentümer eine zusätzliche (private) Leverage-Rendite erwarten. Wenn das Management des Unternehmens die Kapitalstruktur nach B verschiebt, verlangen die Anteilseigner folglich genau diese risikoäquivalente Rendite.

Nun ist klar, welcher Fehler in dem oben benutzen Beispiel gemacht wurde: Wir haben zur Berechnung von E_0 den Satz $k = 0{,}10$ benutzt, hätten aber k^F benutzen müssen: $k^F = 0{,}10 + (0{,}10 - 0{,}07)\,10/20 = 0{,}115$. Diskontiert man den erwarteten Überschuß der Eigentümer (2,3) mit k^F erhält man 20. Da $F_0 = 10$ ist, folgt $V_0 = 30$. Der Unternehmensgesamtwert ist unverändert.

Modigliani und Miller betrachten neben den Eigenkapitalkosten k und k^F und den Kosten des Fremdkapitals i eine weitere Kapitalkostenkategorie: die Weighted Average Cost of Capital (WACC). Dieser Kapitalkostensatz ist ein arithmetisches Mittel aus i und k^F, dessen Gewichte die Kapitalanteile, bewertet zu Marktwerten, am Unternehmensgesamtwert sind. In einer Welt ohne Steuern gilt:

$$\text{WACC} = i\,\frac{F}{V} + k^F\,\frac{E}{V}\ .$$

Setzt man für k^F die rechte Seite von (44) ein, folgt

$$\begin{aligned} \text{WACC} &= i\,\frac{F}{V} + \left[k + (k - i)\frac{F}{E}\right]\cdot\frac{E}{V} \\ \text{WACC} &= k. \end{aligned} \tag{45}$$

Der gewogene durchschnittliche Kapitalkostensatz (WACC) ist in einer Welt ohne Steuern unabhängig von der Kapitalstruktur und entspricht der geforderten Rendite der Eigentümer für den Fall der vollständigen Eigenfinanzierung. Es gelingt somit nicht, die durchschnittlichen Kapitalkosten durch geschickte Wahl der Kapitalstruktur zu beeinflussen.

2. Eine Welt mit einer einfachen Gewinnbesteuerung

Wir führen eine Gewinnsteuer (Körperschaftsteuer) ein und bezeichnen den Steuersatz mit s_K. Zinszahlungen des Unternehmens verkürzen die steuerliche Bemessungsgrundlage. Anteilseigner werden nicht besteuert: Dividenden und Kapitalgewinne sind steuerfrei. Jetzt schafft die Verschiebung der Kapitalstruktur von A nach B zusätzlichen Wert. Wir behalten den Fall der unendlichen Rente bei, um dies zu belegen. Verschuldet sich das Unternehmen, erzielt ein Anteilseigner, der eine Quote a am Aktienkapital hält, einen erwarteten Überschuß in Höhe von

$$a\left(\overline{X} - iF\right)\left(1 - s_K\right) \qquad (1)$$

pro Periode.

Beteiligt sich der Anteilseigner an einem identischen, aber vollständig eigenfinanzierten Unternehmen und verschuldet er sich privat, um die gleiche Leveragewirkung zu erzielen, kann er einen periodigen Überschuß in Höhe von

$$a\,\overline{X}\left(1 - s_K\right) - aiF \qquad (2)$$

erwarten. Der erwartete Überschuß gemäß (1) ist größer als der gemäß (2): Die Abzugsfähigkeit der Zinsen von der steuerlichen Bemessungsgrundlage auf Unternehmensebene erhöht den Überschuß um $s_K iF$ pro Periode. Deshalb muß jetzt $V^F > V^E$ gelten; es gibt jetzt „more pizza“. Wie hoch ist die Differenz? Zu bewerten ist der periodige Mehrerfolg des verschuldeten Unternehmens in Höhe von $s_K iF$. Wir behalten die oben gesetzte Annahme des Ausschlusses von Illiquiditätsrisiken bei. Im Beispiel hatten die Eigentümer des Projektes den Fremdfinanzierungsanteil so dimensioniert, daß gemäß den bestehenden Erwartungen die Zinszahlungen in jedem Zustand und jeder Periode geleistet werden kann. Unter dieser Bedingung kann die Zinszahlung als risikolos eingestuft werden. Werden die Zinszahlungen in jeder Periode geleistet, wird auch der Steuervorteil erzielt; er ist somit risikolos. Folglich ist die risikolose Rendite i der adäquate Diskontierungssatz. Es folgt

$$\Delta V = s_K\,iF \cdot \frac{1}{i} = s_K\,F \qquad (46)$$

und

$$V^F = V^E + s_K F. \tag{47}$$

Im Rentenfall übersteigt der Unternehmensgesamtwert eines auch fremdfinanzierten Unternehmens den eines identischen, aber eigenfinanzierten Unternehmens um den Term $s_K F$. Wegen der Höhe von s_K in der Realität und der erheblichen Fremdfinanzierung der Unternehmen, ist Formel (47) von praktischer Relevanz.

Im Nicht-Rentenfall wird (47) zu[81]

$$V^F = V^E + \sum_{t=1}^{T} s_K \, i F_{t-1} (1+i)^{-t}. \tag{48}$$

(48) unterstellt, daß die Zinszahlungen mit Sicherheit geleistet werden und die Kreditbeträge in den Zeitpunkten t bekannt sind.

Wie reagieren die Kosten des Eigenkapitals $\left(k_s^F\right)$? Die geforderte Rendite der Anteilseigner steigt mit zunehmender Verschuldung des Unternehmens:

$$k_s^F = k_s + (k_s - i)(1 - s_K) \frac{F}{E^F}. \tag{49}$$

Formel (49) ist zu erläutern. Bei reiner Eigenfinanzierung gilt $V^E = \overline{X}(1 - s_K) \frac{1}{k_s}$. Werden die Investitionsstrategien des Unternehmens, die vor Steuern den erwarteten Cash-flow in Höhe von $\overline{X}$ generieren, teilweise fremdfinanziert, ist die von Eigentümern erwartete Zahlung durch $(\overline{X} - iF)(1 - s_K)$ definiert. Die Rendite der Eigentümer beträgt folglich im Fall der unendlichen Rente $\left[\overline{X}(1 - s_K) - iF(1 - s_K)\right]\frac{1}{E^F}$. Nun ersetzen wir $\overline{X}(1 - s_K)$ durch $k_s V^E$ bzw. $k_s\left(V^F - s_K F\right) = k_s\left(E^F + F - s_K F\right)$ und erhalten (49):

$$k_s^F = \left[k_s\left(E^F + F(1 - s_K)\right) - iF(1 - s_K)\right]\frac{1}{E^F}$$

$$k_s^F = k_s + (k_s - i)\frac{F(1 - s_K)}{E^F}.$$

---

81 T bezeichnet das Ende der Laufzeit des Kreditvertrages.

Die Höhe der geforderten Prämie hängt somit erstens von der Differenz zwischen k_s und i ab. Zweitens bestimmt der Quotient Marktwert des Fremdkapitals vermindert um den Barwert der Steuervorteile zum Marktwert des Eigenkapitals die Höhe der durch die Kapitalstruktur ausgelösten Prämie.

Die durchschnittlichen Kapitalkosten (WACC) werden i.d.R. gemäß der amerikanischen „text-book formula" definiert:

$$WACC = i\left(1 - s_K\right)\frac{F}{V^F} + k_s^F \frac{E^F}{V^F} . \tag{50}$$

Setzt man (49) in (50) ein, erhält man

$$WACC = i\left(1 - s_K\right)\frac{F}{V^F} + \left[k_s + \left(k_s - i\right)\left(1 - s_K\right)\frac{F}{E^F}\right]\frac{E^F}{V^F}$$

$$= i\left(1 - s_K\right)\frac{F}{V^F} + k_s \frac{E^F}{V^F} + k_s\left(1 - s_K\right)\frac{F}{V^F} - i\left(1 - s_K\right)\frac{F}{V^F}$$

$$= k_s\left(\frac{E^F}{V^F} + \frac{F}{V^F}\right) - k_s s_K \frac{F}{V^F}$$

$$= k_s\left[1 - s_K \frac{F}{V^F}\right]. \tag{51}$$

Dies ist die zweite, in amerikanischen Textbüchern anzutreffende Formel für WACC. Man erkennt an ihr besonders deutlich, daß die durchschnittlichen Kapitalkosten mit steigendem Verschuldungsgrad des Unternehmens - Illiquiditätsrisiken sind nach wie vor ausgeschlossen - fallen. Im Gegensatz zum Ausgangsmodell ohne Steuern ist WACC jetzt beeinflußbar. Die Wahl der Kapitalstruktur ist nicht mehr bedeutungslos für das Niveau der durchschnittlichen Kapitalkosten.

Eine dritte Version der Definition von WACC folgt aus (51):

$$WACC = \frac{k_s V^F - k_s s_K F}{V^F} .$$

Da $V^F - s_K F = V^E$ und $k_s V^E = \overline{X}\left(1 - s_K\right)$ ist, folgt

$$\text{WACC} = \frac{\overline{X}(1 - s_K)}{V^F}. \tag{51'}$$

Diese Formulierung verdeutlicht, welche Erfolgsgröße mit WACC zu diskontieren ist, um V_F zu berechnen: Es ist der entziehbare Überschuß bei unterstellter *reiner Eigenfinanzierung* des Unternehmens. Benutzt man WACC als Diskontierungssatz, sind die Zahlungswirkungen der Positionen der Kapitalstruktur, die nicht Eigenkapital darstellen, bei der Definition der entziehbaren Überschüsse zu eliminieren. Diskontiert werden *eigenfinanzierte* entziehbare Überschüsse. Die mit einer anteiligen Fremdfinanzierung verbundenen *steuerlichen* Vorteile schlagen sich im WACC nieder, wie die Definition (51) zeigt. Sie dürfen deshalb in der Definition der entziehbaren Überschüsse nicht nochmals berücksichtigt werden.

3. Eine Welt mit Doppelbesteuerung

Nehmen wir an, erwartete Überschüsse würden auf Unternehmensebene unabhängig von der Verwendung der Überschüsse mit Körperschaftsteuer (s_K) und Ausschüttungen auf Anteilseigner mit Einkommensteuer (s_I) belegt. Es liegt dann eine Doppelbesteuerung vor. Wir wollen ein solches System nicht vertieft betrachten, weil es für deutsche Verhältnisse nicht von großer Bedeutung ist. Es soll aber gezeigt werden, daß der Marktwertvorsprung mischfinanzierter Unternehmen nicht verschwindet, wenn zusätzlich Ausschüttungen auf Anteilseignerebene besteuert werden. Das erkennt man schnell, wenn man die Modigliani-Miller-Technik benutzt. Zur Vereinfachung unterstellen wir den Fall der unendlichen Rente. Ein Anteilseigner, der eine Quote a am Aktienkapital eines verschuldeten Unternehmens besitzt, erwartet pro Periode

$$a(\overline{X} - iF)(1 - s_K)(1 - s_I). \tag{1}$$

Ein Anteilseigner, der eine Quote a an einem identischen, aber nur eigenfinanzierten Unternehmen besitzt und seinen Anteilsbesitz z.T. fremdfinanziert, erwartet pro Periode

$$a\left[\overline{X}(1 - s_K) - iF\right](1 - s_I). \tag{2}$$

Diese Schreibweise unterstellt, daß die privaten Zinszahlungen in Höhe von aiF von der privaten steuerlichen Bemessungsgrundlage des Anteilseigners abzugsfähig sind. Diese Unterstellung ist realistisch: Zinsen für Kredite, die nachweislich zur Finanzierung von auf Gewinnerzielung abstellenden Portefeuilles dienen, sind steuerlich absetzbar. Die erwarteten Überschüsse gemäß (1) übersteigen die aus (2) um den Term $a\,i(1-s_I)\,s_K\,F$. Unverändert lohnt Unternehmensverschuldung; es muß folglich gelten $V^F > V^E$. Wie hoch ist die Wertdifferenz im Rentenfall?

Für alle Anteilseigner zusammen gilt $a = 1$. Die Annahmen, daß Zinszahlungen in jedem Zustand geleistet werden, die steuerlichen Bemessungsgrundlagen hinreichend hoch sind und der Fremdfinanzierungsumfang F bekannt (und konstant) ist, werden unverändert beibehalten. Folglich ist der Term $i(1-s_I)\,s_K\,F$, der den Steuervorteil gegenüber der Beteiligung an einem eigenfinanzierten Unternehmen beschreibt, sicher. Diskontierungssatz ist folglich ein risikoloser Zinssatz (i). Nun ist zu beachten, daß Anteilseigner mit Einkommensteuer belastet werden. Die risikolose Rendite nach Steuern ist folglich $i(1-s_I)$. Der Wertvorsprung eines verschuldeten Unternehmens im Rentenfall im hier betrachteten Steuersystem ergibt sich somit gemäß

$$\Delta V = \frac{i(1-s_I)\,s_K\,F}{i(1-s_I)} = s_K\,F \tag{52}$$

und ist absolut ebenso groß wie in einem System mit einfacher Gewinnbesteuerung.

Betrachten wir die geforderte Rendite der Eigentümer (k_s^F) und die durchschnittlichen Kapitalkosten (WACC).

Die geforderte Rendite der Eigentümer ist definiert durch

$$k_s^F = \frac{\overline{CF}^F}{E^F}$$

wobei $\overline{CF}^F$ die erwarteten Überschüsse der Eigentümer (im Rentenfall) bezeichnet:

$$\overline{CF}^F = \overline{X}(1-s_K)(1-s_I) - iF(1-s_K)(1-s_I).$$

$\overline{X}(1-s_K)(1-s_I)$ kann ersetzt werden durch $k_s V^E = k_s(V^F - s_K F) = k_s(E^F + F - s_K F)$. Die von den Anteilseignern eines verschuldeten Unternehmens geforderte Rendite ist somit definiert durch

$$k_s^F = k_s \frac{E^F}{E^F} + k_s \frac{F}{E^F} - k_s s_K \frac{F}{E^F} - i(1-s_K)(1-s_I)\frac{F}{E^F}$$

$$k_s^F = k_s + \left[k_s(1-s_K) - i(1-s_K)(1-s_I)\right]\frac{F}{E^F} \tag{53}$$

Die durchschnittlichen Kapitalkosten (WACC) sind definiert durch

$$\text{WACC} = k_s\left[1 - s_K \frac{F}{V^F}\right].^{82} \tag{54}$$

4. Ein einfaches Beispiel

Wir unterstellen den Fall der unendlichen Rente und betrachten im ersten Schritt eine Welt mit einer einfachen Gewinnsteuer. Es gelte:

$$\overline{X} = 21.818{,}18; \quad s_K = 0{,}45; \quad k_s = 0{,}12.$$

Bei ausschließlicher Eigenfinanzierung folgt

$$V^E = 21.818{,}18\,(1-0{,}45)\frac{1}{0{,}12} = 100.000.$$

Beträgt der dem Marktwert entsprechende Nominalwert des Fremdkapitals 90.000, folgt

$$V^F = 100.000 + 0{,}45 \cdot 90.000 = 140.500.$$

Der Marktwert des Eigenkapitals bei unveränderter Investitionsstrategie ergibt sich aus $V^F - F = E^F$ und beträgt 50.500.

---

82 Setzt man in die Definition $\text{WACC} = i(1-s_K)(1-s_I)\,F/V^F + k_s^F\, E^F/V^F$ die Definition (53) ein, folgt (54). Unter der Prämisse, daß die geforderten Renditen k_s in einer Welt mit einfacher Gewinnbesteuerung bzw. Doppelbesteuerung sich nicht unterscheiden, ist (51) identisch mit (54).

Anstatt den Unternehmensgesamtwert $\left(V^F\right)$ über die Addition des Unternehmenswertes bei vollständiger Eigenfinanzierung $\left(V^E\right)$ und den Barwert der durch die Fremdfinanzierung bedingten Steuervorteile $\left(s_K F\right)$ zu ermitteln, eine Vorgehensweise, die im folgenden als APV-Methode[83] bezeichnet wird, kann der Unternehmensgesamtwert auch über die Berechnung des Wertes des Eigenkapitals mittels des Satzes k_s^F und die Addition des Wertes des Fremdkapitals berechnet werden.

Für $i = 0{,}10$ folgt $\left(\overline{X} - iF\right)\left(1 - s_K\right) = 7.050$. Diese Zahlung ist mit k_s^F gemäß (49) zu diskontieren:

$$k_s^F = 0{,}12 + \left(0{,}12 - 0{,}10\right)\left(1 - 0{,}45\right)\frac{90}{50{,}5} = 0{,}1396$$ [84]

$$E^F = 7.050\,\frac{1}{0{,}1396} \cong 50.500.$$

Nach Addition von F erhält man $V^F = 140.500$.

Arbeitet man mit WACC gemäß (51) bzw. (50) folgt:

$$\overline{X}\left(1 - s_K\right) = 12.000$$

$$\text{WACC} = 0{,}12\left(1 - 0{,}45\,\frac{90}{140{,}5}\right) = 0{,}08541$$

bzw.

$$\text{WACC} = 0{,}10\left(1 - 0{,}45\right)\frac{90}{140{,}5} + 0{,}1396\,\frac{50{,}5}{140{,}5} = 0{,}08541$$ [85]

$$V^F = \frac{12.000}{0{,}08541} = 140.500.$$

---

83 Methode des Adjusted Present Value, also des (an die Kapitalstruktur) angepaßten Barwertes.

84 Dem Leser entgeht nicht, daß man zur Herleitung von k_s^F Informationen über E^F bzw. F benötigt. Darauf ist zurückzukommen.

85 Dem Leser entgeht nicht, daß man zur Herleitung von WACC Informationen über V^F bzw. F benötigt. Darauf ist zurückzukommen.

Betrachten wir ein System mit Doppelbesteuerung. Die oben angenommenen Daten werden ergänzt um $s_I = 0{,}30$.

$$V^E = 21.818{,}18\,(1-0{,}45)(1-0{,}30)\frac{1}{0{,}12\,(1-0{,}30)}$$

$$= 100.000.$$

Unter Beachtung von (52) folgt:

$$V^F = 100.000 + 0{,}45 \cdot 90\,.000$$

$$= 140.500.$$

Für E^F folgt 50.500.

Berechnen wir E^F mittels k_s^F gemäß (53), folgt:

$$\left(\overline{X} - iF\right)\left(1 - s_K\right)\left(1 - s_I\right) = 4.935\,.$$

$$k_s^F = 0{,}12\,(1-0{,}30) + \big[0{,}12\,(1-0{,}30)(1-0{,}45)$$

$$- i\,(1-0{,}45)(1-0{,}30)\big]\frac{90}{50{,}5}$$

$$= 0{,}09772$$

$$E^F = \frac{4.935}{0{,}09772} = 50.500.$$

Benutzen wir WACC zur Herleitung von V^F folgt:

$$\overline{X}\left(1 - s_K\right)\left(1 - s_I\right) = 8.400$$

$$WACC = 0{,}12\,(1-0{,}3)\left[1 - 0{,}45\frac{90}{140{,}5}\right]$$ [86]

$$=0{,}05979$$

86 Daß k_s auf so einfache Weise an die private Einkommensteuerbelastung angepaßt werden kann, wird hier zur Vereinfachung unterstellt.

$$V^F = \frac{8.400}{0,05979} = 140.500.$$

Der Übergang auf ein System mit Doppelbesteuerung hat im Beispiel im Fall der unendlichen Rente keine Auswirkungen auf V^E, V^F und E^F. Der Grund ist, daß das zusätzliche Besteuerungselement, die Einkommensteuer, so angelegt wurde, daß sie (nicht aber die Körperschaftsteuer) finanzierungsneutral wirkt.

5. Unternehmensgesamtwert, Kapitalkosten und deutsches Steuersystem

Die Grundzüge des deutschen Steuersystems wurden in Kapitel 3 erläutert. Auf diese Überlegungen wird jetzt zurückgegriffen. Einige Annahmen sind erforderlich:

Unverändert gilt die Annahme, daß die durch die Unternehmen realisierten Verschuldungsgrade keine Illiquiditätsrisiken entstehen lassen. Die Unternehmen schütten den erwarteten finanziellen Überschuß nach Unternehmenssteuern voll aus. Die Anteilseigner erhalten die Ausschüttung und eine Körperschaftsteuergutschrift, die mit dem (konstanten) Einkommensteuersatz der Ausschüttungsempfänger besteuert werden. Bilanziell konzipierte Ausschüttungssperren bleiben vorläufig unbeachtet.[87] Zu hohe Auschüttungen, d.h. solche, die die Finanzierbarkeit werterhöhender Investitionen in Frage stellen, werden ggf. durch Kapitalerhöhungen wieder wettgemacht. Private Verschuldung gilt als Substitut für Unternehmensverschuldung. Substanzsteuern werden zunächst berücksichtigt.

Wir wenden die Modigliani-Miller-Technik an:

Ein Anleger 1, der eine Quote a am Aktienkapital einer nicht verschuldeten Gesellschaft hält, erwartet unter den gesetzten Annahmen pro Periode Überschüsse in Höhe von

87 Vgl. hierzu Abschnitt IV.

$$a\left[\overline{X}-\frac{1}{1-s_K^T}\,s_V\,0{,}75\,RBV-s_{GE}\left(\overline{X}-s_{GK}\,RBV\right)-s_{GK}\,RBV\right]$$
$$\left(1-s_I\right). \tag{55}$$

Anleger 2, der an einer auch fremdfinanzierten Gesellschaft beteiligt ist, erwartet

$$a\Big[\overline{X}-\frac{1}{1-s_K^T}\,s_V\,0{,}75\left(RBV-F\right)-s_{GE}\Big(\overline{X}-0{,}5\,iF$$
$$-s_{GK}\left(RBV-0{,}5F\right)\Big)-s_{GK}\left(RBV-0{,}5F\right)-iF\Big]\left(1-s_I\right). \tag{56}$$

Verschuldet sich Anleger 1 privat, erwartet er periodige Überschüsse in Höhe von

$$a\left[\overline{X}-\frac{1}{1-s_K^T}\,s_V\,0{,}75\,RBV-s_{GE}\left(\overline{X}-s_{GK}\,RBV\right)-s_{GK}\,RBV-iF\right]$$
$$\left(1-s_I\right). \tag{57}$$

Der letzte Term in der Klammer stellt die *privaten* Zinszahlungen des Anlegers dar, die seine private steuerliche Bemessungsgrundlage kürzen.

Man erkennt, daß Anleger 1 weniger zu erwarten hat als Anleger 2. Für alle Anteilseigner gilt $a = 1$. Die Differenz zwischen (56) und (57) beträgt:

$$F\left[\frac{1}{1-s_K^T}\,0{,}75s_V+0{,}5s_{GK}-0{,}5\,s_{GK}\,s_{GE}+0{,}5\,i\,s_{GE}\right]\left(1-s_I\right). \tag{58}$$

Der Barwert ist unter der Prämisse, daß das Management den zu verzinsenden Fremdkapitalbetrag festlegt und das verschuldete Unternehmen die relativen Steuervorteile in jeder Periode wahrnehmen kann, Zinsen und die Substanzsteuern also gezahlt werden, mit dem Satz $i\left(1-s_I\right)$ zu ermitteln. Diese Rechnung unterstellt private Anleger, die - wegen der hohen Freibeträge - nicht vermögensteuerpflichtig und wegen des fehlenden Gewerbebetriebes nicht gewerbesteuerpflichtig sind; ihr Einkommen unterliegt allein der Einkommensteuer. Der Marktwertbeitrag für eine angenommene unendliche Lebensdauer der Gesellschaft, konstantes Fremdkapitalvolumen (F) und unveränderte steuerliche Regelungen beträgt:

$$\Delta V = F\left[\frac{1}{1-s_K^T}\,0{,}75\,s_V + 0{,}5\,s_{GK} - 0{,}5\,s_{GK}\,s_{GE} + 0{,}5\,i\,s_{GE}\right]$$

$$\left(1-s_I\right)\frac{1}{i\left(1-s_I\right)}.$$

$$\Delta V = F\left[\frac{1}{i}\left(\frac{1}{1-s_K^T}\,0{,}75 s_V + 0{,}5 s_{GK} - 0{,}5 s_{GE}\,s_{GK}\right) + 0{,}5 s_{GE}\right]. \quad (59)$$

Die folgenden Tabellen verdeutlichen, welche Größenordnung die Marktwertvorsprünge verschuldeter Unternehmen annehmen können. Sie zeigen auch, wo - bei unterstellter Vollausschüttung - die Quelle der Marktwertvorsprünge zu suchen ist: Es ist gerade nicht die Einkommensteuer, sondern es sind die Vermögen-, Gewerbeertrag- und Gewerbekapitalsteuer sowie wegen des Schatteneffekts der Vermögensteuer die Körperschaftsteuer, die die Wertvorsprünge entstehen lassen.

(1)	(2)	(3)	(4)	(5)	(6)	(7)	(8)
i	$\frac{1}{1-s_K^T}0{,}75 s_V$	$+0{,}5 s_{GK}$	$-0{,}5 s_{GK}\,s_{GE}$	$+0{,}5 i\,s_{GE}$	(2) + (3) + (4) + (5)	$(6)\frac{1}{i}$	Wertzuwachs in % von F
0,05	0,009	0,004	–0,00067	0,00417	0,01650	0,33000	33,00
0,06	0,009	0,004	–0,00067	0,005	0,01733	0,28883	28,88
0,07	0,009	0,004	–0,00067	0,00583	0,01816	0,25943	25,94
0,08	0,009	0,004	–0,00067	0,00667	0,01900	0,23750	23,75
0,09	0,009	0,004	–0,00067	0,00750	0,01983	0,22033	22,03
0,10	0,009	0,004	–0,00067	0,00834	0,02067	0,20670	20,67

Tabelle 14: Marktwertvorsprünge verschuldeter Unternehmen für $s_K^T = 0{,}50$

Annahmen:	Hebesatz	$H = 400$
	Vermögensteuersatz	$s_V = 0{,}006$
	Gewerbekapitalsteuersatz	$s_{GK} = 0{,}008$
	Gewerbeertragsteuersatz	$s_{GE} = 0{,}1667$

(1)	(2)	(3)	(4)	(5)	(6)	(7)	(8)
i	$\frac{1}{1-s_K^T} 0{,}75 s_V$	$+0{,}5 s_{GK}$	$-0{,}5 s_{GK}\, s_{GE}$	$+0{,}5\, i\, s_{GE}$	(2) + (3) + (4) + (5)	$(6)\frac{1}{i}$	Wertzuwachs in % von F
0,05	0,00818	0,004	–0,00067	0,00417	0,01568	0,3136	31,36
0,06	0,00818	0,004	–0,00067	0,00500	0,01651	0,2752	27,52
0,07	0,00818	0,004	–0,00067	0,00583	0,01734	0,2477	24,77
0,08	0,00818	0,004	–0,00067	0,00667	0,01818	0,2273	22,73
0,09	0,00818	0,004	–0,00067	0,00750	0,01901	0,2112	21,12
0,10	0,00818	0,004	–0,00067	0,00834	0,01985	0,1985	19,85

Tabelle 15: Marktwertvorsprünge verschuldeter Unternehmen für $s_K^T = 0{,}45$

Wir erzielen also das Ergebnis, daß der Unternehmensgesamtwert verschuldeter Unternehmen den Wert nur eigenfinanzierter Unternehmen übersteigt. Es gilt im Fall der unendlichen Rente unter den oben gesetzten Annahmen

$$V^F = V^E + \alpha F \frac{1}{i} \qquad (60)$$

$$\text{mit } \alpha = \left[0{,}75 s_V \frac{1}{1 - s_K^T} + 0{,}5 s_{GK} - 0{,}5 s_{GK}\, s_{GE} + 0{,}5\, i\, s_{GE} \right].$$

Wenn der Unternehmensgesamtwert mit zunehmendem Verschuldungsgrad steigt, muß der durchschnittliche Kapitalkostensatz (WACC) fallen.

$$V^F = V^E + s F \qquad (60')$$

$$\text{mit} \quad s = s_1 + s_2 \frac{1}{i}$$

$$s_1 = 0{,}5\, s_{GE}$$

$$s_2 = 0{,}75 s_V \frac{1}{1 - s_K^T} + 0{,}5 s_{GK} - 0{,}5 s_{GK}\, s_{GE}$$

$$V^F - s F = \overline{CF}^E \frac{1}{k_s}$$

$\overline{CF}^E$ bezeichnet den erwarteten Überschuß der Anteilseigner eines nur eigenfinanzierten Unternehmens. Es folgt der durchschnittliche Kapitalkostensatz (WACC) im deutschen Steuersystem:

$$\frac{\overline{CF}^E}{V^F} = k_s \left[1 - s \frac{F}{V^F}\right] = \text{WACC bzw. WACC} = k_s \left[1 - \frac{\alpha}{i} \frac{F}{V^F}\right]. \quad (61)$$

(61) gleicht formal den Definitionen (51) und (54); die Begründung für die mit F/V^F abnehmenden durchschnittlichen Kapitalkosten im deutschen Steuersystem ist jedoch eine ganz andere.

Betrachten wir ein Beispiel. Wir unterstellen den Rentenfall. Es gelte:

$\overline{X}$	$= 19.966{,}31$	s_K^T	$= 0{,}50$
RBV	$= 80.000$	s_I	$= 0{,}35$
s_V	$= 0{,}006$	k_s	$= 0{,}10$
s_{GK}	$= 0{,}008$	F	$= 20.000$
s_{GE}	$= 0{,}1667$	i	$= 0{,}05$

Die erwarteten Überschüsse der Anteilseigner eines nur eigenfinanzierten Unternehmens betragen:

$$\overline{CF}^E = \left[\overline{X} - 0{,}75 s_V\, \text{RBV} \frac{1}{1 - s_K^T} - s_{GK}\, \text{RBV} - s_{GE} \left(\overline{X} - s_{GK}\, \text{RBV}\right)\right](1 - s_I)$$

$$= [19.966{,}31 \quad - 720 \quad - 640 \quad - 3.221{,}70 \quad](1 - 0{,}35)$$

$$= 10.000\,.$$

Der Wert des nur eigenfinanzierten Unternehmens ist:

$$V^E = \overline{CF}^E \cdot \frac{1}{k_S}$$

$$= 100.000\,.$$

Gemäß (60) gilt für V^F:

$$V^F = V^E + F\frac{\alpha}{i}$$

$$\alpha = \left[0{,}75 s_V \frac{1}{1-s_K^T} + 0{,}5 s_{GK} + 0{,}5 i\, s_{GE} - 0{,}5 s_{GE}\, s_{GK}\right]$$

$$\alpha = \left[0{,}009 + 0{,}004 + 0{,}00417 - 0{,}00067\right]$$

$$\alpha = 0{,}0165$$

$$V^F = 100.000 + 20.000 \cdot \frac{0{,}0165}{0{,}05}$$

$$= 106.600\,.$$

Setzen wir die Daten für WACC in (61) ein:

$$WACC = k_s\left[1 - s\frac{F}{V^F}\right] \quad \text{bzw.} \quad k_s\left[1 - \frac{\alpha}{i}\frac{F}{V^F}\right]$$

mit $s = s_1 + s_2\,\frac{1}{i}$

$s_1 = 0{,}08335$

$s_2 = 0{,}01233$

$\alpha = 0{,}0165$

$$WACC = 0{,}10\left[1 - 0{,}33\frac{20.000}{106.600}\right]$$

$$= 0{,}0938086$$

$$V^F = \frac{10.000}{0{,}0938086} = 106.600.$$

Mit dem Wegfall der Substanzsteuern verkürzen sich die durch Fremdfinanzierung ausgelösten steuerlichen Vorteile. Von den in den Tabellen 14 und 15 aufgelisteten Beiträgen bleibt im Fall von steuerlichen Dauerschulden nur der Term $0{,}5 i s_{GE}$ erhalten. Der finanzierungsbedingte Marktwertbeitrag beträgt im Rentenfall

$$\Delta V = F\left[0{,}5 i s_{GE}\right]\left(1 - s_I\right)\frac{1}{i\left(1 - s_I\right)} \qquad (62)$$

$$\Delta V = F\ 0{,}5 s_{GE}.$$

Für WACC folgt:

$$WACC = k_s\left[1 - \frac{\alpha}{i}\frac{F}{V^F}\right]$$

$$\text{mit} \quad \alpha = 0{,}5 i\, s_{GE}.$$

Unterstellt, die geforderte Rendite bei reiner Eigenfinanzierung sei unverändert 0,10, folgt für die Daten des Beispiels:

$$V^E = \frac{10.814{,}65}{0{,}10} \cong 108.147$$

$$\Delta V = \frac{20.000 \cdot 0{,}05 \cdot 0{,}5 \cdot 0{,}1667\left(1 - 0{,}35\right)}{0{,}05\left(1 - 0{,}35\right)} = 1.667$$

$$V^F = 109.814$$

$$WACC = 0{,}10\left[1 - \frac{0{,}00417}{0{,}05} \cdot \frac{20.000}{109.814}\right] = 0{,}09848.$$

6. Zwischenergebnisse

Abschnitt V. verdeutlicht zum einen die eigenständige Bedeutung der Kapitalstruktur für den Unternehmensgesamtwert und deutet zum anderen an, daß verschiedene Methoden zur Ermittlung von Unternehmensgesamtwerten verfügbar sind.

Unter bestimmten, idealen Bedingungen ist die Kapitalstruktur ohne jeden Einfluß auf den Unternehmensgesamtwert. Auch wenn diese Bedingungen nicht realistisch sind, ist es wichtig zu verstehen, wie das Ergebnis begründet wird: Nur Maßnahmen auf Unternehmensebene, die auf Eigentümerebene nicht dupliziert werden können, schaffen Wert. Das gilt auch für Finanzentscheidungen. Ganz folgerichtig werden steuerliche Regelungen als eine Quelle von relativen Vorteilen aufgedeckt. Daß diese Vorteile in Abhängigkeit von den Details des realisierten Steuersystems erhebliche Bedeutung erreichen können, wurde gezeigt.

Verschiedene Ansätze zur Herleitung von Unternehmensgesamtwerten bzw. Werten des Eigenkapitals wurden skizziert. Wird der Unternehmensgesamtwert durch Diskontierung zweckkonform definierter Überschüsse mit WACC hergeleitet, wird die sog. Entity-Methode benutzt. Wird der Wert des Eigenkapitals via Diskontierung der von Eigentümern erwarteten Überschüsse mit k_s^F ermittelt, wird dies als Equity-Methode bezeichnet. Es ist diese Methode, die unter der Bezeichnung Ertragswert-Methode in der deutschen Diskussion eine bislang dominante Rolle spielt.[88] Die additive Herleitung von V^F über den Wert des nur eigenfinanzierten Unternehmens V^E und die getrennte Ermittlung des Wertes der auf die Kapitalstruktur zurückzuführenden steuerlichen Vorteile wird als APV-Methode (Methode des adjusted present value) bezeichnet. Diese Methode hat besondere Vorzüge: Sie umgeht zunächst das Problem der Zirkularität, das darin besteht, daß der Quotient F/V^F bekannt sein muß, um WACC zu berechnen, wo WACC doch gerade zur Ermittlung von V^F eingesetzt werden soll.[89] Sie erlaubt zweitens schnelle und einfach zu berechnende Anpassungen an geplante Änderungen der Kapitalstruktur im Zeitablauf. Sie ist insoweit restriktionsärmer als die in der Praxis übliche Handhabung des WACC-Ansatzes, die mit einem einzigen Diskontierungssatz (WACC) zu brauchbaren Lösungen auch dann zu gelangen sucht, wenn die Kapitalstruktur des Bewertungsprojektes erkennbaren Veränderungen unterliegt.

---

88 Vgl. hierzu unten Abschnitt VII.

89 Das Problem der Zirkularität kann gelöst werden a) durch Iteration und b) durch Vorgabe einer an V^F orientierten Zielkapitalstruktur des Unternehmens, der die Manager (Eigentümer) auch folgen. Darauf ist zurückzukommen.

VI. Discounted Cash-flow-Methoden und marktmäßige Quantifizierung risikoäquivalenter Kapitalkostensätze

1. Überblick

Es ist zweckmäßig unter der Überschrift DCF-Methoden mindestens drei verschiedene Ansätze zu unterscheiden. Diese Ansätze werden mit den Bezeichnungen Entity-, Equity- und APV-Methode belegt. Die folgende Tabelle gibt einen ersten Überblick über ihre Arbeitsweise und damit die Unterschiede zwischen den Methoden. Diese Unterschiede bedeuten nicht zwangsläufig, daß diese Methoden, angewandt auf das gleiche Bewertungsproblem, zu unterschiedlichen Ergebnissen führen. Wir werden sehen, daß diese Methoden bei konsistenter Handhabung zu übereinstimmenden Ergebnissen führen. Allerdings wird sich zeigen, daß eine konsistente Handhabung der Methoden z.T. erhebliche Anstrengungen des Bewerters voraussetzt. Es gibt m.a.W. Bewertungssituationen, in denen man mit großem Nutzen mit der Entity-Methode arbeiten kann. In zahlreichen Bewertungssituationen ist das Arbeiten mit der APV-Methode jedoch deutlich attraktiver und der Versuch, mittels der Entity-Methode zu einem identischen Ergebnis zu gelangen, macht die Vorzüge der APV-Methode augenfällig, weil die Herleitung eines identischen Ergebnisses mittels der Entity-Methode entweder aufwendig wird oder - bei Inkaufnahme von Vereinfachungen - zu deutlich weniger genauen Ergebnissen führt.

Dieser Abschnitt ist wie folgt aufgebaut. Zuerst wird die Entity-Methode präsentiert. Ihre Anwendbarkeit wird an einem bewußt einfach gehaltenen Beispiel erläutert. Dann werden die Herleitungen durchschnittlicher Kapitalkostensätze (WACC) unter verschiedenen institutionellen Rahmenbedingungen erörtert. Die Bedingungen, unter denen die Entity-Methode zu exakten Ergebnissen führt, werden erläutert. Dann wird die APV-Methode präsentiert. Die komponentenweise Ermittlung des Unternehmenswertes mittels dieser Methode hat deutliche Vorteile: Wo Problemkomplexität herrscht, kann die Zerlegung des Gesamtproblems in kleinere „Pakete" und deren getrennte Lösung von Vorteil sein. Das Lösungspotential der APV-Methode gewinnt umso mehr an Bedeutung, je weniger die engen Anwendungsbedingungen der Entity-Methode, also des WACC-Ansatzes, in der Realität gegeben sind. Schließlich wird die Equity-Methode dargestellt. Sie ist wie die Entity-Methode aus dem APV-Ansatz abgeleitet. Empirisch kommt ihr im angelsächsischen Bereich vermutlich die geringste Bedeutung zu. Allerdings wird sie für die Bewertung von Kreditinstituten empfohlen.[90] In Deutschland dominiert (noch) die Ertragswert-Methode. Sie steht der Equity-Methode nahe: Die Definitionen der zu diskontierenden Überschüsse sind unter der Prämisse theoretischer Exaktheit identisch. Unterschiede bestehen dann insbesondere in Begründung und Herleitung der Diskontierungssätze.

---

90 So explizit Copeland, T./Koller, T./Murrin, J. (1994), S. 476-480.

DCF-Methoden

Entity-Methode	APV-Methode	Equity-Methode
1. Schritt: Ermittlung des Unternehmensgesamtwertes V • Ermittlung des entziehbaren Cash-flows des Unternehmens bei fingierter Eigenfinanzierung • Diskontierung mit i.d.R. konstanten durchschnittlichen gewogenen Kapitalkosten (WACC) 2. Schritt: Ermittlung des Wertes des Eigenkapitals (E), indem V um den Wert des Fremdkapitals reduziert wird	Komponentenweise Ermittlung des Unternehmensgesamtwertes V 1. Schritt: • Ermittlung des entziehbaren Cash-flows des Unternehmens bei fingierter Eigenfinanzierung • Diskontierung mit den Kosten des Eigenkapitals bei vollständiger Eigenfinanzierung; Ergebnis: V^E 2. Schritt: Ermittlung der Vor- bzw. Nachteile aus der realisierten Kapitalstruktur bzw. aus Innenfinanzierungseffekten Ergebnis aus 1. + 2. ergibt den Unternehmensgesamtwert V 3. Schritt: Ermittlung des Wertes des Eigenkapitals (E), indem V um den Wert des Fremdkapitals und eventueller Pensionszusagen reduziert wird	1. Schritt: Ermittlung des Wertes des Eigenkapitals • Ermittlung des entziehbaren *den Eigentümern zustehenden* Cash-flows unter Beachtung der vom Unternehmen realisierten Kapitalstruktur (Fremdkapital, Pensionsrückstellungen etc.) • Diskontierung mit den Kosten des Eigenkapitals unter Beachtung der gegebenen Kapitalstruktur

Tabelle 16: Überblick über DCF-Methoden

Die Benutzer von DCF-Methoden arbeiten generell mit risikoäquivalenten Diskontierungssätzen und damit dem Ansatz, der zur Begründung von marktmäßig objektivierten Risikoprämien derzeit vorrangig herangezogen wird.

2. Entity-Methode und durchschnittliche gewogene Kapitalkosten (WACC)

Das Konzept der durchschnittlichen gewogenen Kapitalkosten (Weighted Average Cost of Capital (WACC)) wurde in Abschnitt V. dieses Kapitels eingeführt und begründet. Man kann sich den Kern der Botschaft aus mehreren Teilen zusammengesetzt vorstellen:

- Unter bestimmten Bedingungen schafft die Finanzierung des zu bewertenden Unternehmens für die Eigentümer keinen Mehr- und keinen Minderwert. Die zentralen Bedingungen sind die Gleichheit von Kreditkosten auf Unternehmens- und Anteilseignerebene, Transaktionskostenfreiheit, ein finanzierungsneutrales Steuersystem oder eine Welt ohne Steuern und der Ausschluß von Illiquiditätsrisiken oder - wesentlich unrealistischer - der Ausschluß von Kosten der Insolvenz.[91] Unter diesen auf den ersten Blick „unrealistischen" Annahmen ist die bezüglich der Transaktionskosten von ganz untergeordneter Bedeutung,[92] die Annahme gleicher Kreditkosten von eher marginaler Bedeutung. Von Bedeutung ist der Ausschluß von Illiquiditäts-risiken. Von großer Bedeutung sind schließlich die empirischen, nicht finanzierungsneutralen Steuersysteme.
- Deren Beachtung führt zu dem Ergebnis, daß die von Unternehmen gewählten Kapitalstrukturen von Einfluß auf den Wert des Unternehmens und damit den Wert der Eigentumsrechte sein können. Dies wurde in Abschnitt V. ausführlich begründet.
- Der durch die Kapitalstruktur ausgelöste Wertbeitrag läßt sich in einen niedrigeren durchschnittlichen Kapitalkostensatz (WACC) umrechnen.[93] Unter noch zu präzisierenden Bedingungen kann der Wert des Unternehmens ermittelt werden, indem die Überschüsse, die dem Unternehmen bei Durchführung der geplanten Investitionsprogramme bei *ausschließlicher Eigenfinanzierung* entzogen werden könnten, mit dem durchschnittlichen Kapitalkostensatz (WACC) diskontiert werden, der der realisierten Kapitalstruktur des Unternehmens entspricht.

---

91 Vgl. zu diesem Aspekt z.B. Drukarczyk, J. (1995); Terhart, P. (1995).

92 Vgl. hierzu Drukarczyk, J. (1993), Kapitel 7.

93 Vgl. die Anhänge 1, 2 und 3 zu diesem Kapitel.

a. Ein Beispiel und eine vorläufige Lösung

Die KF-AG, deren Aktien gehandelt werden, hat keine nennenswerten Verbindlichkeiten. Die von Eigentümern geforderte Rendite, die Eigenkapitalkosten (k_s), betragen 0,16. Zehn Millionen Aktien zum Nennwert von 50 DM sind ausgegeben. Der Börsenkurs dümpelt bei 65 DM/Aktie. Ein Übernahmeangebot der Mesa Petroleum AG, veröffentlicht gegen Ende des Jahres 1988, zwingt das Management, über Abwehrstrategien nachzudenken. Hierbei überdenkt das Management auch die bisherige Finanzierungsstrategie.

Die vom Management erwarteten Überschüsse (free cash flows) vor Veränderung der Kapitalstruktur für die Jahre 1989, 1990 und 1991 sind in Tabelle A angegeben. Für die Jahre 1992 und folgende kann mit einem erwarteten entnehmbaren Überschuß von 127 Millionen DM pro Jahr gerechnet werden.

Angaben in Mio. DM	1989	1990	1991 ff.
Nettoumsatzerlöse[2]	500	550	605
Herstellungskosten der erbrachten Leistungen[1]	250	275	303
Abschreibungen	40	45	50
Vertriebs- und Verwaltungsaufwendungen[1]	50	55	60
Operativer Erfolg	160	175	192
Steuern $(s_K = 0{,}34)$	– 54	– 59	– 65
Abschreibungen	40	45	50
Cash-flow vor Reinvestition	146	161	177
Reinvestitionen	40	45	50
entnehmbare Überschüsse (free cash flows)	106	116	127

Tabelle A [1] auszahlungsgleich [2] einzahlungsgleich

Der Wert der Cash-flows ab 1992 beträgt zum Ende von 1991: $V_T = 127 \cdot \frac{1}{0{,}16} = 794$.

Der Marktwert des Unternehmens zu Beginn der Periode 1989 beträgt somit

$$V^E = 106 \cdot 1{,}16^{-1} + 116 \cdot 1{,}16^{-2} + (127 + 794) \cdot 1{,}16^{-3} = 767{,}47.$$

Dies entspricht einem rechnerischen Wert pro Aktie von 76,75 DM. Gemessen an den Erwartungen des Managements ist die Aktie am Markt unterbewertet.

Das Management erwägt eine Umstrukturierung der Passivseite: Der Verschuldungsgrad, gemessen durch F/V^F soll von Null auf 0,4 angehoben werden. Der Zinssatz für Fremdkapital beträgt 10 %.

a) Wie reagiert der Unternehmensgesamtwert auf diese Maßnahme, wenn ein einfaches Steuersystem, in dem Überschüsse mit einem Gewinnsteuersatz von $s_K = 0{,}34$ belegt werden, gegeben ist? Bewertungszeitpunkt ist der 1.1.1989.

b) Wie sieht die Vermögensänderung eines Anteilseigners aus unter der Annahme, daß der Markt die angekündigte und zügig umgesetzte Kapitalstrukturänderung richtig einschätzt und sofort reagiert?

c) Wie sehen die Unternehmensgesamtwerte und die Werte der Fremdkapitalpositionen zu Beginn der Jahre 1989, 1990 und 1991 aus, wenn Fremdkapitalgeber keine Ausfallrisiken übernehmen und Änderungen des risikolosen Zinssatzes ausgeblendet bleiben?

Zur Beantwortung von Frage a) ist die Entity-Methode sehr gut geeignet. Die in Tabelle A ausgewiesenen entziehbaren Überschüsse sind genau die, die das Unternehmen bei ausschließlicher Eigenfinanzierung ausschütten kann. Diese sind bei Anwendung des Entity-Ansatzes folglich *unverändert* zu übernehmen. Zu berechnen ist WACC für die neue Zielkapitalstruktur von $F/V^F = 0{,}4$. Unter Benutzung von (51) folgt

$$\text{WACC} = k_s \left[1 - s_K \frac{F}{V^F}\right] \tag{51}$$

$$= 0{,}16\left(1 - 0{,}34 \cdot 0{,}4\right) = 0{,}13824 .$$

Diskontiert man die entziehbaren Überschüsse (bei unterstellter Eigenfinanzierung) mit WACC = 0,13824, folgt:

$$V^F = 106 \cdot 1{,}13824^{-1} + 116 \cdot 1{,}13824^{-2} + \left(127 + \frac{127}{0{,}13824}\right) \cdot 1{,}13824^{-3}$$

$$= 891{,}75 .$$

Um die Leichtigkeit der Herleitung dieses Ergebnisses zu ermessen, sollte sich der Leser in die Lage desjenigen versetzen, der den theoretischen Hintergrund und damit die Formel (51) nicht kennt und folglich auf einem anderen Wege zu einer überzeugenden Antwort auf Frage a) zu gelangen sucht.

Wir halten also fest, daß der Unternehmenswert von $V^E = 767{,}47$ auf $V^F = 891{,}75$ steigt. Warum dies so ist, wird unten erläutert.

Die Vermögensänderung eines Anteilseigners ergibt sich aus folgenden Überlegungen. V^F beträgt 891,75 Mio. DM. Der Anteil an Fremdkapital ist $0{,}4 \cdot 891{,}75 = 356{,}70$ Mio. DM. Der rechnerische Wert der Eigentumsrechte beträgt somit $891{,}75 - 356{,}70 = 535{,}05$ Mio. DM. Da zehn Millionen Aktien ausstehen, entfällt auf eine Aktie ein rechnerischer Wert von 53,51 DM. Zusätzlich erhält jeder Aktionär eine Ausschüttung in Höhe von 35,67 DM.[94] Diese Sonderausschüttung muß stattfinden, da nicht die Investitionspolitik des Unternehmens, sondern nur die Kapitalstruktur geändert werden soll. Die Strategie des Managements ist also im Interesse der Alteigentümer.

Frage c) bezieht sich auf die zeitliche Entwicklung der Unternehmensgesamtwerte und der Fremdkapitalpositionen zu Beginn der jeweiligen Jahre. Die folgende Tabelle liefert die Antwort aus der Sicht des Planungszeitpunktes, also dem Beginn des Jahres 1989.

	1989	1990	1991
Marktwert des eigenfinanzierten Unternehmens; V^E	767,47	784,27	793,75
Marktwert des fremdfinanzierten Unternehmens; V^F [95]	891,75	909,03	918,69
Marktwert des Fremdkapitals $F = 0{,}4 \cdot V^F$	356,70	363,61	367,48

V^F steigt im Zeitablauf wegen der bis 1991 steigenden entziehbaren Überschüsse. Wichtig ist nun, daß die Fremdkapitalposition der erwarteten Entwicklung von V^F folgen *muß*, da $F/V^F = 0{,}4$ gesetzt wurde.

94 Das Unternehmen könnte, hätte es seinen Sitz z.B. in den USA, auch eigene Aktien im Wert von 356,70 Mio. DM zurückkaufen.

95 Die entziehbaren Überschüsse werden mit WACC = 0,13824 diskontiert.

Die Ermittlung von V^F mittels der Formel (51) verlangt, daß die Zielkapitalstruktur im Zeitablauf eingehalten wird. Wird die Zielkapitalstruktur in Höhe von $F/V^F = 0{,}4$ im Zeitablauf nicht eingehalten, liefert der Bewertungskalkül mittels des Diskontierungssatzes WACC = 0,13824 nur näherungsweise richtige Ergebnisse.

Betrachten wir die Ursache der oben berechneten Wertsteigerung in Höhe von 891,75 – 767,47 = 124,28. Der Kern der Antwort wurde in Abschnitt V. bereits geliefert: Die Veränderung der Kapitalstruktur schafft in dem im Beispiel unterstellten einfachen Steuersystem „more pizza". Berechnen wir analog dem Vorgehen der APV-Methode die erzielbaren Steuervorteile, folgt:

	1989	1990	1991 ff.
(1) Marktwert des eigenfinanzierten Unternehmens	767,47	784,27	793,75
(2) Fremdkapital	356,70	363,61	367,48
(3) Zinsen auf Fremdkapital	35,67	36,36	36,75
(4) Steuervorteil auf Zinsen: $s_K \cdot (3)$	12,13	12,36	12,50

Der Barwert der in Zeile (4) ausgewiesenen steuerlichen Vorteile beträgt unter der hier zunächst gesetzten Prämisse, daß sie risikolos vereinnahmt werden können:

$$\Delta V = 12{,}13 \cdot 1{,}1^{-1} + 12{,}36 \cdot 1{,}1^{-2} + \left(12{,}50 + \frac{12{,}50}{0{,}10}\right) \cdot 1{,}1^{-3} = 124{,}55 .$$

Die Annahme der Risikolosigkeit der erzielbaren steuerlichen Vorteile muß begründet werden. Wir treffen hierzu zwei Annahmen: Erstens, das Management plant die im Planungszeitpunkt erwarteten Verschuldungsumfänge zu realisieren und zwar auch dann, wenn die Unternehmensgesamtwerte von den im Planungszeitpunkt erwarteten Werten abweichen. Damit ist der Fremdkapitalbestand für jede Periode fest geplant und die zu leistenden Zinszahlungen sind bekannt. Die zweite Annahme bezieht sich darauf, ob zu leistende Zinszahlungen in Höhe von $i\,F_{t-1}$ in der gleichen Periode gezahlt werden können und zu Steuerersparnissen in Höhe von $s_K\, i\, F_{t-1}$ führen. Das ist genau dann zutreffend, wenn die steuerliche Bemessungsgrundlage vor Abzug von Zinszahlungen mindestens die Höhe der Zinszahlungen erreicht. Auch das wird hier angenommen. Unter diesen Annahmen ist die Diskontierung der steuerlichen Vorteile mit dem risikolosen Zinssatz korrekt.[96]

Nun soll die Kapitalstruktur im Zeitablauf deutliche Veränderungen erfahren: Das Management der KF-AG plant einen Management Buy-Out und bietet 80 DM pro Aktie. Es hat von Buy-out-Fonds eine Zusage auf 725 Mio. DM Fremdkapital zu $i^* = 14\,\%$. Die Manager selbst planen 75 Mio. DM Eigenkapital aufzubringen. Die Tilgungsgeschwindigkeit wird - wie in MBO-Transaktionen üblich - vertraglich festgezurrt und ist in Tabelle B festgehalten.

Die Manager planen, mit dem konkurrierenden Angebot von 80 DM/Aktie das Angebot der Mesa Petroleum AG zu 73 DM/Aktie aus dem Feld zu schlagen. Ende 1992 soll das Unternehmen erneut an die Börse gebracht werden. Die Manager planen einen Verkaufserlös für alle Wertpapiere in Höhe von rund 919 Mio. DM. Dieser Betrag errechnet sich vor dem Hintergrund der Cash-flow-Erwartungen in Tabelle A und einer Zielkapitalstruktur von 0,4.[97]

Lohnt es sich, einen Preis von 80 DM/Aktie, also 800 Mio. DM zu bieten?

---

96 Die durch die Veränderung der Kapitalstruktur bewirkte Unternehmenswertänderung beträgt gemäß dem WACC-Ansatz 124,28. Gemäß der APV-Methode beträgt die oben ausgewiesene Wertänderung 124,55. Wir erhalten also eine, allerdings kleine Ergebnisabweichung in Höhe von 0,27. Auf die Ursache der Differenz ist an anderer Stelle zurückzukommen.

97 Das Management muß also Ende 1992 die Zielkapitalstruktur von 0,4 herstellen. Zu diesem Zweck muß die dann bestehende Verschuldung von 540 auf $0{,}4 \cdot 918{,}69 = 367{,}48$ Mio. DM zurückgefahren werden. Unter realistischen Bedingungen wird das Management die Zielkapitalstruktur vor dem Börsengang herstellen. Die Sondertilgung muß also zwischenfinanziert werden. Diese Kosten bleiben unbeachtet.

Jahr	Bestand an Fremdmitteln	Zinsen	Tilgung
0 (Anfang 1989)	725	-	-
1 (Anfang 1990)	688	102	37
2 (Anfang 1991)	645	96	43
3 (Anfang 1992)	596	90	49
4	540	83	56
5	477	76	63
6	405	67	72
7	323	57	82
8	229	45	94
9	122	32	107
10	0	17	122

Tabelle B

Jetzt ist eine wichtige Anwendungsvoraussetzung für den Entity-Ansatz i.S.v. (51) nicht erfüllt: Die Kapitalstruktur verändert sich von Periode zu Periode deutlich; die durchschnittlichen Kapitalkostensätze sind folglich in jeder Periode anzupassen. In diesem Fall ist es viel praktikabler, die durch die Kapitalstruktur bedingten Vorteile separat zu ermitteln und zum Wert V^E zu addieren. Die folgende Tabelle zeigt einen Lösungsweg. Im Ergebnis kann es vorteilhaft sein, für alle Eigentumsrechte 800 Mio. DM zu bieten.

	1.1.1989	1989	1990	1991	1992
(1) Verkaufserlös bei geplanter Zielkapitalstruktur					918,69
(2) Verkaufserlös bei ausschließlicher Eigenfinanzierung					793,75[98]
(3) Kapitalstruktur-bedingte Differenz					124,94
(4) Zinszahlungen		101,50	96,32	90,30	83,44
(5) Barwert der erzielbaren Steuervorteile					
a) 1989 - 1992[99]	92,99				
b) ab 1993 ff.[100]	85,34				
(6) Marktwert bei ausschließlicher Eigenfinanzierung zum 1.1.1989	767,47				
	945,80				

Tabelle C

Die Manager bringen das Unternehmen annahmegemäß Ende 1992 an die Börse und erzielen bei Plazierung aller Wertpapiere (Aktien und Fremdkapitaltitel) einen Erlös von rund 919 Mio. DM. Das sind rund 125 Mio. DM mehr als sie (Ende 1992) für das nur eigenfinanzierte Unternehmen beim Gang an die Börse erzielen könnten. Dieser Mehrerlös, diskontiert auf den 1.1.1989 beträgt 85,34 Mio. DM. Zwischen 1989 und 1992 werden vom Unternehmen die in Zeile (4) angegebenen Zinszahlungen geleistet. Der Barwert der daraus folgenden Steuerersparnisse bezogen auf den 1.1.1989 beträgt 92,99 Mio. DM. Zusammen mit dem Wert der Eigentumsrechte bei ausschließlicher Eigenfinanzierung ergibt sich ein Wert von 945,80 Mio. DM.

Der in der Tabelle dokumentierte Lösungsweg folgt dem Lösungsmuster der APV-Methode. Diese wird in Abschnitt 3. ausführlich besprochen.

---

98 $\frac{127}{0{,}16} = 793{,}75.$

99 Angenommener Diskontierungssatz ist 0,14. Er entspricht damit dem Fremdkapitalzinssatz, der eine Risikoprämie von 4 % enthält.

100 Diskontierungssatz ist 0,10, da ab Ende 1992 Verschuldungsgrade bestehen, die Ausfallsrisiken für Gläubiger annahmegemäß ausschließen. Nach 1992 wird der Zinssatz für Fremdkapital wieder auf 10 % sinken. Wir benutzen deshalb 10 % als Diskontierungssatz für die Bewertung künftiger Steuervorteile.

b. Bewertung der durch die Kapitalstruktur bedingten steuerlichen Vorteile

In Abschnitt V. dieses Kapitels wurden die durchschnittlichen gewogenen Kapitalkosten für eine Welt mit einer einfachen Gewinnsteuer in (50) und für eine Welt mit einem Doppelbesteuerungssystem in (54) vorgestellt. Gemäß beiden Formeln sinken die durchschnittlichen Kapitalkosten mit steigenden Verschuldungsgraden, definiert durch F/V^F. Bei der Interpretation dieser Aussage sind die oben getroffenen Annahmen zu beachten: Transaktionskosten bleiben unbeachtet, Illiquiditätsrisiken werden durch entsprechende Begrenzung des Verschuldungsgrades des Unternehmens ausgeklammert. Zudem wird die Annahme gesetzt, daß private Verschuldung von Investoren vor Steuern ebenso teuer ist wie Unternehmensverschuldung. Diese Annahme ist empirisch vermutlich verletzt, wenn man Kleinaktionäre als Bezugspunkt wählt. Wählt man Kapitalanlagegesellschaften oder Großinvestoren als Bezugspunkt, ist die Annahme realitätsnah.

Brealey/Myers bezeichnen die Anpassung des Diskontierungssatzes an die geplante (oder gewählte) Kapitalstruktur und den so erfolgenden Einbau der steuerlichen Vorteile, die aus der geplanten (gewählten) Zusammensetzung der Finanzierung folgen, als den „most common approach" der Praxis.[101] Zugleich vermuten sie, daß „too much is rolled into a deceptively simple tax adjustment to the 'cost of debt'".[102]

Auf den ersten Blick sieht die Konzeption des WACC-Ansatzes robust und einfach aus. Betrachten wir ein Beispiel in Form der unendlichen Rente. Folgende Daten sind gegeben:

$\overline{X} = 2.400$ $\quad s_K = 0{,}50$ $\quad i = 0{,}08$

$F = 8.000$ $\quad k_s = 0{,}12$

Die geplante Kapitalstruktur sei durch die Quotienten $F/V^F = 0{,}571$ und $E/V^F = 0{,}429$ beschrieben.

Wir berechnen WACC gemäß (50):

---

101 Brealey, R. A./Myers, St. C. (1996), S. 517.

102 Brealey, R. A./Myers, St. C. (1996), S. 525.

$$\text{WACC} = i(1 - s_K) \cdot 0{,}571 + k_s^F \cdot 0{,}429 = 0{,}0857$$

$$\text{mit } k_s^F = k_s + (k_s - i)(1 - s_K)\frac{F}{E^F}$$

$$k_s^F = 0{,}12 + (0{,}12 - 0{,}08)(1 - 0{,}5) \cdot 1{,}333$$

$$k_s^F = 0{,}14667.$$

Der Wert des Projektes ist somit $V^F = 2.400(1 - 0{,}5)\dfrac{1}{0{,}0857} = 14.000$. F beträgt $0{,}571 \cdot 14.000 = 8.000$, E^F folglich 6.000.

Es macht Sinn, von einer (identischen) Erweiterungsinvestition mit gleichem Investitionsrisiko und gleicher Finanzierungsstruktur eine Mindestrendite in Höhe von WACC zu fordern. Die erwarteten ausschüttbaren Erfolge der Erweiterungsinvestition nach Steuern bei unterstellter Eigenfinanzierung betragen 1.200; die periodige Zahlung an Gläubiger belastet diesen Nachsteuer-Cash-flow in Höhe von $0{,}08\,(1 - 0{,}5) \cdot 8.000 = 320$. Die erwartete Restgröße in Höhe von $1.200 - 320 = 880$ liefert den Eigenkapitalgebern genau die geforderte Rendite in Höhe von 0,14667.

Benutzen wir die Definition (51), könnte man so argumentieren:

$$\text{WACC} = k_s\left[1 - s_K\frac{F}{V^F}\right] = k_s - k_s s_K \frac{F}{V^F}. \qquad (51)$$

Ein gegebener Marktwert von 14.000 impliziert bei reiner Eigenfinanzierung (im Rentenfall) ein erforderliches periodiges Einkommen nach Steuern in Höhe von $k_s \cdot V^E = 1.680$. Eine anteilige Fremdfinanzierung in Höhe von 8.000 reduziert (bei konstantem Marktwert) die Einkommensforderung nach Steuern auf 1.200, also um 480 und damit um den Betrag $k_s s_K F$. Man braucht bei reiner Eigenfinanzierung einen Nachsteuer-Überschuß von 1.680, bei einer Fremdfinanzierung in Höhe von 8.000 bei Ausblendung des Steuervorteils in Höhe von $i s_K F = 320$ aber nur einen Nachsteuer-Überschuß von 1.200: Die Gläubiger erhalten 640; die Anteilseigner bei Ausblendung des Steuervorteils[103] 560. Anders

[103] Der im Zähler der Bewertungsformel für V^F nicht enthalten ist.

formuliert: Die Rendite k_s wird auf den durch F generierten Marktwertbeitrag in Höhe von $s_K F$ nicht gefordert, sondern nur auf den Betrag $V^F - s_K F$. Diese Reduktion des erforderlichen Überschusses wird in (51) in eine Minderung der geforderten Rendite auf V^F übersetzt.

Das Konzept des WACC wirft einige Probleme auf:

- Wie sind durchschnittliche Kapitalkosten bei komplexeren Kapitalstrukturen zu berechnen?
- Wie ist zu verfahren, wenn die Kapitalstruktur des Unternehmens, gemessen durch F/V^F, im Zeitablauf Veränderungen unterliegt?
- Wie ist der Wert der steuerlichen Vorteile, die implizit im Diskontierungssatz erfaßt werden, zu berechnen?

Wir beginnen mit dem zuletzt angesprochenen Aspekt. In der vorläufigen in Abschnitt a. präsentierten Lösung wurden steuerliche Vorteile in Höhe von $is_K F_{t-1}$ bewertet als seien sie sicher. Das ist ein brauchbarer Startpunkt für eine Lösung.

Von welchen Faktoren hängt der Grad der Unsicherheit, mit dem steuerliche, durch die Wahl der Kapitalstruktur bedingte Vorteile erwartet werden können, ab? Verschiedene Einflußgrößen können aufgeführt werden.

Von Bedeutung ist zunächst die Finanzierungspolitik des Unternehmens. Wir wollen zwei Finanzierungsstrategien unterscheiden. Die erste Strategie bindet das Niveau der Fremdfinanzierung, gemessen über den Marktwert des Fremdkapitals F, an den Unternehmenswert V^F. Der Verschuldungsgrad F/V^F wird durch das Management festgelegt und im Zeitablauf eingehalten. Steigt V^F, wird der Verschuldungsumfang erhöht, um die Zielkapitalstruktur $L^* = F/V^F$ wieder herzustellen. Der Fremdkapitalbestand atmet mit V^F. Eine solche Politik ist zumindest vorstellbar. Sie wäre bei gegebenem Investitionsrisiko auch nicht ganz unvernünftig, weil sie den Kreditgebern genau das Risiko zuordnet, das diese im Zeitpunkt der Kontrahierung zu übernehmen planten und für das die Kreditgeber in Form des Zinssatzes entlohnt werden.

Die zweite Strategie löst das Niveau der Fremdfinanzierung vom Unternehmenswert, um es z.B. an bilanziellen Größen[104] zu orientieren oder ohne Bezug auf bilanzielle Größen vertraglich festzuzurren. Diese letztgenannte Möglichkeit hat eine wichtige Eigenschaft: Bei vorgegebenen Tilgungsplänen[105] ist der jeweilige Fremdfinanzierungsumfang präzise antizipierbar.

Von Bedeutung für den Grad der Unsicherheit, mit dem steuerliche Vorteile erwartet werden können, ist auch das Verhältnis der finanziellen Leistungsfähigkeit des Unternehmens zu der durch den Fremdfinanzierungsumfang ausgelösten Zahlungsbelastungen. Diese Relation wirkt auf die Erzielung steuerlicher Vorteile dann ein, wenn Zinszahlungen nicht geleistet werden können. Erfolgte in Periode t keine Zinszahlung, erzielt das Unternehmen auch keinen steuerlichen Vorteil in der Periode t. Diese Form von Unsicherheit der steuerlichen Vorteile ist mit Illiquiditätsrisiken des Unternehmens verknüpft. Wir schließen sie im folgenden aus der weiteren Betrachtung aus.

Eine weitere Einflußgröße, die auf den Grad der Unsicherheit steuerlicher Vorteile wirkt, ist das Verhältnis von steuerlicher Bemessungsgrundlage der Periode t zu den in der gleichen Periode zu leistenden Zinszahlungen. Führen Zinszahlungen wegen zu geringer oder negativer steuerlicher Bemessungsgrundlagen (vor Abzug der Zinszahlungen) in einer Periode t nicht bzw. nicht in ungeschmälerter Höhe zu steuerlichen Minderzahlungen, ist der Strom der steuerlichen Vorteile nicht mehr sicher, auch wenn das in jeder Periode t ausstehende Fremdkapital vorgegeben ist. Diese Unsicherheit ist von dem vorhergehenden Aspekt zu trennen. Sie kann auftreten, auch wenn das Unternehmen keinerlei Liquiditätsrisiken aufweist. Das Unternehmen baut in solchen Fällen Verlustvorträge auf, die - wenn wir vereinfachend den begrenzten Verlustrücktrag ausblenden - in künftigen Perioden zu steuerlichen Minderzahlungen führen können.[106]

Im folgenden wollen wir insbesondere den Einfluß der Finanzierungsstrategie auf die Bewertung der durch die Kapitalstruktur bedingten steuerlichen Vorteile betrachten. Wir setzen bei dieser Betrachtung vor-

[104] Z.B. bilanziellen Eigenkapitalquoten, dynamischen Verschuldungsgraden oder horizontalen Deckungsregeln.

[105] Z.B. im Rahmen der Projektfinanzierung oder bei Management Buy-outs.

[106] Vgl. hierzu Kapitel 6, Abschnitt II.

aus, daß Illiquiditätsrisiken nicht auftreten und daß in jeder Periode die steuerliche Bemessungsgrundlage positiv und so dimensioniert ist, daß der steuerliche Vorteil aus der Abzugsfähigkeit der Zinszahlungen erzielt werden kann.

Wählt das Management des Unternehmens eine Finanzierungspolitik, deren Struktur im Zeitablauf autonom vorgegeben ist, also nicht abhängt vom Unternehmenswert oder einer bilanziellen Eigenkapitalquote, dann ist das Volumen des mit Zinsen zu bedienenden Fremdkapitals für jede Periode des zu betrachtenden Zeitraums definiert. Bei fixiertem Vertragszinssatz ist die Zinszahlung und damit die Steuerminderzahlung für jede Periode t antizipierbar: Die steuerlichen Vorteile sind sicher.

Das ändert sich, wenn die Finanzierungsstrategie des Managements so aussieht, daß der Verschuldungsumfang an den Unternehmenswert V^F gebunden wird. Legt das Management die Ziel-Verschuldungsquote $L^* = F/V^F$ z.B. auf 0,4 fest, dann atmet der Fremdkapitalbestand mit dem Unternehmenswert. Steigt dieser, steigt F, weil das Management den Verschuldungsumfang „nachfährt", also zusätzliche Kredite aufnimmt. Fällt V^F, reduziert das Management das Fremdkapitalvolumen durch Sondertilgungen entsprechend. Weil V^F sich im Zeitablauf ändern kann, ändert sich auch F und die steuerlichen Vorteile sind auch dann nicht mehr risikolos, wenn Illiquiditätsrisiken und unzureichende steuerliche Bemessungsgrundlagen ausgeschlossen werden.

Auf diesen Sachverhalt haben zuerst Miles und Ezzell hingewiesen.[107] Sie argumentieren, daß die Festschreibung eines Verschuldungsgrades L^* die Höhe der steuerlichen Vorteile einer Periode t von der Höhe von V^F in Periode t–1 abhängig mache und daß V^F in t–1 zugleich vom Wert der steuerlichen Vorteile abhinge. Folglich könne man den Wert von V^F und den Wert steuerlicher Vorteile nur simultan bestimmen. Sie starten einen in T–1 beginnenden Bewertungsprozeß. Der Wert des verschuldeten Unternehmens in T–1 ist definiert durch:

$$V_{T-1}^F = \frac{\overline{X}_T}{1+k_s} + \frac{s_K i L^* V_{T-1}^F}{1+i}. \qquad (1)$$

107 Vgl. Miles, J.A./Ezzell, J.R. (1980).

Aus der Sicht von T–1 ist $F_{T-1} = L^* V^F_{T-1}$ bekannt. Folglich ist der zweite Term auf der rechten Seite risikolos; Diskontierungssatz ist i.

Umgeformt folgt:

$$V^F_{T-1} = \frac{\overline{X}_T}{(1+k_s)\left(1 - \frac{s_K i L^*}{1+i}\right)}. \tag{2}$$

Im Nenner steht ein Diskontierungssatz, der die korrekte Bewertung des erwarteten einperiodigen Erfolgs des verschuldeten Unternehmens gewährleistet.

Aus der Sicht von T–2 ist zu bewerten:

$$V^F_{T-2} = \frac{\overline{X}_{T-1}}{1+k_s} + \frac{s_K\, i\, L^* V^F_{T-2}}{1+i} + \frac{V^F_{T-1}}{1+d^L}, \tag{3}$$

wobei d^L für den geeigneten Diskontierungssatz steht, der den Wert V^F_{T-1} auf den Zeitpunkt T–2 bezieht. Für den mittleren Term gilt wiederum, daß aus der Sicht von T–2 der Verschuldungsumfang $L^* V^F_{T-2} = F_{T-2}$ bekannt und somit die Zinszahlung und die Steuerersparnis risikolos ist. Wie ist der Diskontierungssatz d^L zu bestimmen?

Der Wert des nur eigenfinanzierten Unternehmens in T–1 ist

$$V^E_{T-1} = \frac{\overline{X}_T}{1+k_s} \tag{4}$$

Nutzt man (4) um $\overline{X}_T$ in (2) zu ersetzen, folgt (5):

$$V^F_{T-1} = V^E_{T-1} \cdot \left[\frac{1}{1 - \frac{s_K\, i L^*}{1+i}}\right] \tag{5}$$

Da s_K, i, L^* Konstanten sind, sind die Ausprägungen der Unternehmenswerte V^F und V^E vollständig korreliert und müssen entsprechend bewertet werden. V^E_{T-1} ist mit k_s zu diskontieren. Das gleiche gilt für V^F_{T-1}: d^L muß folglich gleich k_s sein.

Formt man (3) unter Benutzung von (2) und $d^L = k_s$ um, folgt (6):

$$V^F_{T-2} = \frac{\overline{X}_{T-1}}{(1+k_s)\left(1-\frac{s_K i L^*}{1+i}\right)} + \frac{\overline{X}_T}{(1+k_s)^2\left(1-\frac{s_K i L^*}{1+i}\right)}. \tag{6}$$

Die geeigneten Diskontierungssätze zur Bewertung der Erfolge verschuldeter Unternehmen im Rahmen des Entity-Ansatzes sind somit:

$$WACC^{ME} = k_s^{ME} - s_K i L^* \frac{1+k_s}{1+i}. \tag{63}$$

Wir erhalten somit einen modifizierten WACC-Satz, den wir im folgenden mit dem Index ME[108] versehen. Der Kern der Botschaft der Autoren ist, daß eine Finanzierungspolitik, die über den Parameter L^* den Fremdfinanzierungsumfang an V^F bindet, wegen des mit V^F atmenden Bestandes F keine sicheren steuerlichen Vorteile generieren kann. Nur die Steuervorteile, die in t + 1 erzielt werden, sind sicher. Anders formuliert: Aus der Sicht des Zeitpunktes 0 sind die steuerlichen Vorteile in t = 1 sicher; sie werden mit dem sicheren Zinssatz i diskontiert. Die Steuervorteile späterer Perioden werden für alle verbleibenden Perioden mit k_s diskontiert.

Die Überlegungen von Miles und Ezzell sind interessant und dann von praktischem Interesse, wenn Finanzierungsstrategien, die in der Vorgabe *und Einhaltung* von L^* bestehen, eine gute Beschreibung empirischen Finanzierungsverhaltens wären. Ob sie es sind, wissen wir nicht genau.

Wir wollen die Idee von Miles und Ezzell an einem Beispiel verdeutlichen. Angenommen, der erwartete entziehbare Cash-flow der KF-AG in Höhe von 127 ab 1991 ff. setze sich aus folgenden zustandsabhängigen Zahlungserwartungen zusammen. Alle Zustände seien gleichwahrscheinlich. Der Wert im Zeitpunkt 1 hänge von dem realisierten entziehbaren Überschuß im Zeitpunkt 1 ab, weil dieser die Erwartungen über die entziehbaren Überschüsse für alle Folgezeitpunkte steuere. Der Wert

---

108 ME steht für Miles und Ezzell.

V_1^F werde ermittelt, indem der zustandsabhängige Cash-flow bei unterstellter Eigenfinanzierung mit $WACC^{ME}$ kapitalisiert wird. Bei gegebenem L^* folgt F_1 und damit Zinszahlung und Steuerminderzahlung. Die Steuerminderzahlung hängt somit vom realisierten Cash-flow und V^F ab. Steuerminderzahlung, eigenfinanzierter Cash-flow und Unternehmenswert sind vollständig korreliert.

0	1	V_1^E [109]	V_1^F [110]	$F_1 = L^* \cdot V_1^F$	$\Delta V = \frac{is_K F_1}{k_s} \cdot \frac{1+k_s}{1+i}$
	147	918,8	1.009,2	403,7	90,5
	127	793,8	871,9	348,8	78,2
	107	668,8	734,6	293,8	65,8

Abbildung 13: Unsicherheit der finanzierungsbedingten Steuervorteile

Es ist die vollständige Korrelation der Steuerminderzahlungen mit V^E bzw. V^F, die die Begründung für die starke Abwertung der Steuervorteile im Vergleich zu einer autonomen Finanzierungsstrategie bewirkt. Dies ist ein Nachteil eines atmenden Verschuldungsgrades, der Managern nicht verborgen bleiben wird.

Bei der Interpretation der Botschaft von Miles und Ezzell muß man beachten, daß Kapitalkosten von Marktpreisen und erwarteten Überschüssen abgeleitete Konzepte sind. Wir müssen m.a.W. den Wert eines verschuldeten Unternehmens, dessen Finanzierungstitel verbrieft sind und gehandelt werden, als beobachtbar unterstellen. Miles und Ezzell (ME) einerseits und das in Abschnitt V. vorgestellte Bewertungsmuster von Modigliani und Miller (MM) andererseits stellen somit verschiedene Hypothesen darüber auf, wo die Quellen der Wertgenerierung liegen. Weil ME den Wert der Steuerminderzahlungen niedriger veranschlagen

---

109 $V_1^E = X_{2,j} \cdot \frac{1}{k_s}$; Berechnung nach Ausschüttung von $X_{1,j}$. Es gelten die folgenden Werte: $L^* = 0{,}4$; $k_s = 0{,}16$; $s_K = 0{,}34$; $i = 0{,}10$.

110 $V_1^F = X_{2,j} \frac{1}{WACC^{ME}}$; Berechnung nach Ausschüttung von $X_{1,j}$.; $WACC^{ME} = 0{,}14566$.

als MM, implizieren die Systeme von ME bzw. MM unterschiedliche Eigenkapitalkosten bei Eigenfinanzierung: Im MM-System ist k_s definiert gemäß (49); im ME-System muß wegen (63) gelten:

$$k_s^{ME} = WACC^{ME} + i\, s_K\, L^* \frac{1 + k_s^{ME}}{1 + i}$$

$$k_s^{ME} = \frac{WACC^{ME} + a}{1 - a} \qquad (64)$$

$$\text{mit } a = \frac{s_K\, i\, L^*}{1 + i}.$$

Für die geforderte Rendite der Eigentümer bei Fremdfinanzierung folgt im ME-Bewertungssystem:

$$k_s^{F,ME} = \frac{WACC^{ME} - i(1 - s_K)L^*}{1 - L^*}. \qquad (65)$$

Wenden wir diese Formel an auf den in Abschnitt a. besprochenen Fall der KF-AG. Bewertet werden soll der Wert der Gesellschaft zum 1.1.1992. Der erwartete entnehmbare Überschuß beträgt bei Eigenfinanzierung nach Steuern 127 in allen Folgeperioden. Es gilt: $L^* = 0{,}4$; $s_K = 0{,}34$; $i = 0{,}10$ und - nur im MM-System - $k_s = 0{,}16$. Für die in den Abschnitten a. und b. benutzten Bewertungssysteme folgen die Ergebnisse in Tabelle 17. Die Tabellenwerte verdeutlichen den gemeinsamen Ausgangspunkt in V^F bzw. WACC bzw. in E^F bzw. k_s^F. Weil unterschiedliche Hypothesen über die Bewertung der steuerlichen Vorteile aufgestellt werden, folgen unterschiedliche Quantifizierungen für ΔV und V^E. Der Wert des Eigenkapitals des verschuldeten Unternehmens ist im Rentenfall in allen Systemen gleich.

Bewertungs-system	V^E	V^F	ΔV	E^F
Modigliani/ Miller (MM)	$k_s = 0{,}16$ 793,75	$WACC = 0{,}13824$ 918,69	a) $V^F - V^E = 124{,}9$ b) $s_K F = 124{,}9$	$k_s^F = 0{,}1864$ 551,21
Miles/ Ezzell (ME)	$k_s^{ME} = 0{,}15249$ [111] 832,85	$WACC^{ME} = 0{,}13824$ [112] 918,69	a) $V^F - V^E = 85{,}84$ b) $\frac{s_K iF}{k_s^{ME}} \cdot \frac{1+k_s^{ME}}{1+i} = 85{,}84$ [114]	$k_s^{F,ME} = 0{,}1864$ [113] 551,21
Harris/ Pringle (HP)	$k_s^{HP} = 0{,}15184$ 836,41	$WACC^{HP} = 0{,}13824$ 918,69	a) $V^F - V^E = 82{,}28$ b) $\frac{s_K iF}{k_s^{HP}} = 82{,}28$	$k_s^{F,HP} = 0{,}1864$ 551,21

Tabelle 17: Marktwerte und Kapitalkosten in verschiedenen Bewertungssystemen

Nun wird darauf hingewiesen, daß für praktische Bewertungsfälle die Differenzierung in unsichere steuerliche Vorteile ab Periode t + 2 und in den sicheren steuerlichen Vorteil der Periode t + 1 keine große Bedeutung habe.[115] Man könne ohne erhebliche Fehler zu begehen mit der einfacheren Formel (66) arbeiten:

$$WACC^{HP} = k_s - s_K\, i\, L^*. \qquad (66)$$

Für die geforderte Rendite der Eigentümer bei ausschließlicher Eigenfinanzierung folgt dann:

$$k_s^{HP} = WACC^{HP} + s_K\, i\, L^* \qquad (67)$$

111 Gemäß Formel (64).

112 Aus dem beobachtbaren Marktwert V^F und dem gegebenen erwarteten Erfolg nach Steuern (127) folgt WACC.

113 Gemäß Formel (65).

114 F beträgt im Bewertungssystem ME 0,4·918,69=367,48.

115 Harris, R. S./Pringle, J. J. (1985), S. 240.

Wegen $WACC^{HP} = k_s^{F,HP}(1 - L^*) + i(1 - s_K)L^*$, folgt auch:

$$k_s^{HP} = k_s^{F,HP}\left(1 - L^*\right) + i\,L^* \tag{67'}$$

Für die geforderte Rendite der Eigentümer vor dem Hintergrund der realisierten Kapitalstruktur gilt:

$$k_s^{F,HP} = \frac{WACC^{HP} - i(1 - s_K)L^*}{1 - L^*} \tag{68}$$

Tabelle 17 berechnet die zugehörigen Werte für das gewählte Beispiel.

Alle Bewertungssysteme gehen von gleichen Werten für V^F und WACC bzw. E^F und k_s^F aus. Die oben vorgenommene systemspezifische Kennzeichnung von WACC ist somit nicht erforderlich. Formel (50) gilt in allen Bewertungssystemen. Auch die geforderte Rendite der Eigentümer vor dem Hintergrund der realisierten Kapitalstruktur, also k_s^F, ist in allen Systemen gleich. Der Kern des Problems liegt in der unterschiedlichen Zerlegung von V^F in den Barwert der Steuervorteile, also ΔV, und den Wert des Unternehmens bei Eigenfinanzierung, also V^E. Damit sind die Überlegungen von nur reduzierter Bedeutung für die Anwender der Entity-Methode. Von größerem Interesse sind sie für die Handhabung des APV-Ansatzes.

c. Stellvertretender WACC und Bewertungsfehler

Unternehmensbewerter in der Praxis, die mit der Entity-Methode arbeiten, suchen i.d.R. V^F mittels eines *einzigen* Diskontierungssatzes WACC zu bestimmen, den sie auch dann verwenden, wenn konstante Kapitalstrukturrelationen im Zeitablauf nicht erwartet werden können.[116] Sie wählen z.B. die im Bewertungszeitpunkt realisierte Kapitalstruktur

---

116 Eine der wenigen Ausnahmen in der deutschsprachigen Literatur ist der Versuch von Kaden/Wagner/Weber/Wenzel, eine Unternehmensbewertung mit periodenspezifischen durchschnittlichen Kapitalkostensätzen durchzuführen. Der Ansatz enthält neben Verstümmelungen des deutschen Steuersystems zwei gravierende Fehler: Die Autoren behandeln die Kosten des Eigenkapitals als von der Ausprägung der Kapitalstruktur unabhängig. Diese (implizite) Unterstellung dürfte schwer zu verteidigen sein. Außerdem übersehen die Autoren die Einkommensteuer. Vgl. Kaden, J./Wagner, W./Weber, Th./Wenzel, K. (1997).

L_0 als Bezugspunkt oder sie nehmen Bezug auf eine in einem späteren Zeitpunkt zu realisierende Zielkapitalstruktur L^*.[117] Hier wird ein „stellvertretender" WACC gesucht, der an die Stelle der periodenspezifischen WACC's treten soll. Solche Vereinfachungen ziehen Bewertungsfehler nach sich. Bezugspunkt für die Fehlerberechnung ist ein Kalkül, der auf eben diese Vereinfachungen verzichtet. Eine wichtige Frage ist, wie groß der durch die Vereinfachung bewirkte durchschnittliche Fehler ist.

Dieser Frage ist Richter nachgegangen.[118] Richter wählt als Referenzpunkt den Wert $E^F = V^F - F$, der gemäß der oben in Abschnitt a. dargestellten APV-Methode berechnet wird. Als Fehler interpretiert er Abweichungen zwischen dem Wert des Eigenkapitals, der sich bei Verwendung eines stellvertretenden durchschnittlichen Kapitalkostensatzes WACC und dem Wert des Eigenkapitals, der sich gemäß dem APV-Ansatz ergibt. Auf Basis von vielen Tausend Simulationsläufen erhält Richter folgende Ergebnisse:

- Definiert man den stellvertretenden WACC mittels der im Zeitpunkt realisierten Verschuldungsquote L_0 und fällt die Verschuldungsquote im Zeitablauf, überschätzt der WACC-Ansatz den Wert des Eigenkapitals systematisch. Erhöht sich die Verschuldungsquote in späteren Perioden, unterschätzt die Entity-Methode den Wert des Eigenkapitals. Die Wert-Abweichungen können erheblich sein: Die mittleren Abweichungen liegen zwischen +10 % und –9 %. Das sind bei den in Frage stehenden Beträgen deutlich zu große Fehler.
- Definiert man den stellvertretenden WACC für eine zu erreichende Zielkapitalstruktur L^*[119], sind die Wertabweichungen deutlich kleiner. Das ist plausibel, weil der WACC ab dem Erreichen der Zielkapitalstruktur für die restliche Lebensdauer des Unternehmens, für die dann annahmegemäß eine konstante Kapitalstruktur L^* gilt, zutreffend definiert ist. Die mittleren Abweichungen liegen zwischen –5 % und +5,5 % und sind auch unter praktischen Gesichtspunkten noch immer hoch. Insbesondere darf man nicht einwenden, solche Fehler seien

117 So z.B. Copeland, T./Koller, T./Murrin, J. (1994), S. 241.

118 Richter, F. (1997).

119 Die Zielkapitalstruktur ist in dem von Richter gewählten Modellaufbau innerhalb von 10 Perioden zu erreichen.

hinnehmbar wegen der ohnehin bestehenden Unsicherheit über entziehbare Überschüsse, Risikoprämien etc. Die hier betrachteten Bewertungsfehler sind nicht Resultat unsicherer Erwartungen oder unausgereifter Modelle zur Spezifizierung von Risikoprämien, sondern Reflex methodischer und damit vermeidbarer Fehler.

- Für ein vereinfachtes Bewertungskalkül, das auf periodenspezifische Kapitalkostensätze WACC verzichten will, folgt, daß man bei der Berechnung von WACC die angestrebte Zielkapitalstruktur unterstellen sollte. Von dem so berechneten Wert V^F ist die im Zeitpunkt 0 realisierte Ist-Verschuldung, also F_0, abzuziehen, um den Wert des Eigenkapitals zu ermitteln.[120]

d. Deutsche institutionelle Rahmenbedingungen und durchschnittliche gewogene Kapitalkosten

Wir haben bisher nur zwei Kapitalquellen betrachtet: Eigenkapital und verzinsliches Fremdkapital. Die Kapitalstrukturen deutscher Unternehmen sind variantenreicher: Pensionsrückstellungen, andere Rückstellungen, Genußscheinkapital, Anleihen mit Optionsrechten, Verbindlichkeiten aus Lieferungen und Leistungen etc. bevölkern die Passivseiten. Hinzu kommen finanzielle Belastungen aus Finanzierungsverträgen, die sich in den Passivseiten der Bilanzen nicht niederschlagen wie z.B. Finanzierungs-Leasing-Verträge. In diesem Abschnitt soll zunächst auf die steuerlichen Rahmenbedingungen in Deutschland eingegangen werden. Sie verhindern, daß WACC-Definitionen aus amerikanischen Veröffentlichungen ungeprüft auf Bewertungsprobleme in Deutschland angewendet werden können. Dann sollen zwei besondere Probleme betrachtet werden: Wie kann man von Unternehmen gegebene Zusagen auf betriebliche Altersversorgungsleistungen, die ihren Niederschlag in Pensionsrückstellungen finden, in der Berechnung eines durchschnittlichen Kapitalkostensatzes berücksichtigen? Wie kann man Finanzierungs-Leasing-Verträge im Rahmen des Entity-Ansatzes beachten?

Wir beginnen mit der Frage, wie die steuerlichen Rahmenbedingungen in einem durchschnittlichen Kapitalkostensatz WACC reflektiert werden können.

---

120 Vgl. Richter, F. (1997), S. 235/236.

(1) Steuerliche Rahmenbedingungen und WACC

In Abschnitt V. 5. wurde der finanzielle Vorteil, den Eigentümer aus einer Illiquiditätsrisiken vermeidenden Verschuldung des Unternehmens ziehen können, wenn das aufgenommene Fremdkapital steuerlich Dauerschulden darstellt, erläutert. Formel (58) zeigt den finanziellen Vorteil pro Periode bei unterstellter Vollausschüttung und unter Beachtung aller Unternehmenssteuern nach Einkommensteuern im Rentenfall:

$$F\left[0{,}75\, s_V \frac{1}{1-s_K^T} + 0{,}5\, s_{GK} - 0{,}5\, s_{GK}\, s_{GE} + 0{,}5\, i\, s_{GE}\right](1-s_I)\,. \tag{58}$$

Liegen keine Dauerschulden im steuerlichen Sinn vor, ist der Vorteil so zu definieren:

$$F\left[0{,}75\, s_V \frac{1}{1-s_K^T} + s_{GK} - s_{GK}\, s_{GE} + i\, s_{GE}\right](1-s_I)\,. \tag{58'}$$

Unterstellen wir Dauerschulden im steuerlichen Sinn, ist der Unternehmensgesamtwert im Rentenfall definiert durch (60) oder (60'). Die Formeln (60) und (60') unterstellen eine autonome Vorgabe des Fremdkapitalvolumens durch das Management oder den Käufer des Unternehmens. Das Fremdkapitalvolumen atmet somit nicht mit dem Unternehmensgesamtwert V^F. Durch F bedingte steuerliche Vorteile können risikolos erzielt werden.

$$V^F = V^E + F\,\alpha\,\frac{1}{i} \tag{60}$$

mit $\alpha = \left[0{,}75\, s_V \frac{1}{1-s_K^T} + 0{,}5\, s_{GK} - 0{,}5\, s_{GK}\, s_{GE} + 0{,}5\, i\, s_{GE}\right]$ bzw.

$$V^F = V^E + s\,F \tag{60'}$$

mit $s = s_1 + s_2\,\frac{1}{i}$

$s_1 = 0{,}5\, s_{GE}$

$$s_2 = 0{,}75\, s_V \frac{1}{1 - s_K^T} + 0{,}5\, s_{GK} - 0{,}5\, s_{GK}\, s_{GE}\ .^{121}$$

Unter Nutzung von (60) folgt:[122]

$$\text{WACC} = k_s \left[1 - s \frac{F}{V^F}\right] \tag{61}$$

mit $s = s_1 + s_2 \frac{1}{i}$ bzw.

$$\text{WACC} = k_s \left[1 - \frac{\alpha}{i} \frac{F}{V^F}\right]. \tag{61'}$$

Formel (61) sieht formal so aus wie die Formel amerikanischer Lehrbücher. Aber sowohl die ökonomische Begründung als auch die numerischen Werte für WACC unterscheiden sich deutlich.

Blendet man die Substanzsteuern (Gewerbekapitalsteuer, Vermögensteuer) aus, verkürzen sich die steuerlichen Vorteile, die durch Fremdkapital ausgelöst werden. Von den Bestandteilen des Faktors α bleibt nur der Term $0{,}5\, i\, s_{GE}$ erhalten. Der finanzierungsbedingte Wertbeitrag beträgt im Rentenfall somit $\Delta V = 0{,}5\, s_{GE}\, F$. Für WACC folgt:

$$\text{WACC} = k_s \left[1 - \frac{\alpha}{i} \frac{F}{V^F}\right] \quad \text{mit } \alpha = 0{,}5\, i\, s_{GE}. \tag{62}$$

(2) Zur Berücksichtigung von Finanzierungs-Leasing-Verträgen

Ein Finanzierungs-Leasing-Vertrag (FLV), der zur Aktivierung des Leasinggegenstandes beim Leasinggeber führt und die Gesellschaft (den Leasingnehmer) zur Zahlung der Leasingraten während der unkündbaren Grundmietzeit verpflichtet, bedeutet i.d.R. den Verzicht auf den am Ende der Grundmietzeit erzielbaren Restverkaufserlös und den Verzicht auf die steuerlichen Vorteile aus der Abschreibungsverrechnung. Wie wirkt

---

121 s symbolisiert den gesamten Steuereffekt; s_1 steht für den Gewerbeertragsteuereffekt, s_2 für den Substanzsteuereffekt.

122 Vgl. Anhang 3 zu diesem Kapitel.

eine solche Vereinbarung auf den durchschnittlichen Kapitalkostensatz? Vertreter der Entity-Methode müssen diese Frage beantworten können. Unstrittig dürfte sein, daß die Verpflichtung zur Leistung zustandsunabhängiger Leasingraten das Risiko der Eigenkapitalgeber in ähnlicher Weise erhöht wie vertraglich festgeschriebene Leistungen an andere Kreditgeber. Zugleich lösen FLV bestimmte steuerliche Vor- und Nachteile aus.[123] Eine Lösung könnte darin bestehen, die ökonomischen Folgen eines FLV in einen *belastungsgleichen* Fremdkapitalbetrag F_0^* umzurechnen. F_0^* ist der Betrag, der exakt die finanzielle Belastung nach Steuern in jeder Periode erzeugt wie der jeweilige FLV. F^* tritt somit zu der bereits existierenden Verschuldung der Gesellschaft in Höhe von F hinzu. Formel (61) wird dann zu

$$WACC = k_s \left[1 - s \frac{F + F^*}{V^F} \right]. \qquad (61'')$$

Unterstellen wir eine einfache Gewinnbesteuerung und eine Grundmietzeit von 5 Jahren, während der Leasingraten $LR_t = 2.450$ DM zu entrichten sind. Die Anschaffungsauszahlungen des Projektes in Höhe von 12.000 DM werden zur Vereinfachung linear abgeschrieben; die ökonomische Nutzungsdauer, die zugleich die steuerlich zulässige Abschreibungsdauer ist, beträgt 6 Jahre. Der Kreditzinssatz sei 7 %; der Gewinnsteuersatz s_K beträgt 50 %. Der Restverkaufserlös des Projektes am Ende der Grundmietzeit, also in Periode 5, betrage 2.000 DM.

F_0^*, der belastungsgleiche Fremdkapitalbetrag, ergibt sich aus folgenden Überlegungen:

$$\begin{aligned} F^* = & \sum_{t=1}^{5} \left[s_K \, Ab_t + LR_t \left(1 - s_K\right) \right] \left(1 + i\left(1 - s_K\right)\right)^{-t} \\ & + \left[RVE_5 - s_K \left(RVE_5 - RBW_5 \right) \right] \left(1 + i\left(1 - s_K\right)\right)^{-5} \end{aligned} \qquad (69)$$

F_0^* beträgt 11.729,94 DM. Der FLV ist somit vorteilhaft, weil F_0^* die Anschaffungsauszahlung des Projektes und somit die Finanzierungslei-

123 Vgl. hierzu etwa Mellwig, W. (1983); Haberstock, L. (1983); Gebhardt, J. (1990); Kruschwitz, L. (1991); Drukarczyk, J. (1993), Kapitel 14.

stung des Leasinggebers nicht erreicht.[124] Daß F_0^* ein belastungsgleiches Fremdkapitalvolumen herstellt, zeigt die folgende Tabelle: Ein Kredit in Höhe von 11.729,94 kann durch Leistungen, die exakt den Belastungen aus dem FLV entsprechen, während der Grundmietzeit vollständig zurückgeführt werden.

	0	1	2	3	4	5
(1) $s_K\ Ab_t$		1.000	1.000	1.000	1.000	1.000
(2) $LR_t(1-s_K)$		1.225	1.225	1.225	1.225	1.225
(3) $RVE_5 - s_K \cdot (RVE_5 - RBW_5)$						2.000
(4) F_t	11.729,94	9.925,49	8.037,53	6.093,84	4.082,12	0
(5) $i(1-s_K)\,F_{t-1}$		410,55	347,04	281,31	213,28	142,87
(6) T_t		1.814,45	1.877,96	1.943,69	2.011,72	4.082,12
(7) Belastungen aus FLV (1)+(2)+(3)		2.225	2.225	2.225	2.225	4.225
(8) Belastungen bei Kauf und Fremdfinanzierung		2.225	2.225	2.225	2.225	4.225

Im deutschen Steuersystem und bei voller Beachtung der Wirkungen aus Substanzsteuern ist F_0^* gemäß (70) zu bestimmen:[125]

$$F_0^* = \sum_{t=0}^{n} \left[s_E\ Ab_t - \left(0{,}75\, s_V + s_{GK}\left(1 - s_{GE}\right)\right) RBV_{t-1} + LR_t\left(1 - s_E\right)\right] \left(1 + i_s\right)^{-t} + \left(RVE_n - s_E\left(RVE_n - RBW_n\right)\right)\left(1 + i_s\right)^{-n}. \tag{70}$$

Hierbei bezeichnet s_E den kombinierten Ertragsteuersatz.[126] Der Diskontierungssatz entspricht den Fremdkapitalkosten nach Steuern, die bei Verzicht auf den FLV aufzuwenden wären.[127]

---

124 Ob der Abschluß des FLV lohnt oder nicht, ist in diesem Zusammenhang nicht von Belang. Nur der Einfluß der Folgewirkungen des Vertrages auf WACC ist hier von Interesse.

125 Vgl. zur Begründung z.B. Drukarczyk, J. (1993), S. 488 - 500.

126 $s_E = s_{GE} + s_K - s_{GE}\, s_K$.

127 $i_s = i_V\left(1 - 0{,}5\, s_{GE}\right)\left(1 - s_K\right) - 0{,}5\, s_{GK}\left(1 - s_{GE}\right) - 0{,}75\, s_V$.

Nun ist klar, daß sich der belastungsgleiche Fremdkapitalbetrag F_t^* im Zeitablauf ändern wird. Damit ist der Quotient $\left(F + F^*\right)/V^F$ im Zeitablauf vermutlich nicht konstant. Dies erschwert den Versuch, mit einem einzigen Diskontierungssatz, also einem stellvertretenden WACC, zu einer exakten Lösung zu kommen.

(3) Zur Berücksichtigung von Pensionsrückstellungen

Wie Zusagen aus betrieblicher Altersversorgung im Rahmen des Entity-Ansatzes zu behandeln sind, ist ein ungelöstes Problem. Die amerikanische Literatur diskutiert diesen Aspekt nicht, weil der Beitrag der Unternehmen zur Altersversicherung nicht über den Weg der Direktzusage verbunden mit innerbetrieblichen Ansparprozessen realisiert wird. Wegen der Bedeutung der Direktzusage in Deutschland, die sich u.a. dokumentiert in den beachtlichen Quoten, die die Position Pensionsrückstellungen an den Bilanzsummen deutscher Kapitalgesellschaften erreicht, ist die Berücksichtigung der durch Direktzusagen ausgelösten Belastungen im durchschnittlichen Kapitalkostensatz für Anwender der Entity-Methode unerläßlich. Eine Lösungsmöglichkeit[128] könnte darin bestehen, auch hier ein belastungsgleiches Fremdkapitalvolumen F^{**} zu definieren um dann mit Formel (61''') zu arbeiten:

$$\text{WACC} = k_s \left[1 - s\,\frac{F + F^* + F^{**}}{V^F}\right]. \qquad (61''')$$

Das belastungsgleiche Fremdkapitalvolumen F^{**} könnte wie folgt berechnet werden.[129] Die Zusage einer Leistung zur betrieblichen Altersversorgung an einen Arbeitnehmer führt zu einem vom Steuergesetzgeber normierten Ansparvorgang,[130] der in der Ansparphase zu Ausschüttungsverzichten der Eigentümer in jeder Periode in Höhe von

128 Direktzusagen und der Ansparvorgang über Pensionsrückstellungen werden hier ausschließlich als Finanzierungsinstrument betrachtet. Die sonstigen personalpolitischen Vorteile der Leistungen aus betrieblicher Altersversorgung bleiben unbeachtet.

129 Die Überlegungen werden hier nur skizziert. Vgl. zu einer ausführlicheren Darstellung Drukarczyk, J. (1993), Kapitel 15.; Drukarczyk, J. (1993a).

130 Gemäß § 6a EStG.

$$J_t \left(1 - s_{GE}\right)\left(1 - s_I\right) \tag{71}$$

führt. J_t bezeichnet den „gleichbleibenden Jahresbetrag", der der Pensionsrückstellung während der Anwartschaftsphase (= Ansparphase) zuzuführen ist, damit der Teilwert der Pensionsrückstellung unter Beachtung einer ebenfalls normierten Verzinsung von 6 % zum Ende der Ansparphase auf einen Wert angewachsen ist, der dem Barwert der von dem Unternehmen zu erbringenden Rentenleistungen in der Rentenphase entspricht.

Diesen Nachteilen stehen Vorteile gegenüber: Hier wird angenommen, daß Zuführungen zum Teilwert der Pensionsrückstellung andere verzinsliche Fremdmittel ersetzen. Dieser Vorgang läßt sich empirisch stützen, wenn man die zeitliche Entwicklung der Anteile von Pensionsrückstellungen und langfristigem Fremdkapital in den Bilanzen deutscher Unternehmen vergleicht. Dieser Ersatzvorgang löst Fremdmittel, die vor Steuern den Satz i_V kosten, durch Mittel ab, die nominal den Satz $i^E = 0{,}06$ kosten.[131] Zu beachten ist, daß die Zinsen auf Pensionsrückstellungen die Steuerbemessungsgrundlage der Gewerbeertragsteuer voll kürzen,[132] während Zinsen auf Fremdmittel, die steuerlich Dauerschulden darstellen, nur zur Hälfte abzugsfähig sind. Auch bei der Bemessungsgrundlage der Gewerbekapitalsteuer ist der Teilwert der Pensionsrückstellung zu Beginn der Periode $\left(PR_{t-1}\right)$ voll abzugsfähig, während Dauerschulden nur hälftig abgezogen werden können. Damit betragen die während der Anspar- *und* Rentenphase entstehenden Vorteile in einer Periode t

$$PR_{t-1}\left[i_V\left(1 - 0{,}5\, s_{GE}\right) - i^E\left(1 - s_{GE}\right) + 0{,}5\, s_{GK}\left(1 - s_{GE}\right)\right]\left(1 - s_I\right). \tag{72}$$

In jeder Periode der Ansparphase entsteht also ein Nachteil[133] in Höhe von (71). Wegen des langsamen Aufbaus des Teilwertes der Pensionsrückstellung nehmen die Vorteile im Zeitablauf zu, erreichen ihr Maximum mit dem Beginn der Rentenphase und fallen während der gesamten Rentenphase, um an deren Ende den Wert Null zu erreichen. Das bela-

---

131 i^E bezeichnet den in § 6 a EStG normierten Zinssatz von 6 %.

132 BFH-Urteil IV R 194/74 vom 18.1.1979.

133 Anpassungen von betrieblichen Altersversorgungszusagen, die Änderungen im Zuführungsmodus bewirken können, sind möglich, werden aber hier ausgeblendet.

stungsgleiche Fremdkapitalvolumen F^{**} ist nun dasjenige, das die gleichen Belastungen auslöst wie die, die während Anspar- und Rentenphase für die Eigentümer der Gesellschaft entstehen. Wir berechnen den Barwert der Nachteile gemäß

$$\sum_{t=1}^{RA} J_t \left(1 - s_{GE}\right)\left(1 - s_I\right)\left(1 + i_{V,s}\right)^{-t}, \tag{73}$$

wobei $i_{V,s}$ den Zinssatz darstellt, den das Unternehmen für zusätzliche Fremdmittel mit entsprechender Laufzeit nach Steuern entrichten muß.

Wir berechnen den Barwert der Vorteile in Höhe von (74):[134]

$$\sum_{t=1}^{RE} PR_{t-1}\left[i_V \left(1 - 0{,}5\, s_{GE}\right) - i^E \left(1 - s_{GE}\right) + 0{,}5\, s_{GK} \left(1 - s_{GE}\right)\right] \left(1 - s_I\right)\left(1 + i_{V,s}\right)^{-t} \tag{74}$$

Die Differenz zwischen (73) und (74) ist das Fremdkapitalvolumen, F^Z, das *zusätzlich* zu dem bereits abgelösten Fremdkapital in Höhe von PR_{t-1} erforderlich ist, um Belastungsgleichheit herzustellen. Diese Differenz ist regelmäßig positiv; d.h. durch Pensionsrückstellungen repräsentierte Mittel sind teurer als Fremdkapital.[135] Wenn wir das zusätzlich erforderliche Fremdkapital mit F^Z bezeichnen, folgt für F^{**}:

$$F_{t-1}^{**} = PR_{t-1} + F_{t-1}^{Z}\,. \tag{75}$$

Damit stünde die für die Formel (61''') benötigte Information zur Verfügung. Nun ist der Betrag des belastungsgleichen Fremdkapitalvolumens im Zeitablauf i.d.R. nicht konstant. Weil der Ansparvorgang fortschreitet, Nachteile also in verstärktem Maße bereits angefallen sind und das Gewicht der Vorteile i.S.v. (72) wächst, fällt das belastungsgleiche Fremdkapitalvolumen in der Zeit. Die Aussichten, mit einem einzigen stellvertretenden durchschnittlichen Kapitalkostensatz i.S.d. Formel (61''') zu genauen Ergebnissen zu kommen, schwinden damit.[136] Nur

---

134 RA bezeichnet den Beginn, RE das Ende der Rentenphase; $i_{V,s}$ steht für den Verschuldungszinssatz nach Steuern.

135 Vgl. hierzu Drukarczyk, J. (1993), Kapitel 15 und (1993 a).

136 Vgl. Richter, F. (1996), S. 121.

wenn der sog. Beharrungszustand erreicht ist, in dem die Zuführung zur Pensionsrückstellung in jeder Periode der Rentenzahlung des Unternehmens entspricht, ist das belastungsgleiche Fremdkapitalvolumen F^{**} konstant. Will man unter deutschen institutionellen Rahmenbedingungen mittels des Entity-Ansatzes mit einem stellvertretenden durchschnittlichen Kapitalkostensatz arbeiten und korrekte Ergebnisse erzielen, muß die Annahme des erreichten Beharrungszustandes erfüllt sein.[137] Dieses Ergebnis ist wichtig. Bereits oben wurde darauf hingewiesen, daß die Benutzung von WACC *konstante* Kapitalstrukturrelationen erfordert. Dies gilt auch für die Einbeziehung von Pensionsrückstellungen.

Nun schränkt diese Prämisse den Nutzen der Entity-Methode erheblich ein.[138] Welche Unternehmen planen konstante Kapitalstrukturrelationen für alle Zukunft? Beobachten wir nicht eindeutig erkennbare Verschiebungen in den historischen Kapitalstrukturen? Haben nicht Renditestrukturen am Kapitalmarkt, Änderungen im Steuersystem, Verschiebungen der operativen Risiken in den Geschäftsbereichen, Änderungen der Ausschüttungsgestaltung Einfluß auf die Struktur der Finanzierung? Vor diesem Hintergrund macht die WACC-Version, soweit mit einem einzigen stellvertretenden Diskontierungssatz gearbeitet wird, einen wenig befriedigenden Eindruck.

Nun könnte man Kapitalstrukturänderungen im Zeitablauf auch bei Einsatz der WACC-Version berücksichtigen. Man hat dann periodenspezifische WACC-Sätze zu berechnen. Wir kommen auf diesen Ansatz an anderer Stelle zurück.

Wir werden sehen, daß die im folgenden Abschnitt dargestellte APV-Methode mit im Zeitablauf variierenden Kapitalstrukturen (und Ausschüttungsstrukturen) vergleichsweise souverän umgehen kann.

---

137 Vgl. Richter, F. (1996), S. 121.

138 Dies scheint der Akzeptanz der Entity-Methode nicht zu schaden. Die Bewertungsanleitungen von Rappaport (1986) und Copeland/Koller/Murrin (1994) arbeiten ausschließlich mit dem Entity-Ansatz und damit mit WACC. Je komplexer die Steuersysteme und die sich verändernde Kapitalstrukturen der Unternehmen sind, je ungenauer werden die mit der Entity-Methode erzielten Ergebnisse, wenn man mit *einem* stellvertretenden durchschnittlichen Kapitalkostensatz arbeitet.

3. APV-Methode

a. Vorteile der Methode

Mit der Methode des Adjusted Present Value (APV) wird der Unternehmensgesamtwert komponentenweise ermittelt:

- Im ersten Schritt wird die realisierte Kapitalstruktur des Unternehmens ausgeblendet und eine ausschließliche Eigenfinanzierung aller operativen Tätigkeiten unterstellt. Der Wert bei reiner Eigenfinanzierung, V^E, stellt den Wert der operativen Tätigkeiten unter Beachtung der vom Management geplanten oder der unter Beachtung steuerlicher Vorschriften optimierten Ausschüttungspolitik dar. Das durch V^E vermittelte Signal ist wichtig: Es zeigt den Wert der Investitionsstrategien losgelöst von den Einflüssen der Finanzierungsstruktur.
- Im zweiten Schritt werden die Wertbeiträge der Finanzierungsseite, also der vom Unternehmen gewählten Kapitalstruktur ermittelt. Hier ist unter steuerlichem Aspekt ein „Unternehmenssteuereffekt" und ein „Einkommensteuereffekt" zu unterscheiden.
- Die Summe aus V^E und den im zweiten Schritt ermittelten Wertbeiträgen ergibt den vorläufigen[139] Unternehmensgesamtwert V^F.
- Der Wert des Eigenkapitals berechnet sich, indem V^F vermindert wird um den Wert der Ansprüche von Nicht-Eigenkapitalgebern, also insbesondere von Fremdkapitalgebern und Pensionszahlungsberechtigten.

Der Vorteil der Methode besteht in der Möglichkeit, wertbeeinflussende Merkmale von Unternehmen *getrennt* zu bewerten und damit eine Genauigkeit zu erreichen, die bei Einsatz der Entity-Methode und der später zu besprechenden Ertragswert-Methode - jedenfalls bei der in der Praxis üblichen Handhabung - nicht erreichbar ist.

139 Der Wert ist vorläufig, weil hier die Bewertung der operativen Tätigkeiten des Unternehmens im Vordergrund steht. In separaten Berechnungen ist der Wert der Finanzanlagen und anderer nicht betriebsnotwendiger Vermögensteile zu ermitteln.

b. Anwendung der APV-Methode

In Abschnitt IV. dieses Kapitels wurde die Value AG vorgestellt. Auf dieses Beispiel-Unternehmen wird jetzt zurückgegriffen. Tabelle 9 zeigt die Ausgangsdaten.

Bilanz/GuV	t=0	1	2	3	4	5	6	7	8 ff.
Sachanlagen	10.000	10.200,0	10.710,0	11.459,7	11.688,9	11.922,7	12.161,1	12.769,2	12.769,2
Netto-Umlauf-vermögen	9.900	9.960,0	10.159,2	10.057,6	10.359,3	10.773,7	11.096,9	11.318,8	11.318,8
Bilanzsumme	19.900	20.160,0	20.869,2	21.517,3	22.048,2	22.696,4	23.258,0	24.088,0	24.088,0
Eigenkapital	11.000	11.707,4	12.457,6	13.145,8	13.854,4	14.644,9	15.493,2	16.379,6	16.379,6
Pensionsrückst.	3.000	3.024,0	3.048,5	3.073,6	3.099,2	3.125,4	3.152,0	3.179,5	3.179,5
Fremdkapital	5.900	5.428,6	5.363,1	5.297,9	5.094,6	4.926,1	4.612,8	4.528,9	4.528,9
Bilanzsumme	19.900	20.160,0	20.869,2	21.517,3	22.048,2	22.696,4	23.258,0	24.088,0	24.088,0
Umsatzerlöse		12.000,0	12.240,0	12.117,6	12.481,1	12.980,4	13.369,8	13.637,2	13.637,2
Betriebl. Auf-wendungen		6.840,0	6.976,8	6.907,0	7.114,2	7.398,8	7.620,8	7.773,2	7.773,2
Abschreibungen		1.250,0	1.275,0	1.338,8	1.432,5	1.461,1	1.490,3	1.520,1	1.596,1
Zuführung zur Pensionsrück-stellung		480,0	490,4	501,2	512,2	523,6	535,3	547,3	559,7
Zinsaufwand		413,0	380,0	375,4	370,9	356,6	344,8	322,9	317,0
Gewinn vor Steuern		3.017,0	3.117,8	2.995,2	3.051,3	3.240,2	3.378,5	3.473,6	3.391,1
Steuern		1.602,2	1.660,2	1.599,6	1.635,3	1.742,4	1.822,9	1.879,7	1.612,3
Jahresüberschuß		1.414,8	1.457,6	1.395,6	1.416,0	1.497,9	1.555,6	1.593,9	1.778,8
Ausschüttungen		707,4	707,4	707,4	707,4	707,4	707,4	707,4	1.778,8
Zuführung zu Gewinnrückla-gen		707,4	750,2	688,2	708,6	790,5	848,2	886,5	0,0

Tabelle 9: Value AG bei geplanter Kapitalstruktur und geplanter Ausschüttungspolitik

Im ersten Schritt ist der Wert des Unternehmens zu ermitteln, den dieses bei ausschließlicher Eigenfinanzierung hätte. Wir bezeichnen diesen Wert mit V^E. In späteren Schritten wird der Wert der durch Fremd- und/oder Innenfinanzierung bedingten steuerlichen Vorteile addiert bzw. Nachteile subtrahiert.

Um V^E, den Wert bei vollständiger Eigenfinanzierung zu berechnen, benötigt man a) die erwarteten entziehbaren Überschüsse für den Fall der vollständigen Eigenfinanzierung des Unternehmens und b) die geforderte Rendite der Eigentümer unter der Prämisse, daß das Unternehmen vollständig eigenfinanziert ist. Die Bedeutung „richtiger", risikoäquivalenter Diskontierungssätze wurde schon mehrfach angesprochen. Das Problem wird später behandelt. An dieser Stelle setzen wir die geforderte Rendite der Eigentümer für ein der Value AG entsprechendes Investitionsrisiko mit $k_s = 0{,}0939$ fest.

Betrachten wir nun die bei ausschließlicher Eigenfinanzierung der Value AG erwarteten, entziehbaren Überschüsse. Die Value AG weist dann keinerlei Verbindlichkeiten und keine Pensionsrückstellungen mehr aus: Zinsen, Tilgungen, Zuführungen zu Pensionsrückstellungen, Rentenzahlungen und die durch diese Positionen ausgelösten steuerlichen Wirkungen entfallen. Der Weg zur Ermittlung der bei reiner Eigenfinanzierung entziehbaren Überschüsse wurde in Abschnitt IV. bereits erläutert. Tabelle 13 zeigt das Ergebnis: Zeile (8) weist die bei unveränderter Investitionsstrategie der Value AG ausschüttungsfähigen und finanzierbaren Ausschüttungen aus, wenn das Management dem *Residualprinzip* folgt, d.h. nur die Mittel einbehält, die für die Investitionen benötigt werden. Diese Politik wird als residuale Ausschüttung bezeichnet.

	1	2	3	4	5	6	7	8 ff.
(1) Umsatzerlöse	12.000	12.240	12.118	12.481	12.980	13.370	13.637	13.637
(2) Betriebliche Aufwendungen	6.840	6.977	6.907	7.114	7.399	7.621	7.773	7.773
(3) Unternehmenssteuern	947	964	955	975	1.014	1.047	1.069	1.069
(4) Investitionsauszahlungen	1.510	1.984	1.987	1.963	2.109	2.052	2.350	1.596
(5) Verfügbar für KöSt und Ausschüttung	2.703	2.315	2.268	2.429	2.458	2.650	2.445	3.199
Erforderliche Gewinn rücklage (ΔRl_t)	260	709	648	530	648	562	830	0
(6) KöSt auf Thesaurierung	213	580	530	434	530	460	679	0
(7) KöSt auf Ausschüttung	747	521	521	599	578	657	530	960
(8) Ausschüttung	1.743	1.215	1.217	1.397	1.350	1.533	1.236	2.239
(9) Gesamter Cash-flow auf Unternehmensebene	0	-1	0	-1	0	0	0	0
(10) nachrichtlich: Jahresüberschüsse	2.003	1.924	1.865	1.927	1.998	2.095	2.066	2.239

Tabelle 13: Ermittlung der residualen Ausschüttungen bei Eigenfinanzierung

Die in Zeile (8) ausgewiesenen Ausschüttungen sind noch keine geeignete Basis für die Bewertung der Value AG. Hierfür sind zwei Gründe maßgebend: Erstens ist die Körperschaftsteuergutschrift zu beachten. Die vom Unternehmen gezahlte Körperschaftsteuer auf Ausschüttung, die in Zeile (7) ausgewiesen ist, ist technisch eine Vorauszahlung auf die vom Ausschüttungsempfänger zu entrichtende Einkommensteuer. Der Einkommensteuer des Ausschüttungsempfängers unterliegen Ausschüttung *und* Körperschaftsteuergutschrift. In der Literatur wird die Frage aufgeworfen, ob die Überschüsse einschließlich der Körperschaftsteuergutschrift[140] für die Zwecke der Bewertung vor oder nach Einkommensteuer zu definieren sind. Hier wird mit Überschüssen nach Unternehmenssteuern, Körperschaftsteuer auf Thesaurierung und nach Einkommensteuer gerechnet.

140 Die Körperschaftsteuergutschrift ist ein geldwerter Vorteil für Ausschüttungsempfänger, die der Einkommensteuer unterliegen, da sie die Körperschaftsteuer auf Ausschüttung mit der Einkommensteuerbelastung verrechnen können.

Die Stellungnahme HFA 2/1983 bezeichnet die Einbeziehung der persönlichen Einkommensteuern bei der Unternehmensbewertung „als unüblich"[141], da die Berücksichtigung dieser Steuer bei den entziehbaren Überschüssen des zu bewertenden Unternehmens und bei der Alternativrendite das Bewertungsergebnis kaum ändern würde. Diesem Ratschlag wird hier nicht gefolgt, weil sich der angesprochene Kompensationseffekt exakt nur im Fall der unendlichen Rente bei Sicherheit einstellt. Dieser Fall darf - auch wenn die Bewertungspraxis gern mit dieser Hypothese arbeitet - keinesfalls generell unterstellt werden. Der zweite Grund, warum die Daten in Zeile (8) der Tabelle 13 eine gewisse Vorläufigkeit haben, ist die Frage, ob die dort unterstellte Ausschüttungspolitik optimal ist. Tabelle 13 unterstellt eine residuale Ausschüttungspolitik: Der Free Cash-flow i.S.v. Jensen wird ausgeschüttet. Das sind die Beträge, die - unter Beachtung der bereits durch Innenfinanzierung generierten Mittel - für die Finanzierung der geplanten Investitionsstrategie nicht benötigt werden. In Periode 1 thesauriert die Value AG Mittel in Höhe von 260 zu diesem Zweck. Ob diese Politik steuerlich optimal ist, hängt von den geltenden steuerlichen Normen und der Eigentümerstruktur der Gesellschaft ab. Ist die marginale Einkommensteuerbelastung der Ausschüttungsempfänger deutlich niedriger als $s_K^T = 0{,}45$, lohnte z.B. eine Jahresüberschuß-bezogene Vollausschüttung.

Im folgenden wird zunächst der Wert der Value AG bei der in Tabelle 13 unterstellten residualen Ausschüttungspolitik ermittelt. Der Wert der Value AG bei steuerlich optimierter Ausschüttung wird anschließend berechnet. Tabelle 18 zeigt die verfügbaren Überschüsse auf der Ebene der Ausschüttungsempfänger bei Eigenfinanzierung und residualer Ausschüttung.

---

141 HFA 2/1983 (1983), S. 477-478. Diese Position kann inzwischen als überholt gelten. Vgl. den Beitrag von Siepe, G. (1997).

	1	2	3	4	5	6	7	8 ff.
(1) Ausschüttung	1.743	1.215	1.217	1.397	1.350	1.533	1.236	2.239
(2) Körperschaftsteuer-gutschrift	747	521	521	599	578	657	530	960
(3) Einkommensteuer	872	608	608	699	675	767	618	1.120
(4) Verfügbarer Cash-flow nach Einkom-mensteuern	1.618	1.128	1.130	1.297	1.253	1.423	1.148	2.079

Tabelle 18: Verfügbare Überschüsse der Ausschüttungsempfänger nach Einkommensteuern bei Eigenfinanzierung und residualer Ausschüttung

Der in Tabelle 18 unterstellte Einkommensteuersatz beträgt $s_I = 0{,}35$. Die Einkommensteuer berechnet sich gemäß $s_I \left[D_t + KöSt_t^A\right]$. Für Periode 1 gilt $0{,}35(1.743 + 747) = 871{,}50$.

Basis der Bewertung ist somit der verfügbare Cash-flow auf der Ebene der Ausschüttungsempfänger nach Einkommensteuer. Diskontiert man mit $k_s = 0{,}0939$, erhält man $V^E = 18.246$. Der Wert der Value AG bei reiner Eigenfinanzierung und residualer Ausschüttung beträgt 18.246.

Jetzt wird die am Residualprinzip orientierte Ausschüttungspolitik aufgegeben. Da der Einkommensteuersatz mit 35 % den Thesaurierungssatz mit 45 % in unserem Beispiel klar unterschreitet, könnte die Value AG zu einer Jahresüberschuß-bezogenen Vollausschüttung übergehen. Die für Investitionszwecke benötigten Mittel - das sind die, die in Tabelle 13 unter der Bezeichnung „erforderliche Gewinnrücklage" ausgewiesen werden - werden durch Wiedereinlagen der Alteigentümer aufgebracht. Transaktionskosten der Wiedereinlage bleiben unbeachtet.

Tabelle 19 weist in Zeile (7) die jetzt höheren Ausschüttungen und die ebenfalls höheren Körperschaftsteuergutschriften in Zeile (6) aus. Bei gegebenen Wiedereinlagebeträgen ist der verfügbare Cash-flow auf der Ebene der Eigentümer jetzt höher als zuvor. Bei konstantem Diskontierungssatz von 9,39 %[142] beträgt der Wert des Unternehmens jetzt 18.771. Dieser Wert wird mit V^{E^*} bezeichnet.

142 Damit werden mögliche Rückwirkungen der veränderten Ausschüttungspolitik auf die von den Eigentümern geforderte Rendite ausgeblendet.

	1	2	3	4	5	6	7	8 ff.
(1) Umsatzerlöse	12.000	12.240	12.118	12.481	12.980	13,370	13.637	13.637
(2) Betriebl. Aufwendungen	6.840	6.977	6.907	7.114	7.399	7.621	7.773	7.773
(3) Unternehmenssteuern	947	964	955	975	1.014	1.047	1.069	1.069
(4) Abschreibungen	1.250	1.275	1.339	1.433	1.461	1.490	1.520	1.596
(5) Verfügbar für Ausschüttung und KöSt	2.963	3.024	2.917	2.959	3.106	3.212	3.275	3.199
(6) KöSt auf Ausschüttung	889	907	875	888	932	964	983	960
(7) Ausschüttung	2.074	2.117	2.042	2.071	2.174	2.248	2.292	2.239
(8) Einkommensteuer $s_I\,[(6)+(7)]$	1.037	1.058	1.021	1.036	1.087	1.124	1.146	1.120
(9) Wiedereinlage[143]	260	709	648	530	648	562	830	0
(10) Verfügbarer Cashflow nach ESt und Wiedereinlage	1.666	1.257	1.248	1.393	1.371	1.526	1.299	2.079

Tabelle 19: Verfügbare Überschüsse der Ausschüttungsempfänger bei Eigenfinanzierung und steuerlich optimaler Ausschüttung

Wir wenden uns jetzt der Ermittlung der Wertbeiträge zu, die durch die vom Management gewählte Kapitalstruktur der Value AG ausgelöst werden. Dies ist aus drei Gründen aufwendiger als in dem oben in Abschnitt 2.a. benutzten einführenden Beispiel der KF-AG: Das deutsche Steuersystem ist weit komplexer als die im Fall der KF-AG unterstellten steuerlichen Gegebenheiten; das Niveau des Fremdkapitals der Value AG schwankt von Periode zu Periode, weil das Management Fremdkapital tilgt. Schließlich weist die Passivseite der Value AG Pensionsrückstellungen aus, deren steuerliche Behandlung der von langfristigem Fremdkapital nicht entspricht, und deren Niveau von Periode zu Periode ebenfalls schwankt. Wir werden in einem ersten Schritt auch die Substanzsteuern in den Bewertungskalkül einbeziehen. Dies hat einen pragmatischen Grund. Selbst wenn die Gesetze zur Abschaffung von Gewerbekapital- und Vermögensteuer erlassen wären, ist die Wirkung dieser Steuern bei der Aufbereitung der Unternehmensdaten für einen zurückliegenden Zeitraum von etwa 5-8 Jahren von Bedeutung. Die Transpa-

143 Die Wiedereinlage entspricht der Differenz zwischen geplanter Investitionsauszahlung und Abschreibung.

renz, die eine präzise Aufbereitung der historischen Daten liefert, erleichtert auch die Prognose der zukünftigen Ereignisse.

Wir wissen aus den Überlegungen in Abschnitt V., daß die Kapitalstruktur des Unternehmens auf die Höhe der Unternehmenssteuern - das sind nach der hier verwendeten Definition die Vermögen-, Gewerbekapital-, Gewerbeertrag- und die Körperschaftsteuer auf die Vermögensteuer - zurückwirkt. Tabelle 20 stellt die von der Value AG zu entrichtenden Unternehmenssteuern für den Fall der reinen Eigenfinanzierung (Zeile 1) und den Fall der von der Value AG realisierten Kapitalstruktur (Zeile 2) gegenüber und zieht in Zeile (3) die Differenz. Diese steuerlichen Vorteile fließen den Eigentümern zu und werden folglich um die von den Ausschüttungsempfängern zu entrichtende Einkommensteuer verkürzt. Das Ergebnis zeigt Zeile (4) der Tabelle 20.

	1	2	3	4	5	6	7	8ff.
(1) Unternehmenssteuern bei reiner Eigenfinanzierung[144]	947	964	955	975	1.014	1.047	1.069	1.069
(2) Unternehmenssteuern bei realisierter Kapitalstruktur[145]	720	743	733	751	792	825	851	850
(3) Differenzen	227	221	222	224	222	222	218	219
(4) Differenzen nach Einkommensteuer	147	144	144	146	144	144	142	142

Tabelle 20: Differenzen der durch die Kapitalstrukturunterschiede ausgelösten Steuerzahlungen

Wie ist die steuerliche Belastung in Höhe von 947 in Periode 1 zu erklären? Bei ausschließlicher Eigenfinanzierung sind auf Unternehmensebene Gewerbekapitalsteuer (159), Gewerbeertragsteuer (625), Vermögensteuer (90) und Körperschaftsteuer auf Vermögensteuer (73) zu entrichten. Im Detail ist wie folgt zu rechnen:

144 Vgl. Tabelle 13, Zeile (3).

145 Vgl. Tabelle 10, Zeile (7).

• Gewerbekapitalsteuer:	Bilanzsumme am Ende der Vorperiode:	19.900
	$0{,}008 \cdot 19.900$	159
• Gewerbeertragsteuer:	Umsatzerlöse	12.000
	Betriebliche Aufwendungen	-6.840
	Abschreibungen	-1.250
	Gewerbekapitalsteuer	-159
		3.751
	$0{,}1667 \cdot 3.751$	625
• Vermögensteuer:	Bilanzsumme am Ende der Vorperiode:	19.900
	$0{,}75 \cdot 0{,}006 \cdot 19.900$	90
• Körperschaftsteuer auf Vermögensteuer	$0{,}45 \cdot 90 \cdot \frac{1}{1-0{,}45}$	73

Die Werte in Tabelle 20, Zeile (1) folgen diesem Rechenmuster. Zeile (4) der Tabelle 20 zeigt die steuerlichen Vorteile der realisierten Kapitalstruktur nach Einkommensteuern. Bevor wir den Barwert der Vorteile berechnen, ist ein Blick auf die Herkunft der Vorteile sinnvoll. Formel (58) definiert den periodischen Vorteil aus den von der Value AG eingesetzten Fremdmitteln (Dauerschulden) nach Einkommensteuern:

$$F\left[0{,}75\, s_V \frac{1}{1-s_K^T} + 0{,}5\, s_{GK} - 0{,}5 s_{GK}\, s_{GE} + 0{,}5\, i\, s_{GE}\right]\left(1-s_I\right) \tag{58}$$

bzw. $F\alpha\left(1-s_I\right)$.

Setzt man die oben benutzten Steuersätze ein und setzt $i = 0{,}07$, erhält man für α den Wert 0,01735. Die folgende Tabelle zeigt die durch den Einsatz von Fremdkapital ausgelösten Vorteile.

(1)	(2)	(3)	(4)
t	F_t	α^F [146]	$F_{t-1}\,\alpha^F\left(1-s_I\right)$
0	5.900	0,01735	
1	5.429	⋮	66,54
2	5.363	⋮	61,23
3	5.298	⋮	60,48
4	5.095	⋮	59,75
5	4.926	⋮	57,46
6	4.613	⋮	55,55
7	4.529	⋮	52,02
8 ff.	4.529	0,01735	51,08

Spalte (4) weist den steuerlichen Vorteil nach Einkommensteuern pro Periode aus, der allein durch den Einsatz von Fremdkapital bedingt ist, das steuerlich Dauerschulden darstellt.

Nun hat die Value AG auch Pensionsrückstellungen. Auch diese erzielen steuerliche Vorteile. Der Vorteil beträgt pro Periode nach Einkommensteuern:[147]

$$PR_{t-1}\left[0{,}75\,s_V\,\frac{1}{1-s_K^T}+s_{GK}-s_{GK}s_{GE}+i^E s_{GE}\right]\left(1-s_I\right) \tag{76}$$

$$+J_t\,s_{GE}\left(1-s_I\right)$$

bzw. $PR_{t-1}\,\alpha^{PR}\left(1-s_I\right)+s_{GE}\,J_t\left(1-s_I\right)$

Für die angegebenen Steuersätze nimmt α^{PR} den Wert 0,02485 an. Die folgende Tabelle zeigt die durch die Pensionsrückstellungen induzierten Vorteile nach Einkommensteuern in Spalte (7).

---

146 α^F steht für den durch Fremdkapital bedingten Vorteil.

147 $i^E = 0{,}06$ i.S.v. § 6a EStG; J_t bezeichnet den gleichbleibenden Jahresbetrag i.S.v. § 6a EStG. Die periodische Zuführung zur Pensionsrückstellung beträgt $i^E \cdot PR_{t-1} + J_t$.

(1)	(2)	(3)	(4)	(5)	(6)	(7)
t	PR_{t-1}	α^{PR}	$PR_{t-1} \cdot \alpha^{PR}$	J_t	$s_{GE} \cdot J_t$	$[(4)+(6)](1-s_I)$
0	3.000	0,02485				
1	3.024	⋮	74,55	300,00	50,01	80,96
2	3.049	⋮	75,15	308,96	51,50	82,32
3	3.074	⋮	75,77	318,26	53,05	83,73
4	3.099	⋮	76,39	327,76	54,64	85,17
5	3.125	⋮	77,01	337,66	56,29	86,65
6	3,152	⋮	77,66	347,80	57,98	88,17
7	3.180	⋮	78,33	358,18	59,71	89,73
8ff.	3.180	0,02485	79,02	368,90	61,50	91,34

Fügt man die F- und PR-induzierten Vorteile pro Periode zusammen, erhält man die in Tabelle 20 in Zeile (4) ausgewiesenen Vorteile.[148]

Die gesamten steuerlichen Vorteile sind nun zu diskontieren. Oben in Abschnitt 2.b. wurde die Frage des Risikogehaltes von steuerlich bedingten Vorteilen diskutiert. Das Management der Value AG betreibt eine autonome Verschuldungspolitik i.d.S., daß sie das Fremdkapitalvolumen nicht an den Unternehmensgesamtwert bindet. Es besteht somit keine explizite Verknüpfung von F und V^F. Fehlt aber die Bindung von F an V^F, kann sie nicht Ursache für unsichere Zinszahlungen und damit unsichere steuerliche Vorteile sein. Dann wäre zu prüfen, ob die Value AG die in Formel (58) erfaßten Steuervorteile vor dem Hintergrund schwankender steuerlicher Bemessungsgrundlagen und Einzahlungsüberschüsse in jeder Periode nutzen kann. Dies kann bei der gegebenen Datenlage nicht mit letzter Sicherheit gesagt werden, da die Tabellen nur Erwartungswerte, also die Konzentrate von Szenario-basierten Zahlungen und Beständen ausweisen. Wir nehmen im folgenden vereinfachend an, daß die Value AG auch bei widrigsten Umständen - also im pessimistischen Szenario - die steuerlichen Vorteile in jeder Periode geltend machen kann. Zur Diskontierung benutzen wir dann den Zinssatz $i = 0{,}07$ nach Einkommensteuern, also $i(1-s_I) = 0{,}0455$. Der Barwert der Vorteile in Zeile (4) der Tabelle 20 beträgt unter diesen Annahmen 3.136. Dieser positive Wertbeitrag wird hier mit V^{USt} bezeichnet. Er ist Ergebnis des Unternehmenssteuereffektes: Es sind nämlich die mit Unterneh-

148 Differenzen resultieren aus Rundungsfehlern.

menssteuern bezeichneten Vermögen-, Gewerbekapital- und Gewerbeertragsteuer, die diesen Wertbeitrag auslösen.

Wählen wir die residuale Ausschüttungspolitik als Bezugspunkt, beträgt der Unternehmensgesamtwert vorläufig 18.246 + 3.136 = 21.382. Dies ist ein noch vorläufiger Wert, weil der Wert V^E und der durch die Kapitalstruktur bedingte Wertbeitrag V^{USt} noch nicht das Endergebnis darstellen. Nur unter engen Bedingungen gilt nämlich $V^F = V^E + V^{USt}$. Sind diese nicht erfüllt, ist der *Einkommensteuereffekt* zu beachten.

Der Einkommensteuereffekt, den wir mit V^{ESt} bezeichnen, resultiert aus den steuerlichen Konsequenzen der Ausschüttungs- und Thesaurierungswirkungen, die sich aus Veränderungen des Kapitalstrukturgestaltung im Zeitablauf ergeben. Das Management der Value AG steuert zwei Parameter, die Rückwirkungen auf die Ausschüttung bzw. die Thesaurierung von Überschüssen haben:

(1) Bestände an Fremdkapital werden durch - vermutlich vertragsgemäße - Tilgungen zurückgefahren. Die benötigten Mittel werden durch Thesaurierung aufgebracht.

(2) Die Zuführungen zu den Pensionsrückstellungen (ZPR_t) übersteigen die Rentenzahlungen (R_t) pro Periode. Damit wird Innenfinanzierungsvolumen geschaffen, das steuerlich günstiger ist als die Rücklagenbildung, die ein rein eigenfinanziertes Unternehmen vorzunehmen hätte, wenn es über gleiche Mittelbestände im Unternehmen verfügen wollte.

Die wertmäßigen Auswirkungen dieser Maßnahmen sind zu quantifizieren.

Man kann die Notwendigkeit, Einkommensteuereffekte bei der Bewertung zu beachten auch so begründen: Zu bewerten ist die Value AG unter Beachtung ihrer individuellen Kapitalstruktur und ihrer spezifischen Ausschüttungsgestaltung. Wir haben bislang zur Rekonstruktion des Unternehmens zwei Schritte hinter uns: (1) Die Bewertung bei fingierter Eigenfinanzierung und residualer Ausschüttung; (2) die Bewertung der steuerlichen Vorteile aus der sich im Zeitablauf ändernden Kapitalstruktur. Damit ist der faktische Ausschüttungsstrom, den die Value AG verspricht, noch nicht vollständig hergestellt. Die noch bestehenden Unterschiede, die aus unterschiedlichem Thesaurierungsverhalten resultieren, werden durch den Einkommensteuereffekt erfaßt.

Wir wollen zuerst verdeutlichen unter welchen Bedingungen mit dem Auftreten eines Einkommensteuereffektes *nicht* zu rechnen ist.

Wir blenden zu diesem Zweck die in Periode 1 zu leistende Tilgung in Höhe von 471 aus und vergleichen die Zahlungen im Fall reiner Eigenfinanzierung und residualer Ausschüttungspolitik mit denen bei der realisierten Kapitalstruktur und unterstellen auch für diesen Fall, daß die Value AG einer residualen Ausschüttungspolitik folgt. Tabelle 21 stellt die Daten für Periode 1 zusammen.

	A. Eigenfinanzierung		B. Realisierte Kapitalstruktur (ohne Tilgung)	
	GuV	Finanzrechnung	GuV	Finanzrechnung
Umsatzerlöse	12.000	12.000	12.000	12.000
Betriebliche Aufwendungen	6.840	6.840	6.840	6.840
Abschreibungen	1.250		1.250	
Investitionen		1.510		1.510
Zinsen			413	413
Zuführung PR			480	
Rentenzahlungen				456
(1) Unternehmenssteuern	947	947	720	720
(2) $KöSt^I$	213	213	193	193
(3) $KöSt^A$	747	747	560[149]	560
Summe Steuern	1.907	1.907	1.473	1.473
Gewinn nach Steuern (Jahresüberschuß)	2.003		1.544	
Gewinnrücklage	260	260	236[150]	236
Ausschüttung	1.743	1.743	1.308	1.308
Cash-flow auf Unternehmensebene		0		0
Einkommen Eigentümer	2.490	2.490	1.868	1.868
(4) Einkommensteuer	872	872	654	654
(a) Cash-flow Eigentümer	1.618	1.618	1.214	1.214
(b) Cash-flow Gläubiger			413	413
(c) Cash-flow Rentner			456	456
(d) Cash-flow Fiskus[151]	2.032	2.032	1.567[152]	1.567
Summe (a) bis (c)	1.618	1.618	2.083	2.083
Summe (a) bis (d)	3.650	3.650	3.650	3.650

Tabelle 21: Vergleich der Zahlungswirkungen bei Eigenfinanzierung und realisierter Kapitalstruktur und residualer Ausschüttung

Bei reiner Eigenfinanzierung erhalten die Kapitalgeber in Periode 1 Zahlungen in Höhe von 1.618; bei der realisierten Kapitalstruktur erzielen alle Kapitalgeber zusammen 1.214 + 413 + 456 = 2.083. Nun ist es weder konsistent noch realistisch, die Einkommensbesteuerung von Gläubigern und Empfängern betrieblicher Altersversorgungsleistungen

149 Die Ausschüttung ist 1.307; $0{,}42857 \cdot 1.307 = 560$.

150 $\Delta Rl_t = I_t - Ab_t - (ZPR_t - R_t) = 1.510 - 1.250 - (480 - 456) = 236$.

151 (1) + (2) + (4)

152 Die Besteuerung des Einkommens der Gläubiger und Rentner ist hier noch nicht beachtet.

auszublenden. Eine sinnvolle Annahme insbesondere über die Höhe der Einkommensbesteuerung letzterer ist nicht einfach zu finden. Wir setzen hier die Annahme, Gläubiger und betriebliche Rentenempfänger würden ebenfalls mit $s_I = 0{,}35$ besteuert.[153] Die Einnahmen des Fiskus belaufen sich dann auf 1.567 + 0,35 (413 + 456) = 1.871. Der Vorteil aller Financiers gegenüber dem Fall bei reiner Eigenfinanzierung beträgt 1.214 + 0,65 (413 + 456) - 1.618 = 161. Er übersteigt damit den oben berechneten Unternehmenssteuereffekt (147). Die Ursache besteht in der Differenz der in Periode 1 verrechneten Zuführungen zu Pensionsrückstellungen (480) und den in Periode 1 geleisteten Rentenzahlungen (456). Setzen wir nämlich die betriebliche Rentenleistung (R_t) gleich der Zuführung zur Pensionsrückstellung (ZPR_t), erhalten wir die Gewinn- und Verlustrechnung und die Finanzrechnung für Periode 1 in Tabelle 22.

153 Diese Annahme verhindert, daß die Umlenkung von Zahlungen von den Eigentümern zu Gläubigern bzw. betrieblichen Rentnern auch auf der Ebene der individuellen Besteuerung Steuerarbitrage ermöglicht.

C. Realisierte Kapitalstruktur (ohne Tilgung, Zuführung zu PR entspricht Rentenzahlung)		
	GuV	Finanzrechnung
Umsatzerlöse	12.000	12.000
Betriebliche Aufwendungen	6.840	6.840
Abschreibungen	1.250	
Investitionen		1.510
Zinsen	413	413
Zuführung zu PR	480	
Rentenzahlung		480
(1) Unternehmenssteuern	720	720
(2) $KöSt^T$	213	213
(3) $KöSt^A$	547	547
Summe Steuern	1.480	1.480
Gewinn nach Steuern	1.537	
Gewinnrücklage	260	260
Ausschüttung	1.277	1.277
Cash-flow auf Unternehmensebene		0
Einkommen Eigentümer	1.824	1.824
(4) Einkommensteuer	638	638
(a) Cash-flow Eigentümer	1.186	1.186
(b) Cash-flow Gläubiger nach ESt	268	268
(c) Cash-flow Rentner nach ESt	312	312
(d) Cash-flow Fiskus	1.884	1.884
Summe (a) bis (d)	3.650	3.650
Summe (a) bis (c)	1.766	1.766

Tabelle 22: Zahlungswirkungen für den Fall ohne Tilgung und $ZPR_t = R_t$

Jetzt erhalten Eigentümer, Gläubiger und Rentner nach Einkommensteuern mit 1.766 um 148 mehr als die Eigentümer im Fall der reinen Eigenfinanzierung und bei residualer Ausschüttung.[154] Dies entspricht (von einem Rundungsfehler abgesehen) genau dem Vorteil der Eigentümer aus der durch die Kapitalstrukturgestaltung bedingten Reduktion der Unternehmenssteuern, die in Tabelle 20 berechnet wurde. Die Formeln (60) bzw. (60') sind also genau dann korrekte Bewertungsformeln, wenn bei gegebenem Investitionsprogramm Reduktionen des Fremdkapital-

154 Vgl. Tabelle 18, Zeile (4): 1.766 - 1.618 = 148.

volumens F im Zeitablauf ausbleiben *und* wenn die Zuführungen zu Pensionsrückstellungen der Periode den betrieblichen Rentenleistungen entsprechen. Diese Formeln erfassen m.a.W. nur den Unternehmenssteuereffekt und sind somit nur dann korrekt, wenn Rückwirkungen auf die Ausschüttungs- bzw. Thesaurierungspolitik ausbleiben oder als Barwert den Wert Null annehmen. Nehmen wir an, die Value AG hielte das im Zeitpunkt 0 vorhandene Fremdkapitalvolumen (5.900) im Zeitablauf ebenso konstant wie den Bestand an Pensionsrückstellungen (3.000), dann ist allein der Unternehmenssteuereffekt von Bedeutung. Tabelle 23 zeigt die dann relevanten Steuerzahlungen und Finanzflüsse an die Financiers der Value AG. Ein Vergleich der an alle Financiers nach Einkommensteuern fließenden Mittel in Zeile (20) mit Zeile (4) in Tabelle 18 zeigt, daß bei der von der Value AG gewählten Kapitalstruktur mehr Mittel an die Financiers verteilt werden können. In *jeder* Periode entspricht der zusätzlich verteilbare Betrag dem - jetzt konstanten - Vorteil aus verminderten Unternehmenssteuern (227) verkürzt um die Einkommensteuer auf diesen Betrag. Unter den nun getroffenen Annahmen besteht der Unternehmensgesamtwert aus dem Wert bei ausschließlicher Eigenfinanzierung (18.246) und dem Wert der verminderten Zahlungen für Unternehmenssteuern (3.231).[155] Entspräche das Finanzierungsverhalten der Value AG den hier getroffenen Annahmen, wäre die Rechnung beendet. Nur der Unternehmenssteuereffekt wäre neben V^E von Bedeutung. Es gälte $V^F = V^E + V^{USt}$.

Nun entspricht das Finanzierungsverhalten der Value AG nicht den getroffenen Annahmen.[156] Eine Wertbestimmung verlangt, daß der Wert für ein in jeder Hinsicht *identisches* Projekt bestimmt wird. Folglich ist das von der bisherigen Rekonstruktion abweichende Ausschüttungs- bzw. Thesaurierungsverhalten der Value AG zu bewerten. Das Ergebnis bezeichnen wir mit V^{ESt}. Ursache für V^{ESt} sind Einkommensteuereffekte.

155 Die Rechnung unterstellt unendliche Lebensdauer des Unternehmens und konstantes Volumen von F und PR. V^{USt} ergibt sich folglich aus $147 \cdot \frac{1}{0{,}0455} = 3.231$.

156 Die Value AG tilgt Fremdkapital über Gewinnthesaurierungen; außerdem gilt $ZPR_t > R_t$.

	1	2	3	4	5	6	7	8 ff.
(1) Umsatzerlöse	12.000	12.240	12.118	12.481	12.980	13.370	13.637	13.637
(2) Betriebliche Aufwendungen	6.840	6.977	6.907	7.114	7.399	7.621	7.773	7.773
(3) Zinsen	413	413	413	413	413	413	413	413
(4) Zuführung zu Pensionsrückstellungen	480	480	480	480	480	480	480	480
(5) Abschreibungen	1.250	1.275	1.339	1.433	1.461	1.490	1.520	1.596
(6) Unternehmenssteuern	720	737	729	748	787	820	842	842
(7) Rücklagenzuführung	260	709	648	530	648	562	830	0
(8) Verfügbar für KöSt und Ausschüttung[157]	2.037	1.649	1.602	1.763	1.792	1.984	1.779	2.533
(9) KöSt auf Thesaurierung	213	580	530	434	530	460	679	0
(10) KöSt auf Ausschüttung	547	321	322	399	379	457	330	760
(11) Ausschüttung	1.277	748	750	930	883	1.067	770	1.773
(12) KöSt auf Ausschüttung + Ausschüttung	1.824	1.069	1.072	1.329	1.262	1.524	1.100	2.533
(13) Einkommensteuer	638	374	375	465	442	533	385	887
(14) verfügbarer Cash-flow nach Einkommensteuer	1.186	695	697	864	820	991	715	1.646
(15) Cash-flow Gläubiger	413	413	413	413	413	413	413	413
(16) Cash-flow Gläubiger nach Einkommensteuer	268	268	268	268	268	268	268	268
(17) Cash-flow Betriebsrentner	480	480	480	480	480	480	480	480
(18) Cash-flow Betriebsrentner nach Einkommensteuer	312	312	312	312	312	312	312	312
(19) Cash-flow Fiskus[158]	1.884	2.004	1.947	1.960	2.072	2.126	2.219	2.042
(20) Cash-flow an alle Financiers nach Einkommensteuer	1.766	1.275	1.277	1.444	1.400	1.571	1.295	2.226

Tabelle 23: Verfügbare Cash-flows für die an der Finanzierung Beteiligten bei konstantem Fremdkapitalvolumen (5.900) und konstantem Bestand an Pensionsrückstellungen (3.000) und residualer Ausschüttung

---

157 Die Investitionsauszahlungen entsprechen der Summe aus Abschreibung und Rücklagenzuführung.

158 Enthält Unternehmenssteuern (6), Körperschaftsteuer auf Thesaurierung (9) und die Einkommensteuern aller an der Finanzierung Beteiligten. Es gilt weiterhin, daß Gläubiger und Betriebsrentner mit $s_I = 0{,}35$ besteuert werden.

Reduziert sich das Fremdkapitalvolumen im Zeitablauf durch über Gewinneinbehaltungen finanzierte Tilgungen, hat dies Rückwirkungen auf Ausschüttung, Körperschaftsteuer- und Einkommensteuerbelastung. Diese Rückwirkungen sind neben dem Unternehmenssteuereffekt zu beachten. Im Beispiel entsteht durch die über Einbehaltungen finanzierten Tilgungen ein negativer Einkommensteuereffekt. Ein positiver Einkommensteuereffekt entsteht, wenn die Zuführungen zu Pensionsrückstellungen die Rentenzahlungen der Periode übersteigen. Dann baut das Unternehmen ein steuerlich begünstigtes Innenfinanzierungsvolumen auf, dem ein nur eigenfinanziertes Unternehmen nichts Gleichwertiges entgegensetzen kann.

Bei der Quantifizierung des Einkommensteuereffektes ist die Wahl eines Bezugspunktes erforderlich: Als Bezugspunkt kann das eigenfinanzierte Unternehmen mit residualer Ausschüttung mit dem Wert V^E oder mit steuerlich optimaler Ausschüttung mit dem Wert V^{E*} gewählt werden. Wir wählen zunächst den Bezugspunkt bei der hier steuerlich optimalen Vollausschüttung, also V^{E*}.

Erhöht die Value AG die Pensionsrückstellung in Periode t um $ZPR_t > R_t$, wird ein Innenfinanzierungsvolumen in Höhe der Differenz geschaffen. Da ZPR_t die steuerlichen Bemessungsgrundlagen der Ertragsteuern kürzt, entsteht im Vergleich zum ausschließlich eigenfinanzierten Unternehmen ein Vorteil: Dieses müßte von den Eigentümern eine Wiedereinlage in Höhe des Betrages $ZPR_t - R_t$ verlangen. Dieser wieder einzulegende Betrag wurde bei Ausschüttung mit s_I belastet. Die Value AG schafft somit einen *positiven* Einkommensteuereffekt in Höhe von $\left(ZPR_t - R_t\right) s_I$.

Tilgt die Value AG Fremdmittel und werden die Mittelbeträge über Gewinneinbehaltungen aufgebracht, ist vom Unternehmen Körperschaftsteuer für Thesaurierung in Höhe von $T_t\, s_K^T / \left(1 - s_K^T\right)$ zu leisten. Ein eigenfinanziertes, *voll* ausschüttendes Unternehmen schüttet - neben dem geplanten Tilgungsbetrag T_t - den Betrag $T_t\, s_K^T / \left(1 - s_K^T\right)$ aus. Er wird auf der Ebene der Eigentümer mit dem Satz s_I besteuert. Anders ausgedrückt: Die Eigentümer könnten im Vergleich zur Thesaurierung einen um den Betrag $\left(s_K^T - s_I\right) T_t / \left(1 - s_K^T\right)$ höheren Betrag wieder in das Unternehmen einlegen. Durch Thesaurierung finanzierte Tilgungen lösen im

Beispielfall folglich negative Einkommensteuereffekte in Höhe von $\left(s_K^T - s_I\right)T_t/\left(1 - s_K^T\right)$ aus.

Die Value AG finanziert die Investitionen in Höhe von $I_t - Ab_t - \left(ZPR_t - R_t\right)$ über Gewinneinbehaltungen. Die voll ausschüttende Gesellschaft würde entsprechende Beträge durch Wiedereinlage bereitstellen können, was auf der Ebene der Eigentümer eine Steuerbelastung in Höhe von s_I auslöste. Folglich entsteht auch hier ein wegen $s_K^T > s_I$ negativer Einkommensteuereffekt. Tabelle 24 faßt alle Effekte zusammen.

	1	2	3	4	5	6	7	8 ff.
(1) $ZPR_t - R_t$	24	24	25	25	27	26	27	0
(2) $s_I\left(ZPR_t - R_t\right)$	8,4	8,4	8,8	8,8	9,5	9,1	9,5	0
(3) T_t	471	66	65	203	169	313	84	0
(4) $-\left(s_K^T - s_I\right)(3)\cdot\frac{1}{1-s_K^T}$	-85,6	-12,0	-11,8	-36,9	-30,7	-56,9	-15,3	0
(5) $I_t - Ab_t - \left(ZPR_t - R_t\right)$	236	685	623	505	621	536	803	0
(6) $-\left(s_K^T - s_I\right)(5)\cdot\frac{1}{1-s_K^T}$	-42,9	-124,5	-113,3	-91,8	-112,9	-97,5	-146,0	0
(7) = (2) + (4) + (6)	-120,1	-128,1	-116,3	-119,9	-134,1	-145,3	-151,8	0

Tabelle 24: Einkommensteuereffekte bei Wahl des Bezugspunktes „Vollausschüttung“

Der Barwert der Eintragungen in Zeile (7), diskontiert mit $k_s = 0{,}0939$ beträgt rund - 641. Der Unternehmens(gesamt)wert der Value AG ergibt sich damit aus (77):

$$
\begin{aligned}
V^F &= V^{E*} + V^{USt} + V^{ESt} \qquad (77)\\
&= 18.771 + 3.136 - 641\\
&= 21.266\ .
\end{aligned}
$$

Damit ist der Bewertungsvorgang vorläufig beendet.[159] Der Käufer oder Verkäufer erfährt, daß der Wert bei reiner Eigenfinanzierung unter dem Buchwert des Unternehmens liegt. Dies ist ein ernst zu nehmendes Si-

159 Der Wert des Eigenkapitals wird unten berechnet.

gnal. Nur der Unternehmenssteuereffekt bewirkt, daß V^F den Buchwert des Unternehmens übersteigt.

Jetzt wollen wir den Bezugspunkt V^E und damit das eigenfinanzierte Unternehmen bei residualer Ausschüttung wählen, um den Einkommensteuereffekt zu berechnen. Die Value AG thesauriert in Bezug auf dieses Unternehmen nur Beträge in Höhe der geplanten Tilgungen vermindert um das wegen $ZPR_t > R_t$ aufgebaute Innenfinanzierungsvolumen. Tabelle 25 faßt die Ergebnisse zusammen:

	1	2	3	4	5	6	7	8 ff.
(1) $ZPR_t - R_t$	24	24	25	25	27	26	27	0
(2) $s_I\left(ZPR_t - R_t\right)$	8,4	8,4	8,8	8,8	9,5	9,1	9,5	0
(3) $T_t - \left(ZPR_t - R_t\right)$	447	42	40	178	142	287	57	0
(4) $-\left(s_K^T - s_I\right)(3) \cdot \frac{1}{1 - s_K^T}$	-81,3	-7,6	-7,3	-32,4	-25,8	-52,2	-10,4	0
(5) = (2) + (4)	-72,9	0,8	1,5	-23,6	-16,3	-43,1	-0,9	0

Tabelle 25: Einkommensteuereffekte bei Wahl des Bezugspunktes „residuale Ausschüttung"

Diskontiert man die Eintragungen in Zeile (6) mit $k_s = 0{,}0939$, erhält man einen Barwert von rund - 117. Damit berechnet sich der Unternehmensgesamtwert gemäß (78) aus

$$V^F = V^E + V^{USt} + V^{ESt} \tag{78}$$

$$= 18.246 + 3.136 - 117$$
$$= 21.265\ .$$

Es ist somit gleichgültig, welchen Bezugspunkt man zum Startpunkt des Bewertungskalküls macht. Wählt man die residuale Ausschüttung und damit V^E als Bezugspunkt ergibt sich der Einkommensteuereffekt aus (79):

$$V^{ESt} = \sum_{t=1}^{n}\left[s_I\left(ZPR_t - R_t\right) - \left(T_t - \left(ZPR_t - R_t\right)\right)\frac{1}{1 - s_K^T}\left(s_K^T - s_I\right)\right] \left(1 + k_s\right)^{-t} \tag{79}$$

Wählt man die Vollausschüttung und damit V^{E*} als Bezugspunkt, ergibt sich V^{ESt} aus (80):

$$V^{ESt} = \sum_{t=1}^{n} \left[s_I \left(ZPR_t - R_t \right) - \left(T_t + I_t - Ab_t - \left(ZPR_t - R_t \right) \right) \frac{1}{1 - s_K^T} \left(s_K^T - s_I \right) \right] \left(1 + k_s \right)^{-t}. \quad (80)$$

Die Differenz zwischen (79) und (80) entspricht dem Barwert der steuerlichen Nachteile, die aus der Deckung von Finanzierungslücken in Höhe von $I_t - Ab_t$ durch Gewinnthesaurierungen dann resultieren, wenn $s_K^T > s_I$ gilt. Um eben diese Differenz übersteigt der Wert der Gesellschaft bei Eigenfinanzierung und Vollausschüttung den Wert bei Eigenfinanzierung und residualer Ausschüttung.[160]

c. Bewertung des Eigenkapitals und Einschätzung der Methode

Im Ergebnis arbeitet die APV-Methode wie folgt:

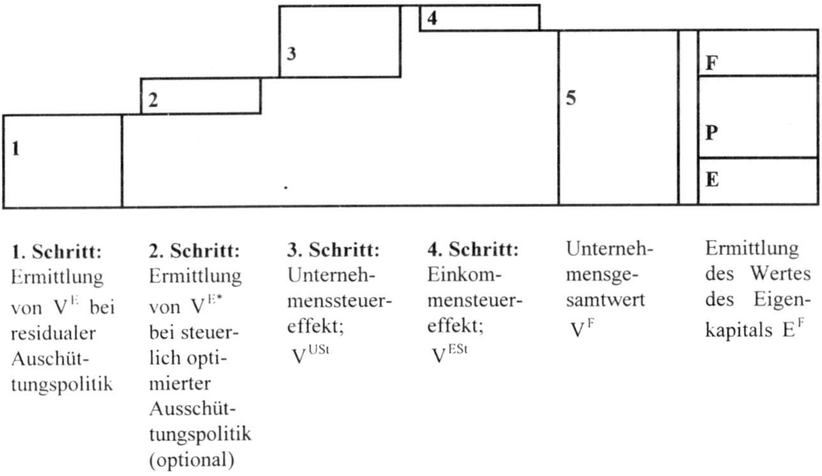

Abbildung 14: Arbeitsweise der APV-Methode

Sie zerlegt den komplizierten Prozeß der Bewertung eines Unternehmens in Komponenten, die getrennt bewertet werden können. Damit gewinnt

160 Die Differenz zwischen V^{ESt} bei residualer Vollausschüttung (-641) und V^{ESt} bei Vollausschüttung (-117) beträgt -524. Um eben diesen Betrag unterschreitet V^E (18.246) den Wert V^{E*} (18.771).

der Bewertungsvorgang an Transparenz. Es wird deutlich, wo die Wertbeiträge herkommen. Und es ist von erheblicher Bedeutung für Investoren zu wissen, ob die Wertbeiträge aus operativer Leistung oder aus Steuerersparnissen resultieren. Außerdem hebt der APV-Ansatz die Bedeutung der Ausschüttungsgestaltung hervor, die in anderen konkurrierenden Ansätzen so gut wie keine explizite Rolle spielt.
Zu klären ist noch, wie V^F auf die Anspruchsberechtigten, also Eigentümer, Gläubiger und Pensionsberechtigten aufzuteilen ist. Es gilt

$$V^F = E^F + F + P,$$

wobei F den Wert der Ansprüche der Fremdkapitalgeber, P den Wert der Ansprüche der Pensionsberechtigten und E^F den Wert des Eigenkapitals bezeichnet.

Der Wert der Position der Fremdkapitalgeber berechnet sich unter den gesetzten Annahmen (unendliche Lebensdauer, risikolose Position der Gläubiger, keine antizipierbaren Zinssatzänderungen) in Höhe von 5.900 und entspricht somit dem Nominalwert des Fremdkapitals.[161] Die tatsächlichen Zahlungen an die Gläubiger sehen so aus:

	1	2	3	4	5	6	7	8 ff.
(1) Tilgungen	471,4	65,5	65,2	203,3	168,5	313,3	83,9	0
(2) Zinszahlungen vor Steuern	413,0	380,0	375,4	370,9	356,6	344,8	322,9	317,0
(3) Zinszahlungen nach Steuern	268,5	247,0	244,0	241,1	231,8	224,1	209,9	206,1
(4) (1) + (3)	739,9	312,5	309,2	444,4	400,3	537,4	293,8	206,1

Diskontiert man die Summe aus Zinszahlungen nach Steuern und Tilgungen mit $0{,}07(1-0{,}35) = 0{,}0455$, erhält man den Barwert in Höhe von 5.900.

Der Wert der Position der Pensionsberechtigten entspricht nicht dem bilanziellen Wert der Pensionsrückstellung, sondern ergibt sich als Barwert der Ansprüche der Pensionsberechtigten. Deren Ansprüche sehen so aus:

161 Vgl. Tabelle 9.

	1	2	3	4	5	6	7	8 ff.
(1) Rentenzahlung R_t	456,0	466,0	476,0	487,0	497,0	509,0	520,0	560,0
(2) Rentenzahlung nach Einkommensteuer; $R_t(1-s_I)$	296,4	302,9	309,4	316,6	323,1	330,9	338,0	364,0

Unterstellt man, daß die Rentenleistungen nicht ausfallbedroht sind, beträgt der Barwert, berechnet mit 0,0455 7.715. Gemäß

$$E^F = V^F - F - P$$

beträgt der Wert des Eigenkapitals somit 21.265 – 5.900 – 7.715 = 7.650.

Abbildung 15 zeigt, wie sich der Unternehmensgesamtwert im Beispiel zusammensetzt und wie er sich auf die Anspruchsberechtigten zurechnen läßt. Der Eindruck, daß diese Form der Wertermittlung und Wertaufteilung sehr informativ ist, dürfte sich (hoffentlich) auch dem Leser aufdrängen. Aus konzeptioneller Sicht scheint dieser Ansatz deshalb den Methoden, die den Unternehmens(gesamt)wert[162] bzw. den Wert des Eigenkapitals in einem einzigen Schritt[163] zu ermitteln suchen, überlegen.

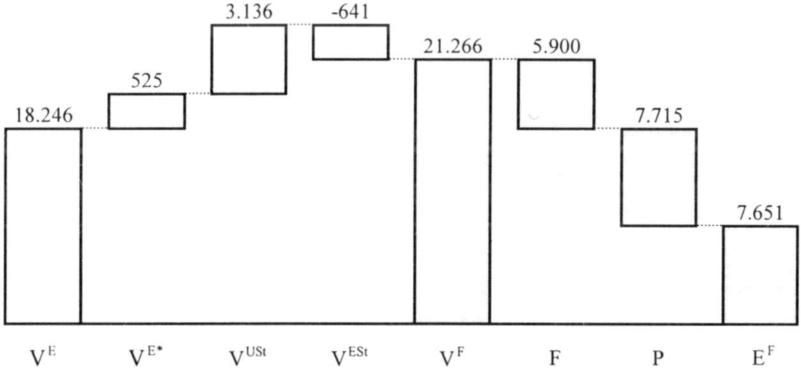

Abbildung 15: Zusammensetzung und Aufteilung von V^F

Fassen wir zusammen. Bei der komponentenweisen Ermittlung von V^F mittels der APV-Methode ist wie folgt vorzugehen:

162 Wie die Entity-Methode.

163 Wie die Ertragswert-Methode und der Equity-Ansatz.

Stufe 0: Ausgangspunkt ist die Value AG mit ihrer realisierten Kapitalstruktur, gegebenem Investitionsrisiko, vorgegebenen Tilgungen, Ausschüttungen, Rücklagenbildungen und bestehender Pensionszusagepolitik.

Stufe 1: Wir fragen, wie die Ausschüttungen der Gesellschaft bei reiner Eigenfinanzierung aussähen, wenn die Gesellschaft eine Ausschüttungspolitik betriebe, die dem Residualprinzip folgt. Über welche Cash-flows können die Eigentümer nach Einkommensteuer verfügen? Wie hoch ist der Wert der Gesellschaft, wenn eine vom Einfluß von Finanzierungsrisiken befreite risikoäquivalente Rendite als Diskontierungssatz benutzt wird? Dieser Wert wird mit dem Symbol V^E belegt.

Stufe 2: In der zweiten Stufe kann die steuerliche Vorteilhaftigkeit der Ausschüttungsgestaltung geprüft werden.[164] Im Beispiel erweist sich die residuale Ausschüttung als suboptimal. Besser ist eine Jahresüberschuß-bezogene Vollausschüttung, die von den Alteigentümern Wiedereinlagen zur Finanzierung der Investitionsprogramme verlangt. Der resultierende Wert wird mit V^{E*} bezeichnet.

Stufe 3: Wie hoch ist der Wertbeitrag, der aus der Reduktion der Unternehmenssteuern folgt, wenn die Value AG keine reine Eigenkapitalstruktur, sondern eine geplante Kapitalstruktur realisiert und deshalb die Belastung mit Unternehmenssteuern verkürzt? Die Berechnung der steuerlichen Vorteile folgt genau den Entwicklungen, die das Fremdkapital und der Bestand an Pensionsrückstellungen im Zeitablauf nehmen. Der Wertbeitrag wird mit V^{USt} bezeichnet. Die Höhe von V^{USt} im Beispiel deutet seine erhebliche ökonomische Bedeutung an.

Stufe 4: Die Addition von V^E bzw. V^{E*} und V^{USt} führt nur dann zum korrekten Unternehmens(gesamt)wert, wenn die Finanzierungspolitik des zu bewertenden Unternehmens, gemessen am ge-

164 Dieser zweite Schritt ist nicht notwendiger Bestandteil der Bewertung. Das Ergebnis, V^{E*}, ist zwar informativ, weil es an der Differenz $V^{E*} - V^E$ den Wert optimierter Ausschüttungen erkennbar macht. Da aber V^F sowohl vom Bezugspunkt V^{E*} als auch V^E ausgehend ermittelt werden kann, kann auf Stufe 2 auch verzichtet werden.

wählten Bezugspunkt V^E oder V^{E*} keine wertbeeinflussenden Rückwirkungen auf die Ausschüttungspolitik hat. Diese Bedingungen sind im Beispielfall nicht erfüllt. Es entsteht ein eigenständig zu bewertender Einkommensteuereffekt. Ursache für einen positiven Einkommensteuereffekt ist im Beispiel ein auf Unternehmensebene durch $ZPR_t > R_t$ aufgebautes Innenfinanzierungsvolumen. Auslöser für einen negativen Einkommensteuereffekt sind die durch Gewinnthesaurierungen finanzierten Tilgungen der Value AG.

Stufe 5: Der Wert des Eigenkapitals ergibt sich als Restgröße: Der Unternehmens(gesamt)wert ist um den Wert der Ansprüche von Nicht-Eigentümern zu kürzen. Diese Sichtweise ist auch didaktisch von Wert. Sie zeigt weit präziser als Buchwerte dies vermögen, welche Anteile an V^F den Eigentümern nicht (mehr) zustehen. Insbesondere der so berechnete Wert der Ansprüche von Pensionsberechtigten dürfte gelegentlich überraschend wirken.

Die APV-Methode hat Vorzüge. Die Aufgabe, V^E zu ermitteln, zwingt zu einer Analyse der Kernaktivitäten losgelöst von den Einflüssen der Passivseite. Ein Vergleich von V^E mit dem in Buchwerten gemessenen eingesetzten Kapital gibt erste interessante Hinweise auf das Leistungsvermögen des zu bewertenden Unternehmens. Die Aufgabe, V^{USt} zu ermitteln, zwingt zu einer intensiven Auseinandersetzung mit der Kapitalstruktur und deren Entwicklung im Zeitablauf. Die Methode erhebt schließlich die Ausschüttungspolitik explizit zum Problem und lenkt die Aufmerksamkeit bei der Quantifizierung von V^{ESt} auf das steuerlich bedeutsame Innenfinanzierungsvolumen. Weil Unternehmensbewertung eine komplexe Angelegenheit ist, kann eine Zerlegung in separierbare Teilprobleme die Lösungsmöglichkeiten verbessern.

d. Zu den Anwendungsvoraussetzungen der Entity-Methode (des WACC-Ansatzes)

Beim Einsatz der Entity-Methode sind die finanziellen Überschüsse bei vollständiger Eigenfinanzierung mit dem durchschnittlichen Kapitalkostensatz (WACC) zu diskontieren. Die Funktion von WACC ist es, die oben nachgewiesenen Wertbeiträge, die aus den steuerlichen Vorteilen der vom Management geplanten Kapitalstruktur resultieren und die wir mit dem Begriff Unternehmenssteuereffekt belegt haben, zu erfassen und im Diskontierungssatz WACC zu „verpacken". Die Formeln (61), (61'), (62) erfassen den Unternehmenssteuereffekt, mehr nicht. Die Entity-Methode unterstellt insoweit, daß $V^F = V^E + V^{USt}$ gilt. Der Einkommensteuereffekt V^{ESt} wird nicht abgebildet. Dies ist ein Mangel der Entity-Methode: Der Einfluß von Abweichungen der realisierten (geplanten) Ausschüttungsstruktur von der unterstellten Vollausschüttung wird nicht abgebildet. Damit sind alternative Ausschüttungsstrategien nicht bewertbar.[165]

Die zweite Anwendungsvoraussetzung resultiert aus dem Wunsch der Anwender des Entity-Ansatzes, mit einem einzigen Diskontierungssatz (WACC) zu korrekten Ergebnissen zu gelangen. Das kann nur gelingen, wenn die Kapitalstruktur*relationen* im Zeitablauf konstant sind. Das gilt prinzipiell für alle Bestandteile der Kapitalstruktur, also für Fremdkapital, das steuerlich Dauerschulden darstellt, für Fremdmittel, die steuerlich keine Dauerschulden darstellen, und für Pensionsrückstellungen.

Obwohl diese Voraussetzung i.d.R. auch dann nicht erfüllt ist, wenn man die *Bestände* an Fremdkapital und Pensionsrückstellungen konstant hält, soll im folgenden der Wert der Value AG doch für diesen Fall bestimmt werden: Das Fremdkapital wird auf 5.900 festgesetzt; Tilgungen erfolgen nicht. Die Pensionsrückstellungen verharren im sog. Beharrungszustand: Zuführungen (ZPR_t) und Rentenzahlungen (R_t) entsprechen sich in jeder Periode; der Bestand beträgt in jeder Periode 3.000.

Tabelle 26 zeigt die bei Eigenfinanzierung und Vollausschüttung verfügbaren Überschüsse nach Einkommensteuer. Aus dem vorhergehenden Abschnitt ist bekannt, daß der Unternehmenswert unter diesen Bedingungen $V^{E*} = 18.771$ beträgt.

---

165 Vgl. hierzu Richter, F. (1996), S. 1091/1092.

	1	2	3	4	5	6	7	8ff.
(1) Umsatzerlöse	12.000	12.240	12.118	12.481	12.980	13.370	13.637	13.637
(2) Betriebl. Aufwendungen	6.840	6.977	6.907	7.114	7.399	7.621	7.773	7.773
(3) Unternehmenssteuern	947	964	955	975	1.014	1.047	1.069	1.069
(4) Abschreibungen	1.250	1.275	1.339	1.433	1.461	1.490	1.520	1.596
(5) Verfügbar für Ausschüttung und KöSt	2.963	3.024	2.917	2.959	3.106	3.212	3.275	3.199
(6) KöSt auf Ausschüttung	889	907	875	888	932	964	983	960
(7) Ausschüttung	2.074	2.117	2.042	2.071	2.174	2.248	2.292	2.239
(8) Einkommensteuer $s_I\left[(6)+(7)\right]$;	1.037	1.058	1.021	1.036	1.087	1.124	1.146	1.120
(9) Wiedereinlage	260	709	648	530	648	562	830	0
(10) Verfügbarer Cashflow nach ESt und Wiedereinlage	1.666	1.257	1.248	1.393	1.371	1.526	1.299	2.079

Tabelle 26: Verfügbare Überschüsse der Ausschüttungsempfänger bei Eigenfinanzierung, Vollausschüttung und Wiedereinlage der für Investitionen benötigten Mittel

Zu bestimmen ist WACC. Wir könnten WACC mittels der Ergebnisse aus der Anwendung des APV-Ansatzes herleiten.[166] Für F = 5.900 und $\alpha^F = 0{,}01735$ beträgt der durch F ausgelöste Unternehmenssteuereffekt 1.462,36.[167] Der durch Pensionsrückstellungen ausgelöste Unternehmenssteuereffekt beträgt 1.779,43.[168] Der Unternehmenswert gemäß APV-Methode beträgt gemäß $V^F = V^{E*} + V^{USt}$ somit 18.771 + 1.462,36+ 1.779,43 = 22.012,79. Daraus errechnet sich ein durchschnittlicher Kapitalkostensatz WACC in Höhe von 0,08007.[169] Benutzen wir

---

166 Für WACC gilt: $WACC \cdot V^F = k_s \cdot V^E$. Es folgt: $WACC = k_s \cdot \frac{V_E}{V_F}$.

167 $5.900 \cdot 0{,}01735 \cdot (1-0{,}35) \cdot \frac{1}{0{,}0455} = 1.462{,}36.$

168 $\left[PR \cdot \alpha^{PR}(1-s_I) + J_t \cdot s_{GE}(1-s_I)\right] \cdot \frac{1}{0{,}0455}$; für $PR = 3.000$, $J_t = 300$ und $\alpha^{PR} = 0{,}02485$ folgt 1.779,43.

169 $WACC = 0{,}0939 \cdot \frac{18.771}{22.012{,}79} = 0{,}08007.$

diesen Diskontierungssatz, um die in Zeile (10) der Tabelle 26 ausgewiesenen Überschüsse zu diskontieren, erhalten wir $V^F = 22.429$. Die Abweichung zu dem mittels der APV-Methode ermittelten Wert resultiert u. a. daraus, daß zwar die *Bestände* von F bzw. PR konstant gehalten wurden, nicht aber die *Relationen* F/V^F bzw. P/V^F.

Das abgeleitete Ergebnis hat nun keine Eigenständigkeit. Da es auf den Bewertungsergebnissen der APV-Methode aufbaut, ist es nur der Versuch einer Rekonstruktion. Um WACC eigenständig zu ermitteln, ist auf die Formeln (61), (61'') bzw. (61''') zurückzugreifen. Hier sind die Quotienten F/V^F bzw. $\left(F + F^{**}\right)/V^F$ zu bestimmen. Zunächst ist F^{**} zu ermitteln. WACC muß anschließend über Iterationen gesucht werden, indem V^F so lange variiert wird, bis der resultierende Kapitalkostensatz WACC zu konsistenten Ergebnissen führt.

Zunächst ist F^{**} zu berechnen für die hier angenommenen Daten: $PR_t = 3.000$; $i^E = 0{,}06$ und $J_t = 300$. Die Pensionsrückstellung befindet sich im Beharrungszustand: Die Zuführung $\left(ZPR_t\right)$, die sich aus J_t und $i^E \cdot PR_{t-1}$ zusammensetzt, entspricht der Rentenzahlung $\left(R_t\right)$. Wir benutzen die Formeln (73) und (74), um das belastungsgleiche Fremdkapital zu berechnen. Der Formel (73) entsprechende Barwert beträgt 4.637,37.[170] Gemäß (74) berechnet sich ein Barwert in Höhe von 973,89.[171] Das den Pensionszusagen belastungsgleiche Fremdkapital F^{**} beträgt somit:

$$F^{**} = 3.000 + 4.637{,}37 - 973{,}89 = 6.663{,}48\ .$$

Nun ist der durchschnittliche Kapitalkostensatz (WACC) zu bestimmen.

---

170 $J_t\left(1 - s_{GE}\right)\left(1 - s_I\right) \cdot \frac{1}{i_{V,s}}$ mit $i_V = 0{,}07$ und $i_{V,s} = 0{,}03504$.

$$= 300\left(1 - 0{,}1667\right)\left(1 - 0{,}35\right) \cdot \frac{1}{0{,}03504} = 4.637{,}37\ .$$

171 $PR_{t-1}\left[i_V\left(1 - 0{,}5\, s_{GE}\right) - i^E\left(1 - s_{GE}\right) + 0{,}5\, s_{GK}\left(1 - s_{GE}\right)\right]\left(1 - s_I\right)\frac{1}{i_{V,s}}$

$$= 3.000 \cdot 0{,}01750 \cdot 0{,}65 \cdot \frac{1}{0{,}03504} = 973{,}89\ .$$

$$WACC = k_s \left[1 - s \frac{F + F^{**}}{V^F} \right]$$

s nimmt bei den gegebenen Daten für $i_V = 0{,}07$ den Wert 0,24786 an.[172]

Im ersten Schritt ist V^F zu schätzen, um einen vorläufigen Kapitalkostensatz WACC zu ermitteln. Mit diesem sind die Überschüsse in Zeile (10) der Tabelle 26 zu diskontieren. Weicht der berechnete Wert V^F von dem geschätzten Wert ab, ist der im ersten Schritt geschätzte Wert V^F entsprechend anzupassen. Die Tabelle zeigt die Ergebnisse einiger Iterationsschritte.

(1)	(2)	(3)	(4)
V^F geschätzt	$(5.900 + 6.663{,}48)/V^F$	WACC	V^F berechnet
21.000	0,59826	0,07998	22.457
21.500	0,58435	0,08030	22.357
22.000	0,57107	0,08061	22.262
22.100	0,56848	0,08067	22.243
22.200	0,56592	0,08073	22.225
22.220	0,56541	0,08074	22.222

Mit $V^F = 22.222$ erhalten wir ein Ergebnis, das in der Nähe des Ergebnisses liegt, das wir mittels der APV-Methode berechnet hatten. Dieses Resultat belegt aber nicht, daß die Entity-Methode die gleiche Leistungsfähigkeit wie der APV-Ansatz hätte. Sie führt hier zu einem Ergebnis mit akzeptabler Genauigkeit, weil die Anwendungsbedingungen auf die begrenzte Flexibilität des Entity-Ansatzes zurechtgestutzt wurden. Es wurde Vollausschüttung unterstellt, konstante Bestände an F und PR wurden angenommen; Einkommensteuereffekte wurden über die Annahme der Vollausschüttung ausgeblendet.

e. Periodenspezifische Diskontierungssätze (WACC)

Wie ist zu verfahren, wenn diese idealen Anwendungsbedingungen für die Entity-Methode nicht gegeben sind? I.d.R. dürften diese Anwendungsbedingungen nicht gegeben sein. Es gibt zwei Möglichkeiten. Man

---

172 $\alpha = 0{,}01735$; $i = 0{,}07$; $\alpha/i = 0{,}24786$.

kann mit einem stellvertretenden WACC arbeiten und die in Abschnitt 2.c. angedeuteten Abweichungen vom korrekten Ergebnis in Kauf nehmen. Dieser Ausweg ist unbefriedigend. Man kann alternativ mit periodenspezifischen Diskontierungssätzen WACC arbeiten, die den im Zeitablauf eintretenden Änderungen der Kapitalstruktur folgen. Wir wollen diesen Ausweg näher betrachten.

Wir modifizieren die Daten der in Abschnitt 2.a. eingeführten KF-AG, um an diesem Beispiel die Arbeitsweise periodenspezifischer Diskontierungssätze WACC zu erläutern.

Die bei reiner Eigenfinanzierung erwarteten und entnehmbaren Cashflows gleichen den in Tabelle A ausgewiesenen.[173] Die Investitionsauszahlungen gleichen in jeder Periode den verrechneten Abschreibungen. Die erwarteten operativen Erfolge nach Steuern sind ausschüttbar. Es gelte ein einfaches Gewinnsteuersystem. Einkommensteuereffekte sind somit nicht von Bedeutung.

Das Management plane in Reaktion auf ein Übernahmeangebot zum 1.1.89 Fremdkapital im Umfang von 300 Mio. DM aufzunehmen. Der Zinssatz beträgt 10 %. Die Verschuldung der Gesellschaft soll zu Beginn der folgenden vier Jahre um jeweils 50 Mio. DM bei unverändertem Zinssatz i angehoben werden, um dann auf dem erreichten Niveau zu verharren. Die von den Eigentümern geforderte Rendite bei ausschließlicher Eigenfinanzierung (k_s) beträgt 16 %; der Gewinnsteuersatz ist $s_K = 0{,}34$. Wie entwickelt sich der Unternehmensgesamtwert und der Wert des Eigenkapitals? Wie sehen brauchbare Diskontierungssätze im Rahmen der Entity-Methode aus?

Wir wenden zunächst den APV-Ansatz an. Die gewählte Finanzierungsstruktur ist autonom vorgegeben; die zustandsabhängigen Liquiditätslagen und Steuerbemessungsgrundlagen erlauben, daß Zinsen auf Fremdkapital generell geleistet werden können und steuermindernd wirken. Somit sind die erzielbaren Steuervorteile risikolos. Die folgende Tabelle stellt die Daten zusammen.

---

173 Vgl. oben S. 180.

		1.1.89	31.12.89	31.12.90	31.12.91	31.12.92 ff.
(1)	Entnehmbare Überschüsse bei Eigenfinanzierung		106	116	127	127
(2)	Wert bei Eigenfinanzierung (V_t^E)	767,47	784,27	793,75	793,75	793,75
(3)	Wert des Fremdkapitals (F_t)	300	350	400	450	500
(4)	Wert der steuerlichen Vorteile (V_t^{USt})	155,89	161,28	165,50	168,45	170
(5)	Wert bei anteiliger Fremdfinanzierung $V_t^F = V_t^E + V_t^{USt}$	923,36	945,55	959,25	962,20	963,75
(6)	Wert des Eigenkapitals $E_t^F = V_t^F - F_t$	623,36	595,55	559,25	512,20	463,75

Der Wert der steuerlichen Vorteile ergibt sich als mit $i = 0{,}10$ berechneter Barwert der Eintragungen in Zeile (3) der folgenden Tabelle.

		1.1.89	31.12.89	31.12.90	31.12.91	31.12.92	31.12.93 ff.
(1)	F_t	300	350	400	450	500	500
(2)	$i F_{t-1}$		30	35	40	45	50
(3)	$s_K\, i F_{t-1}$		10,20	11,90	13,60	15,30	17,00
(4)	V_t^{USt}	155,89	161,28	165,50	168,45	170,00	170,00

Wie sind die Werte V^F bzw. E^F bei Einsatz der Entity-Methode zu ermitteln?

Oben wurde bereits angeführt, daß der Rückgriff auf stellvertretende WACC-Sätze zu Bewertungsfehlern führt. Wählt man die im Bewertungszeitpunkt realisierte Kapitalstruktur $L_0 = 0{,}3249$[174], erhält man gemäß (51) einen durchschnittlichen Kapitalkostensatz von 0,14233, einen Unternehmenswert $V^F = 865{,}48$ und einen Wert des Eigenkapitals von 565,48. Dieser Wert liegt weit entfernt vom richtigen Wert. Wählt

---

174 $L_0 = 300/923{,}36 = 0{,}3249$. Den Wert L_0 kennt man natürlich erst, wenn man V_0^F kennt.

man die zum 31.12.93 erreichte Kapitalstruktur[175] als Bezugsgröße, erhält man gemäß (51) einen WACC in Höhe von 0,13178 und $V^F = 936{,}59$ sowie $E^F = 436{,}59$. Auch dieser Wert weicht vom Ergebnis in der Tabelle deutlich ab.[176]

Wie gelangt man zu einem fehlerfreien Ergebnis, wenn man die Entity-Methode einsetzen möchte? Die Antwort ist: Periodenspezifische WACC-Sätze sind erforderlich:

$$WACC_t = i_t \left(1 - s_K\right) \frac{F_t}{V_t^F} + k_{s,t}^F \frac{E_t^F}{V_t^F} \tag{81}$$

Wenn sich die Marktwert-Gewichte von F_t und E_t^F im Zeitablauf verschieben, sind (a) diese Gewichte zeitpunktspezifisch; (b) sind die geforderten Renditen der Eigentümer $\left(k_t^F\right)$ an die veränderte Kapitalstruktur anzupassen.[177]

Wir beginnen mit der Frage, wie hoch die geforderten Renditen der Eigentümer sein werden, wenn eine bestimmte Kapitalstruktur hergestellt ist. Wir haben im Abschnitt V. 3. begründet, warum k_s^F auf Kapitalstrukturänderungen reagiert. Die von den Eigentümern geforderte Risikoprämie hängt von der Höhe der Differenz $k_s - i$ und dem Quotienten Marktwert des Fremdkapitals minus Barwert der Steuervorteile zu Marktwert des Eigenkapitals ab; Formel (49) bildet diesen Sachverhalt ab. Wenn wir diese Botschaften auf das Beispiel der KF-AG übertragen, folgen die in Zeile (6) der Tabelle 27 ausgewiesenen geforderten Renditen der Eigentümer. Diese sind gemäß der Formel (82) berechnet:

$$k_{s,t}^F = k_s + \left(k_s - i\right) \frac{F_t - V_t^{USt}}{E_t^F} \tag{82}$$

175 $L_T = 500/963{,}75 = 0{,}51881$.

176 Wie in Abschnitt 2.c. ausgeführt, ist der Fehler bei Wahl von L_T deutlich kleiner als der bei Wahl von L_0 als Bezugspunkt.

177 Vgl. z.B. Inselbag, I./Kaufold, H. (1997).

	1.1.89	31.12.89	31.12.90	31.12.91	31.12.92
(1) Wert bei Eigenfinanzierung $\left(V_t^E\right)$	767,47	784,27	793,75	793,75	793,75
(2) Wert der steuerlichen Vorteile $\left(V_t^{USt}\right)$	155,89	161,28	165,50	168,45	170
(3) Wert des Fremdkapitals $\left(F_t\right)$	300	350	400	450	500
(4) Wert bei anteiliger Fremdfinanzierung $\left(V_t^F\right)$	923,36	945,55	959,25	962,20	963,75
(5) Wert des Eigenkapitals $\left(E_t^F\right)$	623,36	595,55	559,25	512,20	463,75
(6) $k_{t,s}^F$	0,17387	0,17901	0,18516	0,19298	0,20270
(7) $WACC_{t,s}$	0,13882	0,13718	0,13548	0,13360	0,13178

Tabelle 27: Geforderte Rendite der Eigentümer und durchschnittliche Kapitalkosten bei variierender Kapitalstruktur

Die geforderten Renditen der Eigentümer steigen wie erwartet mit steigender Verschuldung.

Betrachten wir nun die durchschnittlichen Kapitalkostensätze in Zeile (7) von Tabelle 27. Sie sind gemäß (83) berechnet:[178]

$$WACC_{t,s} = k_s \frac{V_t^E}{V_t^F} + \frac{i\left(V_t^{USt} - s_K F_t\right)}{V_t^F} \tag{83}$$

Berechnet man V_t^F mit den so berechneten durchschnittlichen Kapitalkosten, erhält man eben die Werte, die oben mit Hilfe der APV-Methode ermittelt worden waren. „Richtige" periodenspezifische Kapitalkostensätze in Form von WACC sind somit ermittelbar. Sie wurden hier indessen ermittelt unter Nutzung der mittels der APV-Methode bereits berechneten Werte für V_t^F, V_t^E, V_t^{USt}. Der grundlegendere Bewertungsansatz ist somit die auf den Arbitrage-Überlegungen basierende APV-Methode. Der Entity-Ansatz führt im Beispiel zum richtigen Ergebnis, weil auf die Vorarbeiten der APV-Methode zurückgegriffen wurde.

[178] Vgl. zur Begründung von Formel (83) Anhang 6 zu diesem Kapitel. Formel (83) ist äquivalent mit Formel (50).

4. Equity-Methode

a. Konzeption und Beispiel

Bei Anwendung der Equity-Methode sind die den Eigentümern zufließenden Überschüsse nach Steuern zu ermitteln und mit dem Eigenkapitalkostensatz zu diskontieren. Dieser Kostensatz reflektiert das operative Risiko des Unternehmens und das durch die gewählte Kapitalstruktur des Unternehmens bewirkte Finanzierungsrisiko.

Wir wollen die Equity-Methode an dem im vorhergehenden Abschnitt benutzten Beispiel erläutern. Zunächst sind die an die Eigentümer fließenden erwarteten Ausschüttungen zu ermitteln. Zu diesem Zweck sind die operativen Überschüsse nach Zins- und Steuerzahlungen, Tilgungen, Fremdkapitalaufnahmen zu ermitteln und mit Diskontierungssätzen k_s^F zu diskontieren. Diese Diskontierungssätze reflektieren das operative Risiko (Investitionsrisiko) und das durch die Kapitalstruktur bewirkte Finanzierungsrisiko. Verschiebt sich die Kapitalstruktur im Zeitablauf, sind die Risikoprämien für das Finanzierungsrisiko periodenspezifisch. Tabelle 28 zeigt die Ermittlung der entziehbaren Cash-flows nach Steuern und Investition unter Beachtung der vom Management der KF-AG bewirkten Veränderungen der Kapitalstruktur. Wir unterstellen, daß die Erhöhung des Verschuldungsumfangs nicht zu veränderten Auszahlungen für Investitionen führt. Nur Veränderungen der Kapitalstruktur sind beabsichtigt. Folglich sind Beträge in Höhe von ΔF_t auszuschütten.

	1.1.89	31.12.89	31.12.90	31.12.91	31.12.92	31.12.93
(1) Entnehmbare Überschüsse bei Eigenfinanzierung nach Steuern		106	116	127	127	127
(2) Fremdkapital	300	350	400	450	500	500
(3) Zinszahlungen		–30	–35	–40	–45	–50
(4) Steuerminderung $s_K \cdot (3)$		10,20	11,90	13,60	15,30	17,00
(5) Zusätzliche Ausschüttung wegen Veränderung des Verschuldungumfangs		50	50	50	50	–
(6) Mit $k^F_{s,t}$ zu bewertenden Überschüsse (6) = (1)+(3)+(4)+(5)		136,20	142,90	150,60	147,30	94,00
(7) Marktwert des Eigenkapitals	623,36	595,54	559,25	512,20	463,74	463,74

Tabelle 28: Entziehbare Überschüsse der KF-AG bei variierender Kapitalstruktur

Werden die in Zeile (6) ausgewiesenen, den Eigentümern zustehenden Überschüsse mit den in Tabelle 27 in Zeile (6) ausgewiesenen Diskontierungssätzen bewertet, erhält man die Werte des Eigenkapitals, die oben bereits mit Hilfe des APV-Ansatzes ermittelt wurden. Anders ausgedrückt: Die Ermittlung korrekter periodenspezifischer Diskontierungssätze $k^F_{t,s}$ setzt neben F_t die Kenntnis von V^{USt}_t bzw. E^F_t voraus. Dann nämlich können die geeigneten Diskontierungssätze $k^F_{t,s}$ mittels der Formel (82) ermittelt werden. Sie liefern aber keine Informationen, die nicht bereits vorlägen.

b. Einschätzung

Die Equity-Methode geht das Problem der Bewertung des Eigenkapitals unmittelbar an. In Analogie zur Ertragswert-Methode sind im ersten Schritt die erwarteten Cash-flows zu definieren, die den Eigentümern nach Bedienung anderer Finanzierungsquellen, nach Investition, nach Steuern und nach Nutzung anderer Quellen der Außenfinanzierung vermutlich zufließen werden. Diese Ermittlung ist nicht ohne Informationswert, da der Bewerter das gesamte Zahlungsgerüst konsistent aufarbeiten muß. Tabelle 29 zeigt das Zahlungsgerüst für die Value AG für den Fall konstanten Fremdkapitals (5.900), konstanten Pensionsrückstellungen (3.000) und residualer Ausschüttung. Die den Eigentümern nach Steuern zufließenden Überschüsse sind in Zeile (14) ausgewiesen.

Die Krux der Equity-Methode liegt in der Begründung geeigneter Diskontierungssätze. Die Formeln (49) und (82) verdeutlichen, daß die Diskontierungssätze $k_{t,s}^F$ abgeleitete Ergebnisse sind, die voraussetzen, daß bestimmte Bewertungsleistungen bereits erbracht wurden.[179]

Die die Ertragswert-Methode befürwortenden Vertreter versuchen diesem Problem auszuweichen. Sie plädieren dafür, die Begründung von Risikoprämien nicht auf Marktwerten aufzubauen, sondern auf individuellen Risikoeinstellungen. Hierauf ist zurückzukommen.[180]

---

179 Vgl. auch Inselbag, I./Kaufold, H. (1997), S. 122.

180 Vgl. unten Abschnitt VII.

	1	2	3	4	5	6	7	8 ff.
(1) Umsatzerlöse	12.000	12.240	12.118	12.481	12.980	13.370	13.637	13.637
(2) Betriebliche Aufwendungen	6.840	6.977	6.907	7.114	7.399	7.621	7.773	7.773
(3) Zinsen	413	413	413	413	413	413	413	413
(4) Zuführung zu Pensionsrückstellungen	480	480	480	480	480	480	480	480
(5) Abschreibungen	1.250	1.275	1.339	1.433	1.461	1.490	1.520	1.596
(6) Unternehmenssteuern	720	737	729	748	787	820	842	842
(7) Rücklagenzuführung	260	709	648	530	648	562	830	0
(8) Verfügbar für KöSt und Ausschüttung[181]	2.037	1.649	1.602	1.763	1.792	1.984	1.779	2.533
(9) KöSt auf Thesaurierung	213	580	530	434	530	460	679	0
(10) KöSt auf Ausschüttung	547	321	322	399	379	457	330	760
(11) Ausschüttung	1.277	748	750	930	883	1.067	770	1.773
(12) KöSt auf Ausschüttung + Ausschüttung	1.824	1.069	1.072	1.329	1.262	1.524	1.100	2.533
(13) Einkommensteuer	638	374	375	465	442	533	385	887
(14) verfügbarer Cash-flow nach Einkommensteuer	1.186	695	697	864	820	991	715	1.646
(15) Cash-flow Gläubiger	413	413	413	413	413	413	413	413
(16) Cash-flow Gläubiger nach Einkommensteuer	268	268	268	268	268	268	268	268
(17) Cash-flow Betriebsrentner	480	480	480	480	480	480	480	480
(18) Cash-flow Betriebsrentner nach Einkommensteuer	312	312	312	312	312	312	312	312
(19) Cash-flow Fiskus[182]	1.884	2.004	1.947	1.960	2.072	2.126	2.219	2.042
(20) Cash-flow an alle Financiers nach Einkommensteuer	1.766	1.275	1.277	1.444	1.400	1.571	1.295	2.226

Tabelle 29: Ermittlung der verfügbaren Cash-flows für die an der Finanzierung Beteiligten bei konstantem Fremdkapitalvolumen (5.900) und Bestand an Pensionsrückstellungen (3.000)

---

181 Die Investitionsauszahlungen entsprechen der Summe aus Abschreibung und Rücklagenzuführung.

182 Enthält Unternehmenssteuern (6), Körperschaftsteuer auf Thesaurierung (9) und die Einkommensteuern aller an der Finanzierung Beteiligten. Es wird unterstellt, daß Gläubiger und Betriebsrentner mit $s_I = 0{,}35$ besteuert werden.

5. Zur Bestimmung der Kosten des Eigenkapitals

a. Das Prinzip

Alle Varianten der DCF-Methoden benötigen Renditeforderungen der Eigenkapitalgeber (Eigenkapitalkosten).[183] Ganz regelmäßig greifen die Autoren zu diesem Zweck auf das Capital Asset Pricing Model (CAPM) zurück. Dieser Vorgehensweise folgen wir mit den folgenden Einschränkungen:

- Wir benutzen das CAPM in der Grundversion als mögliche Erklärung dafür, wie unsichere Erfolgsströme bewertet werden *könnten* und wenden die Botschaften des Modells auf die Bewertung von Investitionsprojekten bzw. Unternehmen an. Wir befinden uns hier in guter Gesellschaft.[184]
- Auf eine Darstellung der Grundlagen des Modells und seiner Herleitung wird verzichtet.[185]
- Auf die Darstellung empirischer Tests des Modells, die widersprüchliche Ergebnisse hervorbrachten, wird ebenfalls verzichtet.[186]

Wir gehen in mehrerer Hinsicht pragmatisch vor. Obwohl die Botschaften des CAPM einfach und plausibel sind, haben sie aufgrund empirischer Testergebnisse und theoretischer Einwände an Überzeugungskraft eingebüßt. Bislang ist jedoch ein überzeugenderer Bewertungsansatz, der das CAPM verdrängen könnte, nicht etabliert. Folglich nutzen wir das CAPM.

Bei der Herleitung des CAPM wird die Besteuerung von Anteilseignern völlig ausgeblendet. Das schränkt die Anwendbarkeit der Botschaften ein, sobald man von der anfechtbaren Regel, lediglich Vor-Steuer-Kalküle für die Bewertung von Projekten bzw. Unternehmen zu entwer-

---

183 Dies gilt natürlich auch für die später zu diskutierende Ertragswert-Methode.

184 Vgl. etwa Myers, St. C. (1974); Göppl, H. (1980); Brealey, R.A./Myers, St. C. (1996); Ross, St. A./Westerfield, R. W./Jaffe, J. F. (1996); Taggert, R. A. (1991); Copeland, T./Koller, J./Murrin, J. (1994);.

185 Vgl. z.B. Copeland, Th. E./Weston, J. F.(1988), S. 145-219; Haugen, R. A. (1993), S. 196-231; Kruschwitz, L. (1995), S. 181-238.

186 Vgl. etwa Black, F./Jensen, M./Scholes, M. (1972); Fama, E./MacBeth, J. (1973); Banz, R. (1981); Lakonishok, J./Shapiro, A. (1986); Bhandari, L. (1988); Fama, E./French, K. (1992); Black, F. (1993); Fama, E./French, K. (1996).

fen, abgeht. Wie aber würden die Botschaften des CAPM unter Beachtung von steuerlichen Regelungen aussehen? Man hätte zu beachten, daß Kapitalgewinne nicht (oder zu i.d.R. ermäßigten Einkommensteuersätzen) besteuert werden, während Dividenden und Körperschaftsteuergutschriften der Einkommensbesteuerung unterliegen. Folglich wäre in der Ausschüttungspolitik eines Unternehmens ein Einflußfaktor der Eigenkapitalkosten zu sehen. Unternehmen mit hohen Ausschüttungen lösten höhere Steuerzahlungen auf Anteilseignerebene aus als Unternehmen, die den Anteilseignern den Dividenden entsprechende Kapitalgewinne lieferten. Anteilseigner würden die Zusammensetzung ihres Portefeuilles unter Beachtung der Ausschüttungspolitik von Unternehmen und ihrer individuellen Einkommensteuerbelastung zusammensetzen. Das das CAPM kennzeichnende Separationsprinzip, das auf der Folgerung aufbaut, daß alle Anleger identische Anteile am sog. Marktportefeuille halten, würde nicht gelten. Wir wählen eine pragmatische Vorgehensweise, indem wir die Kapitalkostendefinitionen des die Anteilseigner-Besteuerung ausblendenden CAPM um die für Anteilseigner geltenden Besteuerungsnormen „anreichern". Nur mit dieser Krücke können Nach-Steuer-Kalküle konsistent zu Ende geführt werden. Natürlich fühlte man sich wohler, wenn man ohne solche Krücken auskäme oder auf ein Modell zurückgreifen könnte, dessen empirische Bestätigung unter Einschluß der Besteuerung der Investoren viel weiter gediehen wäre als die des CAPM. Diese bei der Begründung von Eigenkapitalkosten anzutreffenden Schwächen sind hingegen nicht geeignet, die in diesem Abschnitt dargestellten DCF-Methoden entscheidend zu schwächen. Manche Autoren glauben in der Ertragswert-Methode eine überlegene Alternative zu den DCF-Ansätzen zu sehen. Nun ist es einleuchtend, daß die Ertragswert-Methode an den Problemen der Bestimmung von Eigenkapitalkosten nicht vorbeikommt. Wir glauben, daß die Vertreter der Ertragswert-Methode bislang keine Modelle zur Herleitung von Eigenkapitalkosten anzubieten haben, denen man im Vergleich mit den mittels des CAPM gewonnenen Daten Überlegenheit attestieren könnte.

Auf einen weiteren Aspekt ist hinzuweisen. Die Leistung des APV-Verfahrens besteht in der Zerlegung eines komplexen Bewertungsproblems in leichter zu bewertende „Einzelteile", deren Werte sich zum Unternehmensgesamtwert addieren. Dieser Vorzug des Ansatzes wird in keiner Weise geschmälert durch die Probleme, die mit der Bestimmung der Kosten des Eigenkapitals verbunden sind.

Wir beginnen mit der Beobachtung, daß unterschiedliche Klassen von Wertpapieren - lange Anlagezeiträume unterstellt - unterschiedlich hohe ex-post-Renditen erzielt haben. Tabelle 30 stellt die Ergebnisse einiger empirischer Untersuchungen zusammen. Diese Untersuchungen belegen die Hypothese, daß Investoren zusätzliches Risiko nur dann in Kauf nehmen, wenn sie als Kompensation eine zusätzliche Portefeuillerendite, eine Risikoprämie, erwarten können, sehr nachdrücklich. Die (in Tabelle 30 nicht ausgewiesenen) Standardabweichungen für monatliche oder jährliche Renditen von Aktienanlagen übertreffen die der festverzinslichen Anlage und - natürlich - die der risikolosen Anlage in allen durch die Untersuchungen erfaßten Zeitperioden deutlich. Dies ist ein klarer Indikator für das relativ höhere Risiko der Renditen von Aktienportefeuilles. Risikoscheu der Anleger unterstellt, erwarten diese hierfür eine risikokompensierende Prämie. Die Ergebnisse der obigen Untersuchungen zeigen, daß man bei langen Anlagezeiträumen auch damit rechnen kann, positive Risikoprämien zu realisieren.

Autoren	Untersuchungszeitraum	Land	nominale Rendite vor Steuern (in % pro Jahr)		nominale (∅) Risikoprämie
Ibbotson, R.G.[187]	1926 - 1993	USA	• Portefeuille aus Stammaktien • Portefeuille aus festverzinslichen Anleihen von Unternehmen • Portefeuille aus treasury bills	10,3 5,6 3,7	6,6 1,9
Stehle, R./Hartmond, A.[188]	1954 - 1988	BRD	• Portefeuille aus Stamm- und Vorzugsaktien[189] • langfristige, festverzinsliche Wertpapiere • Monatsgeld	12,1 7,5 5,3	6,8 2,2
Bimberg, L.[190]	1954 - 1988	BRD	• Portefeuille aus Stammaktien[191] • Portefeuille aus Bundesanleihen • Tagesgeld	11,9 6,6 5,1	6,8 1,5
Uhlir, H./Steiner, P.[192]	1953 - 1984	BRD	• Portefeuille aus Stammaktien[193] • Portefeuille aus Obligationen • Portefeuille aus Schatzanweisungen des Bundes	14,4 7,9 4,6	9,8 3,3
Morawietz, M.[194]	1870 - 1992 Teilperiode I 1870-1913 Teilperiode II 1924-1941 Teilperiode III 1950-1992	BRD	• Portefeuille aus Stammaktien[195] • Portefeuille aus festverzinslichen Wertpapieren • Tagesgeld[196]	8,9 5,8 4,4	4,5 1,4

Tabelle 30: Durchschnittliche nominale Renditen unterschiedlicher Anlageformen

187 Ibbotson Associates (1994 Yearbook). Die Portefeuilles enthalten Aktien von 500 Gesellschaften.

188 Stehle, R./Hartmond, A. (1991).

189 Alle an der Frankfurter Börse im amtlichen Handel gehandelten Anteile. Geometrisches Mittel.

190 Bimberg, L. (1991).

191 Gemessen am Aktienkursindex des Statistischen Bundesamtes zuzüglich Dividendenrendite. Geometrisches Mittel.

192 Uhlir, H./Steiner, P. (1994), S. 156-162.

193 Auf Basis des Aktienindex des Statistischen Bundesamtes bzw. des FAZ-Aktienindex ergänzt um Dividendenrendite. Arithmetisches Mittel.

194 Morawietz, M. (1994).

195 Gemessen am Aktienkursindex des Statistischen Bundesamtes bzw. seiner Vorgänger zuzüglich Dividendenrendite. Geometrisches Mittel.

196 Bzw. Zinssatz für Privatdiskonte; relevant für die Zeit vor 1924.

Das die Renditeforderungen von Investoren formalisierende CAPM formuliert dieses ex-post-Ergebnis in einer ex-ante-Form: (84) besagt, daß die Renditeforderung $E[\tilde{r}_j]$ unter den Bedingungen des Modells abhängt von der systematischen Risikomenge bzw. dem Kovarianzrisiko des Wertpapiers (Projektes) j und dem am Markt herrschenden Risikopreis:

$$\begin{aligned} E[\tilde{r}_j] &= i + \frac{E[\tilde{r}_M] - i}{\sigma_M^2} \operatorname{cov}(\tilde{r}_j, \tilde{r}_M) \\ &= i + \lambda \operatorname{cov}(\tilde{r}_j, \tilde{r}_M). \end{aligned} \tag{84}$$

$\frac{E[\tilde{r}_M] - i}{\sigma_M^2}$ bzw. λ heißt Marktpreis des Risikos und ist für alle riskanten Wertpapiere (Projekte) gleich groß. Das Symbol $\operatorname{cov}(\tilde{r}_j, \tilde{r}_M)$ bezeichnet die Kovarianz der Rendite des Wertpapiers (Projektes) j mit der Rendite des Marktportefeuilles und damit die Risikomenge, die ein voll diversifizierter Investor übernehmen muß, wenn er das Wertpapier j (das Projekt j) erwirbt. Definiert man den Beta-Wert des Wertpapiers j (des Projektes j) mit

$$\beta_j = \frac{\operatorname{cov}(\tilde{r}_j, \tilde{r}_M)}{\sigma_M^2},$$

erhält man die Renditeforderung in Beta-Schreibweise:

$$E[\tilde{r}_j] = i + (E[\tilde{r}_M] - i) \cdot \beta_j . \tag{85}$$

Das Produkt aus „Überrendite" $(E[\tilde{r}_M] - i)$ und β_j bestimmt die Risikoprämie, die Investoren für die Übernahme des mit dem Wertpapier (dem Projekt j) verbundenen Kovarianzrisikos fordern. Die Eigenkapitalkosten setzen sich zusammen aus der risikolosen Rendite i und der genannten Risikoprämie. Der β-Wert zeigt das relative Risiko des Wertpapiers (Projektes) j an. Für den gesamten Wertpapiermarkt, das Marktportefeuille M, gilt

$$\beta_M = \frac{\operatorname{cov}(\tilde{r}_M, \tilde{r}_M)}{\sigma_M^2} = \frac{\sigma_M^2}{\sigma_M^2} = 1 .$$

Ein Beta-Wert von 0,8 bringt somit ein „unterdurchschnittliches“ Risiko zum Ausdruck. Dieses unterdurchschnittliche Risiko wird i.S.v. (85) mit einer erwarteten Rendite $E[\tilde{r}_j] < E[\tilde{r}_M]$ abgegolten.

Wie sind die Formeln (84) bzw. (85) zu verwenden für die Bewertung von Projekten? Wir betrachten zunächst Projekte mit einer Lebensdauer von einer Periode. Steuerzahlungen werden ausgeblendet. Der Erfolg des mit Eigenkapital finanzierten Projektes in Periode 1, $E[\widetilde{NE}_1]$ ist zu diskontieren mit einem Diskontierungssatz, der sich zusammensetzt aus der risikolosen Rendite i und der dem Risiko des Projektes entsprechenden Risikoprämie:

$$V_{j,0} = E[\widetilde{NE}_1]\left(1 + i + \lambda \cdot \text{cov}(\tilde{r}_j, \tilde{r}_M)\right)^{-1} . \qquad (86)$$

Für die praktische Anwendung liegt das größte Problem in der Ermittlung der relevanten Risikomenge, also von $\text{cov}(\tilde{r}_j, \tilde{r}_M)$. Hier stellt sich ein konzeptionelles und ein empirisches Problem. Betrachten wir zunächst das konzeptionelle Problem. Das Symbol $\tilde{r}_j$ steht für die Verteilung der möglichen Renditen des Projektes j im Zeitpunkt 1, $\tilde{r}_M$ für die Verteilung der möglichen Renditen des Marktportefeuilles M. Die Berechnung der Rendite r_j muß auf der Basis des Marktpreises $V_{j,0}$, also nicht des Buchwertes $I_{j,0}$, erfolgen. Ist eine bestimmte Aktie zu bewerten, ist der für die Renditeberechnung benötigte Bezugspunkt im Zeitpunkt 0 eben der Marktpreis dieser Aktie. Ist Projekt j kein an einer Börse gehandelter Finanztitel, sonder z.B. ein GmbH-Anteil, eine Erweiterungsinvestition, eine neue Lackieranlage in einem Automobilwerk, dann sind zwar die vom Verkäufer genannten Preise bzw. Errichtungskosten (I_0) bekannt, nicht aber die Werte der Investitionsprojekte (V_0). Diese sollen mit Hilfe von (86) ja gerade bestimmt werden. Um eine diesen Zirkel vermeidende Bewertungsgleichung zu gewinnen, formulieren wir das Problem um. Wir definieren das Kovarianzrisiko des Projektes j nicht mit Hilfe der Rendite $\tilde{r}_j$, sondern mittels der Nettoeinzahlung des Projektes, also $\widetilde{NE}_1$.[197] Die zustandsabhängige Rendite des Projektes j ist

197 Der Index j unterbleibt.

$$r_j = \frac{NE_1}{V_{j,0}} - 1 .$$

Die Kovarianz $\text{cov}(\tilde{r}_j, \tilde{r}_M)$ ist somit:

$$\text{cov}(\tilde{r}_j, \tilde{r}_M) = E\left[\left(\frac{N\tilde{E}_1}{V_{j,0}} - 1 - \frac{E[N\tilde{E}_1]}{V_{j,0}} + 1\right)(\tilde{r}_M - E[\tilde{r}_M])\right] \tag{87}$$

$$= E\left[\left(\frac{N\tilde{E}_1}{V_{j,0}} - \frac{E[N\tilde{E}_1]}{V_{j,0}}\right)(\tilde{r}_M - E[\tilde{r}_M])\right]$$

$$= \frac{1}{V_{j,0}} E\left[\left(N\tilde{E}_1 - E[N\tilde{E}_1]\right)(\tilde{r}_M - E[\tilde{r}_M])\right]$$

$$= \frac{1}{V_{j,0}} \text{cov}(N\tilde{E}_1, \tilde{r}_M).$$

Setzt man (87) in (86) ein, multipliziert mit $V_{j,0}$ und formt um, erhält man mit (88) eine Bewertungsgleichung, die den oben angetroffenen Zirkel umgeht:

$$V_{j,0} = \left[E[N\tilde{E}_1] - \lambda \, \text{cov}(N\tilde{E}_1, \tilde{r}_M)\right](1+i)^{-1} . \tag{88}$$

Den Ausdruck in der eckigen Klammer kann man als Sicherheitsäquivalent der unsicheren Nettoeinzahlung des Projektes j in Periode 1 bezeichnen. Dieses Sicherheitsäquivalent wurde nicht durch Rückgriff auf individuelle Risikonutzenfunktionen gewonnen. Zu seiner Bestimmung werden nur Marktparameter, nämlich der Marktpreis des Risikos (λ) und die Risikomenge, nun definiert über die Kovarianz $\text{cov}(N\tilde{E}_1, \tilde{r}_M)$ benötigt. Ganz folgerichtig ist dieses Sicherheitsäquivalent mit dem risikolosen Satz i vom Zeitpunkt 1 auf den Zeitpunkt 0 zu diskontieren.

Das gewichtigste empirische Problem der Umsetzung von (88) besteht in der Gewinnung von Informationen über die Größe $\text{cov}(N\tilde{E}_1, \tilde{r}_M)$, wenn die zu bewertenden Projekte j nicht in jederzeit handelbaren und gehandelten Finanztiteln bestehen, für die i. d. R. historische Zeitreihen von (monatlichen, jährlichen) Renditen vorliegen und für die somit auch historische Kovarianzrisiken (Beta-Werte) berechnet werden können.

Der Ausweg, der in der Praxis häufig eingeschlagen wird, besteht darin, daß man auf die Formulierung (86) zurückgreift, indem man für das zu bewertende Projekt ein branchengleiches, weitgehend risikoäquivalentes Unternehmen sucht, dessen Anteile gehandelt werden und für das somit historische Beta-Werte vorliegen. Der β-Wert der Aktie der (des) im Risiko vergleichbaren Unternehmen(s) gilt dann als Bezugspunkt für die Bestimmung einer brauchbaren Risikoprämie.[198] Nun reflektieren die empirischen Beta-Werte von branchengleichen Unternehmen deren Investitions- *und* Kapitalstrukturrisiko. Benötigt man lediglich die dem Investitionsrisiko entsprechende Risikoprämie, ist der Beta-Wert der (des) bezüglich des Investitionsrisikos vergleichbaren Unternehmen(s) um den Einfluß der Kapitalstrukturrisiken zu bereinigen. Hierauf ist zurückzukommen.

b. Zur Bewertung mehrperiodiger Projekte

Abschnitt a. erläuterte das Bewertungsprinzip anhand eines Projektes mit einer Nutzungsdauer von einer Periode. Dieser Fall wurde aus didaktischen Gründen vorangestellt; auch das CAPM ist ein einperiodiges Modell.

Um das Bewertungsproblem von Projekten mit mehrperiodiger Nutzungsdauer zu erläutern, benutzen wir - wiederum aus didaktischen Gründen - Projekte mit einer Nutzungsdauer von zwei Perioden. Alle zusätzlichen Probleme können an diesem einfachsten Fall erläutert werden. Abbildung 16 zeigt das zu bewertende Projekt:

---

198 Vgl. zu diesem Ansatz - pure play technique genannt - die interessanten Studien von Fuller, R.F./Kerr, H.S., (1981) und Mohr, R.M. (1985).

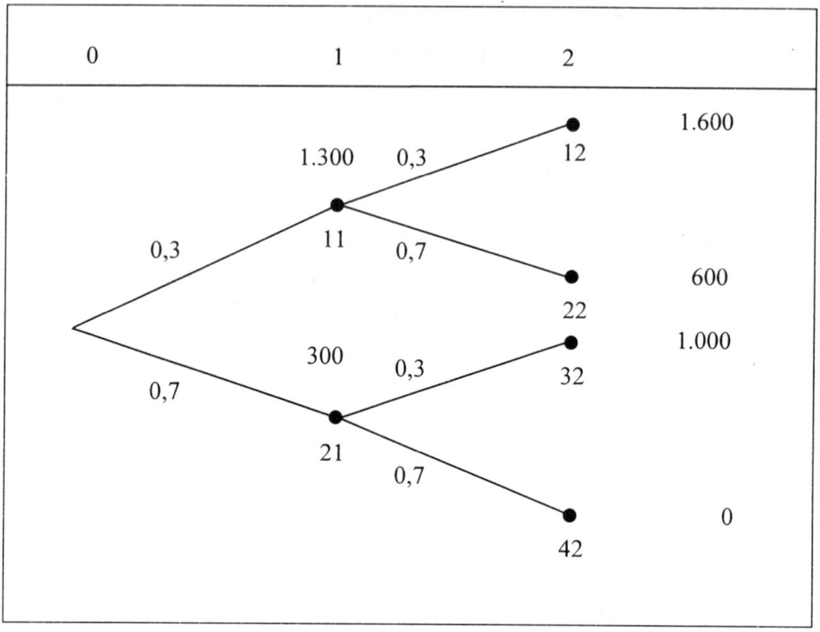

Abbildung 16: Zu bewertendes Projekt (A)

Wir wollen Unsicherheit bezüglich der in den einzelnen Perioden geltenden Marktdaten nicht zulassen. Die Marktdaten i_t, $E[\tilde{r}_{Mt}]$ und σ^2_{Mt} können sich zwar im Zeitablauf ändern; die Änderungen sind jedoch bekannt. Eine naheliegende Lösung ist, den Zustandsbaum von hinten nach vorn fortschreitend abzuarbeiten. Aus der Sicht der Zustände 11 und 21 sind die Werte der Verteilungen der Nettoeinzahlungen zu berechnen, die in den jeweiligen Knoten ihren Ausgang nehmen. Wir nehmen die folgenden Marktparameter an: $i_1 = i_2 = 0{,}06$; $\sigma^2_{M1} = \sigma^2_{M2} = 0{,}0084$; $\lambda_1 = \lambda_2 = 5{,}95238$; $E[\tilde{r}_{M1}] = E[\tilde{r}_{M2}] = 0{,}11$.[199] Wir bezeichnen den Wert der Verteilung im Zustand 1 der Periode 1 mit V_{11}. Mit den Daten der folgenden Tabelle berechnet sich V_{11} gemäß (88):

[199] Die zustandsabhängigen Marktrenditen sind $r_M = 0{,}25$ im Zustand 1 und $r_M = 0{,}05$ im Zustand 2.

(1)	(2)	(3)	(4)	(5)	(6)	$(7)=(2)\cdot(5)\cdot(6)$
z_{j2}	p_{j2}	$\tilde{r}_{M2}$	$\widetilde{NE}_{j2}$	$\tilde{r}_{M2}-\bar{r}_{M2}$	$\widetilde{NE}_{j2}-E[\widetilde{NE}_{j2}]$	
1	0,3	0,25	1600	0,14	700	29,40
2	0,7	0,05	600	-0,06	-300	12,60
$\operatorname{cov}(\widetilde{NE}_{j2}, \tilde{r}_{M2})$						42

$$V_{11} = [900 - 5{,}95238 \cdot 42] \cdot 1{,}06^{-1} = 613{,}21.$$

V_{11} ist der im Zustand 11 erwarteten Nettoeinzahlung (1.300) hinzuzufügen.

Für V_{21} folgt:

(1)	(2)	(3)	(4)	(5)	(6)	$(7)=(2)\cdot(5)\cdot(6)$
z_{j2}	p_{j2}	$\tilde{r}_{M2}$	$\widetilde{NE}$	$\tilde{r}_{M2}-\bar{r}_{M2}$	$\widetilde{NE}_{j2}-E[\widetilde{NE}_{j2}]$	
1	0,3	0,25	1000	0,14	700	29,40
2	0,7	0,05	0	-0,06	-300	12,60
$\operatorname{cov}(\widetilde{NE}_{j2}, \tilde{r}_{M2})$						42

$$V_{21} = [300 - 5{,}95238 \cdot 42] \cdot 1{,}06^{-1} = 47{,}17$$

V_{21} ist der im Zustand 21 erwarteten Nettoeinzahlung (300) hinzuzufügen.

Das Bewertungsproblem liegt nun in einperiodiger Form vor. Es bleibt noch V_0 zu berechnen. Die folgende Tabelle faßt die relevanten Daten zusammen:

(1)	(2)	(3)	(4)	(5)	(6)	$(7)=(2)\cdot(5)\cdot(6)$
z_{j1}	p_{j1}	$\tilde{r}_{M1}$	$\widetilde{NE}_1+\tilde{V}_{j1}$	$\tilde{r}_{M1}-\bar{r}_{M1}$	$NE_{j1}+\tilde{V}_{j1}-(E[\widetilde{NE}_{j1}]+E[\tilde{V}_{j1}])$	
1	0,3	0,25	1913,21	0,14	1096,23	46,0417
2	0,7	0,05	347,17	-0,06	-469,81	19,7320
$\operatorname{cov}(\widetilde{NE}_{j1}, \tilde{r}_{M1})$						65,7737

$$V_0 = [816{,}98 - 5{,}95238 \cdot 65{,}7737] \cdot 1{,}06^{-1} = 401{,}39.$$

Für mehrperiodige Projekte und entsprechend mächtigere Zustandsbäume sind schnellere Berechnungsmethoden notwendig. Ein deutlich schnellerer Weg besteht in der Verwendung risikoangepaßter Barwertfaktoren (RABF).

Angenommen, die Nettoeinzahlung eines Projektes im Zeitpunkt 1 beträgt 1 mit der Wahrscheinlichkeit p_1 und Null sonst.

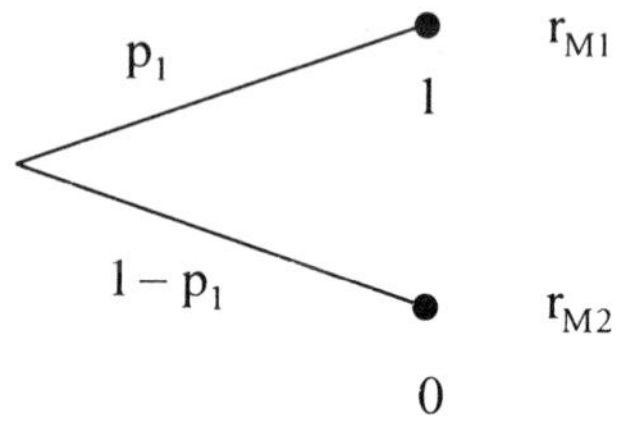

Der Erwartungswert der Nettoeinzahlung ist p_1. Allgemein beträgt der Erwartungswert für den Zustand n p_n.
Die Kovarianz dieses Projektes ist definiert durch:

$$\operatorname{cov}\left(\widetilde{NE}_n, \tilde{r}_M\right) = p_n \left(\tilde{r}_{Mn} - E\left[\tilde{r}_M\right]\right).^{200} \tag{89}$$

Die Kovarianz ergibt sich aus dem Produkt der Eintrittswahrscheinlichkeit p_n und der Differenz zwischen der Marktrendite im Zustand n und der erwarteten Marktrendite.

Unter Benutzung von (89) lassen sich RABF ermitteln, mit denen zustandsabhängige Zahlungen sofort in den risiko- und zeitangepaßten Marktwertbeitrag umgerechnet werden können.[201] Der Marktwertbeitrag einer mit p_1 erwarteten Nettoeinzahlung in Höhe von 1 im Zustand z_{11} bezogen auf den Bewertungszeitpunkt 0 ergibt sich aus

$$\begin{aligned}
RABF_{11} &= \left[p_1 - \lambda p_1\left(\tilde{r}_{M1} - E\left[\tilde{r}_{M1}\right]\right)\right](1+i)^{-1} \\
&= p_1\left[1 - \lambda\left(\tilde{r}_{M1} - E\left[\tilde{r}_{M1}\right]\right)\right](1+i)^{-1} \\
&= \frac{p_1}{1+i}\left[1 - \lambda\left(\tilde{r}_{M1} - E\left[\tilde{r}_{M1}\right]\right)\right].
\end{aligned}$$

200 Vgl. hierzu Anhang 4 zu diesem Kapitel.

201 Vgl. Bierman, H.Jr./Smidt, S. (1984), S. 443-448.

Man hat also lediglich die zustandsabhängige Nettoeinzahlung NE_{11} mit dem Multiplikator $RABF_{11}$ zu multiplizieren.

Betrachten wir einen Ausschnitt des zuvor betrachteten Projektes:

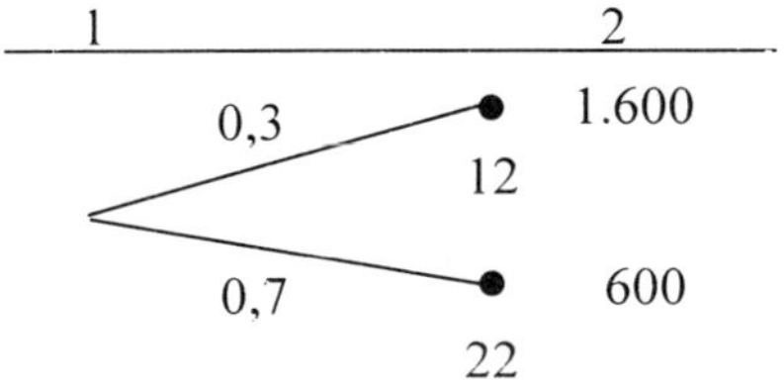

Die relevanten Marktparameter sind: $i_2 = 0{,}06$; $\sigma^2_{M2} = 0{,}0084$; $E[\tilde{r}_{M2}] = 0{,}11$ und $\lambda_2 = 5{,}95238$.

Die risikoangepaßten Barwertfaktoren nehmen somit folgende Werte an:

$$RABF_{12} = \frac{0{,}3}{1{,}06}\left[1 - 5{,}95238 \cdot (0{,}25 - 0{,}11)\right] = 0{,}04717\,,$$

$$RABF_{22} = \frac{0{,}7}{1{,}06}\left[1 - 5{,}95238 \cdot (0{,}05 - 0{,}11)\right] = 0{,}89623\,.$$

Für V_{11} erhalten wir dann

$$V_{11} = 1.600 \cdot 0{,}04717 + 600 \cdot 0{,}89623 = 613{,}21\,,$$

und damit den Wert, den wir oben bereits errechnet hatten.

Betrachten wir nun das in Abbildung 17 dargestellte Projekt B.

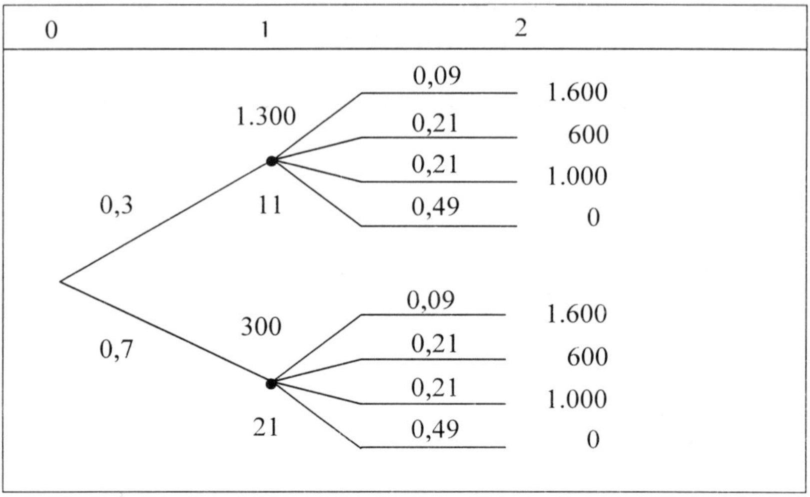

Abbildung 17: Zu bewertendes Projekt (B)

Dieses Projekt B unterscheidet sich von Projekt A in Abbildung 16 in grundsätzlicher Weise: Die Verteilung der Nettoeinzahlungen in Periode 2 ist unabhängig von der Vorgeschichte des Projektes. Der Eintritt eines Zustandes in Periode 1 hat keinen Einfluß auf die Erwartungen bezüglich der Nettoeinzahlungen in Periode 2. Diese sind unabhängig von dem sich realisierenden Zustand im Zeitpunkt 1. Das bedeutet, daß der Wert V_{j1} *nicht* zustandsabhängig ist und deshalb nicht mit einem risikoangepaßten Diskontierungssatz auf den Zeitpunkt 0 abgezinst werden darf. Angemessener Diskontierungssatz ist allein der risikolose Zinssatz i. Der Wert des Projektes B muß unter sonst gleichen Bedingungen den Wert des Projektes A übersteigen.[202]

Wir begegnen hier einem Sachverhalt, der in Kapitel 4 schon angesprochen wurde. Es kommt auf die Periodenverknüpfung der Verteilungen von Nettoeinzahlungen an. Besteht keine Periodenverknüpfung wie bei Projekt B, ist die durchgängige Diskontierung bis zum Zeitpunkt 0 mit risikoangepaßten Diskontierungssätzen der Problemstruktur nicht angemessen. Analoges gilt, wenn sich die Risikoeigenschaften eines Projektes im Zeitablauf ändern. Wird ein neues Produkt eingeführt, ist das Ri-

202 Die Verteilung der Marktrendite für Periode 2 sei (um die gleichen Bedingungen herzustellen) $r_{M12} = 0{,}25$, $r_{M22} = 0{,}05$, $r_{M32} = 0{,}25$, $r_{M42} = 0{,}05$. V_0 ist dann 534,88.

siko in den ersten Perioden sehr hoch; dann aber löst die Geschichte des Projektes die Unsicherheit teilweise auf. Die Einschätzung der künftigen Erfolge wird mit einem höheren Grad an Genauigkeit möglich. Dann muß die Risikoprämie angepaßt werden.

Die Literatur arbeitet durchweg mit Diskontierungssätzen, die für die gesamte Nutzungsdauer des Projektes (Unternehmens) konstant sind. Dies mag eine Maßnahme der Komplexitätsreduktion sein. Problemangemessen ist diese Vorgehensweise, wenn eine Periodenverknüpfung der unsicheren Nettoeinzahlungen besteht, wie sie beispielhaft bei Projekt A unterstellt wurde.

c. Beta-Werte und Kapitalstruktur

Empirische Beta-Werte reflektieren Investitions- und Finanzierungs-(Kapitalstruktur)risiko der Unternehmen. Wir belegen diese Werte im folgenden mit dem Symbol β^F. Mit β^u bezeichnen wir die Beta-Werte, die um das Kapitalstrukturrisiko bereinigt sind.[203] Zur Schätzung der Eigenkapitalkosten eigenfinanzierter Projekte (Unternehmen) wird die Größe β^u benötigt. Zur Bewertung des Unternehmens bei unterstellter Eigenfinanzierung im Rahmen des APV-Ansatzes muß β^u geschätzt werden, um die der unterstellten ausschließlichen Eigenfinanzierung entsprechenden Eigenkapitalkosten berechnen zu können. Welche empirischen Eigenschaften von Unternehmen ihre Beta-Werte bzw. die Risikoeinschätzung des Marktes beeinflussen ist von großem Interesse.[204] Hier interessiert der Einfluß der Kapitalstruktur auf β^F. Wir halten uns an theoretische Überlegungen, da die empirischen Belege hierzu eher schmal sind.

Gehen wir von einem eigenfinanzierten Unternehmen j aus, gilt

$$\beta_j^u = \frac{\operatorname{cov}\left(\tilde{r}_j^{\,u}, \tilde{r}_M\right)}{\sigma_M^2} .$$

---

203 u steht für „unleveraged".

204 Vgl. z.B. Beaver, W.H./Kettler, P./Scholes, M. (1970); Moyer, R.Ch./Chatfield, R. (1983).

Ersetzt dieses Unternehmen Eigenkapital teilweise durch risikoloses Fremdkapital und schließen wir steuerliche Normen in einem ersten Schritt aus, ist die zustandsabhängige Rendite der Eigentümer definiert durch

$$r_j^F = r_j^u + \left(r_j^u - i\right)\frac{F}{E^F}.$$ [205]

Die $\mathrm{cov}\left(\tilde{r}_j^F, \tilde{r}_M\right)$ ist größer als die $\mathrm{cov}\left(\tilde{r}_j^u, \tilde{r}_M\right)$ und β_j^F ist größer als β_j^u. Es gilt (90):[206]

$$\mathrm{cov}\left(\tilde{r}_j^F, \tilde{r}_M\right) = \left(1 + \frac{F}{E^F}\right)\mathrm{cov}\left(\tilde{r}_j^u, \tilde{r}_M\right) \text{ und} \tag{90}$$

$$\beta_j^F = \beta_j^u\left(1 + \frac{F}{E^F}\right).$$

Unterstellen wir ein steuerliches System, das aus einer einfachen Gewinnbesteuerung besteht, gilt (91):[207]

$$\mathrm{cov}\left(\tilde{r}_j^F, \tilde{r}_M\right) = \left[1 + \left(1 - s_K\right)\frac{F}{E^F}\right]\mathrm{cov}\left(\tilde{r}_j^u, \tilde{r}_M\right) \text{ und} \tag{91}$$

$$\beta_j^F = \beta_j^u\left[1 + \left(1 - s_K\right)\frac{F}{E^F}\right].$$

Im deutschen Steuersystem gilt bei unterstellter Vollausschüttung der Überschüsse nach Steuern (92):[208]

$$\mathrm{cov}\left(\tilde{r}_j^F, \tilde{r}_M\right) = \left[1 + \left(1 - \frac{\alpha}{i}\right)\frac{F}{E^F}\right]\mathrm{cov}\left(\tilde{r}_j^u, \tilde{r}_M\right) \tag{92}$$

---

205 Ausfallrisiken der Gläubiger sind ausgeklammert.

206 Vgl. Anhang 5 zu diesem Kapitel.

207 Vgl. Anhang 5 zu diesem Kapitel.

208 Vgl. Anhang 5 zu diesem Kapitel. Es wird unterstellt, daß Gläubiger keine Ausfallrisiken zu übernehmen haben und daß das Unternehmen in jeder Periode die durch die Fremdfinanzierung ausgelösten Steuervorteile nutzt.

mit $\alpha = \left(0{,}75\, s_V \frac{1}{1 - s_K^T} + 0{,}5\, s_{GK} - 0{,}5\, s_{GE}\, s_{GK} + 0{,}5\, i\, s_{GE}\right)$ und

$$\beta_j^F = \beta_j^u \left[1 + \left(1 - \frac{\alpha}{i}\right) \frac{F}{E^F}\right].$$

Entfallen die Substanzsteuern, schrumpft die Größe α zusammen. Es bleibt $\alpha = 0{,}5 i\, s_{GE}$ für den Fall von Dauerschulden bzw. $\alpha = i\, s_{GE}$ für den Fall von Nicht-Dauerschulden.

Somit können Kapitalstruktureffekte aus empirischen Beta-Werten eliminiert werden. Natürlich lauert hier ein Problem: Der Bewerter benötigt Informationen über E^F, um β^F in β^u umrechnen zu können. Außerdem gelten die genannten Umrechnungsformeln für den Fall der unendlichen Rente. Das erstgenannte Problem kann mit Iterationslösungen angegangen werden: Auf Basis geschätzter Werte für E^F werden β^u-Werte ermittelt und ihm Rahmen des APV-Verfahrens zur Ermittlung von V^E eingesetzt. Nach Berechnung von V^{ESt} und V^{USt} kann geprüft werden, ob die ursprüngliche Annahme über β^u durch den Bewertungskalkül mit den Ergebnissen bezüglich V^E, V^F und E bestätigt wird oder nicht.

d. Beta-Werte und unterschiedlich risikante Vermögensgegenstände

Bei der Interpretation von empirischen Beta-Werten kann man die Beziehung (93) nutzen:

$$\beta_P = \sum_{j=1}^{n} x_j \cdot \beta_j\,. \tag{93}$$

β_P steht für den Beta-Wert eines Aktienportefeuilles P. (93) besagt, daß sich der Beta-Wert des Portefeuilles P errechnet als mit den anteiligen Investitionsbeträgen gewichtete Summe der Beta-Werte der Aktien, aus denen sich das Portefeuille zusammensetzt. (93) gilt wegen der Additivität der Kovarianz. Ist die Kovarianz des Projektbündels (Bündels an Finanztiteln) 1 und 2 mit der Marktrendite zu ermitteln, gilt

$$\operatorname{cov}(\tilde{r}_1 + \tilde{r}_2, \tilde{r}_M) = E\left[\left((\tilde{r}_1 + \tilde{r}_2) - \left(E[\tilde{r}_1] + E[\tilde{r}_2]\right)\right)\left(\tilde{r}_M - E[\tilde{r}_M]\right)\right]$$

$$= E\left[\left(\tilde{r}_1 - E[\tilde{r}_1]\right)\left(\tilde{r}_M - E[\tilde{r}_M]\right) + \left(\tilde{r}_2 - E[\tilde{r}_2]\right)\left(\tilde{r}_M - E[\tilde{r}_M]\right)\right]$$

$$= \operatorname{cov}(\tilde{r}_1, \tilde{r}_M) + \operatorname{cov}(\tilde{r}_2, \tilde{r}_M).$$

Diese Eigenschaft kann prinzipiell genutzt werden, um empirische Beta-Werte von Unternehmen über die Eliminierung der Kapitalstruktur-Effekte hinaus zu zerlegen. Angenommen, der bereits um Kapitalstruktur-Effekte bereinigte Beta-Wert beträgt 1,1. Das Unternehmen ist Zulieferer der Automobilindustrie. Es hält einen wertmäßig relevanten Bestand an festverzinslichen Finanzanlagen, der risikolose Erträge abwirft. Diese beeinflussen den Beta-Wert des Unternehmens. Ist nun der Beta-Wert des operativen Geschäfts von Interesse, kann die hinter (93) stehende Idee genutzt werden. Man kann sich den Beta-Wert des Unternehmens zusammengesetzt vorstellen aus $\beta^G \cdot x_1 + \beta^{WP}(1 - x_1)$. β^G bezeichnet den gesuchten Wert des operativen Geschäfts, β^{WP} den Beta-Wert der Wertpapierbestände. Da deren Erfolge als risikolos angenommen wurden, nehmen wir β^{WP} als in der Nähe von Null liegend an. Zu bestimmen sind die Gewichte x_1 und $(1 - x_1)$. Diese stellen die Marktwertanteile der Wertpapiere bzw. des operativen Geschäfts am gesamten Marktwert des Unternehmens dar.[209] Nehmen wir an, es gelte $x_1 = 0{,}8$ und $\beta^{WP} = 0$, dann errechnet sich ein Beta-Wert für das operative Geschäft in Höhe von 1,38.[210]

e. Risikoprämie und Besteuerung der Eigentümer

Wenn die entziehbaren Überschüsse von Unternehmen nach Unternehmenssteuern und nach Einkommensteuern definiert werden, ist auch die risikoäquivalente Alternative nach Einkommensteuern zu definieren. Wir wählen, wie oben in Abschnitt a. schon angekündigt, den folgenden pragmatischen Ansatz, um die Definition der Eigenkapitalkosten an die Wirkung der Einkommensbesteuerung anzupassen. Warum diese Vorgehensweise das Attribut pragmatisch verdient, wurde oben schon ge-

209 Die Bestimmung der Marktwertanteile von Geschäftsbereichen ist ein diffiziles Problem, das hier nicht diskutiert wird.

210 Es muß gelten $\beta^u = (1 - x_1)\,\beta^{WP} + x_1\,\beta^G$.

sagt.[211] Die in Tabelle 30 erfaßten Daten legen es nahe, mit einer Risikoprämie, definiert als Differenz $E[\tilde{r}_M] - i$, von ca. 5 % zu rechnen. Angenommen $E[\tilde{r}_M]$ betrage 12 % vor Einkommensteuern. Bei der Abschätzung der Wirkungen der Einkommenbesteuerung ist zu differenzieren in nicht zu besteuernde Kapitalgewinne, soweit sie erst nach Überschreiten der kritischen Halteperiode realisiert werden, und in die Besteuerung von Ausschüttungen. Wenn man annimmt, daß sich $E[\tilde{r}_M]$ zu 2/3 aus Kapitalgewinnen und zu 1/3 aus Ausschüttungen zusammensetzt, könnte man pragmatisch die Eigenkapitalkosten wie folgt definieren:

$$E[\tilde{r}_j] = i(1-s_I) + \left[E[\tilde{r}_M^{KG}] + E[\tilde{r}_M^D](1-s_I) - i(1-s_I)\right] \cdot \beta_j . \qquad (94)$$

$E[\tilde{r}_M^{KG}]$ Renditeanteil an der Marktrendite $E[\tilde{r}_M]$, der in Form von Kapitalgewinnen erwartet werden kann,

$E[\tilde{r}_M^D]$ Renditeanteil an der Marktrendite, der in Form von Ausschüttungen erwartet werden kann.

Setzt man $i = 0{,}07$, $s_I = 0{,}35$, $E[\tilde{r}_M^{KG}] = 0{,}08$, $E[\tilde{r}_M^D] = 0{,}04$ und $\beta_j^u = 0{,}8$, erhält man Eigenkapitalkosten bei ausschließlicher Eigenfinanzierung in Höhe von 0,0939. Dieser Satz entspricht dem Eigenkapitalkostensatz, der oben in Abschnitt VI. benutzt wurde, um den Wert der Value AG bei reiner Eigenfinanzierung zu berechnen.

Bevor wir uns der Darstellung der Ertragswert-Methode zuwenden, wollen wir nochmals unterstreichen, daß wir die Botschaft des CAPM nur als einen möglichen Weg benutzen, um risikoäquivalente Kapitalkostensätze zu gewinnen. Diese Vorgehensweise wird zwar durch die Vertreter der DCF-Methoden nahegelegt, die nahezu ausnahmslos auf das CAPM zurückgreifen. Aber es wäre falsch, die DCF-Methoden mit der Botschaft des CAPM so eng zu verbinden, als bedingten sie sich gegenseitig. Die Basis der DCF-Methoden bilden einige einfache und relativ robuste arbitragetheoretische Überlegungen, deren Geltung nicht der Stützung durch das CAPM bedarf.

---

211 Vgl. etwa zur Herleitung von Risikoprämien bei persönlicher Einkommensbesteuerung Brennan, M.J. (1970).

6. Übungsaufgaben

Aufgabe 17

Franz Oberhuber will eine Aktiengesellschaft gründen, um in das Personal-Computer-Geschäft einzusteigen. Die Investitionsauszahlungen werden auf 10.000.000 DM beziffert. Oberhuber rechnet zur Vereinfachung damit, daß er unendlich lang jährliche Erfolge vor Zinsen und Steuern ($\overline{X}$) von 1.000.000 DM erzielen kann. Er hat bereits einige finanzstarke Personen von der Gewinnträchtigkeit seines Unternehmens überzeugt. Diese haben erklärt, entweder Schuldverschreibungen seines Unternehmens (der AG) zeichnen zu wollen oder ihm privat Mittel in Form von Darlehen zur Verfügung zu stellen. Oberhuber hat die Finanzierungspläne A und B aufgestellt, zwischen denen er entscheiden muß:

Plan A: Privatdarlehen in Höhe von 2,5 Mio. DM zu 6 %;

Gründung der Aktiengesellschaft mit 25.000 Aktien zum Nominalwert von 100 DM pro Aktie;

Verkauf der Schuldverschreibungen in Höhe von 7,5 Mio. DM an seine Financiers zum Zinssatz von 6 %.

Plan B: Privatdarlehen in Höhe von 5 Mio. DM zu 6 %;

Gründung der Aktiengesellschaft mit 50.000 Aktien zum Nominalwert von 100 DM pro Aktie;

Verkauf von Schuldverschreibungen in Höhe von 5 Mio. DM an seine Financiers zum Zinssatz von 6 %.

Tilgungen sind nicht zu beachten; Illiquiditätsrisiken sind ausgeschaltet.

1. Unterstellen Sie eine Welt ohne Steuern! Erfolge nach Zinsen werden voll ausgeschüttet. Dem Geschäftsrisiko der neuen Aktiengesellschaft entsprechend fordern Investoren am Kapitalmarkt eine Rendite $k = 0{,}08$, wenn die Gesellschaft nicht verschuldet ist.
   a) Wie hoch sind die Eigenkapitalkosten der von Oberhuber gegründeten AG gemäß Plan A bzw. Plan B?
   b) Wie hoch sind die Eigenkapitalkosten von Oberhubers Gesamtposition gemäß Plan A bzw. Plan B?

c) Welchen Plan sollte Oberhuber realisieren?

2. a) Wie hoch ist der Gesamtwert der Aktiengesellschaft bei Plan A bzw. Plan B, wenn Unternehmensgewinne mit $s_K = 0{,}5$ besteuert werden? k_s sei unverändert 0,08!

   b) Wie hoch sind die durchschnittlichen Kapitalkosten (WACC) der AG, wenn Plan A bzw. Plan B realisiert würde?

   c) Wie hoch sind die Kosten des Eigenkapitals der AG, wenn Plan A bzw. Plan B realisiert würde?

3. Nehmen Sie an, daß Unternehmensgewinne mit $s_K = 0{,}5$ und Einkommen der Investoren mit $s_I = 0{,}4$ besteuert wird. Zinsen seien auf Unternehmens- und Investorenebene steuerlich abzugsfähig! Welchen Plan sollte Oberhuber realisieren?

Aufgabe 18

In der Berliner Malzwerke AG (BMW) wird in der Planungsabteilung heftig über die Relevanz des durchschnittlichen Kapitalkostensatzes (WACC) für die Beurteilung neuer Investitionsprojekte diskutiert. Der bereits ergraute Chef der Abteilung, Herr Kons, verficht seit eh und je die Auffassung, als Diskontierungssatz sei die langfristige am Kapitalmarkt bei sicherer Anlage erzielbare Rendite zu verwenden. Er werde in fortgeschrittenem Alter seine Auffassung nicht mehr ändern. Schließlich sei BMW auch ein diversifiziertes Unternehmen und im übrigen könnten die vielen Anteilseigner von BMW auch selbst Risiko abbauen, indem sie Aktien mehrerer Unternehmen hielten.

Jüngere Mitarbeiter, vorwiegend Absolventen bayerischer Universitäten, halten ihm entgegen, die Vorzüge der Verwendung eines durchschnittlichen Kapitalkostensatzes (WACC) lägen darin, daß

(1) dem Investitionsrisiko und dem Finanzierungsrisiko eines Investitionsobjektes Rechnung getragen werde und

(2) die Zahlungs- bzw. Renditeansprüche von Anteilseignern *und* Gläubigern bei der Beurteilung der Vorteilhaftigkeit von neuen Projekten beachtet würden.

In der amerikanischen Literatur würden diese Vorzüge dargestellt und empirische Untersuchungen zeigten, daß dieses Konzept in US-amerikanischen Aktiengesellschaften auch verbreitet Einsatz fände. Herr Kons hat dafür nur eine abwertende Handbewegung übrig. Mitarbeiter 1 (M_1) entwickelt darauf eine Rechnung:

„Der gesamte Marktwert unseres Unternehmens beträgt unter Berücksichtigung der Börsenkursentwicklung, der Zahl der ausgegebenen Aktien und unserer Fremdmittel etwa 960 Mio. DM. Der Marktwert des Fremdkapitals, den wir wegen unserer eher bescheidenen Verschuldungsquote mit dem Nominalwert gleichsetzen können, beträgt etwa 320 Mio. DM, Wir können unsere Fremdmittelkosten mit i = 8 % (vor Steuern) ansetzen und wissen, daß die Rendite, die Anteilseiger als Entgelt für unser Investitionsrisiko fordern, zwischen 13 % und 15 % liegt (= k_s). Setzen wir der Einfachheit halber 14 % an. Daraus folgt, daß die Anteilseigner für Investitions- und Finanzierungsrisiko eine Rendite gemäß (1) fordern:

$$k_s^F = k_s + (k_s - i)(1 - s_K)\frac{F}{E^F} \tag{1}$$

$$= 0{,}14 + (0{,}14 - 0{,}08)\cdot(1 - 0{,}5)\frac{320}{640}$$

$$= 0{,}155.$$

Wenn wir die Vereinfachung, daß nur Unternehmensgewinne mit dem Satz s_K besteuert werden, beibehalten, ergibt sich ein durchschnittlicher gewichteter Kapitalkostensatz (WACC) nach Auffassung amerikanischer Autoren aus (2) bzw. (3):

$$\text{WACC} = i(1 - s_K)\frac{F}{V^F} + k_s^F\frac{E^F}{V^F} \tag{2}$$

$$\text{WACC} = k_s\left(1 - s_K\frac{F}{V^F}\right). \tag{3}$$

Nach beiden Formulierungen beträgt WACC 11,67 %. Dies ist der Zinssatz, mit dem wir neue Investitionsprojekte beurteilen sollten.“

Mitarbeiter 2 (M_2) ergänzte: „Wenn wir das Konzept auf die neue Aufbereitungsanlage, die in der Planung ist, anwenden, sieht die Sachanlage etwa so aus: Die Überschüsse nach Steuern und Zinsen werden, wie Sie wissen, auf 750.000 DM pro Jahr für die 25-jährige Lebenszeit berechnet. Bewertet man diese mit 11,67 %, erhält man einen Barwert von 6.019.751 DM.[212] Das ist verglichen mit dem Anschaffungspreis von 6 Mio. DM ein sehr knappes Ergebnis. Ihre Rechnung, Herr Kons, scheint für die Investition zu sprechen. Sie setzen den Überschuß nach Zinsen, aber vor Steuern an, also 1,5 Mio. DM, und diskontieren mit 8 %. Der Barwert beträgt dann rund 16 Mio. DM[213] und der Nettokapitalwert ist klar positiv. Aber Ihre Rechnung ist nicht überzeugend wegen der oben genannten Gründe!"

Mitarbeiter 2 argumentiert weiter: „Wir könnten die Vorteilhaftigkeit des Projektes steigern, indem wir die Kapitalstruktur der AG ändern; wir sollten mehr Fremdkapital aufnehmen! Wenn wir bei gegebenem Investitionsprogramm den Fremdkapitalanteil zum Beispiel auf 480 Mio. DM anheben, sinkt WACC von 11,67 % auf 10,5 %[214] und der Barwert des Projektes steigt auf 6.554.264 DM.[215] Das ist ein deutlicher Überschuß über den Anschaffungspreis von 6 Mio. DM. Dann sollten wir das Projekt auch durchführen. Auch wenn unser Fremdkapitalanteil auf 480 Mio. DM stiege, könnten wir noch immer mit Sicherheit Zinsen und Tilgungen leisten."

1. Welche Fehler macht Kons?
2. Ist die Argumentation von M_1 unter den von ihm gesetzten Annahmen akzeptabel?
3. Sind die Argumente von M_2 richtig? Wenn nein, welche Fehler werden gemacht?
4. Bestimmen Sie unter akzeptablen Annahmen den Marktwert-Beitrag der Aufbereitungsanlage!

---

212 $750.000 \cdot 8{,}02633 = 6.019.751$.

213 $1.500.000 \cdot 10{,}67478 = 16.012.164$.

214 $\text{WACC} = 0{,}14\left(1 - 0{,}5\frac{480}{960}\right) = 0{,}105$.

215 $750.000 \cdot 8{,}73902 = 6.554.264$.

Aufgabe 19

Der Finanzvorstand der SV-AG kommt aus der USA zurück. Er war auf einem von Rappaport geleiteten Seminar „Business Performance and Shareholder Value". Er ist überzeugt, daß er etwas Sinnvolles gelernt hat. Er ist entschlossen, mit den üblichen Meßgrößen ROI, ROA, GKR, Jahresüberschuß/Aktie etc. aufzuräumen. „Shareholder Value" müßte geschaffen werden. Schließlich stehen ja auch seine Verhandlungen mit dem Aufsichtsratvorsitzenden über seine Vertragsverlängerung bevor.

Er ruft seinen Stab zusammen und erläutert wie nach Rappaport Marktwert geschaffen wird. Er redet über WACC, Unternehmensgesamtwerte, Steuern, Transaktionskosten, bis seinen Mitarbeitern die Köpfe rauchen.

Schließlich greift der Finanzvorstand zu einem Beispiel:

„Der gesamte Marktwert unseres Unternehmens beträgt 1,2 Mrd. DM. Der Marktwert des Fremdkapitals beträgt 0,8 Mrd. DM. Wir haben folglich eine in Marktwerten gemessene Verschuldungsquote F/V^F von 2/3. Wir können die Kosten unserer Fremdmittel vor Steuern mit $i = 9\ \%$ ansetzen. Die Rendite, die unsere Eigentümer forderten, wenn wir vollständig eigenfinanziert wären, beträgt ca. 13 %. Wenn wir ein ganz simples Steuersystem unterstellen, in dem nur auf Unternehmensebene Überschüsse mit $s_K = 0{,}5$ besteuert werden, kommen wir auf einen durchschnittlichen Kapitalkostensatz (WACC) von 8,67 %.

Diesen Diskontierungssatz sollten wir zur Bewertung neuer Projekte verwenden. Wenn wir diese Methode auf die neue Anlage anwenden, die gerade in Planung ist, erhalten wir folgendes Ergebnis:

Daten: Errichtungskosten (I_0) 4,2 Mio. DM

erwartete Überschüsse vor Steuern und Zinsen $(\overline{X}_t)$ 1,5 Mio. DM für $t = 1,...,10$

Restverkaufserlös am Ende der Nutzungsdauer 0

Zinszahlungen 180.000 für $t = 1,.....,10$

Tilgung Fremdkapital am Ende der Nutzungsdauer der Anlage

Körperschaftsteuer $s_K = 0{,}50$

Rechnung:[216]

$$V^F\,(\text{Projekt}) = \sum_{t=1}^{10} (1.500.000 - 180.000)(1 - 0{,}50)(1{,}0867)^{-t}$$

$$= 660.000 \cdot 6{,}51194 = 4.297.880$$

$$\text{WACC} = k_s\left[1 - s_K \frac{F}{V^F}\right]$$

$$= 0{,}13\left[1 - 0{,}50\,\frac{2}{3}\right] = 0{,}08667$$

Die Anlage lohnt also. Wir erhöhen mit der Durchführung des Projektes unseren Unternehmensgesamtwert!“

1. Ist die Rechnung, die der Finanzvorstand aufmacht, richtig? Die steuerlichen Annahmen (nur Beachtung der Körperschaftsteuer, Ausblendung der Wirkung von Abschreibungen) sind nicht zu kritisieren!
2. Wie sieht die korrigierte Rechnung aus? Begründen Sie Ihren Ansatz!
3. Mitarbeiter M wendet ein, daß man doch auch beachten müsse, daß Eigentümer ebenfalls besteuert würden. Man könne für Eigentümer des Unternehmens einen durchschnittlichen Einkommensteuersatz von $s_I = 0{,}30$ unterstellen. Der Finanzvorstand ist verdutzt. Das Problem hatte Rappaport nicht diskutiert. Aber er schaltet schnell. Er sagt, das hätte keinen Einfluß auf WACC. Er begründet dies so: Auch wenn wir beide Steuerwirkungen berücksichtigen, steigen die Eigenkapitalkosten:

   $$k_s^F = k_s + \left[k_s(1 - s_K) - i(1 - s_K)(1 - s_I)\right]\frac{F}{E^F}\,.$$[217]

   Setzt man dies in die WACC-Formel ein

---

216 Abschreibungen sind nicht zu beachten.

217 Die Formel stimmt in einem Doppelbesteuerungssystem, das hier unterstellt werden darf!

$$WACC = i\left(1 - s_K\right)\left(1 - s_I\right)\frac{F}{V^F} + k_s^F \frac{E^F}{V^F},$$ [218]

folgt WACC = 0,0867.

„Sie sehen, sagt er zu seinem Mitarbeiter, das Modell ist ziemlich robust und unsere Anlage lohnt sich unverändert."

Hat der Finanzvorstand recht? Sie können vereinfachend annehmen, k_s betrage unverändert 13 %.

a) Wie hoch ist der Wert des Eigenkapitals unter Beachtung der von der X-GmbH realisierten Kapitalstruktur? Sie können davon ausgehen, daß Einkommensteuereffekte nicht auftreten!

b) Wie ändert sich Ihre Antwort, wenn das Fremdkapital am Ende der Periode 4 zur Hälfte getilgt wird und die Alteigentümer die hierfür erforderlichen 350 TDM in Form von Eigenkapital in die GmbH einbringen? Alle sonstigen Angeben gelten unverändert!

Aufgabe 20

Sie sind Assistent(in) der Geschäftsführung einer Unternehmensbeteiligungsgesellschaft und werden beauftragt, eine mögliche Beteiligung an der X-GmbH zu bewerten. Die Höhe der Beteiligung ist noch offen, wird aber nach oben durch gesetzliche Normierung auf 49 % des Eigenkapitals begrenzt.

Nach einer gründlichen Analyse ermitteln Sie erwartete entziehbare Überschüsse nach Zinsen, vor Steuern und nach Reinvestition für die GmbH in folgender Höhe (alle Angaben in TDM):

1	2	3	4	...	∞
100	100	120	130	130	130

Gehen Sie davon aus, daß die X-GmbH mit 700 TDM verschuldet ist. Dieser Bestand an Fremdkapital bleibt für die gesamte Lebensdauer un-

218 Dies ist die WACC-Formel für ein Doppelbesteuerungssystem.

verändert bestehen. Illiquiditätsrisiken bestehen nicht. Der risikolose Zinssatz i ist 0,08.

1. Nehmen Sie an, es bestünde ein einfaches Steuersystem, in dem Überschüsse auf Unternehmensebene mit einem Gewinnsteuersatz $s_K = 0{,}50$ besteuert werden. Anleger fordern nach Steuern für riskante, aber eigenfinanzierte Anlagen, wie die hier zu beurteilende, eine Rendite von $k_s = 0{,}10$. In jeder Periode rechnen sie mit steuerlichen Abschreibungen in Höhe von 50 TDM. Die (oben bereits abgesetzten) Auszahlungen für Reinvestitionen belaufen sich ebenfalls auf 50 TDM pro Periode.

   Welchen Höchstpreis empfehlen Sie dem Management der Unternehmensbeteiligungsgesellschaft zu zahlen, wenn der Erwerb einer 49%-igen Beteiligung erwogen würde?

2. Mit welchem Diskontierungssatz bewerten Sie die entziehbaren Überschüsse der X-GmbH, wenn Sie die Equity-Methode benutzen?

3. Jetzt gilt das deutsche Steuersystem mit folgenden Steuersätzen:

   $s_K^T = 0{,}50;$

   $s_{GE} = 0{,}1667;$

   $s_{GK} = 0{,}008;$

   $s_V = 0{,}006;$

   $s_I = 0{,}5.$

   Die Verbindlichkeiten der X-GmbH stellen unter steuerlichen Aspekten Dauerschulden dar. Sie können unterstellen, daß der Wert des Unternehmens bei ausschließlicher Eigenfinanzierung und Jahresüberschuß-bezogener Vollausschüttung 950 TDM beträgt.

a) Wie hoch ist der Wert des Eigenkapitals unter Beachtung der von der X-GmbH realisierten Kapitalstruktur? Sie können davon ausgehen, daß Einkommensteuereffekte nicht auftreten!

b) Wie ändert sich das Ergebnis, wenn das Fremdkapital am Ende der Periode 4 zur Hälfte getilgt wird und die Alteigentümer die hierfür erforderlichen 350 TDM in Form von Eigenkapital in die GmbH einbringen? Alle sonstigen Angaben gelten unverändert!

Aufgabe 21

Die Deutsche Papierwerke AG (DP-AG) ist eine börsennotierte Aktiengesellschaft mit breit gestreutem Anteilseignerkreis. Die Geschäftsfelder des Unternehmens wurden in den letzten Jahren durch eine Diversifikationsstrategie um die Produktion von chemischen Erzeugnissen erweitert. Die Bilanz der DP-AG für das Jahr 1992 hat vereinfacht folgendes Aussehen (in Mio. DM):

Sachanlagen	6.375	Eigenkapital	7.350
festverzinsliche		Fremdkapital	3.275
Wertpapiere	4.250		
Aktiva	10.625	Passiva	10.625

Das Grundkapital der DP-AG besteht aus 50 Mio. Stammaktien mit einem Nominalwert von 50 DM/Stück. Der Börsenkurs der Aktie liegt derzeit bei 210 DM. Der Beta-Wert der Aktie ist 1,3. Unterstellen Sie eine Risikoprämie $E[\tilde{r}_M]$-i in Höhe von 4 %! Der risikolose Zinssatz ist 8,5 %. Aus diesen Daten berechnen sich Eigen-kapitalkosten (k_s^F) in Höhe von 13,7 %.

Unterstellen Sie ein System mit einer einfachen Gewinnbesteuerung. Der Steuersatz ist $s_K = 0{,}50$. Für die DP-AG bestehen keine Illiquiditätsrisiken.

1. Berechnen Sie den durchschnittlichen Kapitalkostensatz WACC der DP-AG!

2. Das Management diskutiert über die eventuelle Übernahme der Druck AG, eines kleineren Herstellers, der auf die Produktion von Tapeten spezialisiert ist. Eine Analyse läßt Cash-flows vor Zinsen und Steuern von 2,25 Mio. DM pro Jahr erwarten (Rentenfall). Die Druck AG weist Fremdmittel von 6 Mio. DM auf, die zu 8,5 % zu verzinsen sind. Illiquiditätsrisiken bestehen nicht. Das Management der Druck AG verfolgt eine Zielkapitalstruktur von $F/V^F = 0{,}6$.

   In der Finanzabteilung wird zunächst über den bei der Bewertung anzuwendenden Kapitalkostensatz diskutiert.

   Ein Kollege meldet sich zu Wort: „Es ist doch klar, daß wir die Kapitalkosten der DP-AG bei der Bewertung der Druck AG verwenden. Schließlich wollen wir doch die Eigentumsrechte erwerben.“

Ein zweiter Kollege meint: „Nach meiner Ansicht ist das Risiko der Investition bei der Ermittlung der Kapitalkosten zu beachten. Wegen unserer Diversifikationsanstrengungen sind unsere Risiken geringer als die der Druck AG, die über nur ein Geschäftsfeld verfügt. Deren durchschnittliche Kapitalkosten müssen somit über unseren Kapitalkosten liegen.“

Beurteilen Sie diese Argumente!

3. Eine genauere Analyse des Risikos der Druck AG zeigt, daß das Investitionsrisiko des Unternehmens ungefähr dem Investitionsrisiko der operativen Geschäftsfelder der DP-AG entspricht. Sie können davon ausgehen, daß sich der β^U-Wert der Aktie der DP-AG als gewogenes arithmetisches Mittel der Geschäftsfelder der DP-AG und der Finanzanlagen interpretieren läßt. Die Erfolge der Finanzanlagen sind risikolos.

   Die Druck AG hält keine erwähnenswerten Bestände an Finanzanlagen!

   Berechnen Sie den durchschnittlichen Kapitalkostensatz der Druck AG!
   Vergleichen Sie Ihr Ergebnis mit dem aus 1.!

4. Berechnen Sie den Unternehmensgesamtwert und den Wert des Eigenkapitals der Druck AG!

   Gehen Sie davon aus, daß der oben angegebene erwartete Cash-flow vor Zinsen und Steuern von 2,25 Mio. DM pro Periode unendlich lang erzielt werden kann.

Aufgabe 22

Der Gesellschafter der Druck GmbH erwägt, sich ins Privatleben zurückzuziehen und sein Unternehmen zu verkaufen. Die Planung für die nächsten 6 Jahre ist der folgenden Tabelle zu entnehmen. Ab Periode 6 unterstellt er den Rentenfall. Die Gesellschaft geht zur Vollausschüttung über; Pensionsrückstellungen und Fremdkapitalbestand bleiben ab dann unverändert.

Periode	0	1	2	3	4	5	6 ff.
Sachanlagen	6.200,0	6.304,0	7.300,0	7.700,0	13.000,0	14.000,0	14.000,0
Netto-Umlaufvermögen	1.400,0	1.600,0	608,0	7.013,0	1.818,0	1.473,0	1.473,0
Bilanzsumme	7.600,0	7.904,0	7.908,0	14.713,0	14.818,0	15.473,0	15.473,0
Eigenkapital	5.800,0	6.500,0	6.700	9.800	10.050	10.500	10.500
Pensionsrückstellungen	500,0	504,0	508,0	513,0	518,0	523,0	523,0
Fremdkapital	1.300,0	900,0	700,0	4.400,0	4.250,0	4.450,0	4.450,0
Bilanzsumme	7.600,0	7.904,0	7.908,0	14.713,0	14.818,0	15.473,0	15.473,0
Umsatzerlöse		20.000,0	24.000,0	27.000,0	23.500,0	28.800,0	28.800,0
betriebliche Aufwendungen		13.000,0	15.500,0	17.000,0	13.500,0	17.900,0	17.900,0
Abschreibungen		1.000,0	1.150,0	1.300,0	1.500,0	2.100,0	2.200,0
Zuführung zur Pensionsrückstellung		80,0	81,7	83,5	85,3	87,2	89,0
Zinsaufwand		110,5	76,5	59,5	374,0	361,3	378,3
Gewinn vor Steuern		5.809,5	7.191,8	8,557,0	8.040,7	8.351,5	8.232,7
Steuern		2.681,4	3.125,4	4.485,8	3.552,6	3.738,2	3.572,1
Jahresüberschuß		3.128,1	4.066,4	4.071,2	4.488,1	4.613,3	4.660,6
Ausschüttungen		2.428,1	3.866,4	971,2	4.238,1	4.163,3	4.660,6
Rücklagenzuführung		700,0	200,0	3.100,0	250,0	450,0	0,0

Plan-Bilanzen und Plan-GuV der Druck GmbH (in TDM)

Es gelten folgende Daten:

$s_V = 0{,}006$		s_K^A	$= 0{,}30$
s_{GK}	$= 0{,}008$	s_I	$= 0{,}53$
s_{GE}	$= 0{,}1667$	i	$= 0{,}085$
s_K^T	$= 0{,}45$	k_s	$= 0{,}10$

Der Gesellschafter möchte wissen

- wie hoch der Unternehmensgesamtwert ist,
- wie hoch der Wert des Eigenkapitals ist.

Benutzen Sie die APV-Methode!

1. Berechnen Sie den Wert der Gesellschaft bei ausschließlicher Eigenfinanzierung! Unterstellen Sie eine residuale Ausschüttungspolitik!
2. Berechnen Sie die sich aus der realisierten Kapitalstruktur ergebenden Vorteile!
3. Gibt es Anlaß, Einkommensteuereffekte zu vermuten? Eine Rechnung ist nicht erforderlich!
4. Wie hoch ist der Wert des Eigenkapitals? Unterstellen Sie auch für Gläubiger und Pensionsberechtigte einen Einkommensteuersatz von $s_I = 0{,}53$! Die wertmäßigen Auswirkungen des Einkommensteuereffektes sollen unbeachtet bleiben!

Aufgabe 23

Ein Autor entwickelt in einer viel gelesenen Zeitschrift für Studierende der Betriebswirtschaftslehre folgendes Beispiel, um den praktischen Einsatz der Botschaften des CAPM zu demonstrieren. B. Schimmerlos brütet über den Ausführungen und Rechnungen des Autors.

Der Text lautet wie folgt:

Die Siemens AG plant, die Produktion von 1-Megabit-Halbleiterspeichern aufzunehmen. Die Anschaffungsauszahlungen für Betriebsstätte und Anlagen werden auf 1 Mrd. DM geschätzt. Die Nettoeinzahlungen vor Steuern während der 10-jährigen Nutzungsdauer werden auf 150 Mio. DM jährlich geschätzt. Die Errichtungskosten der Anlage werden mit 30 % degressiv abgeschrieben. Auf die lineare Abschreibung wird übergewechselt, wenn dies zu höheren Abschreibungsbeträgen führt. Der Steuersatz kann vereinfachend mit $s = 60\ \%$ angenommen werden. Der Verschuldungsgrad der Siemens AG, definiert als das Verhältnis von Fremdkapital[219] zu Eigenkapital (zu Buchwerten), betrug 1989 2,47 bei einem Eigenkapital von 18,554 Mrd. DM und einem Gesamtkapital von 64,396 Mrd. DM. Der β-Wert der Siemens AG beträgt 0,9467. Die risikolose Rendite liegt bei 8,75 %. Die Marktrendite liegt bei 16,43 %. Daraus berechnet sich eine geforderte Rendite der Eigentümer von

$$k_s^F = i + (\bar{r}_M - i)\,\beta_{SAG}^F$$

$$= 0{,}0875 + (0{,}1643 - 0{,}0875) \cdot 0{,}9467 = 0{,}1602.$$

Um die Verschuldungswirkungen auf den β^F-Wert der Siemens AG zu eliminieren, wenden wir die Formel

$$\beta^u = \frac{\beta^F}{1 + (1 - s)\,\dfrac{F}{E^F}}$$

an und erhalten $\beta^u = \dfrac{0{,}9467}{1 + (1 - 0{,}6)\,\dfrac{45{,}84}{18{,}55}} = 0{,}476.$

Weil das Projekt eigenfinanziert werden soll - die Mittel werden durch eine ordentliche Kapitalerhöhung aufgebracht - beträgt die geforderte Rendite

$$k_s = 0{,}0875 + (0{,}1643 - 0{,}0875) \cdot 0{,}476$$

$$= 0{,}12406.$$

Die Berechnung des Wertes der Anlage erfolgt etwa so:

---

219 Der Autor zählt Pensionsrückstellungen und sonstige Rückstellungen zum Fremdkapital.

t	Ab_t – Satz	Ab_t	RBW_t
1	30 %	300,0	700,00
2	30 %	210,0	490,00
3	30 %	147,0	343,00
4	30 %	102,9	240,10
5	30 %	72,03	168,07

Der Übergang zur linearen Abschreibung erfolgt ab Periode 5, weil der lineare Abschreibungsbetrag (100) ab hier höher ist als der degressive Abschreibungsbetrag (72,03).

Die Berechnung der Einzahlungsüberschüsse erfolgt gemäß $\overline{X}_t - s(\overline{X}_t - Ab_t)$. Sofortiger Verlustausgleich wird unterstellt. Die erwarteten Einzahlungsüberschüsse nach Steuern betragen für die einzelnen Perioden:

Periode	Überschuß nach Steuern	
1	$150 - 0{,}6(150 - 300)$	$= 240{,}00$
2	$150 - 0{,}6(150 - 210)$	$= 186{,}00$
3	$\vdots$	$= 148{,}20$
4	$\vdots$	$= 121{,}74$
5 - 10	$150 - 0{,}6(150 - 100)$	$= 120{,}00$

Die geforderte Rendite vor Steuern von 16,02 % muß in eine Nach-Steuer-Rendite umgerechnet werden. Wir unterstellen, daß die durchschnittliche Besteuerung der Anteilseigner 35 % beträgt und daß 40 % der Marktrendite in Form von zu besteuernden Dividenden erzielt wird. Der Rest wird in Form von nicht zu versteuernden Kapitalgewinnen erzielt. Die Nach-Steuer-Rendite des Marktportefeuilles ist somit $r_{M,s} = 0{,}4 \cdot 16{,}43(1 - 0{,}35) + 0{,}6 \cdot 16{,}43 = 14{,}13\,\%$ und die geforderte Rendite der Eigentümer nach Steuern ist

$$k_s^F = 0{,}0875(1 - 0{,}35) + (0{,}1413 - 0{,}0875(1 - 0{,}35)) \cdot 0{,}9467$$

$$= 0{,}13681.$$

Der Barwert der Nettoeinzahlungen nach Steuern beträgt dann 810,67 Mio. DM. Da die Errichtungskosten 1 Mrd. DM betragen, lohnt sich das Projekt nicht!

Helfen Sie B. Schimmerlos und prüfen Sie die Ausführungen des zitierten Autors! Sie sollten einige Fehler finden!

Anmerkung:

Akzeptieren Sie die Umrechnung der Marktrendite in eine Nach-Steuer-Marktrendite, und die hohe Risikoprämie von fast 8 % vor Steuern!

7. Literaturhinweise

Ballwieser, W. Leuthier, R. (1986): Grundprinzipien, Verfahren und Probleme der Unternehmensbewertung. In: DStR, 24. Jg., S. 545-551 und S. 604-610.

Bamberg, G./Coenenberg, A. G. (1996): Betriebswirtschaftliche Entscheidungslehre, 9. A. München.

Banz, R. (1981): The Relationship between Return and Market Value of Common Stock. In: Journal of Financial Economics, Bd. 9, S. 3-18.

Beaver, W. H./Kettler, P./Scholes, M. (1970): The Association between Market determined and Accounting determined Risk Measures. In: Accounting Review, Bd. 45, S. 654-682.

Bhandari, L. (1988): Debt/Equity Ratio and Expected Common Returns: Empirical Evidence. In: Journal of Finance, Bd. 43, S. 507-525.

Bierman, H. Jr./Smidt, D. (1984): The Capital Budgeting Decision, 6. A., New York, London.

Bimberg, L. (1991): Langfristige Renditeberechnungen zur Ermittlung von Risikoprämien, 2. A., Frankfurt/M., Berlin, Bern.

Bitz, M. (1981): Entscheidungstheorie, München.

Black, F. (1993): Beta and Return, in: Journal of Portfolio Management, Bd. 8, S. 5-20.

Black, F./Jensen, M./Scholes, M. (1972): The Capital Asset Pricing Model: Some Empirical Tests. In: Studies in the Theory of Capital Markets: M. Jensen (ed.), S. 79-124.

Bogue, M. C./Roll, R. (1974): Capital Budgeting of Risky Projects with Imperfect Markets for Physical Capital. In: Journal of Finance, Bd. 29, S. 601-613.

Brealey, R. A./Myers, St.C. (1996): Principles of Corporate Finance, 5. A., New York.

Brennan, M. J. (1970): Taxes, Market Valuation and Corporate Financial Policy. In: National Tax Journal, 23. Bd., S. 417-427.

Carleton, W. T./Lakonishok, J. (1985): Risk and Return on Equity: The Use and Misuse of Historical Estimates. In: Financial Analysts Journal, S. 38-47.

Copeland, Th. E./Koller, T./Murrin, J. (1994): Valuation, Measuring and Managing the Value of Companies, 2. A., New York.

Copeland, Th. E./Weston, J. F. (1988): Financial Theory and Corporate Policy, 3. A., New York.

Cornell, B. (1993): Corporate Valuation, Tools for Effective Appraisal and Decision Making, Homewood.

Drukarczyk, J. (1993): Theorie und Politik der Finanzierung, 2. A., München.

Drukarczyk, J. (1993a): Finanzierung über Pensionsrückstellungen. In: Handbuch des Finanzmanagements, Gebhardt, G./Gerke, W./Steiner, M. (Hrsg.), München, S. 229-260.

Drukarczyk, J. (1995): Verwertungsformen und Kosten der Insolvenz. In: Betriebswirtschaftliche Forschung und Praxis, 47. Jg., S. 40-58.

Drukarczyk, J. (1995a): DCF-Methoden und Ertragswertmethode - einige klärende Anmerkungen. In: Wpg, 48. Jg., S. 329-334.

Drukarczyk, J. (1997): Wertorientierte Unternehmenssteuerung. Besprechung des Shareholder-Value-Ansatzes von Rappaport. In: Zeitschrift für Bankrecht und Bankpolitik, 9. Jg., S. 217-226.

Drukarczyk, J./Richter, F. (1995): Unternehmensgesamtwert, anteilseignerorientierte Finanzentscheidungen und APV-Ansatz. In: DBW, 55. Jg., S. 559-580.

Drukarczyk, J./Richter, F. (1996): Valuing German Companies Using the Adjusted Present Value Approach, Regensburger Diskussionsbeiträge, Nr. 282.

Easterbrook, F. H. (1984): Two Agency-Cost Explanations of Dividends. In: American Economic Review, Bd. 74, S. 650-659.

Eisenführ, F./Weber, M. (1993): Rationales Entscheiden, Berlin.

Ezzell, J. R./Miles, J. A. (1983): Capital Project Analysis and the Debt Transaction Plan. In: The Journal of Financial Research, Bd. 6, S. 25-31.

Ezzell, J. R./Porter, R. B. (1979): Correct Specification of the Cost of Capital and Net Present Value. In: Financial Management, S. 15-17.

Fama, E. F./French, K. R. (1992): The Cross-Section of Expected Stock Returns. In: Journal of Finance, Bd. 47, S. 427-465.

Fama, E. F./French, K. R. (1996): The CAPM is wanted, dead or alive. In: The Journal of Finance, 51. Jg., S. 1947-1958.

Fama, E./MacBeth, J. (1973): Risk, Return and Equilibrium: Empirical Tests. In: Journal of Political Economy, Bd. 81, S. 607-636.

Franke, G./Hax, H. (1994): Finanzwirtschaft des Unternehmens und Kapitalmarkt, 3. A., Berlin, Heidelberg, New York.

Fuller, R. F./Kerr, H. S. (1981): Estimating the Divisional Cost of Capital: An Analysis of the Pure-Play-Techniques. In: Journal of Finance, Bd. 36, S. 997-1009.

Gebhard, J. (1990): Finanzierungsleasing, Steuern und Recht; Eine ökonomische Analyse, Wiesbaden.

Gilson, R. J/Black, B. S. (1995): The Law and Finance of Corporate Acquisitions, 2. A., New York.

Göppl, H. (1980): Unternehmensbewertung und Capital-Asset-Pricing-Theorie. In: Wpg, 33. Jg., S. 237-245.

Gregory, A. (1992): Valuing Companies - Analysing Business Worth, New York, London.

Haberstock, L. (1983): Kauf oder Leasing? In: Steuerberater-Jahrbuch 1982/1983, Köln, S. 443-509.

Hachmeister, D. (1995): Der Discounted Cash-flow als Maß der Unternehmenswertsteigerung, Frankfurt/M., Berlin, Bern.

Hachmeister, D. (1996): Die Abbildung der Finanzierung im Rahmen verschiedener Discounted Cash-flow-Verfahren. In: ZfbF, 48. Jg., S. 251-277.

Haley, Ch. W./Schall, L. D. (1973): The Theory of Financial Decisions, New York.

Harris, R. S./Pringle, J.J. (1985): Risk-Adjusted Discount Rates - Extensions from the Average-Risk Case. In: The Journal of Financial Research, Bd. 8, S. 237-244.

Haugen, R. A. (1993): Modern Investment Theory, 3. A., Englewood Cliffs.

HFA 2/1983 (1983): Grundsätze zur Durchführung von Unternehmensbewertungen. In: Wpg, 23. Jg., S. 468-480.

Ibbotson Associates (1994): Stocks, Bonds, Bills and Inflation.

Inselbag, I./Kaufold, H. (1989): How to Value Recapitalizations and Leveraged Buyouts. In: Journal of Applied Corporate Finance, Vol. 2, S. 87-97.

Inselbag, I./Kaufold, H. (1997): Two DCF Approaches for Valuing Companies under Alternative Financing Strategies. In: Journal of Applied Corporate Finance, Vol. 10, S. 114-122.

Institut der Wirtschaftsprüfer (1992): Wirtschaftsprüfer-Handbuch, 10. A., Band II, Düsseldorf.

Jensen, M. C. (1986): Agency Costs of Free Cash Flow, Corporate Finance and Takeover. In: American Economic Review, Bd. 76, S. 323-329.

Kaden, J./Wagner, W./Weber, Th./Wenzel, K. (1997): Kritische Überlegungen zur Discounted Cash Flow-Methode. In: ZfB, 67. Jg., S. 499-508.

Kloster, U. (1988): Kapitalkosten und Investitionsentscheidungen, Ffm, Bern, New York, Paris.

Kruschwitz, L. (1991): Leasing und Steuern. In: ZfbF, 43. Jg., S. 99-112.

Kruschwitz, L. (1995): Finanzierung und Investition, Berlin, New York.

Kruschwitz, L./Milde, H. (1995): Geschäftsrisiko, Finanzierungsrisiko und Kapital-kosten. Institut für Bank- und Finanzwirtschaft, Diskussionsbeiträge Nr. 24.

Lakonishok, J./Shapiro, A. (1986): Systematic Risk, Total Risk and Size as Determinants of Stock Market Returns. In: Journal of Banking and Finance, Bd. 10, S. 115 - 131.

Lessard, D. R. (1981): Evaluating International Projects: An Adjusted Present Value Approach. In: Capital Budgeting under Conditions of

Uncertainty, Crum, R.L./Derkinderen, F.G.J. (Hrsg.), Boston, S. 118-137.

Martin, J. D. (1987): Alternative Net Present Value Models. In: Advances in Financial Planning and Forecasting, Bd. 2, S. 51-66.

Matschke, M. (1979): Funktionale Unternehmensbewertung: Der Arbitriumwert der Unternehmung, Wiesbaden.

Mellwig, W. (1983): Vorteilhafte Leasingverträge - Ein Rechenfehler? In: DB, 36. Jg., S. 2261-2266.

Mandl, G./Rabel, K. (1997): Unternehmensbewertung, Eine praxisorientierte Einführung, Wien, Frankfurt.

Miles, J. A./Ezzell, J. R. (1980): The Weighted Average Cost of Capital, Perfect Capital Markets, and Project Live: A clarification. In: Journal of Financial and Quantitative Analysis, Bd. 15, S. 719-730.

Miles, J. A./Ezzell, J. R. (1985): Reformulating Tax Shield Valuation: A Note. In: The Journal of Finance, Bd. 51, S. 1485-1492.

Modigliani, F./Miller, M. H. (1959): The Cost of Capital, Corporate Finance and the Theory of Investment in : American Economic Review, Bd. 48, S. 261-297.

Mohr, R. M. (1985): The Operating Beta of a U.S. Multi-Activity Firm: An Empirical Investigation. In: Journal of Business Finance and Accounting, Bd. 12, S. 575-593.

Morawietz, M. (1994): Rentabilität und Risiko deutscher Aktien- und Rentenanlagen seit 1870, Wiesbaden.

Moxter, A. (1983): Grundsätze ordnungsmäßiger Unternehmensbewertung, 2. A., Wiesbaden.

Moyer. R. Ch./Chatfield, R. (1983): Market Power and Systematic Risk. In: Journal of Economics and Business, Bd. 35, S. 123-130.

Myers, St. C. (1974): Interactions of Corporate Financing and Investment Decisions: Implications for Capital Budgeting. In: Journal of Finance, Bd. 32, S. 211-220.

Pratt, S. P. (1996): Valuing a Business, The Analysis and Appraisal of Closely Held Companies, 3. A., Homewood.

Rappaport, A. (1986): Creating Shareholder Value, New York.

Richter, F. (1995): Konzeption eines marktwertorientierten Steuerungs- und Monitoringsystems, Regensburger Beiträge zur betriebswirtschaftlichen Forschung, Band 12, Frankfurt/M., Berlin, New York.

Richter, F. (1996): Die Finanzierungsprämissen des Entity-Ansatzes vor dem Hintergrund des APV-Ansatzes zur Bestimmung von Unternehmenswerten. In: ZfbF, 48. Jg., S. 1076-1097.

Richter, F. (1997): DCF-Methoden und Unternehmensbewertung: Analyse der systematischen Abweichungen der Bewertungsergebnisse in: Zeitschrift für Bankrecht und Bankwirtschaft, 9. Jg., S. 226-237.

Ross, St. A./Westerfield, R. W./Jaffe, J. (1996): Corporate Finance, 4. A., Chicago, London.

Rudolph, B. (1986): Neuere Kapitalkostenkonzepte auf der Grundlage der Kapital-markttheorie. In: ZfbF, 39. Jg., s. 892-898.

Sieben, G. (1976): Der Entscheidungswert in der Funktionenlehre der Unter-nehmensbewertung: In: BFuP, 28. Jg., S. 491-504.

Sieben, G./Schildbach, Th. (1979): Zum Stand der Lehre der Bewertung ganzer Unternehmen. In: DStR, 17. Jg., S. 455-461.

Siepe, G. (1997): Die Berücksichtigung von Ertragsteuern bei der Unternehmensbewertung. In: Wpg, 50. Jg., S. 1-10 und S. 37-43.

Spremann, H. (1990): Finanzwirtschaft des Unternehmens und Kapitalmarkt, 2. A., Berlin, Heidelberg, New York.

Stehle, R./Hartmond, A. (1991): Durchschnittsrenditen deutscher Aktien 1954-1988. In: Kredit und Kapital, 24. Jg., S. 371-411.

Swoboda, P. (1994): Betriebliche Finanzierung, 3. A., Heidelberg.

Taggert, R. A. (1991): Consistent Valuation and Cost of Capital Expressions with Corporate and Personal Taxes. In: Financial Management, Bd. 20, S. 8-20.

Terhart, P. (1995): Chapter 11 Bankruptcy Code: Eine Alternative für Deutschland?, Regensburger Beiträge zur betriebswirtschaftlichen Forschung, Band 10, Frankfurt/M., Berlin, New York.

Uhlir, H./Steiner, P. (1994): Wertpapieranalyse, 3. A., Heidelberg.

Volkart, R. (1997): Umsetzungsaspekte von Discounted Cash-flow-Analysen. In: ZfB, Ergänzungsheft 2/97, S. 105-124.

Volpert, V. (1989): Kapitalwert und Ertragsteuern, Die Bedeutung der Finanzierungsprämisse für die Investitionsrechnung, Wiesbaden.

Warfsmann, J. (1993): Das Capital Asset Pricing Model in Deutschland, Wiesbaden.

Weston, J. F. (1973): Investment Decisions Using the Capital Asset Pricing Model. In: Financial Management, Jg. 1, S. 25-33.

Williams, J. B. (1938): The Theory of Investment Value, Cambridge (Mass.).

VII. Ertragswert-Methode oder: Das am individuellen Investor orientierte Vorgehen

1. Konzept: Ertragswert als subjektiver Grenzpreis des Wertes der Eigentumsrechte

Die in Deutschland häufig eingesetzte Ertragswert-Methode[220] zielt auf die Ermittlung des Grenzpreises der Eigentumsrechte des Unternehmens. Der Wert des Eigenkapitals, nicht ein Unternehmensgesamtwert, für einen spezifischen Investor (potentieller Käufer, Verkäufer) soll ermittelt werden. Dieser Grenzpreis ist *subjektiv* in dem Sinne, daß er erstens von den Eigenschaften des Entscheidungsfeldes des Investors abhängt und damit von seinen sonstigen Anlagemöglichkeiten, Finanzierungsquellen, steuerlichen Belastungen, Höhe der verfügbaren eigenen Mittel, aus der Kombination mit anderen Investitionsprojekten erzielbaren Synergieeffekten etc. Zweitens wird der subjektive Grenzpreis von Eigenschaften des Investors beeinflußt: seiner finanziellen Zielsetzung, seinem Informationsstand über das zu bewertende Unternehmen und dem Grad seiner Risiko(ab)neigung.

Der gesuchte Grenzpreis heißt Ertragswert, die Methode seiner Herleitung folglich Ertragswert-Methode. *Ertrags*wert soll nicht heißen, daß sich der Grenzpreis über die Diskontierung von Ertragsüberschüssen auf problemlose Weise herleiten ließe. Ertragswert soll heißen, daß der Grenzpreis vom „Ertrag“ i.S.d. finanziellen Vorteile des Unternehmens für den (die) Eigentümer abhängt[221] und nicht etwa der „Substanz“ i.S.d. zur Ertragserzielung eingesetzten Vermögensgegenstände. Daß die praktische Umsetzung der Ertragswert-Methode sich Plan-GuV-Rechnungen und damit erwartete Ertragsüberschüsse zunutze macht, steht dieser Interpretation nicht entgegen.

Die Berechnung des Ertragswertes eines Unternehmens verlangt die Lösung folgender Teilprobleme:

---

220 Vgl. Peemöller, V.H. u. a. (1993).

221 Vgl. Moxter, A. (1983), S.9.

- Wie sehen die entziehbaren Überschüsse aus der Sicht der Eigentümer im expliziten Prognosezeitraum aus?
- Wie ist der Fortführungswert am Ende des expliziten Prognosezeitraums zu begründen?
- Welche steuerlichen Normen sind relevant?
- Wie kann der Unsicherheit der entziehbaren Überschüsse Rechnung getragen werden?
- Wie kann ein aufgabenadäquater Diskontierungssatz bestimmt werden und welche Möglichkeiten bestehen, „falsche“ Diskontierungssätze auszumustern?
- Wie kann dem Problem von Preisänderungen für zu erstellende Produkte und/oder Dienstleistungen sowie Einsatzfaktoren Rechnung getragen werden?

Hier wird folgende Vorgehensweise eingeschlagen: Wir diskutieren zunächst die Frage der problemadäquaten Definition der entziehbaren Überschüsse, dann die Frage ihrer Schätzung. Anschließend wird das Problem der Diskontierung erwarteter entziehbarer Überschüsse besprochen.

2. Zur Definition „entziehbarer Überschüsse“

Die Frage, wie man die in einer Periode aus dem Unternehmen entziehbaren Überschüsse unter Beachtung ihrer Finanzierbarkeit, der Kapitalerhaltungsregeln des Gesellschaftsrechts und der relevanten steuerlichen Regelungen definieren kann, wurde in Abschnitt IV. ausführlich erörtert. Warum kommen wir auf diese Frage hier noch einmal zurück? Die Antwort ist, daß Verlautbarungen des Instituts der Wirtschaftsprüfer in der Stellungnahme des HFA 2/1983 und in verschiedenen Auflagen des Wirtschaftsprüfer-Handbuches nicht die Klarheit haben, die sie haben könnten. Sie geben damit Raum für Interpretationen und sind deshalb zu diskutieren.

a. Entziehbare Überschüsse bei Eigenfinanzierung

Wir haben in Abschnitt IV. zwei Fälle der Ausschüttungsgestaltung unterschieden: Die Jahresüberschuß-bezogene Vollausschüttung und die Jahresüberschuß-bezogene Teilausschüttung. Auf diese Überlegungen wird hier verwiesen. Die Definition der entziehbaren Überschüsse muß den dort entwickelten Überlegungen auch dann folgen, wenn die Ertragswert-Methode zum Einsatz kommt.

Nun wurde in Abschnitt IV. aus Gründen der Vereinfachung unterstellt, daß das Unternehmen ausschließlich eigenfinanziert sei. Hier ist deshalb nachzutragen, wie sich die Definitionen für entziehbare Überschüsse ändern, wenn die Annahme reiner Eigenfinanzierung aufgegeben wird.

b. Entziehbare Überschüsse bei anteiliger Fremdfinanzierung

Im Regelfall wird das zu bewertende Unternehmen nicht ausschließlich mit Eigenkapital arbeiten. Dies ändert allerdings nichts an den erläuterten Prinzipien: Es kommt unverändert auf die entziehbaren Zahlungen an, die den (Alt)Eigentümern nach Steuern und Beachtung der Investitionsauszahlungen zufließen. Nur aus diesen leitet sich der Ertragswert (subjektive Grenzpreis) ab. Zu beachten ist, daß

- die steuerlichen Bemessungsgrundlagen der Vermögen-, der Gewerbekapital- und der Gewerbeertragsteuer sich durch den Einsatz von Fremdkapital verkürzen;[222]
- die Ausschüttungen durch die zu leistenden Zinsen und Tilgungen verkürzt werden.

Formel (31) definiert den erwarteten Cash-flow auf der Ebene der Eigentümer nach Unternehmenssteuern, Einkommensteuer und erforderlicher Wiedereinlage für Investitionszwecke für den Fall der Jahresüberschuß-bezogenen *Voll*ausschüttung. Im Fall anteiliger Fremdfinanzierung verkürzt sich unter sonst gleichen Bedingungen die Bar-Dividende und die Körperschaftsteuergutschrift um Zinszahlungen $\left(i\,F_{t-1}\right)$ und erhöht sich um die Steuerminderzahlungen bei den Unternehmenssteuern.

---

222 Wir beachten mit der oben in Abschnitt IV. gegebenen Begründung unverändert auch Substanzsteuern.

Erfolgen Tilgungen (T_t), die nicht durch Fremdkapitalaufnahmen (ΔF_t) kompensiert werden, sind die durch Eigentümer zu leistenden Wiedereinlagen entsprechend zu erhöhen. Formel (31) ist somit um diese Parameter zu erweitern:

$$CF_{t,s}^{V} = \left[GvS_t - S_{V,t} - S_{GK,t} - S_{GE,t} - i\,F_{t-1}\right](1 - s_I) - \left(I_t - Ab_t - \Delta R_t + T_t - \Delta F_t\right) \qquad (31')$$

Im Fall Jahresüberschuß-bezogener *Teil*ausschüttung gilt:

$$CF_{t,s}^{T} = \left[GvS_t - S_{V,t} - S_{GK,t} - S_{GE,t} - i\,F_{t-1} - \Delta Rl_t\left(1 + \frac{s_K}{1 - s_K}\right)\right](1 - s_I) - \left(I_t - Ab_t - \Delta R_t - \Delta Rl_t + T_t - \Delta F_t\right) \qquad (32')$$

Die Steuerzahlungen $S_{V,t}$, $S_{GK,t}$, $S_{GE,t}$ berücksichtigen die durch die Fremdfinanzierung bedingten Verkürzungen der steuerlichen Bemessungsgrundlagen. Positive Differenzen von $I_t - Ab_t - \Delta R_t - \Delta Rl_t + T_t - \Delta F_t$ sind durch Wiedereinlagen der Alteigentümer zu finanzieren.

c. Entziehbare Überschüsse und Grundsätze der Stellungnahme HFA 2/1983

Die Stellungnahme des Hauptfachausschusses (HFA) des Instituts der Wirtschaftsprüfer beginnt sehr klar: „Der Wert eines Unternehmens wird unter der Voraussetzung ausschließlich finanzieller Ziele grundsätzlich durch seine Eigenschaft bestimmt, Einnahmenüberschüsse zu erwirtschaften. Alle Bewertungsüberlegungen lassen sich theoretisch aus der Investitionsrechnung ableiten. Der Barwert der zukünftigen Überschüsse der Einnahmen über die Ausgaben bildet den theoretisch richtigen Wert eines Unternehmens.“[223] Setzen wir Einnahmen mit Einzahlungen und Ausgaben mit Auszahlungen gleich, entsteht kein Widerspruch zu den bisherigen Überlegungen. Die Stellungnahme des HFA sieht aber Probleme, das klare Prinzip in die Bewertungspraxis umzusetzen. „Die theoretisch richtige, totale Einnahmenüberschußrechnung ist in der Praxis im Normalfall nicht durchführbar. Durch Übertragung der wesentlichen

223 HFA 2/1983, S. 469.

Grundgedanken der Einnahmenüberschußrechnung auf die aus dem Rechnungswesen der Unternehmen ableitbare Aufwands- und Ertragsrechnung ergibt sich als praktisch durchführbare Näherungslösung eine modifizierte Ertragsüberschußrechnung. Hierbei wird insbesondere im langfristigen Bereich dem Auseinanderfallen von Ausgaben und Aufwand sowie Einnahmen und Ertrag Rechnung getragen."[224]

Wie könnte das Prinzip der Einzahlungsüberschußrechnung für die prinzipiell sehr langen Planungszeiträume, die es bei Unternehmensbewertungen zu beachten gilt, durchgehalten werden? Die Stellungnahme empfiehlt eine „modifizierte Ertragsüberschußrechnung", deren Ausgangspunkt die Aufwands- und Ertragsrechnung ist. „Die Aufwands- und Ertragsrechnung ordnet Aufwendungen und Erträge dem Zeitraum der Verursachung möglichst vollständig zu, unabhängig davon, ob die korrespondierenden Ausgaben und Einnahmen im gleichen Zeitraum angefallen sind. Dem Vorteil, dadurch kürzere, in sich geschlossene Abrechnungszeiträume zu ermöglichen, steht der Nachteil gegenüber, daß die Aufwands- und Ertragsrechnung wegen des langfristigen Auseinanderfallens von Einnahmen und Ausgaben und der damit verbundenen Schwankungen im Finanzbedarf nur begrenzt für die Unternehmensbewertung verwendet werden kann. Es sind daher ergänzend zur Aufwands- und Ertragsrechnung langfristige Finanzbedarfsrechnungen in den Sektoren notwendig, in denen Ausgaben und Aufwand bzw. Einnahmen und Ertrag zeitlich weit auseinanderfallen."[225]

Diese Finanzbedarfsrechnungen haben somit die Funktion, Fehler eines Kalküls, der auf der Aufwands- und Ertragsrechnung aufbaut, auszugleichen. Absicht scheint es demnach, den Charakter einer Rechnung in Ein- und Auszahlungen zu erhalten. Der HFA weist daraufhin, daß die langfristige Finanzbedarfsrechnung zu „erhebliche(n) Verschiebungen in der Finanzierungsstruktur"[226] führen könne. Würden die daraus resultierenden Zinswirkungen - bei Finanzbedarf sind dies Zinsaufwendungen - in der Aufwands- und Ertragsrechnung zutreffend erfaßt, ergäbe sich zum Ergebnis einer Zahlungsrechnung kein entscheidender Unterschied

---

224 HFA 2/1983, S. 470.
225 HFA 2/1983, S. 470.
226 HFA 2/1983, S. 470.

mehr.[227] Das ist im Ansatz gut gedacht, aber nicht richtig.[228] Außerdem kann dieses Vorgehen zu gravierenden Fehlern führen. Ein Beispiel hierfür ist die Bewertung der Deckel AG im Rahmen eines Verschmelzungsgutachtens durch angesehene Wirtschaftsprüfer.[229]

Wir wollen die Ergebnisse der Abschnitte IV. und V. hier nochmals festhalten: Entziehbare Überschüsse müssen *erstens* finanzierbar und *zweitens* ausschüttungsfähig sein. Eine Ertragsüberschußrechnung prüft nur die zweite Anforderung; über die Finanzierbarkeit sagt ein Ertragsüberschuß nichts, jedenfalls nichts Verläßliches. Eine Ertragswertermittlung benötigt deshalb eine Finanzrechnung *und* eine Planbilanzen und Plan-GuV enthaltende „Ertragsüberschußrechnung". Wahlmöglichkeiten bestehen hier nicht.

Das klare Prinzip der Herleitung des Ertragswertes aus entziehbaren Einzahlungsüberschüssen sucht die Stellungnahme HFA 2/1983 zu stützen durch eine Reihe von „Grundsätzen zur Durchführung von Unternehmensbewertungen". Zu den hier interessierenden Grundsätzen zählen

- der Grundsatz der Bewertung nachhaltig entziehbarer, verfügbarer Einzahlungsüberschüsse und
- der Grundsatz der erfolgsorientierten Substanzerhaltung.

Der erste Grundsatz bringt auf den ersten Blick nichts Neues. Daß entziehbare Überschüsse zu bewerten sind, wurde bereits geklärt. Neu ist das Wort „nachhaltig". Die Stellungnahme selbst erläutert nicht, ob dem Attribut „nachhaltig" eine eigenständige Bedeutung zukommt. Das WP-Handbuch 1992[230] interpretiert den Grundsatz so, als sei eine Jahresüberschuß-bezogene Vollausschüttung zu unterstellen. „Bewertungsobjekt ist mithin der reservenfreie Erfolg, wobei grundsätzlich davon ausgegangen werden muß, daß der reservenfreie Erfolg in voller Höhe an

---

227 HFA 2/1983, S. 470.

228 Vor Beachtung von Steuern gilt dies nur, wenn der (risikoäquivalente) Diskontierungssatz dem Fremdkapitalsatz entspricht. Das ist regelmäßig nicht der Fall. Nach Steuern sind zudem die Wirkungen des nicht finanzierungsneutralen deutschen Steuersystems zu beachten. Schließlich ist zu beachten, daß spürbare Veränderungen des Fremdkapitalvolumens des Unternehmens nicht ohne Rückwirkungen auf den risikoäquivalenten Diskontierungssatz bleiben können.

229 Verschmelzungsbericht der Friedrich Deckel AG mit der Maho AG (1993). Vgl. auch die Übungsaufgabe 26.

230 WP-Handbuch (1992), 10.A., , Bd. II., S. 28-29.

die Anteilseigner ausgeschüttet wird, auch wenn in Wirklichkeit Gewinnthesaurierungen vorgenommen werden sollten." Nun kann man nicht ausschließen, daß es Bewertungsfälle geben mag, in denen mit einer *fingierten* Ausschüttungsreihe - nämlich der Reihe Jahresüberschuß-bezogener Vollausschüttungen - gerechnet werden kann, obwohl die geplante Ausschüttungsreihe ganz anders aussieht.[231] Wenn man diese Fiktion aber in den Rang eines generell zu beachtenden Grundsatzes erheben will, muß man sie sehr gut begründen und insbesondere klären, wer den finanziellen Investitionsbedarf deckt, wenn dieser die üblichen Innenfinanzierungsbeträge überschreitet. Würde Kapitalbedarf für Investitionen über Kapitalerhöhungen finanziert, an denen die Alteigentümer teilnehmen, könnte man eine Jahresüberschuß-bezogene Vollausschüttung nur schwerlich als „nachhaltig" bezeichnen. Eine Gleichsetzung von Jahresüberschuß-bezogener Vollausschüttung mit „Nachhaltigkeit" der entziehbaren Überschüsse ist deshalb nur dort angebracht, wo der Investitionsbedarf durch Innenfinanzierungsvolumen bzw. Fremdkapital voll gedeckt werden kann.

Eine andere Interpretation für „Nachhaltigkeit" diskutiert Moxter.[232] Die Konzeption des „nachhaltigen" Ertrags stamme aus der Landwirtschaft. Sie bezeichne dort den mittleren Ernteerfolg einer landwirtschaftlich nutzbaren Fläche. Manche Bewerter neigten dazu, diese Konzeption auf die Bewertung von Unternehmen zu übertragen und einen einwertigen (quasisicheren) entziehbaren Überschuß als „nachhaltig" zu bezeichnen. Nun ist Einwertigkeit des entziehbaren Überschusses dann akzeptabel, wenn es sich um ein Sicherheitsäquivalent für die Verteilung unsicherer

---

231 Einen solchen Fall scheinen die Verfasser des WP-Handbuches auch im Auge zu haben. Es heißt dort nämlich: „Diese Gewinnthesaurierungen sind bereits eine Entscheidung, die erst vom zukünftigen Anteilseigner getroffen werden kann. Es darf allerdings nicht übersehen werden, daß bei der Anteilsbewertung die Vollausschüttung nur von Mehrheiten durchgesetzt werden kann, d.h. (dieses Prinzip, J.D.) läßt sich vom Erwerber eines kleineren Anteils" nicht durchsetzen. WP-Handbuch (1992), Bd. II., 10. A., S. 29. Die Verfasser des WP-Handbuches könnten also den Fall einer „angemessen abzufindenden" Minderheit außenstehender Anteilseigner i.S.V. § 305 AktG im Auge haben. Da die künftig von der Mehrheit betriebene Thesaurierungspolitik nicht bekannt ist, könnte Vollausschüttung auf der Grundlage der bisherigen Ertragskraft als Lösungsmöglichkeit ins Auge gefaßt sein.

232 Moxter, A. (1983), S. 116-117.

entziehbarer Überschüsse handelt. Man hat dann zu zeigen, wie man das Sicherheitsäquivalent hergeleitet hat.[233]

Betrachten wir nun den Grundsatz der erfolgsorientierten Substanzerhaltung. In der Stellungnahme HFA 2/1983 heißt es hierzu: „Die Planung der Zukunftserfolge muß alle zur Erhaltung der Substanz erforderlichen Aufwendungen bzw. Ausgaben berücksichtigen, die die geplanten Erfolge auf Dauer sicherstellen. Nachhaltig entnahmefähig ist nur der Erfolg bzw. Einnahmenüberschuß, soweit er nicht zur Erhaltung dieser erfolgsbildenden Substanz notwendig ist."[234] Weiter heißt es, daß bei der Ermittlung subjektiver Grenzpreise (Ertragswerte) ein geplanter Auf- oder Abbau der „Substanz" in die Rechnung einbezogen werden kann. Hier wird das Problem der geplanten Investitionen angesprochen. „Nachhaltigkeit" könnte jetzt wie folgt interpretiert werden: Nachhaltig entziehbar ist der Betrag pro Periode nach Vornahme der Investitionen, die erforderlich sind, um in Zukunft (unsichere) zukünftige entziehbare Überschüsse in *gleicher* Höhe zu ermöglichen. Gemäß dieser Auffassung ist somit ein Betrag entziehbar, der unter Beachtung der Investitionen auch künftig vermutlich entziehbar wäre: Der nachhaltig entziehbare Überschuß ist das erste Glied einer unsicheren, aber prinzipiell uniformen Rente. Die Konzeption des ökonomischen Gewinns läßt grüßen.

Diese letztere Konzeption ist unnötig anspruchsvoll. Investitionen sind wichtig. Sie werden vorgenommen, wenn sie profitabel sind. Sie lohnen, wenn sie risikoäquivalente Kapitalkosten mindestens decken bzw. überkompensieren. Leisten sie dies nicht, unterbleibt die Investition. Jedenfalls benötigt man die Investitionsentscheidung nicht, um vorgeblich präferenzkonforme, zu Konsumausgaben verwendbare *uniforme* Zahlungsströme bereitzustellen. Sollten Eigentümer solche Zahlungsströme wünschen, können sie Ausschüttungen (Entnahmen) selbst glätten. Das Konzept der „Nachhaltigkeit" wird insoweit also mit einer Aufgabe befrachtet, die an anderer Stelle gelöst werden kann. Wichtig ist indessen der Hinweis auf die erforderliche Investition. Daß diese Frage mit dem unglücklich belasteten Begriff der „Substanzerhaltung" verquickt wird, erhöht nicht die Klarheit der Aussage. Daß implizit unterstellt wird, die Investition *müsse* zu Lasten der Ausschüttung gehen, ist nicht nur eine unglückliche Formulierung: Damit wird das Problem der optimalen Fi-

---

233 Vgl. hierzu unten die Abschnitte 4. und 5.

234 HFA 2/1983, S. 474/475.

nanzierung der Investitionen unterdrückt, indem offene Selbstfinanzierung als gebotene Lösung suggeriert wird. Es entsteht auch ein Konflikt mit dem oben erörterten Grundsatz der Vollausschüttung, bei dessen Beachtung die Investitionen, soweit sie über durch Abschreibungen und Rückstellungsbildung gebundene Mittel hinausgehen, im Wege der Beteiligungs- oder Fremdfinanzierung finanziert würden. Schon aus steuerlichen Gründen sind die beiden Wege nicht gleichwertig. Auch macht es wenig Sinn, konfligierende Grundsätze für die ohnehin anspruchsvolle Aufgabe der Unternehmensbewertung zu formulieren.[235]

d. Zwischenergebnisse

Das Prinzip ist klar: Nur entziehbare Einzahlungsüberschüsse sind Basis der Ermittlung von Ertragswerten. Die Entziehbarkeit muß unter zwei Aspekten gewährleistet sein: Finanzierbarkeit *und* Ausschüttungsfähigkeit muß gegeben sein. Ob beide Voraussetzungen erfüllt sind, ist mittels Finanzplanung und der Erstellung von Plan-Bilanzen und Plan-GuV zu prüfen. Die besprochenen Grundsätze der Stellungnahme HFA 2/1983 sind im Prinzip richtig angelegt: Die Entziehbarkeit hängt auch vom Investitionsbedarf ab. Die starke Betonung der Relevanz der Daten aus Gewinn- und Verlust-Rechnungen verdrängt zu Unrecht die Bedeutung der Finanzierungsrechnung und der Kapitalstrukturplanung. Der Begriff der „Nachhaltigkeit" ist - jedenfalls im Rahmen der vorliegenden Kommentierung - unglücklich und mißverständlich. Um Fehler zu vermeiden (Doppelzählung von Ertragsüberschüssen; Arbeiten mit der Vollausschüttungshypothese und modifizierter Ertragsüberschußrechnung, ohne daß das Abgleiten der Kapitalstruktur-Relationen in unrealistische Größenordnungen bemerkt wird) empfiehlt sich für die explizite Planungsperiode ein Kalkül, der auf Ein- und Auszahlungen abstellt und die Konsistenz der Planung unter Einschluß der Plan-GuV-Rechnungen, Planbi-

---

235 Dieser Konflikt ist in der Stellungnahme HFA 2/1983 nicht angelegt. Er wird durch die Interpretation des WP-Handbuches geschaffen, das den Grundsatz der Bewertung nachhaltig entziehbarer, verfügbarer Einzahlungsüberschüsse mit dem Grundsatz der Vollausschüttung verknüpft. Vgl. WP-Handbuch (1992), Bd. II., S. 28/29. Nur wenn das WP-Handbuch unterstellte, daß Investitionen durch neue Eigentümer oder Kredite finanziert werden, unterbleibt der Konflikt. Die Stellungnahme HFA 2/1983 geht explizit davon aus, daß Investitionen wenigstens teilweise durch Alteigentümer finanziert werden.

lanzen und einer Kapitalstrukturplanung, die die Korridore für zulässige Bandbreiten von Finanzierungsrelationen vorgibt, sicherstellt.

e. Ertragswert und Diskontierung von Ertragsüberschüssen

Dieser Abschnitt hat den Charakter eines Exkurses. Es soll gezeigt werden, daß auch die Diskontierung von Ertragsüberschüssen zu korrekten Ertragswerten führen kann. Eine Aufwertung der Position der Stellungnahme HFA 2/1983 bzw. des WP-Handbuches 1992 ist nicht beabsichtigt.

Wir betrachten das Projekt Supermarkt (S). Die Errichtungskosten (I_0) und die erwarteten entziehbaren Überschüsse (CF_t) seien:

Projekt S	0	1	2	3	4	5	6
I_0, CF_t	- 1.000	100	200	250	298	298	296,5

S hat eine Nutzungsdauer von 6 Jahren. Ein positiver Restverkaufserlös am Ende der Nutzungsdauer wird nicht erwartet. Die obige Zahlungsreihe zeigt die Einzahlungen, die der Betreiber des Projektes S nach Dekkung aller relevanten Auszahlungen entnehmen kann: CF_t bezeichnet die entziehbaren Überschüsse. Eine (risikoäquivalente) Anlage von Mitteln am Kapitalmarkt bringt eine Rendite (i) von 10 %. Das Projekt S hat einen Ertragswert von 1.000. Anders ausgedrückt: die ökonomische Rendite (oder der interne Zinsfuß) des Projektes beträgt genau 10 %. Es handelt sich also um ein Projekt, dessen Realisierung die Eigentümer im Vergleich zur Alternativanlage nicht reicher macht.

Jetzt wollen wir die Ertragsüberschüsse für das Projekt S berechnen. Wir unterstellen zur Vereinfachung eine vollständige Eigenfinanzierung des Projektes, blenden Steuerzahlungen aus und schreiben die Errichtungskosten (I_0) über die Nutzungsdauer linear ab. Der Ertragsüberschuß ist definiert als $CF_t - Ab_t$.

	0	1	2	3	4	5	6
(1) I_0, CF_t	- 1.000	100	200	250	298	298	296,5
(2) Ab_t		167	167	167	167	167	167,0
(3) BV_t		833	667	500	333	167	0,0
(4) $CF_t - Ab_t$		- 67	33	83	131	131	129,5

BV_t bezeichnet das bilanziell gemessene Vermögen im Zeitpunkt t. Berechnen wir den Ertragswert des Projektes auf Basis der Periodenerfolge in Höhe von $CF_t - Ab_t$, erhalten wir bei linearer Abschreibung im Zeitpunkt 0 einen $NKW_0^{Er} = 274{,}11$[236] und einen Ertragswert von $NKW_0^{ER} + I_0 = 1.274{,}11$. Wir wissen, daß der Ertragswert (Bruttokapitalwert) auf Basis der CF_t 1.000 und der Nettokapitalwert folglich 0 ist.

Nun existiert eine Vorgehensweise, die genau zu einem Ertragswert von 1.000 und einem NKW^{Er} von Null führt: Voraussetzung ist, daß auf das jeweils gebundene Kapital Kapitalkosten in Höhe von $i\,BV_{t-1}$ verrechnet werden. Auf unser Beispiel bezogen folgt:[237]

	0	1	2	3	4	5	6
(1) I_0, CF_t	-1.000	100,00	200,00	250,00	298,00	298,00	296,50
(2) Ab_t		166,67	166,67	166,67	166,67	166,67	166,65
(3) $i\,BV_{t-1}$		100,00	83,33	66,67	50,00	33,33	16,67
(4) $CF_t - Ab_t - i\,BV_{t-1}$		-166,67	- 50,00	16,66	81,33	98,00	113,18

Berechnen wir den Barwert der um die Kapitalkosten verkürzten Ertragsüberschüsse in Zeile (4) mit dem Diskontierungssatz von i = 10 %, erhalten wir einen Nettokapitalwert von Null. Es gilt also

$$NKW_0 = \sum_{t=1}^{n} CF_t \left(1+i\right)^{-t} - I_0 = \sum_{t=1}^{n} \left(CF_t - Ab_t - i\,BV_{t-1}\right)\left(1+i\right)^{-t} \quad (95)$$

Wir erhalten somit mit einer Zahlungsrechnung einerseits und einer Ertragsüberschußrechnung, die sog. Residualgewinne diskontiert andererseits *gleiche* NKW_0 und damit *gleiche* Signale über die Vorteilhaftigkeit von Projekten. Das ist ein interessantes Ergebnis, weil es zeigt, daß Aufwands- und Ertragsrechnungen auch im Bereich von Bewertungsentscheidungen eine brauchbare Rechengrundlage sein können.

---

236 Der Index Er zeigt an, daß es sich um einen Nettokapitalwert, berechnet auf Basis von Ertragsüberschüssen handelt. Bei der Berechnung wird die Größe I_0 nicht abgesetzt; sie gilt (vorläufig) als durch die Abschreibungsverrechnung berücksichtigt.

237 Wir weisen die Daten jetzt mit zwei Stellen nach dem Komma aus, um exakt einen NKW von Null zu erreichen.

Das Ergebnis gilt unabhängig von dem benutzten Abschreibungsverfahren und unabhängig vom Ausmaß der Vorteilhaftigkeit des Projektes. Voraussetzung ist, daß das Projekt im Zeitpunkt 0 beginnt und im Zeitpunkt n abgeschlossen ist. Der Zeitraum, für den gerechnet wird, muß die gesamte Lebensdauer des Projektes umfassen. Es muß m.a.W. das Kongruenzprinzip gelten. Das bedeutet, daß die Summe der Nettoeinzahlungen des Projektes abzüglich der Auszahlung I_0 gleich der Summe der Ertragsüberschüsse in der Totalperiode, das ist die gesamte Lebensdauer des Projektes, ist. Im Beispiel beträgt die Summe der Nettoeinzahlungen abzüglich I_0 442,50 und damit ebensoviel wie die Summe der Ertragsüberschüsse *vor* Belastung mit Kapitalkosten.

Der Ertragswert (EW_0) des Projektes auf Basis einer modifizierten Ertragsüberschußrechnung ergibt sich aus

$$EW_0^{Er} = \sum_{t=1}^{n} \left(CF_t - Ab_t - i\,BV_{t-1}\right)\left(1+i\right)^{-t} + I_0 \,. \tag{96}$$

Und es gilt natürlich $EW_0^{CF} = EW_0^{Er}$.

Die aufgezeigten Zusammenhänge sind von Interesse:

(1) Es wird gezeigt, daß positive, um Kapitalkosten auf das eingesetzte Kapital verkürzte Ertragsüberschüsse Beiträge zu positiven Nettokapitalwerten bedeuten. Projekte (Unternehmen), die ausschließlich positive Beiträge i.S.v. $CF_t - Ab_t - i\,BV_{t-1}$ erzielen, sind vorteilhafte Projekte (rentable Unternehmen). Ihr Ertragswert übersteigt das investierte Kapital (I_0).

(2) Projekte (Unternehmen), die über lange Zeiträume negative Erfolge i.S.v. $CF_t - Ab_t - i\,BV_{t-1}$ erzielen, sind vermutlich Projekte mit negativem Kapitalwert. Ihr Ertragswert unterschreitet die Errichtungskosten (das investierte Kapital).

(3) Die Formulierung des Periodenerfolges i.S.v. $CF_t - Ab_t - i\,BV_{t-1}$ zeigt, daß eine Differenz in Höhe eines Ertragsüberschusses, definiert durch $CF_t - Ab_t > 0$, nichts Verläßliches über eine Mehrung des Vermögens der Eigentümer aussagt. Erst wenn die Differenz $CF_t - Ab_t > i\,BV_{t-1}$ ist, wenn also das Projekt (das Unternehmen) in einer Periode t mehr verdient, als die Kapitalkosten auf das *gesamte* eingesetzte Kapital zu Beginn der jeweiligen Periode (BV_{t-1}), schafft

es Vermögen für die Eigentümer i. S. eines positiven Beitrages zu einem das eingesetzte Kapital übersteigenden Ertragswert. Der so definierte Ertragsüberschuß beachtet - im Gegensatz zu den aus der GuV bekannten Ertragsüberschüssen, die lediglich die Kapitalkosten für explizit zu verzinsendes Fremdkapital berücksichtigen - generell die Alternativrendite, die Investoren bei einer anderen Verwendung der finanziellen Mittel, repräsentiert durch BV_{t-1}, erzielen könnten.

(4) Das Konzept des auf Basis von modifizierten Ertragsüberschüssen i.S.v. $CF_t - Ab_t - i\,BV_{t-1}$ abgeleiteten Ertragswertes ist *keine eigenständige* Alternative zur Bestimmung von Ertragswerten. Es ist ein Weg, der auch eingeschlagen werden kann neben dem Weg, Ertragswerte über die entziehbaren Einzahlungsüberschüsse (CF_t) zu berechnen. Ohne die Kenntnis der CF_t läuft nichts. Dann jedoch kann man Ertragswerte auch mittels der entziehbaren Einzahlungsüberschüsse ermitteln.

3. Zur Schätzung entziehbarer Überschüsse

Wie entziehbare Überschüsse zu definieren sind, wurde in Abschnitt IV. dieses Kapitels erörtert; die Ergebnisse wurden oben wiederholt. Hier geht es um die Schätzung entziehbarer Überschüsse. Ganz unbestritten ist, daß Basis der Schätzung eine gründliche Analyse der Vergangenheit des zu bewertenden Unternehmens ist.[238] Auf dem damit gewonnenen Erfahrungswissen über relevante Märkte, Stärken und Schwächen des Unternehmens baut die Prognose künftiger entziehbarer Überschüsse auf.

a. Vergangenheitsanalyse

Die Vergangenheitsanalyse soll Struktur und Einflußkomponenten der Zahlungen aufdecken, um diese für die Prognose nutzbar zu machen. Unternehmensexterne Bewerter haben i.d.R. keinen Zugang zu diesen Daten. Ausgangspunkt ihrer Analyse sind dann die Jahresabschlüsse einschließlich vorliegender oder zusätzlich verfügbarer Erläuterungen. Ziel der Vergangenheitsanalyse ist das Herausarbeiten von regelmäßig wiederkehrenden Einflußfaktoren, die auch in Zukunft wirken könnten. Das

---

238 Moxter, A. (1983), S. 97-101; HFA 2/1983, S. 474.

Zahlenwerk der Gewinn- und Verlustrechnungen ist dazu um einige wichtige Einflußgrößen zu korrigieren: Die Bereinigung um *außerordentliche Effekte* eliminiert die Aufwendungen und Erträge bzw. Aus- und Einzahlungen, die hinsichtlich ihrer Entstehung und Höhe nicht dem „normalen" Geschäftsverlauf entsprechen. Diese Ergebnisbestandteile sind in Zukunft nicht regelmäßig zu erwarten. Hier sind z.B. Erträge aus dem Verkauf von Anlagegegenständen oder Erträge/Aufwendungen aus Devisentermingeschäften anzuführen. Ebenso wichtig ist die Korrektur von *bilanzpolitischen Maßnahmen*: Manche lassen sich bei der Analyse des Jahresabschlusses aufdecken. Durch Studium des Anhanges kann der externe Bewerter die Auswirkungen aus der Inanspruchnahme von Bilanzierungshilfen des HGB, von Deckungslücken bei der Passivierung von Lasten aus betrieblicher Altersversorgung oder einer geänderten Abschreibungspolitik auf den bilanziellen Überschuß ermitteln. Andere bilanzpolitische Maßnahmen sind dagegen schwer oder gar nicht erkennbar: Der externe Bewerter vermag nur schwer auszumachen, mit welcher Intensität das Unternehmen vorhandene Bewertungsspielräume bei der Dotierung von Rückstellungen genutzt hat.

Angenommen, die Gewinn- und Verlustrechnungen eines Unternehmens hätten für die letzten drei Jahre folgendes Aussehen:

Jahr	- 3	- 2	- 1
1. Nettoumsatzerlöse	240	280	270
2. Materialaufwand	-120	-160	-120
3. Personalaufwand	-60	-90	-55
4. Abschreibungen	-30	-20	-20
5. sonst. betriebl. Aufwendungen	-10	-30	-32
6. Zinsaufwand	-5	-5	-5
7. außerordentl. Erträge	70	-	-
8. Ertragsüberschuß	85	-25	38

Den Erläuterungen im Anhang zum Jahresabschluß seien folgende Sachverhalte zu entnehmen:

- Die in Periode -3 erzielten außerordentlichen Erträge sind Veräußerungsgewinne aus dem Verkauf eines Betriebsgrundstückes an eine Leasing-Gesellschaft. Das betreffende Grundstück steht dem Unternehmen im Rahmen eines langfristigen Leasingvertrages weiterhin zur

Verfügung. Die Leasingraten in Höhe von 20 pro Periode sind ab t = -2 in der Position sonstige betriebliche Aufwendungen enthalten.

- Der deutliche Anstieg des Materialaufwands in -2 wurde durch die starke Erhöhung des Kurses des US-$ verursacht. Weil das Unternehmen einen Teil der zu verarbeitenden Rohstoffe importiert und in US-$ bezahlt, werden die Beschaffungspreise von Währungsschwankungen beeinflußt. Um diese Abhängigkeit vom $-Kurs zu verringern, hat das Unternehmen in t = -1 zum ersten Mal durch Termingeschäfte Kursabsicherungen durchgeführt; die entsprechenden Kosten von 2 sind in der Position sonstige betriebliche Aufwendungen enthalten.
- Der Anstieg des Personalaufwandes in t = -2 wurde durch einmalige Restrukturierungsaufwendungen und die dadurch ausgelösten Sozialplanzahlungen in Höhe von 30 verursacht.
- Berechnungen des Bewerters zeigen, daß die Zuführungen zu den Garantierückstellungen von 2 % der Nettoumsatzerlöse in t = -3 über 1,5 % in t = -2 bis auf 1 % in Periode -1 zurückgenommen wurden.

Mit diesen Informationen könnten bereinigte Gewinn- und Verlustrechnungen erstellt werden:

	- 3	- 2	- 1
1. Nettoumsatzerlöse	240	280	270
2. Materialaufwand	-120	-130	-120
3. Personalaufwand	-60	-60	-55
4. Abschreibungen	-30	-20	-20
5. sonst. betriebl. Aufwendungen	-10-2 = -12	-30-2-1,4 = -33,4	-32-2,7 = -34,7
6. Zinsaufwand	-5	-5	-5
8. Ertragsüberschuß	13	31,6	35,3

Folgende Veränderungen wurden vorgenommen:

- Der außerordentliche Ertrag aus dem Grundstücksverkauf in Periode -3 wurde eliminiert.
- Auch für die Perioden -3 und -2 wurde eine Absicherung des $-Kurses durch Termingeschäfte unterstellt. Dadurch erhöht sich der sonstige betriebliche Aufwand dieser beiden Jahre um 2. Zugleich schätzt man, daß der Anstieg der Beschaffungskosten bei Durchführung der Ter-

minsicherung in -2 deutlich niedriger ausgefallen wäre. Der korrigierte Materialaufwand wird auf 130 geschätzt.

- Der Personalaufwand in Periode -2 wird um die einmaligen Sozialplankosten von 30 gekürzt.
- Die sonstigen betrieblichen Aufwendungen werden um die verminderten Zuführungen zu Garantierückstellungen in Höhe von $0{,}5\% \cdot 280 = 1{,}4$ in Periode -2 bzw. $1\% \cdot 270 = 2{,}7$ in Periode -1 erhöht. Der Bewerter sieht keinen Anlaß für eine verminderte Inanspruchnahme von Garantieleistungen und erhöht deshalb die Zuführungen zu Garantierückstellungen auf das frühere Niveau.

Neben den genannten Bereinigungen sind auch finanzwirksame Beziehungen zwischen Unternehmen und den jetzigen Gesellschaftern von Bedeutung. Haben einige Gesellschafter einen Teil der Kosten für private Lebensführung auf die Unternehmensebene verlagert, sind die entsprechenden Aufwendungen, z.B. Leasingaufwendungen für privat genutzte Fahrzeuge, aus der Gewinn- und Verlustrechnung zu eliminieren. Arbeiten die Gesellschafter maßgeblich im Unternehmen mit und erhalten sie als Gegenleistung für ihren Arbeitseinsatz lediglich einen Anteil am erzielten Gewinn, sind die Personalaufwendungen entsprechend zu erhöhen. Man wird das marktübliche Arbeitsentgelt für die entsprechenden Leistungen ansetzen. Die Korrekturen betreffen auch Finanzierungsbeziehungen zwischen dem Unternehmen und seinen Gesellschaftern: Hat das Unternehmen z.B. ein zinsloses Gesellschafterdarlehen erhalten, ist der Zinsaufwand in der Gewinn- und Verlustrechnung um die marktüblichen Zinsen für dieses Darlehen zu erhöhen.

Nach der Ermittlung der bereinigten Aufwendungen und Erträge sind auch die Steuerzahlungen an die korrigierten Bemessungsgrundlagen anzupassen. Ergebnis sind dann die bereinigten Ertragsüberschüsse nach Steuern der letzten Jahre.

b. Zukunftsprognose und Phasenmethode

Die in der Vergangenheitsanalyse ermittelten bereinigten Ertragsüberschüsse der letzten Jahre sind Ausgangspunkt für die Prognose der zukünftigen entziehbaren Überschüsse. Dabei besteht die Prognose keinesfalls in einer simplen Extrapolation der Vergangenheitswerte; diese liefern lediglich die Basis für die Zukunftsschätzungen.

Im Rahmen der Vergangenheitsanalyse hat der Bewerter versucht, die wichtigsten Einflußfaktoren der Ertragsüberschüsse (Entwicklung der Gesamtnachfrage und der Marktanteile auf dem Absatzmarkt, Preiselastizität der Nachfrage, Preisentwicklungen auf dem Beschaffungsmarkt etc.) zu ermitteln. Darauf aufbauend werden alternative Szenarien für künftig möglichen Entwicklungen dieser Einflußfaktoren erstellt und die entsprechenden Ertragsüberschüsse für jede dieser Entwicklungen ermittelt.[239]

Dabei sind Risiken und Chancen zu berücksichtigen. Bei der Prognose der Entwicklung der Absatzmärkte wird man z.B. die Möglichkeit des Eintritts neuer Wettbewerber oder den möglichen Verlust eines Großkunden einbeziehen. Aber auch Chancen durch neu entwickelte Produkte sind zu berücksichtigen. Die Bildung von unterschiedlichen Szenarien ist auch für die Entwicklung der Beschaffungsmärkte des Unternehmens sinnvoll: Werden Rohstoffe mit stark schwankenden Preisen (z.B. Erdöl, Aluminium, Stahl) als Produktionsfaktoren eingesetzt, empfiehlt es sich, künftige Materialaufwendungen auf der Basis unterschiedlicher Beschaffungspreise zu ermitteln. Es ist klar, daß für unternehmensexterne Bewerter die Beschaffung der erforderlichen Informationen schwierig und ihre Prognosen deshalb mit zusätzlichen Unsicherheiten behaftet sind.

Sind subjektive Grenzpreise zu ermitteln, sind geplante künftige Maßnahmen wie Umstrukturierungen, Personalfreisetzungen, Kostensenkungsprogramme und deren Wirkung auf die entziehbaren Überschüsse zu berücksichtigen. Bei der Ermittlung von Schiedsspruchwerten ist die Einbeziehung solcher Maßnahmen dann problembefrachtet, wenn erhebliche Informationsunterschiede zwischen unternehmensinternen Bewertern (Verkäufern) und unternehmensexternen Bewertern (potentiellen Käufern, Abzufindenden, Gutachtern) bestehen. In Verhandlungen könnte der Verkäufer seinen Informationsvorsprung zu Lasten des potentiellen Käufers nutzen, indem er durch Verweis auf geplante Rationalisierungsmaßnahmen, Marketingstrategien, Personalfreisetzungen die künftigen Überschüsse in günstigem Licht erscheinen läßt, ohne daß der unternehmensexterne Bewerter die Möglichkeit zur Überprüfung der ge-

---

[239] Warum komplexere Analysen wie z.B. Entscheidungsbäume zur Abbildung zukünftiger Entwicklungen i.d.R. ausscheiden dürften, wurde im 4. Kapitel begründet.

nannten Einsparungen bzw. Umsatzsteigerungen hätte. Der Grundsatz der „Bewertung der vorhandenen Ertragskraft“[240] hat die Aufgabe, diesen Spielraum des besser informierten Verkäufers bei der Bestimmung von Schiedsspruchwerten einzuschränken: Die Wirkungen zukünftiger Maßnahmen - so heißt es dort - seien nur dann zu berücksichtigen, wenn diese im Bewertungszeitpunkt bereits eingeleitet oder zumindest konkret geplant sind.

Ergebnis der Zukunftsprognose sind für Käufer bzw. Verkäufer unterschiedliche *Bandbreiten* von möglichen, zukünftig entziehbaren Überschüssen. Die Mehrwertigkeit der Entnahmen ist Ausdruck der Unsicherheit, die jeder Prognose anhaftet: Niemand kann die Entwicklung künftiger Markt- und Absatzbedingungen, rechtlicher und politischer Rahmenbedingungen, relevanter Preise mit Sicherheit vorhersagen. Daher sind Risiken und Chancen zukünftiger unsicherer Entwicklungen durch den Entwurf verschiedener Szenarien und die Ermittlung szenarioabhängiger Überschüsse erkennbar zu machen. Einwertige Größen sind nicht geeignet, unsichere künftige Überschußerwartungen problemkonform abzubilden. Die Verwendung *eines* „nachhaltig entziehbaren“ Überschusses verschleiert Risiken und Chancen der künftigen Entwicklung und verharmlost das Unsicherheitsproblem.[241] Auch die Interpretation des „nachhaltig entziehbaren“ Überschusses als Sicherheitsäquivalent ist kein legitimer Ausweg. Sicherheitsäquivalente sind explizit und unter Offenlegung der Transformation aus mehrwertigen Überschußverteilungen abzuleiten. Darauf ist gleich zurückzukommen.[242]

Die Stellungnahme HFA 2/1983 und das WP-Handbuch 1992 empfehlen die Phasenmethode,[243] um das Unsicherheitsproblem in operabler Weise zu bewältigen. Da mit zunehmender zeitlicher Entfernung vom Bewertungszeitpunkt die Prognose zukünftiger Aufwendungen/Erträge bzw. Aus-/Einzahlungen schwieriger wird, lautet der Vorschlag, der zunehmenden Unsicherheit durch Zerlegung des Prognosezeitraums in mehrere Phasen Rechnung zu tragen und unterschiedliche Anforderungen an die phasenspezifische Prognosegenauigkeit zu stellen:

---

240 HFA 2/1983, S. 474.

241 Moxter, A. (1983), S. 116-122.

242 Vgl. unten Abschnitt 4.

243 HFA 2/1983, S. 478; WP-Handbuch (1992), Bd. II, S. 91-93.

Phase (1) umfaßt den Zeitraum der Jahre 1 bis 3 nach dem Bewertungszeitpunkt. Für die nahe Zukunft können i.d.R. detaillierte Schätzungen abgegeben werden.

Phase (2) deckt den mittelfristigen Prognosebereich ab. Die größere zeitliche Entfernung erlaubt hier wegen der zunehmenden Unsicherheit keine genauen Schätzungen mehr. Dennoch wird der Bewerter in der Lage sein, allgemeine Trendentwicklungen und die Spannweite zwischen günstigster und ungünstigster Entwicklung zentraler Aufwands- und Ertragsgrößen anzugeben.

Phase (3) umfaßt den Zeitraum nach Ende der Phase 2. Wegen der Unübersichtlichkeit möglicher Zukunftsentwicklungen erscheinen fundierte Schätzungen für diese Phase kaum möglich. Man behilft sich häufig, indem man die Prognosedaten für das letzte vor Phase 3 liegende Jahr über einen unendlichen Zeitraum hinweg fortschreibt. Auf den ersten Blick stellt dieses Verfahren eine grobe Vereinfachung dar. Es ist von erheblicher Relevanz, weil der Fortführungswert am Ende des expliziten Planungszeitraums, also am Ende der Phase 2, in Abhängigkeit von dessen Länge zwischen 60 und 70 % des Grenzpreises ausmacht.

c. Ein Beispiel

Gesucht ist der Grenzpreis für einen Käufer, der den Informationsstand habe, den extern verfügbare Daten zulassen. Zu bewerten ist eine mittelständische GmbH des produzierenden Gewerbes. Zur Verfügung stehen Gewinn- und Verlust-Rechnungen der drei letzten Jahre und die (vereinfachte) Bilanz des Jahres 1993.

Bilanz der GmbH zum 31.12.1993 (in TDM)			
Sachanlagen	4.278	Stammkapital	3.500
Finanzanlagen	1.200	Gewinnrücklagen	1.342
Anlagevermögen	5.478	Eigenkapital	4.842
Vorräte	1.849	lfr. Bankverbindlichkeiten	2.896
Forderungen aus L+L	1.005	sonst. Rückstellungen	2.093
Wertpapiere des UV	703	Verbindlichkeiten aus L+L	445
Kasse, Bank	1.241		
Umlaufvermögen	4.798	Fremdkapital	5.434
Summe Aktiva	10.276	Summe Passiva	10.276

Gewinn- und Verlustrechnungen (in TDM)	1991	1992	1993
Umsatzerlöse	6.563	6.832	7.364
Bestandsveränderungen	-80	140	-102
Gesamtleistung	6.483	6.972	7.262
sonstige betriebliche Erträge	23	20	38
Materialaufwand	-2.045	-2.453	-2.684
Personalaufwand	-1.568	-1.620	-1.700
Abschreibungen Sachanlagen	-890	-840	-880
sonstige betriebliche Aufwendungen	-1.230	-1.429	-1.326
Zinserträge	86	80	84
Zinsaufwand	-241	-260	-274
außerordentliche Erträge	0	43	24
außerordentliche Aufwendungen	-75	-103	-86
Steuern vom Einkommen und Ertrag	-412	-212	-302
Jahresüberschuß	131	198	156

Ausgangspunkt der Vergangenheitsanalyse sind die Gewinn- und Verlustrechnungen des zu bewertenden Unternehmens. In einem ersten Schritt sind diese um alle außerordentlichen und bilanzpolitischen Einflüsse zu bereinigen. Zunächst werden alle außerordentlichen Aufwendungen/Erträge aus der Rechnung eliminiert. Bilanzpolitische Maßnahmen sind im Beispiel aus den Jahresabschlußdaten nicht erkennbar. Zu bereinigende Finanzierungsbeziehungen zwischen Unternehmen und jetzigen Gesellschaftern existieren nicht.

Der potentielle Käufer wird auch die Wirkungen von nach dem Eigentumsübergang geplanten Maßnahmen bei der Prognose der entziehbaren Überschüsse berücksichtigen. Diese Maßnahmen werden in aller Regel nicht identisch sein mit denjenigen der derzeitigen Eigentümer: Der Käufer kann durch Aufnahme/Rückzahlung von Krediten die Kapitalstruktur des Unternehmens verändern oder ein verändertes Investitionsprogramm realisieren. Die Rückwirkungen auf Abschreibungen, Zinszahlungen, Steuerzahlungen, Ausschüttungen und Diskontierungssätze sind natürlich bewertungsrelevant.

Für das Beispiel sehen die zentralen Positionen der Gewinn- und Verlustrechnungen so aus:

Zentrale Aufwands- und Ertragspositionen							
	1991	in % des Umsatzes	1992	in % des Umsatzes	1993	in % des Umsatzes	Durchschnitt
Umsatzerlöse	6.563		6.832		7.364		
Materialaufwand	-2.045	31,2	-2.453	35,9	-2.684	36,4	34,5
Personalaufwand	-1.568	23,9	-1.620	23,7	-1.700	23,1	23,6
sonstige betriebl. Aufwendungen	-1.230	18,7	-1.429	20,9	-1.326	18,0	19,2
Ergebnis vor Zinsen, Steuern und Abschreibungen	1.720	26,2	1.330	19,5	1.654	22,5	22,7

Die folgende Tabelle zeigt die Veränderungsraten der einzelnen Positionen im Zeitablauf.

Zentrale Aufwands- und Ertragspositionen				
	1991	1992	1993	durchschnittliche Wachstumsrate (in %)
Umsatzerlöse	6.563	6.832	7.364	
Indexentwicklung (1991=100 %)	100,0	104,1	112,2	5,9
Materialaufwand	-2.045	-2.453	-2.684	
Indexentwicklung (1991=100 %)	100,0	120,0	131,2	14,6
Personalaufwand	-1.568	-1.620	-1.700	
Indexentwicklung (1991=100 %)	100,0	103,3	108,4	4,1
sonstige betriebl. Aufwendungen	-1.230	-1.429	-1.326	
Indexentwicklung (1991=100 %)	100,0	116,2	107,8	3,8

Ausgangspunkt für die Zukunftsprognose sind die bereinigten Gewinn- und Verlustrechnungen der Vergangenheit. Bei der Prognose der entziehbaren Überschüsse sind die geplanten Investitions- und Finanzierungsmaßnahmen des potentiellen Erwerbers von Bedeutung. Hier sei angenommen, daß der Kaufinteressent eine Erweiterung der Produktionskapazitäten beabsichtigt. Zunächst ist die künftige Entwicklung der zentralen Aufwands- und Ertragspositionen anknüpfend an die Vergangenheitsanalyse zu schätzen. Die Auswirkungen der geplanten Erweiterungsinvestitionen sind zu berücksichtigen. Der Ungewißheit soll hier vereinfachend durch die Entwicklung von zwei Szenarien Rechnung getragen werden.

Für die ersten fünf Jahre des Prognosezeitraumes - die Phasen 1 und 2 reichen von 1994 bis 1998 - werden die wichtigsten Größen explizit geplant. In 1999 beginnt die Phase (3): Die Werte des Jahres 1999 werden stark vereinfachend unverändert über einen unendlichen Zeitraum fortgeschrieben. Die Prognoserechnung wird ebenfalls vereinfacht dargestellt. Anstelle einer genauen Analyse möglicher Entwicklungen auf Absatz- und Beschaffungsmärkten wird lediglich eine Trendentwicklung von wichtigen Aufwands- und Ertragsgrößen angenommen. Für Szenario A gilt: Die Umsatzerlöse steigen mit 8 % pro Jahr im Zeitraum 1994 bis 1998. Der Materialaufwand läßt sich nicht unter 36,5 % der Umsatzerlöse drücken. Die sonstigen betrieblichen Aufwendungen erreichen 19,5 % der Umsatzerlöse. Für Szenario B gilt: Die Wachstumsrate der Umsatzerlöse beträgt bis 1998 10 % pro Jahr. Das geplante Kostensenkungsprogramm ist erfolgreich und drückt den Materialaufwand auf 35 % der Umsatzerlöse. Die sonstigen betrieblichen Aufwendungen werden voraussichtlich 18 % der Umsatzerlöse betragen. Für die Personalaufwendungen wird eine szenariounabhängige Entwicklung angenommen: Sie steigen im expliziten Planungszeitraum um 4 % pro Jahr.

Die ergänzende Finanzbedarfsrechnung muß zunächst beachten, daß der Käufer Erweiterungsinvestitionen plant. Die folgende Tabelle zeigt die geplanten Investitionsauszahlungen und Abschreibungen für die nächsten Jahre:

	1994	1995	1996	1997	1998
Investitionen	1.500	1.700	1.600	1.500	1.500
Abschreibungen auf Alt- und Neuanlagen	1.000	1.200	1.400	1.500	1.500

Wegen der Kapazitätsausweitung in den Jahren 1994 bis 1996 liegen die Investitionsauszahlungen deutlich über den Abschreibungen. Nach Beendigung der Ausbauphase sind Investitionen und Abschreibungen gleich hoch. Die Unterschiede zwischen ausschüttungssperrenden Abschreibungen und höheren Investitionsauszahlungen müssen in der Finanzbedarfsrechnung beachtet werden.

Die Finanzbedarfsrechnung muß auch die Netto-Investitionen in das erforderliche Betriebskapital, ΔEBK, berücksichtigen: Das prognostizierte Umsatzwachstum hat einen Anstieg der Forderungen aus Lieferungen und Leistungen zur Folge; man schätzt, daß diese Position und damit auch die mit ihr verbundene Kapitalbindung ausgehend von 1993 mit einer Rate von 8 % p.a. wachsen wird. Die geplante Geschäftsausweitung führt zugleich zu einem Wachstum der Vorräte (RHB-Stoffe) um 6 % pro Jahr. Auf der anderen Seite ist auch hier ein Innenfinanzierungseffekt durch die Ausschüttungssperre zu beachten: Die höheren Umsatzerlöse führen zu einem Anstieg der Garantierückstellungen und des damit einhergehenden Innenfinanzierungsvolumens. Der Bewerter schätzt das Wachstum der Rückstellungen auf 5 % p.a.. Schließlich hat die geplante Expansion auch einen Zuwachs der Verbindlichkeiten aus Lieferungen und Leistungen zur Folge; die Wachstumsrate dieser Position wird mit jährlich 5 % prognostiziert. Die folgende Tabelle stellt die Mittelbedarfe bedingt durch die Investitionen in das Umlaufvermögen und die Mittelaufbringung über Rückstellungen und Verbindlichkeiten aus Lieferungen und Leistungen gegenüber und ermittelt als Saldo die Veränderung des erforderlichen Betriebskapitals, ΔEBK.

	1993	1994	1995	1996	1997	1998
Forderungen aus L+L	1.005,0	1.085,4	1.172,2	1.266,0	1.367,3	1.476,7
Vorräte	1.849,0	1.959,9	2.077,5	2.202,2	2.334,3	2.474,4
- Rückstellungen	2.093,0	2.197,7	2.307,5	2.422,9	2.544,1	2.671,3
- Verbindl. aus L+L	445,0	467,3	490,6	515,1	540,9	567,9
erforderliches Betriebskapital	316,0	380,3	451,6	530,2	616,6	711,9
ΔEBK	—	64,3	71,3	78,6	86,4	95,3

ΔEBK stellt den zusätzlichen Mittelbedarf bedingt durch die Netto-Kapitalbindung im Umlaufvermögen dar. Der Bewerter geht vereinfachend davon aus, daß das erforderliche Betriebskapital ab dem Jahr 1998 beim Übergang in die dritte Prognosephase unverändert bleibt, so daß ab diesem Zeitpunkt kein weiterer Kapitalbedarf mehr entsteht.

Zusätzlicher Finanzbedarf kann sich aus den vereinbarten Tilgungsstrukturen für Altkredite ergeben. Hier sei angenommen, daß die GmbH zu Beginn der Jahre 1995 und 1996 je eine Tilgungsrate in Höhe von 350 TDM leisten muß. Der Zinssatz für diese Altkredite beträgt 7,5 %. Damit ergibt sich insgesamt folgender Finanzbedarf:

	1994	1995	1996	1997	1998
Investitionen	1.500	1.700	1.600	1.500	1.500
Kredittilgungen		350	350		
ΔEBK	64,3	71,3	78,6	86,4	95,3
Mittelbedarf	1.564,3	2.121,3	2.028,6	1.586,4	1.595,3

Wie ist der Mittelbedarf zu decken? Hier ist die in Abschnitt IV. diskutierte Frage, wie entziehbare Überschüsse zu definieren sind, von großer Bedeutung. Es kommt darauf an, welche Ausschüttungsstrategie und welche Kapitalstrukturpolitik der Investor verfolgt. Hier sollen die bewertungsrelevanten Überschüsse unter der Prämisse der Jahresüberschuß-bezogenen Vollausschüttung abgeleitet werden.

Daraus folgt:

- Da Ertragsüberschüsse voll ausgeschüttet werden, bleibt ein den Abschreibungen und der Zunahme der Rückstellungen entsprechender Teil der Nettoeinzahlungen aufgrund der bilanziellen Ausschüttungssperre im Unternehmen gebunden. Diese Mittel können zur Deckung des Finanzbedarfes verwendet werden.
- Offene Selbstfinanzierung findet annahmegemäß nicht statt.
- Finanzierungslücken sind durch Beteiligungsfinanzierung (Aufnahme neuer Gesellschafter), Fremdfinanzierung oder Verkauf von Finanzanlagen oder Wertpapieren des Umlaufvermögens zu decken.

Die folgende Tabelle zeigt, wie der Mittelbedarf gedeckt werden soll: Wertpapiere werden z.T. veräußert; künftige Zinserträge sinken. Kredite werden aufgenommen; Zinsaufwendungen steigen.[244] Die resultierenden steuerlichen Belastungen sind zu beachten.

	1994	1995	1996	1997	1998
Investitionen in Sachanlagen	1.500	1.700	1.600	1.500	1.500
Kredittilgungen		350	350		
ΔEBK	64,3	71,3	78,6	86,4	95,3
Mittelbedarf	1.564,3	2.121,3	2.028,6	1.586,4	1.595,3
Innenfinanzierung durch Abschreibungen	1.000	1.200	1.400	1.500	1.500
Verkauf festverzinslicher Wertpapiere	564,3				
Neuaufnahme von Krediten		921,3	628,6	86,4	95,3
Mittelaufbringung	1.564,3	2.121,3	2.028,6	1.586,4	1.595,3

Ob die hier unterstellte Kreditaufnahme sinnvoll ist, ist im Einzelfall zu prüfen. Bei der Ermittlung der künftigen Passivstruktur ist neben der unterstellten Jahresüberschuß-bezogenen Vollausschüttung und der zur Deckung des Mittelbedarfes erforderlichen Fremdkapitalaufnahme auch die angenommene Entwicklung der Rückstellungen und der Verbindlichkeiten aus Lieferungen und Leistungen zu beachten. Für die Aktivseite der Bilanz ergeben sich Veränderungen der Vorräte (RHB-Stoffe) und der Forderungen aus Lieferungen und Leistungen aus den unterstellten Wachstumsraten. Die Sachanlagen nehmen zu wegen der jeweiligen Nettoinvestitionen (Differenz Investitionen - Abschreibungen pro Periode). Als Folge der Finanzierungs- und Ausschüttungsentscheidungen sinkt die bilanzielle Eigenkapitalquote der GmbH von 47,1 % auf 40,3 % im Jahr 1998.

Die Maßnahmen zur Deckung des Mittelbedarfes haben Auswirkungen auf die zukünftigen Gewinn- und Verlustrechnungen und damit auf die entziehbaren Überschüsse:

- Die Zinserträge aus festverzinslichen Wertpapieren betragen ab 1994 nur noch 14 TDM pro Jahr.[245]

---

244 Der Zinssatz für Neukredite beträgt 9 %.

245 Der Verkauf der Wertpapiere erfolgt zu Beginn des Jahres 1994.

- Die Tilgung der Altkredite bewirkt einen Rückgang des Zinsaufwandes; der Zinssatz der Altkredite beträgt 7,5 %.

	1994	1995	1996	1997	1998
(1) Kredittilgung	...	350,0	350,0	...	...
(2) Kredittilgung, kumuliert	...	350,0	700,0	700,0	700,0
(3) Zinsersparnis (0,075·(2))	...	26,25	52,5	52,5	52,5

- Die zusätzlich aufgenommenen Kredite sind mit 9% p.a. zu verzinsen. Daraus ergeben sich folgende zusätzliche Zinszahlungen.

	1994	1995	1996	1997	1998
(1) Kreditaufnahme	...	921,3	628,6	86,4	95,3
(2) Kreditaufnahme, kumuliert	...	921,3	1.549,9	1.636,3	1.731,6
(3) zusätzl. Zinsaufwand (0,09·(2))	...	82,9	139,5	147,3	155,8

Die folgende Tabelle faßt diese Wirkungen zusammen.

	1994	1995	1996	1997	1998
Zinserträge	14,0	14,0	14,0	14,0	14,0
Zinsaufwand Altkredite	-274,0	-247,8	-221,5	-221,5	-221,5
Zinsaufwand Neukredite		-82,9	-139,5	-147,3	-155,8

Welche Ertragsüberschüsse sind nun ausschüttbar? Für die Szenarien A und B ist jeweils eine eigene Berechnung erforderlich. Folgende vereinfachende Annahmen werden getroffen:

- Substanzsteuern bleiben unbeachtet.
- Die Gewerbeertragsteuer beträgt 16,67 %.
- Wegen der Annahme der Vollausschüttung ist nur die Einkommensteuerbelastung der Ausschüttungsempfänger relevant. Diese wird mit 45 % angenommen.
- Die sonstigen betrieblichen Erträge werden in beiden Szenarien mit 38 TDM pro Periode angenommen.
- Nicht betriebsnotwendiges Vermögen besteht nicht.

Die beiden folgenden Tabellen verdeutlichen die Ermittlung der szenarioabhängigen zu bewertenden Überschüsse bei Jahresüberschußbezogener Vollausschüttung.

Plan-GuV	Szenario A				
	1994	1995	1996	1997	1998
Umsatzerlöse	7.953,1	8.589,4	9.276,5	10.018,6	10.820,1
sonstige betriebliche Erträge	38,0	38,0	38,0	38,0	38,0
Materialaufwand	-2.902,9	-3.135,1	-3.385,9	-3.656,8	-3.949,3
Personalaufwand	-1.768,0	-1.838,7	-1.912,3	-1.988,8	-2.068,3
sonstige betriebliche Aufwendungen	-1.550,9	-1.674,9	-1.808,9	-1.953,6	-2.109,9
Ergebnis vor Zinsen, Steuern und Abschreibungen	1.769,3	1.978,7	2.207,4	2.457,4	2.730,6
Abschreibungen	-1.000,0	-1.200,0	-1.400,0	-1.500,0	-1.500,0
Zinserträge	14,0	14,0	14,0	14,0	14,0
Zinsaufwand Altkredite	-274,0	-247,8	-221,5	-221,5	-221,5
Zinsaufwand Neukredite	0,0	-82,9	-139,5	-147,3	-155,8
Ergebnis vor Steuern (EvS)	509,3	462,0	460,4	602,6	867,3
Gewerbeertragsteuer (S_{GE}) [246]	-107,7	-104,6	-106,8	-131,2	-176,0
Einkommensteuer (S_I) [247]	-180,7	-160,8	-159,1	-212,1	-311,1
zu bewertende Überschüsse	220,9	196,6	194,5	259,3	380,2

246 Kredite werden als Dauerschulden behandelt. $S_{GE,t} = (EvS_t + 0{,}5 \cdot Z_t) \cdot 0{,}1667$.

247 $S_I = (EvS_t - S_{GE}) \cdot 0{,}45$.

Plan-GuV	Szenario B				
	1994	1995	1996	1997	1998
Umsatzerlöse	8.100,4	8.910,4	9.801,5	10.781,6	11.859,8
sonstige betriebliche Erträge	38,0	38,0	38,0	38,0	38,0
Materialaufwand	-2.835,1	-3.118,7	-3.430,5	-3.773,6	-4.150,9
Personalaufwand	-1.768,0	-1.838,7	-1.912,3	-1.988,8	-2.068,3
sonstige betriebliche Aufwendungen	-1.458,1	-1.603,9	-1.764,3	-1.940,7	-2.134,8
Ergebnis vor Zinsen, Steuern und Abschreibungen	2.077,2	2.387,1	2.732,4	3.116,5	3.543,8
Abschreibungen	-1.000,0	-1.200,0	-1.400,0	-1.500,0	-1.500,0
Zinserträge	14,0	14,0	14,0	14,0	14,0
Zinsaufwand Altkredite	-274,0	-247,8	-221,5	-221,5	-221,5
Zinsaufwand Neukredite	0,0	-82,9	-139,5	-147,3	-155,8
Ergebnis vor Steuern (EvS)	817,2	870,4	985,4	1.261,7	1.680,5
Gewerbeertragsteuer (S_{GE})	-159,1	-172,7	-194,4	-241,1	-311,6
Einkommensteuer (S_I)	-296,1	-314,0	-356,0	-459,3	-616,0
zu bewertende Überschüsse	362,0	383,7	435,0	561,3	752,9

Die ermittelten Überschüsse stellen das Maximum bzw. Minimum der Bandbreite möglicher entziehbarer Überschüsse dar.

Bandbreite möglicher Überschüsse					
	1994	1995	1996	1997	1998
Minimaler Überschuß (Szenario A)	220,9	196,6	194,5	259,3	380,2
Maximaler Überschuß (Szenario B)	362,0	383,7	435,0	561,3	752,9

Wichtig sind die Annahmen über die Entwicklung der GmbH nach 1998: Ab diesem Zeitpunkt wird die Konstanz der Bandbreite der Überschüsse für alle Zukunft angenommen. Es wird auch angenommen, daß kein zusätzlicher, von dem Investor zu finanzierender Bedarf an *Eigenkapital* in der Zukunft entsteht. Das Unternehmen generiert den erforderlichen Mittelbedarf: Das erforderliche Betriebskapital bleibt unverändert. Das Innenfinanzierungsvolumen reicht aus, um die nötigen Investitionen zu finanzieren. Auch die Kapitalstruktur wird prinzipiell als unverändert unterstellt. Veränderungen der Kapitalstruktur hätten nämlich, wie in Abschnitt V. ausführlich gezeigt wurde, Rückwirkungen auf Zinsbelastungen, Steuerzahlungen, entziehbare Überschüsse und den Unternehmens(gesamt)wert und damit auch den Wert des Eigenkapitals.

4. Methode der Sicherheitsäquivalente und Risikozuschläge zum Diskontierungssatz

a. Das Prinzip

Sicherheitsäquivalente wurden in Kapitel 4 vorgestellt. Anstatt mit Sicherheitsäquivalenten zu operieren, kann der Investor auch Risikozuschläge z zum sicheren „Basiszins" i addieren, um mit dem risikoangepaßten Diskontierungssatz Erwartungswerte der Nettoeinzahlungen zu diskontieren. Es handelt sich hier um subjektive, insbesondere durch die individuelle Risikonutzenfunktion des Investors bestimmte Risikozuschläge.

Im einperiodigen Fall muß gelten

$$GP_0 = E\left[\widetilde{NE}_1\right]\left(1 + i + z^*\right)^{-1} = S_1\left(1 + i\right)^{-1} .$$

Für den Risikozuschlag z^* zum sicheren Diskontierungssatz i folgt dann:

$$\begin{aligned} z^* &= \frac{E\left[\widetilde{NE}_1\right](1+i)}{S_1} - (1+i) \\ &= \left[\frac{E\left[\widetilde{NE}_1\right]}{S_1} - 1\right](1+i). \end{aligned} \tag{97}$$

Die Methode der Sicherheitsäquivalente und die Risikozuschlagsmethode sind in dem Sinn gleichwertig, daß bestimmte Differenzen $E\left[\widetilde{NE}_1\right] - S_1$ genau spezifizierbare Risikozuschläge z^* implizieren. Umgekehrt implizieren vorgegebene Risikozuschläge z^* bestimmte Risikoabschläge $RA_1 = E\left[\widetilde{NE}_1\right] - S_1$ und damit Sicherheitsäquivalente. Diese Beziehungen kann man, worauf insbesondere Ballwieser hinweist,[248] zu Plausibilitätskontrollen einsetzen, um ökonomisch nicht begründete Risikozuschläge auszuschließen.

Ein Investor erwarte aus einem Projekt mit einperiodiger Lebensdauer folgende Nettoeinzahlungen:

---

248 Ballwieser, W. (1981), (1993).

Zustände	z_1; 0,4	z_2; 0,3	z_3; 0,3
$\widetilde{NE}_j$	120	160	190

Die Risikonutzenfunktion des Investors sei $u(NE_j) = \ln NE_j$.

Der Erwartungsnutzen der Nettoeinzahlungen berechnet sich gemäß:

$$E\left[u\left(\widetilde{NE}_j\right)\right] = 0{,}4 \cdot \ln 120 + 0{,}3 \cdot \ln 160 + 0{,}3 \cdot \ln 190 = 5{,}01166.$$ [249]

Das Sicherheitsäquivalent ist der sichere Betrag, den der Investor der Verteilung der Nettoeinzahlungen gleichschätzt. Man erhält das Sicherheitsäquivalent für diesen Investor mit

$$S_1 = \left\{E\left[u\left(\widetilde{NE}_j\right)\right]\right\}^{-1} = e^{5{,}01166} = 150{,}15 \; .$$

Diskontiert man das Sicherheitsäquivalent mit dem risikolosen Zinssatz $i = 0{,}08$ auf den Zeitpunkt 0, erhält man den Grenzpreis mit 139,03.

Wollte man mit der Risikozuschlagsmethode zum gleichen Ergebnis gelangen, folgt aus (97), daß der Risikozuschlag z^* 2,05 % betragen muß:

$$z^* = \frac{153 \cdot 1{,}08}{150{,}15} - 1{,}08 = 0{,}0205 \; .$$

Höhere (oder niedrigere) Risikozuschläge als z^* sind unvereinbar mit dem in der Risikonutzenfunktion zum Ausdruck kommenden Grad der Risikoaversion des Investors.

b. Der mehrperiodige Fall

In Kapitel 4 wurde erläutert, daß bei der Bestimmung von Grenzpreisen für Unternehmen i.d.R. nicht mit Entscheidungs- bzw. Zustandsbäumen gearbeitet wird, sondern daß Komplexität reduzierende Vereinfachungen gewählt werden, die häufig mit dem Begriff Szenariotechnik belegt werden. Man erhält als Ergebnis Verteilungen von Nettoeinzahlungen, die den Perioden des Prognosezeitraums zugeordnet sind. Es bestehen zwei

249 $0{,}4 \cdot 4{,}78749 + 0{,}3 \cdot 5{,}07517 + 0{,}3 \cdot 5{,}24702 = 5{,}01166$.

Möglichkeiten der Verknüpfung der Verteilungen der Nettoeinzahlungen, die verschiedenen Zeitpunkten zugeordnet wurden:

(1) Die den Perioden zugeordneten Verteilungen werden als stochastisch unabhängig voneinander gesehen. Die Verteilung einer Periode t ist dann unabhängig von den Umweltzuständen, die sich in den Perioden t-1, t-2, t-3 etc. realisiert haben. Das bedeutet, daß die Auflösung der Unsicherheit, die mit dem Eintritt eines bestimmten Zustandes in t-1 erfolgt, die Unsicherheit über die Nettoeinzahlung in Periode t in keiner Weise mindert. Die Unsicherheit über die Nettoeinzahlungsverteilung in t löst sich erst dann vollständig auf, wenn ein Umweltzustand in t eingetreten *ist*.

(2) Die den Perioden zugeordneten Verteilungen werden als nicht unabhängig gesehen. Die Zahlungsverteilung hängt in bestimmter Weise von den Umweltzuständen ab, die sich in den vorhergehenden Perioden realisiert haben. Die Geschichte in Form aufeinanderfolgender Zustände in den Vorperioden reduziert jetzt die Unsicherheit im Zeitpunkt t. Die Unsicherheit über die Zahlungsverteilung in t löst sich nicht erst schlagartig in Periode t auf, sondern reduziert sich allmählich in den Vorperioden.

Im folgenden wird die Unabhängigkeit der Verteilungen angenommen. Wir betrachten zunächst den „Rentenfall": Die Verteilung der Nettoeinzahlungen ist in der als unendlich angenommenen Lebensdauer des Unternehmens in jeder Periode gleich. In Kapitel 4 wurde bereits erläutert, daß unterschiedliche Aggregationsmethoden genutzt werden können. Wir wollen hier auf zwei der dort erläuterten vier Methoden zurückkommen, die sich in der Reihenfolge der Aggregationsschritte unterscheiden. Die erste Methode aggregiert zuerst vertikal, indem Verteilungen von Nettoeinzahlungen der Periode auf Sicherheitsäquivalente (oder Erwartungswerte) verdichtet, und dann horizontal durch Diskontierung mit i bzw. i + z zu einem Bruttokapitalwert zusammengefaßt werden. Die zweite Methode aggregiert zuerst horizontal, indem Barwerte zeitlich aufeinanderfolgender Nettoeinzahlungen ermittelt werden. Die dann resultierende Verteilung von Barwerten wird auf einen Wert verdichtet.[250] Diese beiden Methoden führen angewendet auf eine gegebene Abfolge

250 Vgl. das Vorgehen von Bretzke, W. (1976) und das unter bestimmten Annahmen äquivalente Vorgehen von Siegel, Th. (1991), (1992).

von periodigen Verteilungen an Nettoeinzahlungen für risikoaverse Investoren nicht generell zu gleichen Ergebnissen.[251] Wir wählen im folgenden unter Verweis auf Kapitel 4 die Aggregationsmethode, die im ersten Schritt vertikal und im zweiten Schritt horizontal aggregiert.

Wie verhält sich der Einsatz von Sicherheitsäquivalenten zum Arbeiten mit Risikozuschlägen? In Analogie zu (97) gilt im Fall der unendlichen Rente:

$$GP_0 = \frac{S}{i} = \frac{E\left[\widetilde{NE}\right]}{i+z} \quad \text{mit } S = S_1 = S_2 = \ldots = S_t \text{ und}$$

$$E\left[\widetilde{NE}\right] = E\left[\widetilde{NE}_1\right] = E\left[\widetilde{NE}_2\right] = \cdots = E\left[\widetilde{NE}_t\right].$$

Es folgt für z:

$$z = \frac{i \cdot E\left[\widetilde{NE}\right]}{S} - i \tag{98}$$

$$z = \left[\frac{E\left[\widetilde{NE}\right]}{S} - 1\right] \cdot i\,.$$

Wenn die oben in Abschnitt a. dargestellte Zahlungsverteilung für jede Periode der unendlichen Lebensdauer des Unternehmens gilt, folgt

$$GP_0 = \frac{150{,}15}{0{,}08} = 1.876{,}9.$$

Der ein äquivalentes Ergebnis bewirkende Risikozuschlag z beträgt 0,00152 und ist somit deutlich niedriger als der für den einperiodigen Fall berechnete Risikozuschlag z^*.

Angenommen, ein Investor wählte einen Risikozuschlag von 2,5 % und errechnete somit einen Grenzpreis von 1.457,14.[252] Auch ohne Rückgriff auf die individuelle Risikonutzenfunktion des Investors, ist dieser Risikozuschlag als nicht rational abzulehnen. Das zu bewertende Projekt

---

251 Vgl. Ballwieser, W. (1980) und das Beispiel in Kapitel 4.

252 $GP_0 = \frac{153}{0{,}105} = 1.457{,}14\,.$

liefert eine Mindesteinzahlung NE_{min} von 120. Da diese Einzahlung gemäß den Erwartungen des Investors nicht unterschritten (wohl aber überschritten) werden kann, muß der Grenzpreis eines rationalen Investors den Betrag in Höhe von 120 / 0,08 = 1.500 übersteigen. Kalküle, die den Betrag von 1.500 unterschreitende Grenzpreise ausweisen, sind fehlerhaft. Darauf ist zurückzukommen.

Betrachten wir nicht uniforme zeitliche Abfolgen von Verteilungen von Nettoeinzahlungen. Die Grenzpreise sind definiert durch

$$GP_0 = \sum_{t=1}^{n} S_t \left(1+i\right)^{-t} \text{ und}$$

$$GP_0 = \sum_{t=1}^{n} E\left[N\tilde{E}_t\right]\left(1+i+z_t\right)^{-t} \ .$$

Forderte man lediglich Gleichheit für die so definierten Grenzpreise, also den Barwert *aller* Entnahmeverteilungen im Planungszeitraum, wären die einzelnen periodenbezogenen Risikozuschläge z_t unbestimmt. Ein über Sicherheitsäquivalente ermittelter Grenzpreis ließe sich mit beliebig vielen z_t-Kombinationen rekonstruieren. Also wird man die Gleichwertigkeitsanforderung höherschrauben müssen. Man könnte z.B. fordern, daß die Gleichheit der Barwertbeiträge für *jede Periode* gelten müsse; dann muß $S_t \left(1+i\right)^{-t} = E\left[N\tilde{E}_t\right]\left(1+i+z_t\right)^{-t}$ sein. Diese Forderung hat zur Folge, daß die Risikozuschläge z_t mit zunehmender zeitlicher Entfernung der Zahlungsverteilung *sinken* müssen, wenn die Entnahmeverteilungen der Perioden unverändert und die Sicherheitsäquivalente bei Unterstellung von periodenkonstanten Risikonutzenfunktionen konstant sind. Anders ausgedrückt: Ein konstanter Risikozuschlag impliziert im Zeitablauf fallende Sicherheitsäquivalente.

Betrachten wir ein Beispiel: Die in Abschnitt a. angegebene Verteilung soll nun für jede Periode der fünfjährigen Lebensdauer des Projektes erwartet werden. Ein Investor benutzt den Risikozuschlag z^*, der sich für eine einperiodige Nutzungsdauer des Projektes bei der hier relevanten

Risikonutzenfunktion als richtig erwies:[253] $z^* = 2{,}05\,\%$. Der risikolose Zinssatz beträgt 8 %.

t	$E[\tilde{NE}_t]$	$i + z^*$	$\Delta GP_0 = E[\tilde{NE}_t](1 + i + z^*)^{-t}$	zum gleichen Ergebnis führendes Sicherheitsäquivalent S_t^*
1	153	0,1005	139,03	150,15
2	153	0,1005	126,33	147,35
3	153	0,1005	114,79	144,60
4	153	0,1005	104,31	141,91
5	153	0,1005	94,79	139,27

Die Tabelle verdeutlicht, daß das gleiche Grenzpreis-Beiträge (ΔGP_0) bewirkende Sicherheitsäquivalent S_t^* mit zunehmender zeitlicher Entfernung *fällt.* Da die Zahlungsverteilung in jeder Periode gleich ist, scheint die Verwendung des konstanten Risikozuschlags z^* eine steigende Risikoaversion des Investors im Zeitablauf anzuzeigen. Dies steht jedoch im Widerspruch zu der Annahme einer periodenkonstanten Risikonutzenfunktion des Investors.

Da eine periodenkonstante Risikonutzenfunktion angenommen wurde und die Annahme gelten soll, daß die Entnahmeverteilungen während der fünfjährigen Lebensdauer des Projektes unabhängig voneinander sind, sind die in der Tabelle berechneten Barwertbeiträge falsch. Sie implizieren unter den genannten Bedingungen eine im Zeitablauf zunehmende Risikoabneigung. Folglich kann der für eine *einperiodige* Lebensdauer des Projektes berechnete Risikozuschlag z^* nicht wie in der Tabelle unterstellt auf die Bewertung mehrperiodiger Projekte übertragen werden. Es gibt zwei Lösungsmöglichkeiten.

Die erste besteht darin, periodenspezifische (individuelle) Risikozuschläge z_t zu berechnen. Wegen der Bedingung

$$GP_0 = \sum_{t=1}^{n} S_t (1+i)^{-t} = \sum_{t=1}^{n} E[\tilde{NE}_t](1+i+z_t)^{-t} \tag{99}$$

und der zusätzlichen Anforderung

253 Der Investor geht davon aus, daß seine Risikonutzenfunktion sich im Zeitablauf nicht ändert: Es liegt der Fall einer periodenkonstanten Risikonutzenfunktion vor.

$$S_t(1+i)^{-t} = E\left[\tilde{NE}_t\right](1+i+z_t)^{-t} \qquad (100)$$

berechnet sich z_t gemäß (101):

$$z_t = \left[\frac{E\left[\tilde{NE}_t\right]}{S_t}\right]^{1/t}(1+i)-(1+i)\ . \qquad (101)$$

Wir erhalten periodenspezifische Risikozuschläge, die es erlauben, die erwartete Zahlung $E\left[\tilde{NE}_t\right]$ vom Zeitpunkt des Anfalls mit dem Diskontierungssatz $i+z_t$ *auf den Zeitpunkt 0* zu diskontieren. Für das Projekt mit der fünfjährigen Lebensdauer folgen die in der folgenden Tabelle ausgewiesenen Risikozuschläge und Grenzpreisbeiträge. Diese Grenzpreisbeiträge entsprechen genau denjenigen, die man bei Diskontierung der konstanten Sicherheitsäquivalente S_t mit dem Zinssatz i erhielte.

t	$E\left[\tilde{NE}_t\right]$	$\left[\frac{E\left[\tilde{NE}_t\right]}{S_t}\right]^{1/t}$	$i+z_t$ $i=0{,}08$	$\Delta GP_0 = E\left[\tilde{NE}_t\right](1+i+z_t)^{-t}$ $\Delta GP_0 = S_t(1+i)^{-t}$
1	153	1,01898	0,10050	139,03
2	153	1,00945	0,09021	128,73
3	153	1,00629	0,08679	119,19
4	153	1,00471	0,08509	110,36
5	153	1,00377	0,08407	102,19

Die periodenspezifischen Risikozuschläge fallen mit zunehmender zeitlicher Entfernung der zu bewertenden Zahlungsverteilung vom Bewertungszeitpunkt.

Für den Grenzpreis gilt:

$$GP_0 = \sum_{t=1}^{5} S_t(1+i)^{-t} = \sum_{t=1}^{5} E\left[\tilde{NE}_t\right](1+i+z_t)^{-t} = 599{,}50\ .$$

Die zweite Lösungsmöglichkeit besteht darin, die Entnahmeverteilung der Periode t mittels des Risikozuschlages z^* in das Sicherheitsäquivalent S_{t-1} umzurechnen. Dieser Weg war bei der Bewertung des einperiodigen Projektes eingeschlagen worden. S_{t-1} ist dann mit dem *risikolo-*

sen Zinssatz i auf den Zeitpunkt 0 zu diskontieren. Der Grenzpreis berechnet sich jetzt so:

$$GP_0 = \sum_{t=1}^{n} E\left[N\widetilde{E}_t\right]\left(1+i+z^*\right)^{-1} \cdot (1+i)^{-t+1} \tag{102}$$

Diese Schreibweise macht die Unabhängigkeit der periodenspezifischen Entnahmeverteilungen deutlich. Die Unsicherheit löst sich in der Periode t auf. Deshalb wird dort und nur dort mit dem Risikozuschlag z^* gearbeitet. Dann ist das Sicherheitsäquivalent im Zeitpunkt t-1 bekannt, das unabhängig von der Abfolge der Ereignisse zwischen Zeitpunkt 0 und t-1 ist. Folglich ist S_{t-1} mittels des risikolosen Satzes auf den Zeitpunkt 0 zu diskontieren.

Wird mit konstanten Risikozuschlägen zum sicheren Diskontierungssatz i gearbeitet und gleichzeitig die Annahme periodenkonstanter Risikonutzenfunktionen gesetzt, entsteht ein Widerspruch, der nur durch eine veränderte Annahme über die *Verknüpfung der Entnahmeverteilungen* verschiedener Zeitpunkte aufgehoben werden kann. Oben wurde die Annahme getroffen, daß die Entnahmeverteilungen der einzelnen Perioden unabhängig voneinander sind. Die Diskontierung von S_t mit der risikolosen Rendite i oder die Diskontierung der erwarteten Entnahmeverteilung, $E\left[N\widetilde{E}_t\right]$ mit $i+z^*$ auf das Ende der vorhergehenden Periode und mit i auf den Zeitpunkt 0 entspricht dieser Annahme.

Berechnet ein Investor den Grenzpreis eines Projektes mit mehrperiodiger Nutzungsdauer mittels eines konstanten Risikozuschlages z^* - also den Grenzpreis des Projektes unseres Beispiels gemäß $GP_0 = \sum_{t=1}^{5} E\left[N\widetilde{E}_t\right]\left(1+i+z^*\right) = 579{,}25$ - und soll die Annahme periodenkonstanter Riskonutzenfunktionen unverändert gelten, dann impliziert diese Rechnung, daß das Risiko der Entnahmeverteilung nicht nur in Periode t bewertungsrelevant ist, sondern auch in den Perioden t-1, t-2 etc. Die Rechnung unterstellt dann, daß es bewertungsrelevante Risikowirkungen vom Zeitpunkt 0 auf den Zeitpunkt t gibt. Es wird also gerade fehlende Unabhängigkeit der Verteilungen angenommen: Die Unsicherheit löst sich nicht schlagartig in der Periode t auf, sondern im gesamten Zeitintervall zwischen 0 und t.

Für den Fall periodenkonstanter Risikonutzenfunktionen können die Grenzpreis-Beiträge einer Entnahmeverteilung in Periode t somit wie folgt berechnet werden:

$$\Delta GP_0 = S_t (1+i)^{-t},$$

$$\Delta GP_0 = E\left[\widetilde{NE}_t\right]\left(1+i+z^*\right)^{-1}(1+i)^{-t+1},$$

wobei z^* gemäß (97) zu bestimmen ist. Die alternative Möglichkeit besteht in

$$\Delta GP_0 = E\left[\widetilde{NE}_t\right]\left(1+i+z_t\right)^{-t},$$

wobei z_t gemäß (101) zu bestimmen ist.[254]

Die Entnahmeverteilung des obigen Projektes in der Periode 3 kann somit wie folgt bewertet werden:

Bewertung mittels Sicherheitsäquivalent:

$$\Delta GP_0 = 150{,}15(1{,}08)^{-3} = 119{,}19;$$

Bewertung mittels Risikozuschlag z^*:

$$\Delta GP_0 = 153(1+0{,}08+0{,}0205)^{-1}(1{,}08)^{-2} = 119{,}19;$$

Bewertung mittels Risikozuschlag z:

$$\Delta GP_0 = 153(1+0{,}08+0{,}00679)^{-3} = 119{,}19.$$

c. Eine Besonderheit: Die Behandlung erwarteter Auszahlungen

Daß Unternehmen in einzelnen Perioden[255] negative erwartete Überschüsse aufweisen, ist nicht ungewöhnlich. Arbeitet man mit Sicherheitsäquivalenten, ist das Sicherheitsäquivalent der erwarteten Auszahlung zu bestimmen. Die Verteilung der Auszahlungen in Periode 1 habe z. B. folgendes Aussehen:

---

254 Nur scheinbar deutet diese Formulierung eine Risikoverbundwirkung unter den Zahlungsverteilungen an.

255 Permanente negative entziehbare Überschüsse würden durch Liquidation beendet.

Zustände	z_1; 0,33	z_2; 0,33	z_3; 0,33
$\widetilde{NE}_j$	-10	-20	-30

Der Erwartungswert der Zahlungen ist -20. Die Risikonutzenfunktion des Investors sei unverändert $u(NE_j) = \ln NE_j$. Der risikolose Zinssatz i ist 8 %. Der Investor erzielt aus anderen Einkommensquellen ein sicheres Einkommen von 50. Erwirbt er das Unternehmen, sieht seine Einkommensposition in Periode 1 so aus:[256]

Zustände	z_1; 0,33	z_2; 0,33	z_3; 0,33
$\widetilde{NE}_j^*$	50 - 10 = 40	50 - 20 = 30	50 - 30 = 20

Der Erwartungsnutzen dieser Verteilung beträgt

$$E\left[u\left(\widetilde{NE}_j\right)\right] = 0{,}33 \cdot \ln 40 + 0{,}33 \cdot \ln 30 + 0{,}33 \cdot \ln 20 = 3{,}36194 \ .$$

Das Sicherheitsäquivalent S, für das $u(S) = E\left[u\left[\widetilde{NE}_j\right]\right]$ gilt, ist 28,85.

Unser Investor ist risikoavers. Über das soeben berechnete Sicherheitsäquivalent läßt sich unter Beachtung des sicheren sonstigen Einkommens des Investors (50) das Sicherheitsäquivalent der Einschüsse (Einzahlungen) in das Unternehmen bestimmen: Dieses beträgt 28,85 - 50 = -21,15. Der Investor wäre bereit, im Zeitpunkt 0 eine Prämie von $21{,}15 \cdot 1{,}08^{-1} = 19{,}58$ zu zahlen, damit ihm die Leistung der unsicheren Zuzahlung in Periode 1 erspart bleibt. Nähme er im Zeitpunkt 0 einen Kredit zu $i = 0{,}08$ auf, um die an einen Dritten zu leistende Prämie zu finanzieren, verbliebe ihm im Zeitpunkt 1 ein risikoloser Einkommensbetrag von $50 - 19{,}58 \cdot 1{,}08 = 28{,}85$. Der Investor ist indifferent zwischen der sicheren Einkommensposition von 28,85 und der Beibehaltung der ihn zu Auszahlungen verpflichtenden Position.

Sind *Auszahlungen* zu bewerten, ist das Sicherheitsäquivalent risikoaverser Investoren betragsmäßig größer als die erwartete Auszahlung: 21,15 > 20. Dies ist gleichbedeutend mit einem *negativen Risikozuschlag* zum sicheren Zinssatz.

256 In späteren Perioden erzielt das Unternehmen positive Überschüsse.

Wegen

$$z^* = \left[\frac{E\left[\widetilde{NE}_1\right]}{S_1} - 1 \right] (1+i) \text{ folgt} \tag{97}$$

$$z^* = \left[\frac{-20}{-21{,}15} - 1 \right] 1{,}08 = -0{,}05872 .$$

Da der Investor risikoavers ist, erscheint dieses Ergebnis zunächst plausibel. Ein risikoscheuer Investor zieht den sicheren Verlust von 10 der Verteilung (-20, 0,5; 0, 0,5) vor. Sein Sicherheitsäquivalent wird betragsmäßig über dem erwarteten Verlust (-10) liegen.

Für die Grenzpreisermittlung im individualistischen Kalkül folgte, daß das Vorzeichen des „Risikozuschlages" vom Vorzeichen des Erwartungswertes der Zahlungsverteilung der Periode abhängt: Aus einem negativen Erwartungswert resultierte ein Risikoabschlag, ansonsten ein Risikozuschlag.

Bezieht man den Kapitalmarkt in die Betrachtung ein, auf dem man Wertpapiere kaufen, verkaufen und emittieren kann, zeigt sich, daß unterschiedliche Vorzeichen von Risikozuschlägen nicht lange Bestand haben werden. Diese Situation erlaubte nämlich, risikolose Arbitragegewinne zu erzielen. Investoren übernehmen für die Zahlung der Prämie die Verteilung mit dem negativen Erwartungswert, konstruieren mit den Mitteln in Höhe der Prämie ein Wertpapier-Portefeuille, dessen zustandsabhängige Einzahlungen die übernommenen Auszahlungen exakt ausgleichen und erzielen einen Arbitragegewinn, wenn der Preis des Hedge-Portefeuilles die Prämie unterschreitet.

Im Beispiel ist unser Investor bereit, im Zeitpunkt 0 eine Prämie von 19,58 an denjenigen zu zahlen, der ihm die unsichere Auszahlungsverteilung in Periode 1 abnimmt. Wenn der übernehmende Investor, für den wir die gleiche Risikonutzenfunktion unterstellen,[257] ein Portefeuille aufbaut, das die folgenden Einzahlungen bringt,

[257] Also $u(NE_j) = \ln NE_j$.

Zustände	z_1; 0,33	z_2; 0,33	z_3; 0,33
$\widetilde{NE}_j$	10	20	30

dann ist seine Position risikolos, weil dieses Portefeuille der übernommenen Auszahlungsverteilung genau spiegelbildlich ist. Der Erwartungsnutzen der Einzahlungen aus diesem Portefeuille ist

$$E\left[u\left(NE_j\right)\right] = \frac{1}{3}\left(\ln 10 + \ln 20 + \ln 30\right) = 2{,}89984.$$

Das Sicherheitsäquivalent beträgt 18,17. Der Grenzpreis des Portefeuilles im Zeitpunkt 0 ist somit $18{,}17 \cdot 1{,}08^{-1} = 16{,}82$. Der Arbitragegewinn ist also positiv: Der die Auszahlungsverteilung Übernehmende erhält eine Prämie von 19,58 und investiert 16,82, um das übernommene Auszahlungsrisiko genau abzubauen.[258] Die Gesamtposition dieses Investors ist in jedem Zustand Null; der Arbitragegewinn geträgt 2,76. Da dieser Arbitragegewinn ohne eigenen Kapitaleinsatz erzielbar ist, können die oben ermittelten Grenzpreise nicht von Bestand sein. Investoren, ausgestattet mit dem Wissen um die Konstruktion von Hedge-Portefeuilles, suchten gezielt nach der Übernahme von Zahlungsverteilungen mit negativem Erwartungswert gegen Prämien, die ihnen Arbitragegewinne versprechen. Dieser Wettbewerb senkte die Prämien, die abgabewillige Investoren zu zahlen bereit sind. Sinkende Prämien aber bedeuten einen Anstieg des geforderten Risikozuschlages im Vergleich zur Ausgangssituation. Die Nachfrage nach den Wertpapieren, die die Konstruktion von Hedge-Portefeuilles erlauben, wird steigen und damit erhöhend auf deren Preise wirken. Das „Sicherheitsäquivalent des Kapitalmarktes“, nämlich der Preis der Wertpapiere, steigt. Dies entspricht einer Reduktion des vom Markt geforderten Risikozuschlages im Vergleich zur Ausgangssituation.

Die Arbitrageprozesse kommen zum Stillstand, wenn die Arbitragegewinne Null sind. Das ist dann erreicht, wenn der Marktpreis des Hedge-Portefeuilles mit dem Marktpreis für die Zahlungsverteilung mit negativem Erwartungswert übereinstimmt. Das bedeutet, daß Überschußverteilungen mit komplementären Zahlungseigenschaften betragsmäßig

258 Unterstellt wird, daß man am Markt das das Risiko vernichtende Hedge-Portefeuille zum Preis von 16,82 kaufen kann.

gleiche Sicherheitsäquivalente aufweisen müssen. Risikozuschläge für Zahlungsverteilungen mit positivem und negativem Erwartungswert weisen deshalb das gleiche Vorzeichen, i.d.R. ein positives, auf.

5. Logische Grenzen für Risikozuschläge

Wolfgang Ballwieser hat sich um die Erarbeitung logischer Grenzen für Risikozuschläge gekümmert. Er fragt, was man über akzeptable Risikozuschläge zum risikolosen Zinssatz aussagen könne, wenn *keine* Informationen über die relevante Risikonutzenfunktion von Investoren vorliegen. In dieser Situation können sich vom Gericht beauftragte Gutachter oder Richter befinden. Die Fragestellung ist auch von Bedeutung, wenn mehrere Investoren Interesse an der Beteiligung oder am Ausstieg aus einem Projekt haben und - aus hier nicht zu erläuternden Gründen - ein einheitlicher Grenzpreis gesucht ist, was den Rückgriff auf individuelle Risikonutzenfunktionen als wenig attraktiv erscheinen läßt. Die Fragestellung ist also praktisch relevant.

Die Kenntnis der Verteilung der Nettoeinzahlungen $\widetilde{NE}_t$ bedeutet, daß auch die Mindesteinzahlungen $NE_{t,min}$ bekannt sind. Das Sicherheitsäquivalent S_t darf, ein Minimum an Rationalität vorausgesetzt, nie unter $NE_{t,min}$ liegen. Für den Grenzpreis einer einperiodigen Entnahmeverteilung muß somit gelten

$$GP_0 = E\left[\widetilde{NE}_1\right]\left(1+i+z^*\right)^{-1} \geq NE_{1,min}\left(1+i\right)^{-1} .$$

Durch Umformen erhält man die Obergrenze für den Risikozuschlag:

$$z^* \leq z^*_{max}$$

$$z^*_{max} = \left[\frac{E\left[\widetilde{NE}_1\right]}{NE_{min}} - 1\right]\left(1+i\right) . \qquad (103)$$

Für den mehrperiodigen Fall muß gelten:

$$GP_0 = \sum_{t=1}^{n} E\left[\widetilde{NE}_t\right]\left(1+i+z_t\right)^{-t} \geq \sum_{t=1}^{n} NE_{t,min}\left(1+i\right)^{-t}$$

unter Beachtung von $E\left[\widetilde{NE}_t\right]\left(1+i+z_t\right)^{-t} \geq NE_{t,min}\left(1+i\right)^{-t}$.

Durch Umformen erhält man die Obergrenze für z_t:

$$z_{t,max} = \left[\frac{E[\widetilde{NE}_t]}{NE_{t,min}}\right]^{1/t}(1+i)-(1+i). \qquad (104)$$

$z_{t,max}$ bezeichnet den maximal zulässigen Risikozuschlag bei der Bewertung der erwarteten Nettoeinzahlung in Periode t. $z_{t,max}$ ist somit periodenspezifisch.[259]

Angenommen, eine vierperiodige Entnahmeverteilung sei zu bewerten. Der risikolose Zinssatz ist 8 %.

Zustände	z_1 ; 0,33	z_2 ; 0,33	z_3 ; 0,33
$\widetilde{NE}_j$	10	20	30

Die maximalen Zuschläge $z_{t,max}$ ergeben sich aus der Tabelle:

t	$NE_{t,min}$	$\Delta GP_{0,min} = NE_{t,min}(1+i)^{-t}$	$z_{t,max}$	$\Delta GP_0 = E[\widetilde{NE}_t](1+i+z_{t,max})^{-t}$
1	10	9,26	1,08000	9,26
2	10	8,57	0,44735	8,57
3	10	7,94	0,28071	7,94
4	10	7,35	0,20434	7,35

Für den unendlichen Rentenfall mit identischen Entnahmeverteilungen gilt

$$GP_0 = \frac{E[\widetilde{NE}]}{i+z} \geq \frac{NE_{min}}{i}\,.$$

Die Obergrenze für den Risikozuschlag ist $z \leq z_{max}$ mit

---

259 Nur scheinbar deutet die $z_{t,max}$ nutzende Formel zur Bestimmung der Untergrenze aller zulässigen Grenzpreise eine Risikoverbundwirkung unter den Einzahlungsverteilungen verschiedener Perioden an. Diese Form der Berechnung ist äquivalent zu der Formulierung $\sum_{t=1}^{n} E[\widetilde{NE}_t](1+i+z^*_{max})^{-1}(1+i)^{-t+1}$, die erkennen läßt, daß Risikoverbundwirkungen gerade nicht bestehen.

$$z_{max} = \left[\frac{E\left[\tilde{NE}\right]}{NE_{min}}\right] i - i\ . \qquad (105)$$

Bei der Interpretation ist zu beachten, daß z_{max} ein durchschnittlicher Risikozuschlag ist, der ausschließlich zur Bewertung des *gesamten* erwarteten Entnahmestroms benutzt werden kann. Für die Bewertung *einzelner* Elemente $E\left[\tilde{NE}_t\right]$ des Gesamtstroms gibt z_{max} i.S.v. (105) die falsche Information. In diesem Fall ist vielmehr auf $z_{t,max}$ i.S.v. (104) zurückzugreifen.

Mit diesen Überlegungen wird eine Kontrolle ad hoc gewählter Risikozuschläge möglich. Für die praktische Anwendung ist dies hilfreich. Zuschläge zum risikolosen Zinssatz von bis zu 50 % sind nicht selten. Angenommen, die Entnahmereihen eines Unternehmens liegen gleichverteilt im Intervall von $[90...180]$; der Fall der unendlichen Rente sei zur Vereinfachung unterstellt. Gemäß (105) folgt bei $i = 0{,}08$ ein Risikozuschlag in Höhe von $z_{max} = \left[\frac{135}{90} - 1\right] \cdot 0{,}08 = 0{,}04$. Benutzt man z_{max}, erhält man als Grenzpreis genau den Betrag in Höhe von $NE_{min} \frac{1}{i} = 1.125$.

Die Plausibilitätskontrolle zwingt Bewerter auch, ihre Vorstellungen über die Verteilungen der Nettoeinzahlungen zu verteidigen. Unterstellt man eine Gleichverteilung der Entnahmen um den Erwartungswert, läßt sich bei Kenntnis des Erwartungswertes, des Zinssatzes i und des verwendeten Risikozuschlages z auf die implizierte Mindesteinzahlung schließen. Verwendete ein Bewerter einen gegriffenen Risikozuschlag $z = 0{,}05$ bei einem Erwartungswert von 135 im Fall der unendlichen Rente, impliziert dies eine Mindesteinzahlung in Höhe von $NE_{min} = 83{,}08$.

6. Ballwiesers Konzept der Risiko-Linearisierung

Die Überlegungen in Abschnitt 5. schließen bestimmte Risikozuschläge als nicht rational aus. Dennoch verbleiben erhebliche Spielräume für gegriffene Risikozuschläge. Ballwieser versucht, diese Spielräume weiter einzuengen. Er schlägt vor, den Risikozuschlag ohne Rückgriff auf subjektive Risikopräferenzen aus Eigenschaften der Entnahmeverteilung zu gewinnen. Für den Fall der unendlichen Rente verwendet Ballwieser diese pragmatische Methode wie folgt:

$$z_{prag} = \left[\frac{E[\widetilde{NE}] - NE_{min}}{E[\widetilde{NE}]}\right] i . \qquad (106)$$

z_{prag} hat folgende Eigenschaften:

- Je größer die Differenz $E[\widetilde{NE}] - NE_{min}$ ist, umso größer ist z_{prag}. Setzt man die größere Differenz $E[\widetilde{NE}] - NE_{min}$ mit größerem Risiko gleich, ist diese Eigenschaft bei unterstellter Risikoaversion plausibel.
- Weist die Entnahmeverteilung kein Risiko auf, ist $z_{prag} = 0$. Auch das ist sinnvoll.
- z_{prag} überschreitet nie den maximalen Risikozuschlag z_{max}.

Für eine einperiodige Entnahmeverteilung bestimmt sich z_{prag} gemäß

$$z^*_{prag} = \left[\frac{E[\widetilde{NE}_1] - NE_{1,min}}{E[\widetilde{NE}_1]}\right](1+i) . \qquad (107)$$

Die Wirkungsweise von z^*_{prag} läßt sich am besten erkennen, wenn man die bei Benutzung von z^*_{prag} implizierten Sicherheitsäquivalente berechnet.

Zu bewerten sei das folgende Projekt mit einer Lebensdauer von fünf Perioden. Die Entnahmeverteilungen sind unabhängig voneinander. Der risikolose Zinssatz beträgt 8 %. Die folgende Tabelle weist die Mindest- und Maximalwerte der Verteilungen in den Perioden 1 bis 5, die pragmatischen Risikoprämien i.S.v. (107) und die implizierten Sicherheitsäquivalente S_t aus.

t	Mindest- und Maximalwert	$E[\widetilde{NE}_t]$[260]	z^*_{prag}	Grenzpreis-Beitrag[261]	implizier-tes S_t
1	40 ; 60	50	0,2160	38,58	41,67
2	40 ; 70	55	0,2946	37,04	43,21
3	40 ; 80	60	0,3600	35,72	45,00
4	0 ; 120	60	1,08	22,05	30,00
5	-20 ; 120	50	1,512	14,18	20,83

Das implizierte Sicherheitsäquivalent berechnet sich gemäß:

$$S_t = E[\widetilde{NE}_t]\left(1+i+z^*_{prag}\right)^{-1}(1+i)^1 .$$

Vergleicht man die angenommenen Verteilungen und die implizierten Sicherheitsäquivalente, wird deutlich, daß z^*_{prag} abhängig von der unterstellten (oder gegebenen) Verteilung sehr starke Risikoabneigungen unterstellt, deren Realitätsgehalt hinterfragt werden muß. Wer kann mit guten Gründen für eine Gleichverteilung mit den Eckwerten 0 und 120 ein Sicherheitsäquivalent von 30 verteidigen? Wer kann für eine Gleichverteilung mit den Eckwerten - 20 und 120 ein Sicherheitsäquivalent von 20,83 begründen? Und kann man erwarten, mittels dieser Methode etwa in Abfindungsfällen i.S.v. § 305 AktG Minderheiten wirkungsvoll gegen Mehrheiten mit Übervorteilungsabsichten verteidigen zu können?

Ballwieser schlägt nun das Konzept z^*_{prag} gerade für die Fälle vor, in denen auf Risikonutzenfunktionen nicht zurückgegriffen werden kann, weil sie nicht bekannt sind oder weil wegen des Kollektivs der Abzufindenden der Rückgriff auf individuelle Risikonutzenfunktionen nicht möglich ist. Er will der möglichen Willkür von Bewertern und/oder Richtern Fesseln anlegen. Diese Absicht verdient Unterstützung. Ob die vorgeschlagene Methode in dieser Form willkürlichen Risikozuschlägen wirkungsvoll begegnen kann, muß jedoch bezweifelt werden. Man hat hier deutlich größere Erfolgsaussichten, wenn man auf Marktbewertungen zurückgreift.

---

260 $E[\widetilde{NE}_t]$ ergibt sich aus $[NE_{t,max} + NE_{t,min}] \cdot 1/2$.

261 $\Delta GP_0 = E[\widetilde{NE}_t]\left(1+i+z^*_{prag}\right)^{-1}(1+i)^{-t+1}$.

7. Zur Bestimmung des Basiszinsfußes

Der Basiszinsfuß hat die Aufgabe, die bei alternativer Geldanlage erzielbare risikolose Rendite abzubilden. Für die Renditemessung kommen deshalb nur risikolose Anlagealternativen wie festverzinsliche inländische Wertpapiere erster Bonität in Frage.

Umstritten ist die Frage, ob der Zinssatz zum Bewertungsstichtag[262] oder ein zu prognostizierender Zinssatz künftiger Perioden[263] zur Anwendung kommen soll. Wir plädieren hier für einen stichtagsbezogenen Zinssatz und das Prinzip der Laufzeitäquivalenz: Das Unternehmen liefert dem potentiellen Käufer/Verkäufer einen Zahlungsstrom über einen i.d.R. unbegrenzten Zeitraum, ohne daß Wiederanlagen erhaltener Überschüsse explizit beachtet werden müßten. Für die alternative Kapitalmarktanlage muß aus Äquivalenzüberlegungen heraus das gleiche gelten. Auch sie muß einen prinzipiell unbegrenzten Zahlungsstrom ohne Wiederanlagen des Investors darstellen. Nur wenn diese Bedingung erfüllt ist, sind beide Anlagemöglichkeiten hinsichtlich der Wirkungen möglicher Zinsänderungen äquivalent. Kann z.B. ein Investor ein Unternehmen mit uniformen sicherheitsäquivalenten Überschüssen in Höhe von 50 über einen unendlich langen Zeitraum erwerben, dann beträgt bei einem einheitlichen Marktzinssatz von 10 % sein Grenzpreis 500. Möchte der Investor das Unternehmen nach drei Jahren wieder verkaufen und ist in der Zwischenzeit der Marktzinssatz auf 8 % gesunken, dann beträgt der potentielle Verkaufserlös für das Unternehmen bei unveränderten Entnahmeerwartungen 625. Wird als Anlagealternative eine Anleihe mit vergleichbarer unendlich langer Laufzeit herangezogen, dann sind die Wirkungen der Zinsänderung auf den Reichtum des Investors exakt die gleichen: Der Investor erhält beim zunächst geltenden Zinssatz von 10 % für einen Anlagebetrag in Höhe des Grenzpreises, also 500, eine Anleihe mit unendlich langer Laufzeit, die ihm ebenfalls uniforme Zahlungen in Höhe von 50 bei Ausblendung der Wiederanlage bietet. Sinkt der Marktzinssatz nach drei Jahren auf 8 %, so steigt der Kurswert dieser Anleihe und damit der erzielbare Verkaufserlös ebenfalls auf 625. Beide Anlagealternativen sind äquivalent. Das wäre beim Kauf einer Anleihe mit abweichender Laufzeitstruktur nicht der Fall: Hätte der Investor im Entschei-

262 Z.B. Matschke, M. (1979), S. 215 ff.; Ballwieser, W. (1981), S. 113.

263 Z.B. Hetzel, H. (1988), S. 725 f.; Piltz, D. (1994), S. 173.

dungszeitpunkt eine Kupon-Anleihe mit zehnjähriger Laufzeit und einem Nominalzinssatz von 10 % zum Marktwert von 500 erworben, dann könnte er beim Verkauf nach drei Jahren und einem auf 8 % gesunkenen Marktzinssatz lediglich den Kurswert der Anleihe in Höhe von 552,06[264] als Verkaufserlös erzielen.

Weisen die entziehbaren Überschüsse eine endliche Laufzeit auf, dann lassen sich vergleichbare Überschüsse ohne künftige Wiederanlagen alternativ durch den Kauf entsprechender Nullkuponanleihen (Zero-Bonds) herstellen. Fallen die sicherheitsäquivalenten Überschüsse des Unternehmens lediglich für vier Perioden an, dann erhält man bei einem einheitlichen Marktzinssatz von 10 % einen Ertragswert (Grenzpreis) in Höhe von

$$GP_0 = 50 \cdot 1{,}1^{-1} + 50 \cdot 1{,}1^{-2} + 50 \cdot 1{,}1^{-3} + 50 \cdot 1{,}1^{-4} = 158{,}493.$$

Die folgende Tabelle zeigt, daß sich bei Anlage dieses Betrages ein Portefeuille aus Nullkuponanleihen konstruieren läßt, das identische Überschüsse wie das zu bewertende Unternehmen erzeugt, ohne daß Wiederanlagen durch den Investor zu unsicheren zukünftigen Zinssätzen erforderlich sind.

	Anlagebetrag im Zeitpunkt 0	1	2	3	4
1. Zero-Bond mit Laufzeit bis Periode 1	$-45{,}454 \cdot 1{,}1$ →	50			
2. Zero-Bond mit Laufzeit bis Periode 2	$-41{,}322 \cdot 1{,}1^2$ →		50		
3. Zero-Bond mit Laufzeit bis Periode 3	$-37{,}565 \cdot 1{,}1^3$ →			50	
4. Zero-Bond mit Laufzeit bis Periode 4	$-34{,}151 \cdot 1{,}1^4$ →				50
	-158,493	50	50	50	50

Unter Beachtung der Laufzeitäquivalenz ist damit der Zinssatz des Stichtages der relevante Alternativzinssatz.

Problematisch ist die Herleitung der Laufzeitäquivalenz, wenn keine inländischen Anleihen mit unendlicher Laufzeit gehandelt werden. Als

264 $552{,}06 = \sum_{t=1}^{7} 50 \cdot 1{,}08^{-t} + 500 \cdot 1{,}08^{-7}$.

Ausweg könnte man zunächst den Kauf der Anleihe mit der längsten Restlaufzeit unterstellen; nach Rückzahlung dieser Anleihe im Fälligkeitszeitpunkt erfolgt die Wiederanlage des Betrages zum dann geltenden Zinssatz. Der anzuwendende Basiszinssatz entspräche dann der internen Verzinsung dieser *Anlagestrategie*. Das Problem dieses Lösungsvorschlages besteht in der notwendigen Prognose des am Laufzeitende geltenden Wiederanlagezinssatzes.[265] Wegen der Unsicherheit der künftigen Zinsentwicklung sind Vorhersagen mit deutlicher Unsicherheit behaftet. Als pragmatischen Näherungsvorschlag könnte man die Rendite der Anleihe mit der längsten Laufzeit für die Diskontierung der über den Laufzeithorizont dieser Anleihe hinausgehenden Zahlungen des Unternehmens verwenden.

Die Rechtsprechung lehnt den Stichtagszinssatz z.T. unter Verweis auf „ungewöhnliche Kapitalmarktverhältnisse" oder andere „künstliche Einflüsse" ab. Diese Argumentation ist problematisch: Sie übersieht zum einen, daß auch „ungewöhnlich" hohe oder niedrige Zinssätze durch Angebot und Nachfrage auf Geld- und Kapitalmärkten zustandekommen und damit ein Marktgleichgewicht repräsentieren. Zum anderen gelten die „ungewöhnlichen" Bedingungen für *beide* betrachteten Anlagealternativen: In einer Hochzinsphase finden Investoren günstigere Bedingungen vor, vergleichbare künftige Entnahmen durch den Kauf festverzinslicher Wertpapiere herzustellen. Hohe Zinssätze verringern den Grenzpreis des zu bewertenden Unternehmens. Das ist jedoch nicht problematisch: Auch der Kaufpreis für die Alternativanlage, der Kurswert laufzeitäquivalenter festverzinslicher Wertpapiere, sinkt bei steigenden Zinssätzen. Wenn der Käufer/Verkäufer den Eigentumsübergang nicht verzögern kann oder will, ist es müßig, auf die Wiederkehr von „typischen" Kapitalmarktverhältnissen bei der Grenzpreisermittlung abzustellen: Investoren werden sich an den Alternativen orientieren, die ihnen im Zeitpunkt des Eigentumsübergangs bzw. der Zahlung des Kaufpreises zur Verfügung stehen. Es kommt also nicht darauf an, ob die Anlagemöglichkeiten „typisch" sind; wichtig ist, ob sie für den Investor im Entscheidungszeitpunkt realisierbar sind.

Beim Kauf des Unternehmens erhält der Investor i.d.R. Zahlungen über einen unendlichen Zeitraum. Möchte er das Unternehmen dauerhaft be-

---

265 Die Relevanz zukünftiger Zinssätze hat ihren Ursprung in der Notwendigkeit, die Äquivalenz der Laufzeit wenigstens näherungsweise herzustellen.

halten, dann decken sich sein persönlicher Anlagehorizont und die erwartete zeitliche Streckung der Zahlungen. Der Ertragswert (Grenzpreis) des Unternehmens entspricht dann dem Preis für eine Anlage, die sicherheitsäquivalente Zahlungen in gleicher Höhe über die gleiche Laufzeit bietet.

Plant der Investor dagegen, nach absehbarer Zeit das Unternehmen wieder zu verkaufen, fallen gewünschter Anlagehorizont und Zahlungshorizont des Unternehmens auseinander. In der Alternativanlage ist der gewünschte Entnahmehorizont durch den Kauf einer Anleihe mit einer entsprechenden Restlaufzeit problemlos herstellbar: Der Rückzahlungsbetrag der Anleihe mit der dem gewünschten Anlagehorizont entsprechenden Laufzeit ist unabhängig vom dann geltenden Marktzinssatz. Dagegen hängt der Verkaufspreis des Unternehmens vom künftigen Marktzinssatz zum Verkaufszeitpunkt ab. Wegen der Unsicherheit der künftigen Zinsentwicklung ist der erzielbare Verkaufserlös am Ende des Anlagehorizonts unsicher. Der Investor trägt damit beim Unternehmenskauf im Vergleich zur Alternativanlage ein zusätzliches Wiederverkaufsrisiko. Dieses Risiko könnte durch einen Abschlag von dem zunächst unter der Annahme der Laufzeitäquivalenz berechneten Grenzpreis berücksichtigt werden.[266]

Bislang haben wir einen einheitlichen Marktzinssatz und damit eine flache Zinsstruktur unterstellt. Das ist nicht sehr realistisch: Im Regelfall ist der Zinssatz als Entgelt für die Überlassung von Kapital pro Zeiteinheit von der Dauer der Kapitalüberlassung abhängig. Daraus resultiert im Bewertungszeitpunkt eine nicht flache Zinsstruktur mit unterschiedlich hohen Zinssätzen für unterschiedlich lange Kapitalüberlassungsdauern. In diesem Fall bezeichnet die *Spot Rate* den periodenbezogenen Zinssatz für die Anlage von Mitteln über die entsprechende Laufzeit ohne zwischenzeitliche Zinszahlungen. Die Spot Rate ${}_0r_t$ entspricht der Rendite einer Nullkuponanleihe mit einer Laufzeit vom Zeitpunkt 0 bis zum Zeitpunkt t.[267]

Falls im Bewertungszeitpunkt eine nicht flache Zinsstruktur mit unterschiedlichen Zinssätzen für verschiedene Laufzeiten vorliegt, sind die Spot Rates über die entsprechenden Laufzeiten die relevanten Alterna-

---

266 Vgl. das „Wiederverkaufsrisikoprinzip“ von Moxter. Moxter, A. (1983), S. 159 - 162.

267 Vgl. z.B. Bußmann, J. (1988), S. 28 f.; Uhlir, H./Steiner, P. (1993), S. 19.

tivzinssätze für die Bewertung der sicherheitsäquivalenten Überschüsse in diesen Zeitpunkten. Für das betrachtete Beispiel-Unternehmen soll im Bewertungszeitpunkt folgende Zinsstruktur vorliegen:

Laufzeit	1	2	3	4
Spot Rate	8,5 %	9,5 %	10 %	11 %

Die Spot Rates steigen bei zunehmender Laufzeit; es liegt also eine häufig zu beobachtende, steigende Zinsstruktur vor. Es sind aber auch „inverse" Zinsstrukturen mit abnehmenden Spot Rates oder andere Verläufe der Zinsstruktur möglich. Der Grenzpreis des betrachteten Unternehmens errechnet sich nun mit

$$GP_0 = 50 \cdot 1{,}085^{-1} + 50 \cdot 1{,}095^{-2} + 50 \cdot 1{,}1^{-3} + 50 \cdot 1{,}11^{-4} = 158{,}29.$$

Der folgende Finanzplan zeigt, daß bei Anlage dieses Betrages in ein Portefeuille aus Nullkuponanleihen den Unternehmensüberschüssen identische Zahlungen hergestellt werden, ohne daß dazu Wiederanlagen des Investors in späteren Zeitpunkten zu unsicheren künftigen Zinssätzen erforderlich sind:

	Anlagebetrag im Zeitpunkt 0	1	2	3	4
1. Zero-Bond mit Laufzeit bis Periode 1	$-46{,}083 \cdot 1{,}085$ →	50			
2. Zero-Bond mit Laufzeit bis Periode 2	$-41{,}701 \cdot 1{,}095^2$ →		50		
3. Zero-Bond mit Laufzeit bis Periode 3	$-37{,}566 \cdot 1{,}1^3$ →			50	
4. Zero-Bond mit Laufzeit bis Periode 4	$-32{,}937 \cdot 1{,}11^4$ →				50
	-158,287	50	50	50	50

In der Literatur wird vorgeschlagen, statt der laufzeitspezifischen Spot Rates einen einheitlichen „landesüblichen Zinssatz" als Alternativanlage zu verwenden.[268] Meist wird die sog. Umlaufrendite risikoloser festverzinslicher Wertpapiere als Basiszinssatz verwendet: Hierbei handelt es sich um den gewogenen Durchschnitt über die Renditen unterschiedli-

268 Z.B. Moxter, A. (1983), S. 146; Hackmann, A. (1987), S. 105 ff.; Wirtschaftsprüfer-Handbuch, Bd. II, (1992), S. 94.

cher Arten von Anleihen[269] über verschiedene Laufzeiten.[270] Die Verwendung der Umlaufrendite als Diskontierungssatz wirft wegen der zeitlichen Durchschnittsbildung Probleme auf: Der auf diese Weise gewonnene Durchschnittszinssatz entspricht allenfalls zufällig den tatsächlichen, auf dem Kapitalmarkt gegebenen Anlageopportunitäten für verschiedene Laufzeiten, mit deren Hilfe die Zahlungsreihe aus dem Unternehmen dupliziert werden könnte.

Unterstellt man im hier verwendeten Beispiel eine einheitliche Gewichtung der vier relevanten Laufzeiten, beträgt das arithmetische Mittel über die betrachteten Spot Rates 9,75 %. Verwendet man diese Durchschnittsrendite als Kalkulationszinsfuß, erhält man einen Grenzpreis in Höhe von

$$GP_0 = 50 \cdot 1{,}0975^{-1} + 50 \cdot 1{,}0975^{-2} + 50 \cdot 1{,}0975^{-3} + 50 \cdot 1{,}0975^{-4}$$

$$= 159{,}35.$$

Der mit dem durchschnittlichen Zinssatz berechnete Grenzpreis ist zu hoch: Der Investor muß, gemessen an seinen tatsächlichen Anlagemöglichkeiten lediglich einen um 159,35 - 158,29 = 1,06 niedrigeren Betrag investieren, um einen identischen Zahlungsstrom zu erzeugen. Die Abweichung im Beispiel ist nicht groß; sie beträgt gerade 0,67 % des korrekten Grenzpreises. Es wäre jedoch ein Trugschluß, die Abweichung aufgrund der Verwendung von Durchschnittszinssätzen für vernachlässigbar zu halten: Bei anderen Zinsstrukturen und bei einer anderen Gewichtung der laufzeitabhängigen Zinssätze für die Durchschnittsbildung sind Abweichungen in signifikanter Größenordnung möglich. Die Deutsche Bundesbank erfaßt die festverzinslichen Wertpapiere bei der Ermittlung der Umlaufrendite zunächst in Gruppen verschiedener Wertpapierarten. Die ermittelten Gruppenrenditen werden dann, gewogen mit dem Umlaufvolumen der jeweiligen Gruppe, zur Umlaufrendite zusammengefaßt. Inhaberschuldverschreibungen werden dabei nur dann berücksichtigt, soweit die mittlere Restlaufzeit mehr als drei Jahre beträgt. Je nach Zusammensetzung, Laufzeitstruktur und Umlaufvolumen der einzelnen Wertpapiergruppen ergeben sich also unterschiedliche Um-

---

269 Einbezogen werden Anleihen erster Bonität wie Pfandbriefe, Kommunalobligationen, Bundesanleihen etc..

270 Vgl. Deutsche Bundesbank (1994), S. 67.

laufrenditen. Schließen wir z.B. Laufzeiten unter vier Jahren von der Durchschnittsbildung aus, dann erhalten wir über die „Durchschnittsrendite" von 11% einen Ertragswert (Grenzpreis) für das betrachtete Unternehmen in Höhe von

$$GP_0 = 50 \cdot 1{,}11^{-1} + 50 \cdot 1{,}11^{-2} + 50 \cdot 1{,}11^{-3} + 50 \cdot 1{,}11^{-4} = 155{,}12 .$$

Die nun negative Abweichung vom richtigen Grenzpreis beträgt ca. 2 %. Das Beispiel macht auch deutlich, daß sich die Umlaufrendite durch eine Verschiebung der als Gewichte verwendeten Umlaufvolumina ändern kann, obwohl die Anlageopportunitäten der Investoren unverändert geblieben sind.

Um laufzeitabhängige Spot Rates als Diskontierungssätze bei der Ertragswertbestimmung verwenden zu können, sind allerdings einige technische Probleme zu lösen:

- Die von der Deutschen Bundesbank regelmäßig veröffentlichte „Renditestruktur am Rentenmarkt" ist nicht identisch mit der Zinsstruktur der Spot Rates über die verschiedenen Restlaufzeiten. Die Bundesbank ermittelt die laufzeitabhängige Rendite als Verzinsung aller gehandelten Anleihen in der entsprechenden Laufzeitklasse. Weil diese Anleihen i.d.R. unterschiedlich hohe Nominalzinssätze aufweisen, ist die so ermittelte Durchschnittsrendite nicht identisch mit der Spot Rate über die entsprechende Restlaufzeit. Die Bundesbank-Renditen können deshalb nicht ohne weiteres als laufzeitspezifische Diskontierungssätze zur Ertragswertermittlung herangezogen werden.
- Die Spot Rate über eine bestimmte Laufzeit läßt sich nur über den Marktpreis einer gehandelten Nullkuponanleihe mit der entsprechenden Restlaufzeit beobachten. Die Zahl der auf Kapitalmärkten gehandelten Nullkuponanleihen ist, insbesondere für längere Restlaufzeiten, nicht sehr hoch. Für einige Laufzeiten lassen sich damit Spot Rates nicht direkt beobachten. Einen Ausweg bietet die *Duplikation* der Nullkuponanleihe: Die Zahlung einer Nullkuponanleihe kann mit Hilfe eines Portefeuilles aus (erhältlichen) Kuponanleihen verschiedener Laufzeiten dupliziert werden. Die gesamte Zinsstruktur mit Spot Rates über Laufzeiten von n Perioden läßt sich dann mit Hilfe eines

iterativen Verfahrens über die erhältlichen Kuponanleihen der gleichen Laufzeiten ermitteln.[271]

- Auch wenn man Spot Rates als Diskontierungszinssätze nutzt, tritt das oben bereits skizzierte Problem auf, daß in der Bundesrepublik Deutschland nur wenige Anleihen mit einer Restlaufzeit von über 10 Jahren gehandelt werden. Rendite- und Zinsstrukturen werden deshalb regelmäßig nur für eine Laufzeit zwischen 0 und 10 Jahren ermittelt.[272] Für Zahlungen jenseits dieser Zeitspanne sind damit im Bewertungszeitpunkt kaum Angaben über Anlagealternativen zur Herstellung äquivalenter Zahlungsreihen erhältlich. Auch hier wäre die Anwendung der Spot Rate mit der längsten erhältlichen Laufzeit als Diskontierungsfaktor für die nach diesem Zeitpunkt anfallenden Unternehmenszahlungen ein praktikabler Lösungsvorschlag.

8. Übungsaufgaben

Aufgabe 24

Zu bewerten sind die Eigentumsrechte der Grüntal GmbH. Die Plan-Gewinn- und Verlustrechnungen des Unternehmens für die künftigen Jahre haben folgendes Aussehen (in Mio DM):

	1	2	3	4	...	∞
Umsatzerlöse*	680	720	760	760	...	760
sonst. betriebl. Erträge *	30	30	30	30	...	30
Personalaufwand*	- 230	- 250	- 270	- 270	...	- 270
Materialaufwand*	- 160	- 180	- 180	- 180	...	- 180
sonst. betriebl. Aufwendungen*	- 40	- 45	- 45	- 40	...	- 40
Abschreibungen	- 90	- 110	- 110	- 110	...	- 110
bilanzieller Überschuß	190	165	185	190	190	190

271 Z.B. Schierenbeck, H./Marusev, A. (1990), S. 793.

272 Vgl. Deutsche Bundesbank (1994), S. 26.

* Die mit * gekennzeichneten Positionen der GuV sind zahlungsgleich. Es handelt sich um eine Rechnung bei Unsicherheit. Die Angaben müssen somit als Erwartungswerte interpretiert werden.

Steuerliche Normen sind zu vernachlässigen. Die Auszahlungen für Investitionen im Anlage- und Umlaufvermögen entsprechen in jeder Periode den Abschreibungen. Der risikoäquivalente Kalkulationszinsfuß für die Bewertung der Unternehmensüberschüsse betrage 10%.

1. Ermitteln Sie den Ertragswert (Grenzpreis) des betrachteten Unternehmens! Welche Überschußgröße legen Sie der Rechnung zugrunde?

2. Der potentielle Käufer der Grüntal GmbH plant im Jahr 1 eine zusätzliche Investition: Das Unternehmen will sich mit einer Einlage in Höhe von 150 Mio DM als stiller Gesellschafter an einem Gewerbepark-Projekt beteiligen. Man schätzt die jährliche Gewinnausschüttung aus diesem Projekt auf 18 Mio DM. Sie soll im Jahr 2 zum ersten Mal und anschließend für eine unendliche Dauer erzielt werden. Das Risiko des zusätzlichen Projektes entspricht demjenigen der restlichen Aktivitäten der Grüntal GmbH. Der investierte Betrag ist nicht abzuschreiben.[273]

   Der für die Einlage erforderliche Betrag soll nach den Plänen des Käufers im Wege der offenen Selbstfinanzierung durch Thesaurierung eines Teils des im gleichen Jahr erzielten Überschusses aufgebracht werden.

   a) Ist das skizzierte Projekt finanziell vorteilhaft? Welchen Einfluß hat seine Durchführung auf den Grenzpreis des Interessenten?

   b) Ermitteln Sie die künftigen Gewinn- und Verlustrechnungen der Grüntal GmbH bei Realisierung des Projektes![274] Wie hoch ist der Ertragswert des Unternehmens im Zeitpunkt 0, wenn Sie die erzielten bilanziellen Überschüsse als zu bewertende Überschußgrößen diskontieren?

   c) Erstellen Sie den Finanzplan für die Grüntal GmbH bei Realisierung des Projektes! Welcher Ertragswert (Grenzpreis) errechnet sich, wenn Sie entziehbare Überschüsse i.S.v. Nettoeinzahlungen interpretieren?

---

[273] Da Steuerzahlungen ausgeblendet sind, hat diese Annahme keine Zahlungswirkungen.

[274] Die erzielten Gewinnausschüttungen aus dem Gewerbepark-Projekt werden unter den „sonstigen betrieblichen Erträgen“ ausgewiesen.

d) Vergleichen Sie die beiden soeben ermittelten Ertragswerte und erläutern Sie die Differenz!

3. a) Die theoretisch richtige Nichtberücksichtigung von thesaurierten bilanziellen Überschüssen bei der Ertragswertermittlung ist nicht unumstritten. Praktiker argumentieren, daß ein Unternehmen, das seine erzielten Gewinne in voller Höhe ausschüttet, nicht doppelt so viel wert sein könne, wie ein Unternehmen, das die Hälfte seiner erzielten Gewinne thesauriere.
Beurteilen Sie diese Argumentation!

b) Nehmen Sie nun an, die Laufzeit der stillen Beteiligung der Grüntal GmbH ende im Jahr 4. Der eingelegte Betrag wird dann in voller Höhe zurückgezahlt. In diesem Jahr enden auch die Überschüsse aus dem Gewerbepark-Projekt. Erstellen Sie die künftigen Gewinn- und Verlustrechnungen und den Finanzplan der Grüntal GmbH! Berechnen Sie den Ertragswert des Unternehmens auf der Basis der erzielten bilanziellen Überschüsse und auf der Basis der erzielten Nettoeinzahlungen!

c) Erläutern Sie die Ursachen für die Differenz zwischen den in 3.b. ermittelten Ertragswerten!

4. a) Welche Probleme ergeben sich, wenn der Ertragswert der Grüntal GmbH unter Berücksichtigung des vom Institut der Wirtschaftsprüfer vorgeschlagenen Prinzips der Vollausschüttung erzielter bilanzieller Ertragsüberschüsse ermittelt wird? Welche Lösungsmöglichkeiten sehen Sie?

b) Unterstellen Sie, daß die Mittel zur Finanzierung der Einlage von 150 Mio DM durch einen Kredit gleicher Höhe mit einem Zinssatz von 8% aufgebracht werden. Sowohl die Überschüsse aus der stillen Beteiligung als auch der aufgenommene Kredit weisen eine unendliche Laufzeit auf. Ermitteln Sie die aus dem Unternehmen entziehbaren Ertragsüberschüsse! Berechnen Sie den Ertragswert des Unternehmens auf der Basis der so ermittelten modifizierten Ertragsüberschüsse![275]

c) Ermitteln Sie nun die entziehbaren Einzahlungsüberschüsse!

---

275 Sie dürfen annehmen, daß der risikoäquivalente Kalkulationszinsfuß unverändert 10% ist. Der aufmerksame Leser weiß natürlich nach Lektüre des 5. Kapitels, Abschnitt V., daß diese Annahme falsch ist.

Aufgabe 25

Nehmen Sie an, für ein zu bewertendes Unternehmen werde die folgende Verteilung zukünftig entziehbarer Überschüsse prognostiziert:

Eintrittswahrscheinlichkeit	entziehbarer Überschuß $(\widetilde{NE}_j)$
0,3	450
0,5	600
0,2	800

Der risikolose Zinssatz beträgt 8%. Die Überschußverteilung gilt für jede Periode eines unendlich langen Zeitraums. Der betrachtete Investor habe eine Risikonutzenfunktion der Form

$$u\,[NE_j] = \ln(NE_j).$$

1. Ein beauftragter Bewerter ermittelt den Ertragswert (Grenzpreis) des Unternehmens mit Hilfe eines Risikozuschlags zum Diskontierungssatz. Er benutzt einen Zuschlag in Höhe von 50% des risikolosen Basiszinsfußes.

   a) Welchen Ertragswert errechnet der Bewerter?

   b) Ist der benutzte Risikozuschlag (die Risikoprämie) logisch begründbar?

2. Ermitteln Sie den Ertragswert (Grenzpreis) des Unternehmens für den Investor über die Methode der Sicherheitsäquivalente! Wie hoch ist der implizierte Risikozuschlag?

3. Ermitteln Sie den Ertragswert (Grenzpreis) des Unternehmens unter Anwendung des pragmatischen Risikozuschlages i.S.v. Ballwieser! Vergleichen Sie Ihr Ergebnis mit dem aus Teilaufgabe 2.! Was ist die Ursache für die Abweichung?

4. Im weiteren wird, abweichend von der obigen Annahme, ein endlicher Zeitraum für die entziehbaren Überschüsse unterstellt: Die dargestellte Wahrscheinlichkeitsverteilung gilt für 3 Perioden. Die Risikonutzenfunktion des Investors bleibt unverändert.

   a) Leiten Sie den implizierten Risikozuschlag des Investors für die Überschußverteilung der ersten Periode ab!

b) Unterstellen Sie, daß die Überschußverteilungen der verschiedenen Perioden stochastisch unabhängig sind! Ermitteln Sie unter dieser Annahme den Ertragswert des Unternehmens zum einen mit Hilfe von Sicherheitsäquivalenten und zum anderen nach der Risikozuschlagsmethode!

c) Nehmen Sie nun an, daß sich das Risiko der Überschußverteilungen gleichmäßig im Zeitablauf auflöst und ermitteln Sie den Ertragswert (Grenzpreis) mit Hilfe der Risikozuschlagsmethode, unter der Annahme, z^* sei ein geeigneter Risikozuschlag, um erwartete Überschüsse auf den Zeitpunkt 0 zu diskontieren.

Aufgabe 26

Im Jahr 1993 wurde die Friedrich Deckel AG mit der Maho AG verschmolzen. Ziel der Verschmelzung war es, zwei traditionsreiche und innovative Hersteller von Werkzeugmaschinen in einem national wie international außerordentlich schwierig gewordenen Markt zusammenzuführen, um damit den gewandelten Erfordernissen des Marktes mit einer schlagkräftigen Einheit zu begegnen und das langfristige Überleben des zusammengeführten Unternehmens sicherzustellen.[276]

Die Zusammenführung beider Unternehmen erfolgt auf der Grundlage eines von den Vorständen beider Unternehmen partnerschaftlich entwikkelten unternehmerischen Konzepts.

Durch die Verschmelzung sollte die Deckel AG ihr Vermögen als Ganzes auf die Maho AG übertragen. Im Gegenzug erhalten die Aktionäre der Deckel AG Aktien der Maho AG. Zu diesem Zweck erhöht die Maho AG ihr Grundkapital um 49,2 Mio DM. Zu bestimmen ist das Umtauschverhältnis der Aktien der Deckel AG gegen Aktien der Maho AG gleichen Nennwerts. Zu diesem Zweck sind gemäß Aktiengesetz die Werte des Eigenkapitals der beiden Gesellschaften zu ermitteln unter der Prämisse der Eigenständigkeit beider Unternehmen (stand-alone-Basis). Das bedeutet, daß alle Konsequenzen aus der geplanten Verschmelzung (Synergieeffekte, steuerliche Nachteile bzw. Vorteile) unbeachtlich sind.

---

276 Verschmelzungsbericht (1993), S. 5.

Im folgenden steht die Bewertung des Eigenkapitals der Deckel AG im Vordergrund. Die folgende Tabelle gibt die der Bewertung zugrundeliegende Ergebnisplanung ab dem Jahr 1993 wieder.[277] Der Verschmelzungsbericht enthält folgende Erläuterungen:[278]

Der Wert der Deckel AG bestimmt sich als Barwert der erwarteten Nettoausschüttungen einschließlich des gesondert zu bewertenden nicht betriebsnotwendigen Vermögens.

- Bei der Ermittlung des Ertragswertes wird im allgemeinen davon ausgegangen, daß die einzelnen Jahresüberschüsse vollständig ausgeschüttet werden und die zur Ertragserzielung notwendige Substanz erhalten bleibt. Die erwarteten Nettoausschüttungen stellen dabei die bei Erhaltung der Ertragskraft möglichen Maximalausschüttungen dar. Da die Ertragswertrechnung gleichzeitig - soweit keine gegenteiligen Informationen vorliegen - von der unbegrenzten Unternehmensfortführung ausgeht, wird für die laufende Erneuerung des ertragbringenden Vermögens eine kontinuierliche Reinvestition nötig.
- Für die Ermittlung des Ertragswertes sind die erwarteten Zahlungsvorgänge zwischen Unternehmen und Unternehmensinhabern maßgebend. Es ist deshalb theoretisch exakt, von den Einzahlungsüberschüssen des Unternehmens auszugehen. Soweit für die Schätzung der künftigen Nettoausschüttungen von Ertragsüberschüssen ausgegangen wird, ist der Unterschied zwischen Zahlungs- und Erfolgswirksamkeit der einzelnen Geschäftsvorfälle durch eine Finanzbedarfsrechnung auszugleichen.
- Bei der Ertragswertermittlung wird nach allgemeiner Auffassung die Einkommensteuer- oder Körperschaftsteuerbelastung der Gesellschafter außer acht gelassen. Aufgrund des Anrechnungsverfahrens ist die Körperschaftsteuer als vorausbezahlte Einkommensteuer oder Körperschaftsteuer der Gesellschafter zu betrachten und dementsprechend als Einkommensbestandteil der Anteilseigner anzusehen, wogegen die Gewerbe-, die Vermögen- sowie die auf letztere entfallende definitive Körperschaftsteuer bei der Ertragswertermittlung als Abzugsposten zu behandeln sind.

---

277 Verschmelzungsbericht (1993), S. 64/65.

278 Verschmelzungsbericht (1993), S. 48-57.

- Die erwarteten Nettoausschüttungen müssen mit einem geeigneten Kalkulationszinsfuß auf den Bewertungsstichtag bezogen werden. Dieser Kapitalisierungszinsfuß wird durch die günstigste alternative Kapitalanlagemöglichkeit der Unternehmenseigner oder potentieller Unternehmenserwerber bestimmt. Die Bewerter nehmen einen risikolosen (Basis)Zinsfuß von 7% an, erhöhen ihn um einen Risikozuschlag von 5% und reduzieren ihn um einen Geldentwertungsabschlag von 1%. Im Ergebnis wird somit ein Diskontierungssatz von 11% angesetzt.
- Um die vorhandene Ertragskraft der Gesellschaft beurteilen zu können, wurden die Aufwendungen und Erträge der Geschäftsjahre 1989 bis 1992 analysiert und um außerordentliche Aufwendungen und Erträge bereinigt. Außerdem wurden die Aufwendungen und Erträge der gesondert bewerteten Vermögensteile eliminiert.

  Die Ergebnisse wurden vor Abschreibungen, Zinsen, Beteiligungsergebnis und Ertragsteuern (= bereinigte Bruttoergebnisse) ermittelt.
- Ertragsteuern wurden nur insoweit berücksichtigt, als sie Kostencharakter haben. Hierzu zählen insbesondere die Gewerbeertragsteuer und die Körperschaftsteuer auf nicht abzugsfähige Ausgaben. Die prozentuale Gewerbesteuerbelastung beträgt bei der Friedrich Deckel AG 18,4% (H= 450). Die Körperschaftsteuerbelastung auf nicht abzugsfähige Ausgaben (Vermögensteuer, Hälfte der Bezüge eines Aufsichtsrates) ist mit den ertragsteuerlichen Verlustvorträgen verrechnet worden. Wegen der bei Unternehmensbewertungen grundsätzlich zu unterstellenden Vollausschüttung der Gewinne und des Anrechnungsverfahrens wurde eine ergebnisabhängige Körperschaftsteuer nicht angesetzt.
- Die Berechnungen der künftigen Erträge stützen sich auf Planungsrechnungen für die Jahre 1993 bis 1998. Ab 1999 bzw. 1998/1999 wurde ein nachhaltiges Bruttoergebnis veranschlagt, das grundsätzlich dem des letzten Planjahres entspricht.
- Grundlage für die Schätzung zukünftiger Abschreibungen/Reinvestitionen waren die Planungsrechnungen der Gesellschaften. Die Unterschiede zwischen den handelsrechtlichen Abschreibungen und den veranschlagten Reinvestitionsraten wurden in Zeile (13) getrennt erfaßt.

- Das Zinsergebnis in Zeile (9) berücksichtigt die vorhandenen Fremdmittel in 1993, die zusätzlichen Kreditaufnahmen der nächsten Jahre und die finanzwirtschaftlichen Auswirkungen der Abschreibungs- und Reinvestitionsdifferenzen.

	1993		1994		1995		1996		1997		1998		nachhaltig
	TDM	%	TDM	%	TDM	%	TDM	%	TDM	%	TDM	%	TDM
(1) Gesamtleistung	193.200	100,0	210.700	100.0	244.000	100.0	292.000	100.0	340.300	100.0	381.000	100.0	
(2) Materialeinsatz	99.500	51,5	111.300	52.8	128.900	52.8	156.200	53.5	181.500	53.3	202.800	53.2	
(3) Rohertrag	93.700	48,5	99.400	47.2	115.100	47.2	135.800	46.5	159.000	46.7	178.200	46.8	
(4) Personalaufwand	65.000	33,6	57.900	27.5	55.900	22.9	59.000	20.2	63.100	18.5	67.200	17.6	
(5) Saldo übrige Aufwend./Erträge	48.300	25,0	58.000	27.5	58.600	24.0	61.400	21.0	64.500	19.0	70.100	18.4	
(6) Bereinigtes Bruttoergebnis I	-19.600	-10,1	-16.500	-7,8	600	0,2	15.400	5.3	31.400	9,2	40.900	10.7	40.900
Abschlag (10%, nachhaltig 20%)					60		1.540		3.140		4.090		8.180
(7) Bereinigtes Bruttoergebnis II	-19.600		-16.500		540		13.860		28.260		36.810		32.720
(8) Abschreibungen/Reinvestitionen	8.000		6.600		4.300		3.100		3.100		3.100		3.100
(9) Zinsergebnis (Aufwand)	14.332		18.203		20.610		21.704		21.473		20.462		20.462
(10) Ergebnis vor Ertragsteuern	-41.932		-41.303		-24.370		-10.944		3.687		13.248		9.158
(11) Gewerbeertragsteuer	0		0		0		0		1.376		3.135		2.382
(12) Über-/Unterdeckung (bilanziell)	-41.932		-41.303		-24.370		-10.944		2.311		10.113		6.776
+ nicht zahlungswirksame Aufwendungen													
(13) Differenz Abschreibungen /Investitionen	5.500		2.600		300		0		0		0		0
(14) Über-/Unterdeckung (Liquiditätsebene)	-36.432		-38.703		-24.070		-10.944		2.311		10.113		6.776
(15) Neuverschuldung/ Schuldentilgung (-)	36.432		38.703		24.070		10.944		-2.311		-10.113		0
(16) zu kapitalisierende Ergebnisse	0		0		0		0		0		0		6.776

Tabelle 31: Ergebnisplanung für die Jahre 1993 bis 1998 und Ableitung der zu kapitalisierenden Ergebnisse für die Deckel AG

Auf der Basis der in der letzten Zeile ausgewiesenen Ergebnisse berechnen die Bewerter einen Ertragswert (ohne betriebsnotwendiges Vermögen) in Höhe von 32,934 Mio DM zum Bewertungsstichtag 1.1.1993. Der Wert des gewerbesteuerlichen Verlustvortrages, der etwa ein Volumen von 90 Mio DM erreichen dürfte, wird getrennt berechnet und mit ca. 12 Mio DM veranschlagt. Aus diesem Grund enthält Tabelle 31 ab 1997 Gewerbesteuerzahlungen in Zeile (11).

1. Interpretieren Sie die Herleitung der zu kapitalisierenden Ergebnisse! Die Eintragungen in den Zeilen (1) bis (7) sind nicht zu hinterfragen![279]

2. Berechnen Sie den Eigenkapitalbestand und den Bestand an Verbindlichkeiten der Deckel AG zum 31.12.1998 unter den in der Tabelle 31 gesetzten Prämissen! Welche Folgerungen ziehen Sie?

   Die Bilanz der Deckel AG sieht zum 31.12.1992 nach Durchführung einer Kapitalerhöhung zum Ausgleich von Verlusten so aus:[280]

---

279 Die in der Tabelle 31 ausgewiesenen Abschläge vom Bruttoergebnis I von 10% bzw. 20% können als Berichtigung zu optimistischer Erwartungen des Managements interpretiert werden. Auf jeden Fall bewirken diese Abschläge nicht die Umwandlung erwarteter Überschüsse in Sicherheitsäquivalente.

280 Die Position Rückstellungen kann zur Vereinfachung für die Folgejahre als konstant angenommen werden.

Aktiva	1992	Passiva	1992
A. Anlagevermögen:	48.363	A. Eigenkapital	53.660
I. Immaterielle Vermögensgegenstände	589	I. Gezeichnetes Kapital	42.180
1. Konzessionen, gewerbliche Schutzrechte	589	II. Kapitalrücklage	11.480
II. Sachanlagen	35.647	III. Gewinnrücklagen	
1. Grundstücke und Bauten	19.285	1. Gesetzliche Rücklagen	
2. Technische Anlagen und Maschinen	5.219	2. Rücklage für eigene Anteile	
3. Andere Anlagen und BGA	10.711	3. Satzungsmäßige Rücklagen	
4. Geleistete Anzahlungen und Anlagen im Bau	432	4. Andere Gewinnrücklagen	
III. Finanzanlagen	12.127	IV. Bilanzgewinn Ausschüttung für dieses Jahr	
5. Wertpapiere des AV			
6. Sonstige Ausleihungen			
B. Umlaufvermögen	229.795	B. Sonderposten mit Rücklageanteil	
I. Vorräte	113.133		
-abzgl. erhaltene Anzahlungen		C. Rückstellungen	44.097
		1. Rückstellungen für Pensionen	17.591
1. RHB-Stoffe	29.168	2. Steuerrückstellungen	310
2. Unfertige Erzeugnisse und Leistungen	40.707	3. Sonstige Rückstellungen	26.196
3. Fertige Erzeugnisse und Waren	43.209	D. Verbindlichkeiten	180.718
4. Geleistete Anzahlungen	49	1. Anleihen	
II. Forderungen und sonstige Vermögensgegenstände	61.460	2. Verb. ggü. Kreditinstituten,	134.408
		davon fällig vor Ablauf eines Jahres	109.033
1. Forderungen aus Lief. und Leistungen	56.181	3. erhaltene Anzahlungen auf Bestellungen	1.986
2. Forderungen gegen verbundene Unternehmen	1.700	4. Verb. aus Lieferungen und Leistungen	14.477
3. Forderungen gegen beteiligte Unternehmen		5. Verb. aus Wechseln,	8.968
		davon fällig vor Ablauf eines Jahres	8.968
4. Sonstige Vermögensgegenstände	3.579	6. Verb. ggü. verb. Unternehmen,	2.738
		davon fällig vor Ablauf eines Jahres	2.738
III. Wertpapiere	0	7. Verb. ggü. beteil. Unternehmen	
1. Anteile an verbundenen Unternehmen		8. Sonst. Verbindlichkeiten	18.141
		davon aus Steuern	3.119
		davon im Rahmen der sozialen Sicherheit	2.082
2. Eigene Anteile		9. erhaltene Anzahlungen auf Bestellungen (Vorräte)	
3. Sonstige Wertpapiere			
IV. Flüssige Mittel	55.202		
C. Rechnungsabgrenzungsposten,	317	E. Rechnungsabgrenzungsposten	
davon Disagio	227		
Bilanzsumme	278.475	**Bilanzsumme**	278.475

Tabelle 32: Bilanz der Deckel AG zum 31.12.1992

3. Nehmen Sie an, die Deckel AG führte in den Jahren 1994, 1995 und 1996 Eigenkapital in Höhe von 30, 24 bzw. 11 Mio. DM, insgesamt also 65 Mio DM, zu!

   Wie schätzen Sie jetzt die Annahme des Bewertungsgutachtens ein, ab 1999 dem Prinzip der Vollausschüttung zu folgen?

   Sie sollten drei Gründe nennen, warum Vollausschüttung ab 1999 eine unrealistische und für die Aktionäre der Deckel AG obendrein nachteilige Annahme ist!

Aufgabe 27

Die in Aufgabe 26 nur angedeutete Rechnung soll jetzt präzisiert werden. Nehmen Sie an:

(1) Die in Zeile (15) der Tabelle 31 ausgewiesenen Kreditaufnahmen unterbleiben. Statt dessen führen die Eigentümer Eigenkapitalbeträge in einer Höhe zu, die Liquiditätsdefizite genau ausgleichen! Damit soll die Ausschüttungsfähigkeit bilanzieller Überschüsse gewährleistet sein, soweit letztere finanzierbar sind. Kosten der Kapitalerhöhungen bleiben unbeachtet.

(2) Die in Zeile (15) vorgesehenen Tilgungszahlungen in 1997 und 1998 finden statt.

(3) Die zusätzlichen Fremdkapitalaufnahmen, die Tabelle 31 vorsieht, sind mit 9 % zu verzinsen.

(4) Die Einkommensbesteuerung der Eigentümer bleibt weiterhin unbeachtet.

1. Berechnen Sie die zu kapitalisierenden Ergebnisse unter diesen Annahmen!
2. Wie entwickelt sich der Bestand an bilanziellem Eigenkapital und die Verbindlichkeiten gegenüber Kreditinstituten bis zum 31.12.1998?
3. Berechnen Sie den Ertragswert für die Deckel AG auf Basis der von Ihnen ermittelten Daten zu 1. und 2. bezogen auf den Beginn des Jahres 1993! Der im Bewertungsgutachten verwendete Diskontierungssatz von 11 % soll weiterhin verwendet werden.

4. Erläutern Sie den Unterschied Ihres Ergebnisses zu 3. zu dem von den Gutachtern ermittelten Ergebnis! Der Ertragswert wird im Gutachten mit 32,93 Mio DM angesetzt!

Aufgabe 28

Zu bewerten ist die Flachstahl GmbH. Die folgende Tabelle zeigt die Plan-Gewinn- und Verlustrechnungen des Unternehmens und die erwarteten bilanziellen Überschüsse für den Prognosezeitraum (in TDM):

	1	2	3	4	5	6 ff.
(1) Umsatzerlöse	9.600	9.800	10.000	10.000	10.300	10.300
(2) Materialaufwand	1.800	1.800	2.000	2.000	2.000	2.000
(3) Personalaufwand						
Löhne, Gehälter	2.800	2.900	2.900	3.100	3.100	3.100
Zuführung zu PR	430	460	460	540	540	540
(4) sonst. betriebl. Aufwand	700	760	760	830	830	830
(5) Abschreibungen	1.500	1.500	1.500	1.700	1.700	1.700
(6) Zinsaufwand	220	220	220	220	160	160
(7) Überschuß vor Steuern	2.150	2.160	2.160	1.610	1.970	1.970

Es gelten die folgenden Steuersätze:

$$s_{GE} = 0{,}1667; \quad s_K^T = 0{,}45; \quad s_I = 0{,}45; \quad s_K^A = 0{,}30.$$

Substanzsteuern sind nicht zu beachten.

1. Ermitteln Sie die bei Jahresüberschuß-bezogener Vollausschüttung ausschüttbaren Beträge bzw. die der Ertragswert-Berechnung zugrundezulegenden Zahlungen! Die zinspflichtigen Verbindlichkeiten stellen Dauerschulden dar.

2. Der potentielle Unternehmenskäufer ist im gleichen Geschäftsfeld wie die Flachstahl GmbH tätig und erwartet beim Kauf des Unternehmens Synergieeffekte. Er plant in den ersten drei Jahren des Prognosezeitraumes bedeutende Erweiterungsinvestitionen. Die Auswirkungen dieser Investitionen auf die relevanten Aufwands- und Ertragsgrößen sind in den obigen Plan-GuV-Rechnungen bereits berücksichtigt.

Im Jahr 4 ist ein Kredit des Unternehmens in Höhe von 750 zur Rückzahlung fällig. Die dadurch ausgelöste Verringerung des Zinsaufwandes wurde in den obigen Plan-GuV-Rechnungen ebenfalls beachtet.

Das Unternehmen muß Pensionszahlungen leisten. Die folgende Tabelle zeigt die aus den GuV-Rechnungen nicht erkennbaren Zahlungsbelastungen.

	1	2	3	4	5	6ff.
Investitionsauszahlungen	2.200	2.200	1.800	1.700	1.700	1.700
Pensionszahlungen	450	460	480	520	540	540
Kreditrückzahlung				750		

Stellen Sie unter Berücksichtigung dieser Informationen einen Finanzplan auf und ermitteln Sie den notwendigen Mittelbedarf bzw. Mittelüberschuß für jede Periode des Prognosezeitraumes unter der Annahme, daß die Jahresüberschuß-bezogene Vollausschüttung beibehalten wird. Umsatzerlöse, Materialaufwand, Aufwand für Löhne und Gehälter, sonstige betriebliche Aufwendungen und Zinsaufwand sind zahlungsgleiche Größen.

3. Der potentielle Erwerber plant den in 2. berechneten Finanzbedarf über die Aufnahme weiterer Kredite zu einem Zinssatz von 8 % zu decken.

   a) Ermitteln Sie unter Berücksichtigung der dadurch ausgelösten Zins- und Steuerwirkungen die Jahresüberschüsse der Flachstahl GmbH bei unterstellter Vollausschüttung!

   b) Prüfen Sie mit Hilfe eines Finanzplanes, ob die in a) berechneten Jahresüberschüsse auch finanzierbar sind!

   c) Der Gutachter schlägt einen Diskontierungssatz in Höhe von 10 % zur Bewertung der Überschüsse vor. Welcher Überschuß ist zu bewerten? Welchen Ertragswert (Grenzpreis) berechnen Sie für das Unternehmen bei Anwendung dieses Diskontierungssatzes?

4. Unterstellen Sie nun, der Käufer halte die in 3. unterstellte Erhöhung der Unternehmensverschuldung nicht für sinnvoll. Der in 2. ermittelte Finanzbedarf soll deshalb über die Thesaurierung von bilanziellen Überschüssen, also in Form von Eigenkapital gedeckt werden.

Welche Überschüsse kann das Unternehmen unter dieser Annahme an die Eigentümer ausschütten (Bardividende)? Warum ist ein Diskontierungssatz von 10 %, der in 3. als brauchbar unterstellt wurde, jetzt nicht auf die den Eigentümern nach Einkommensteuern zufließenden Überschüsse anwendbar?

9. Literaturhinweise

Ballwieser, W. (1980): Möglichkeiten der Komplexitätsreduktion bei einer prognoseorientierten Unternehmensbewertung. In: ZfbF, 32. Jg., S. 50-73.

Ballwieser, W. (1981): Die Wahl des Kalkulationszinsfußes bei der Unternehmensbewertung unter Berücksichtigung von Risiko und Geldentwertung. In: BFuP, 33. Jg., S. 97-114.

Ballwieser, W. (1990): Unternehmensbewertung und Komplexitätsreduktion, 3. A., Wiesbaden.

Ballwieser, W. (1993): Methoden der Unternehmensbewertung. In: Gebhardt, G./Gerke, W./Steiner, M. (Hrsg.): Handbuch des Finanzmanagements, München, S. 151-176.

Ballwieser, W./Leuthier, R. (1986): Grundprinzipien, Verfahren und Probleme der Unternehmensbewertung. In: DStR, 24. Jg., S. 545-551 und S. 604-610.

Bellinger, B./Vahl, G. (1992): Unternehmensbewertung in Theorie und Praxis, 2. A., Wiesbaden.

Born, K. (1995): Unternehmensanalyse und Unternehmensbewertung, Stuttgart.

Bretzke, W.-R. (1975): Das Prognoseproblem bei der Unternehmensbewertung, Wiesbaden.

Bretzke, W.-R. (1976): Zur Berücksichtigung des Risikos bei der Unternehmensbewertung. In: ZfbF, 28. Jg., S. 153-165.

Bretzke, W.-R. (1988): Risiken in der Unternehmensbewertung. In: ZfbF, 40. Jg., S. 813-823.

Bußmann, J. (1988): Das Management von Zinsänderungsrisiken, Frankfurt/Bern.

Coenenberg, A. (1981): Unternehmensbewertung aus der Sicht der Hochschule. In: IDW (Hrsg.): 50 Jahre Wirtschaftsprüferberuf, Düsseldorf, S. 221-245.

Deutsche Bundesbank (1994): Monatsbericht Januar 1994.

Dirrigl, H. (1994): Konzepte, Anwendungsbereiche und Grenzen einer strategischen Unternehmensbewertung. In: BFuP, 46. Jg., S. 409-432.

Drukarczyk, J. (1997): Wertorientierte Unternehmenssteuerung, Besprechung des Shareholder-Value-Ansatzes von Rappaport. In: Zeitschrift für Bankrecht und Bankwirtschaft, 9. Jg., S. 217-226.

Fama, E. (1977): Risk Adjusted Discount Rates and Capital Budgeting under Uncertainty. In: Journal of Financial Economics, Vol. 5, S. 3-24.

Günther, R. (1997): Zur Berücksichtigung der persönlichen Einkommensteuer bei der Unternehmensbewertung nach der Ertragswertmethode, Düsseldorf.

Hackmann, A. (1987): Unternehmensbewertung und Rechtsprechung, Wiesbaden.

Hetzel, H. (1988): Stichtagszins oder zukünftiger Zins zur Ertragswertermittlung im Rahmen der Unternehmensbewertung. In: BB, 43. Jg., S. 725-728.

Hirigoyen, G./Degos, J.G. (1988): Evaluation des Sociétés et de leurs Titres, Paris.

Institut der Wirtschaftsprüfer (1983): Stellungnahme HFA 2/1983: Grundsätze zur Durchführung von Unternehmensbewertungen. In: Wpg, 36. Jg., S. 468-480.

Institut der Wirtschaftsprüfer (1992): Wirtschaftsprüfer-Handbuch, 10. A., Band II, Düsseldorf.

Jaeckel, U. (1988): Zur Bestimmung des Basiszinsfußes bei der Ertragswertbestimmung. In: BFuP, 40. Jg., S. 553-563.

Kleber, P. (1989): Prognoseprobleme in der Unternehmensbewertung, Wiesbaden.

Kromschröder, B. (1979): Unternehmensbewertung und Risiko, Berlin.

Künnemann, M. (1985): Objektivierte Unternehmensbewertung, Bern, New York.

Leuthier, R. (1988): Das Interdependenzproblem bei der Unternehmensbewertung, Frankfurt.

Leuthier, R. (1988): Zur Berücksichtigung der Besteuerung bei der Unternehmensbewertung. In: BFuP, 40. Jg., S. 505-521.

Löhr, D. (1989): Die Grenzen des Ertragswertverfahrens, Kritik und Perspektiven, Frankfurt, Berlin, Bern.

Löhr, D. (1992): Unternehmensbewertung: Ausschüttungspolitik und Vollausschüttungshypothese. In: Wpg, 45. Jg., S. 525-531.

Matschke, M. (1979): Funktionale Unternehmensbewertung: Der Arbitriumwert der Unternehmung, Wiesbaden.

Maul, K.-H. (1976): Unternehmensbewertung bei Unsicherheit. In: Wpg, 29. Jg., S. 573-579.

Maul, K.-H. (1992): Offene Probleme der Bewertung von Unternehmen durch Wirtschaftsprüfer. In: DB, 45. Jg., S. 1253-1259.

Mandl, G./Rabel, K. (1997): Unternehmensbewertung, Wien, Frankfurt.

Moxter, A. (1970): Optimaler Verschuldungsumfang und Modigliani-Miller-Theorem. In: Forster, K.H./Schuhmacher, P. (Hrsg.): Aktuelle Fragen der Unternehmensfinanzierung und Unternehmensbewertung, Stuttgart, S. 128-155.

Moxter, A. (1983): Grundsätze ordnungsmäßiger Unternehmensbewertung, 2. A., Wiesbaden.

Peemöller, V. u.a. (1993): Stand und Entwicklung der Unternehmensbewertung - eine kritische Bestandsaufnahme. In: DStR, 31. Jg., S. 409-415.

Pierrat, Ch. (1990): Evaluer une Entreprise, Paris.

Piltz, D. (1994): Die Unternehmensbewertung in der Rechtsprechung, 3. A., Düsseldorf.

Prietze, O./Walker, A. (1995): Der Kapitalisierungszinsfuß im Rahmen der Unternehmensbewertung. In: DBW, 50. Jg., S. 199-212.

Robichek, A./Myers, S. (1966): Conceptual Problems in the Use of Risk-Adjusted Discount Rates. In: Journal of Finance, Vol. 21, S. 727-730.

Schierenbeck, H./Marusev, A. (1990): Margenkalkulation von Bankprodukten im Marktzinsmodell. In: ZfB, 60. Jg., S. 789-813.

Schildbach, Th. (1993): Kölner versus phasenorientierte Funktionenlehre der Unternehmensbewertung. In: BFuP, 45. Jg., S. 25-38.

Schildbach, Th. (1995): Der Verkäufer und das Unternehmen „wie es steht und liegt". In: ZfbF, 47. Jg., S. 620-632.

Schmidt, J.G. (1995): Die Discounted Cash-flow-Methode - nur eine kleine Abwandlung der Ertragswertmethode? In: ZfbF, 47. Jg., S. 1087-1118.

Schneider, D. (1985): Ein Ertragswertverfahren als Ersatz fehlender Handelbarkeit stiller Beteiligungen? In: Betriebsberater, 40. Jg., S. 1677-164.

Sieben, G. (1995): Unternehmensbewertung: Discounted Cash-flow-Verfahren und Ertragswertverfahren - Zwei völlig unterschiedliche Ansätze? In: Internationale Wirtschaftsprüfung, Festschrift für H. Havermann, J. Keufermann (Hrsg.), S. 714-737.

Sieben, G./Schildbach, Th. (1979): Zum Stand der Lehre der Bewertung ganzer Unternehmen. In: DStR, 17. Jg., S. 455-461.

Siegel, Th. (1991): Das Risikoprofil als Alternative zur Berücksichtigung der Unsicherheit in der Unternehmensbewertung. In: Aktuelle Fragen der Finanzwirtschaft und der Unternehmensbesteuerung; Festschrift für Erich Loitlsberger zum 70. Geburtstag; Rückle, D. (Hrsg.), Wien, S. 619-638.

Siegel, Th. (1992): Methoden der Unsicherheitsberücksichtigung in der Unternehmensbewertung. In: WiSt, 21. Jg., S. 21-26.

Siegel, Th. (1994): Unternehmensbewertung, Unsicherheit und Komplexitätsreduktion. In: BFuP, 46. Jg., S. 25-38.

Siegel, Th. (1994): Der steuerliche Einfluß von stillen Reserven und Firmenwert auf die Unternehmensbewertung und auf die Bemessung von Abfindungen. In: Bilanzrecht und Kapitalmarkt, Festschrift für Moxter, A./Ballwieser, W./Böcking, H.-J./Drukarczyk, J./Schmidt, R. H. (Hrsg.), S. 1483-1502.

Siepe, G. (1997): Die Berücksichtigung von Ertragsteuern bei der Unternehmensbewertung. In: Wpg, Jg. 50, S. 1-10; S. 37-43.

Siepe, G. (1986): Allgemeines Unternehmensrisiko bei der Unternehmensbewertung - Vergleich zwischen Ergebnis-Abschlagsmethode und Zins-Zuschlagsmethode. In: DB, 39. Jg., S. 705-708.

Sigloch, J. (1987): Ökonomische Grundfragen der Unternehmensbewertung. In: Jura, Heft 11, S. 584-591.

Uhlir, H./Steiner, P. (1993): Wertpapieranalyse, 3. A., Heidelberg.

VIII. DCF-Methoden versus Ertragswert-Methode

Einen Vergleich zwischen DCF-Methoden und Ertragswert-Methode zu versuchen, erscheint auf den ersten Blick reizvoll. Nun haben die Überlegungen in Abschnitt VI. gezeigt, daß sich die drei DCF-Methoden sowohl in der Kalkülstruktur als auch in ihrer Leistungsfähigkeit unterscheiden. Auch die methodenspezifischen Problemzonen der Methoden machen sich an verschiedenen Stellen des jeweiligen Kalküls bemerkbar. Alle Methoden unterstellen konstantes Investitionsrisiko. Bei Rückgriff auf die Entity-Methode hat man erhebliche Probleme, die Auswirkungen von Verschiebungen der Kapitalstrukturrelationen im Zeitablauf zu erfassen. Es ist außerdem unklar, ob und ggf. wie Einkommensteuereffekte erfaßt werden können. Die APV-Methode hat unter den oben in Abschnitt VI. diskutierten Bedingungen keine Probleme, die Wirkungen der Veränderungen von Kapitalstrukturrelationen abzubilden, solange die realisierbaren steuerlichen Vorteile risikolos sind. Sind sie nicht risikolos, übersteigen die Probleme ihrer Bewertung im Rahmen des APV-Ansatzes nicht die Probleme, die auch im Rahmen des WACC-Ansatzes entstehen. Die APV-Methode ist auch geeignet, Einkommensteuereffekte abzubilden. Eine ihrer Problemzonen ist die Ableitung der geforderten Rendite für das ausschließlich mit Eigenkapital finanzierte Unternehmen: Die vom Steuersystem abhängigen Beta-Zerlegungsformeln, die in Abschnitt VI. benutzt wurden, unterstellten risikolose Gläubigerpositionen und den Fall der unendlichen Rente. Beta-Zerlegungen für andere Fälle sind möglich, wurden aber nicht diskutiert. Die Equity-Methode hat ebenfalls ihre Problemzonen. Wie können autonom geplante Kapitalstrukturänderungen in problemangemessene geforderte Renditen umgerechnet werden, ohne daß über den Einsatz anderer Bewertungskalküle bewertungsrelevante Vorarbeiten geleistet werden?

Daß die DCF-Methoden unterschiedliche Leistungsfähigkeit und unterschiedliche Problemzonen haben, heißt nicht, daß der Benutzer Indifferenz bezüglich der verwendeten Methode an den Tag legen sollte. Sind Anwendungsbedingungen, insbesondere konstante Kapitalstrukturrelationen gegeben, ist der WACC-Ansatz ein brauchbarer Kandidat. Ist diese strenge Bedingung nicht erfüllt, kann die APV-Methode ihre Vorzüge ins Spiel bringen.

Wegen der Unterschiede in den Kalkülstrukturen und der Lage der methodenspezifischen Problemzonen wird der Vergleich im folgenden eingeengt. Der Ertragswert-Methode wird die Equity-Methode gegenübergestellt. Dieser Vergleich könnte sich beziehen a) auf die Definition der bewertungsrelevanten Überschüsse und b) auf die Begründung und Herleitung der methodenspezifischen Diskontierungssätze.

Der unter a) genannte Aspekt soll im folgenden unbeachtet bleiben. Der Grund hierfür ist nicht, daß es in der Diskussion um die Definition der bewertungsrelevanten Überschüsse im Rahmen der Ertragswert-Methode keine Unklarheiten oder Meinungsdifferenzen in der Literatur gäbe. Das Gegenteil ist der Fall: Wenig präzise Definitionen von Steuerbemessungsgrundlagen, unzulässige Ausblendungen von gesellschaftsrechtlichen Ausschüttungssperrvorschriften, unterstellte Vollausschüttungen auch dann, wenn deren Realisierung vom Investor nicht geplant ist, Ausblendung von Einkommensteuern finden sich in Literatur und praktischer Handhabung. Der Grund, warum Aspekt a) im folgenden ausgeblendet bleibt ist, daß die bei Definition und Prognose der entziehbaren Überschüsse zu beachtenden Bedingungen in Abschnitt IV. ausführlich dargestellt wurden: Die entziehbaren Überschüsse müssen a) finanzierbar, b) ausschüttungsfähig i.S.d. gesellschaftsrechtlichen Regelungen sein und c) kompatibel mit adäquat definierten steuerlichen Bemessungsgrundlagen und den zugehörigen Steuerwirkungen sein. Diese Bedingungen sind bei Einsatz der Ertragswert-Methode und der Equity-Methode gleichermaßen zu beachten. Für beide Ansätze gilt, daß der zu bewertende Zahlungsstrom derjenige ist, der zwischen dem Bewertungsobjekt Unternehmen und den Eigentümern unter präziser Beachtung aller Steuerzahlungen, Vorteilhaftigkeitskalkülen folgenden (Re)Investitionsentscheidungen und gesellschaftsrechtlichen Ausschüttungsschranken fließt. Im folgenden wird deshalb der unter a) genannte Aspekt nicht weiter problematisiert.

Wir wollen den unter b) genannten Aspekt, nämlich die Risikoberücksichtigung im Diskontierungssatz im Rahmen der Ertragswert-Methode und der Equity-Methode, näher betrachten. Dabei blenden wir Probleme, die sich aus der Mehrperiodigkeit von Überschuß-Verteilungen ergeben aus und beschränken uns auf die prinzipiellen Unterschiede, die sich bereits bei der Bewertung einperiodiger unsicherer Überschuß-Verteilungen stellen. Nutzt man die Ertragswert-Methode, erfolgt die Risikoberücksichtigung im Kalkül durch das Aufspannen einer periodenbezogenen Überschuß-Verteilung und den Rückgriff auf eine subjektive Risikonutzenfunktion bzw. auf Risikozuschläge z^*, die selbst erst durch Rekurs auf die über Risikonutzenfunktionen ermittelbaren Sicherheitsäquivalente ableitbar sind.

Diese Orientierung der Ertragswert-Methode an der individuellen Risikoeinstellung des Investors, also der Versuch, *subjektive* Grenzpreise zu ermitteln, kann Ansatzpunkt für eine Positionierung dieser Methode im Vergleich zur Equity-Methode sein. Manche Vertreter der Ertragswert-Methode sehen bereits in dieser Aufgabenformulierung einen wichtigen Vorsprung der Methode vor der Equity-Methode, die auf von Marktwerten abgeleitete risikoadjustierte Diskontierungssätze setzt.

Prüft man, wie intensiv die Absicht, subjektive, präferenzkonforme Grenzpreise zu ermitteln, in den einschlägigen Arbeiten zur Ertragswert-Methode umgesetzt wird, kehrt bald Ernüchterung ein. So wird fast regelmässig von der im Entscheidungszeitpunkt vorhandenen Vermögensausstattung der Investoren abgesehen. Der Verkäufer des Projektes (Unternehmens) besitzt nichts außer dem Unternehmen; das Vermögen des Käufers bleibt regelmäßig unspezifiziert. Diese Vorgehensweise wäre problemlos, wenn Sicherheitsäquivalente für gegebene Überschußverteilungen unabhängig von dem sonstigen Vermögen des relevanten Investors und dessen Erträgen wären. Das sind sie nur in Sonderfällen.

Betrachten wir ein Beispiel: Zu ermitteln ist das Sicherheitsäquivalent S_1 für die folgende Verteilung von Nettoeinzahlungen:

Zustände	z_1; 0,4	z_2; 0,3	z_3; 0,3
$NE_{1,j}$	120	160	190

Für die Risikonutzenfunktion $u(\widetilde{NE}_j) = \ln(NE_j)$ folgt ein Sicherheitsäquivalent S_1 in Höhe von 150,15. Der für $i = 0{,}08$ zum korrekten Ergebnis führende Risikozuschlag z^* ist 2,05 %.

Besitzt der Verkäufer neben dem zu bewertenden Projekt im Zeitpunkt 0 ein Vermögen von 10.000, das er zu $i = 0{,}08$ anlegen kann, errechnet sich für die Verteilung des Endvermögens im Zeitpunkt 1 ein Sicherheitsäquivalent S_1 in Höhe von 10.952,96 und somit ein (sicherheitsäquivalenter) Beitrag des Projektes in Höhe von 152,96. Das Sicherheitsäquivalent (S_1) für die Nettoeinzahlung des Projektes ist gestiegen, weil die angenommene Risikonutzenfunktion eine abnehmende absolute Risikoaversion impliziert. Damit wird das im Zeitpunkt 0 bzw. 1 bereits vorhandene Vermögen bewertungsrelevant.

Betrachten wir den Käufer. Dieser will den Grenzpreis im Sinne des Maximaleinsatzes (ME) berechnen. Der ME ist so zu bestimmen, daß das Nutzenniveau des Investors bei Erwerb des Projektes (Untenehmens) genau mit demjenigen der Position übereinstimmt, die der Investor bei Verzicht auf den Unternehmenserwerb einnähme. Wird die Ausgangsposition im Zeitpunkt 1 mit W_1 gekennzeichnet, muß gelten

$$E\left[u\left(\tilde{W}_1\right)\right] = \sum_{j=1}^{n} u\left(W_{1,j} + NE_{1,j} - ME_1\right) p_j \,.$$

Damit wird die Höhe von W_1 ergebnisrelevant, und das Sicherheitsäquivalent für den Verkäufer einerseits und der Maximaleinsatz für den Käufer andererseits können auch dann divergieren, wenn - was ohnehin selten sein wird - beider Risikopräferenzen durch eine identische Risikonutzenfunktion beschrieben werden. Ausgenommen ist die Klasse der Risikonutzenfunktionen, die konstante absolute Risikoaversion implizieren, und Vertreter der Ertragswert-Methode, die i.d.R. nicht zwischen Sicherheitsäquivalenten bzw. Maximaleinsätzen differenzieren, könnten natürlich genau diese Klasse von Risikonutzenfunktionen im Auge haben.

Die verbreitete Handhabung der Ertragswert-Methode ist aus einem zweiten Grund unbefriedigend. Sie löst den Verbund der Nettoeinzahlungen des zu bewertenden Projektes mit den Überschüssen bereits realisierter Projekte. Projektbewertung i.S.d. Ertragswert-Methode erfolgt auf der grünen Wiese. Der ökonomische Hintergrund des Investors (Käufer, Verkäufer) ist leer. Der Investor besitzt keine anderen Projekte oder sie werden im Rahmen des Partialkalküls „Ertragswert-Methode" ausgeblendet. Damit werden Risikoverbundwirkungen des Projektes mit bereits existierenden Projekten überhaupt nicht beachtet. Der Investor wird betrachtet, als ob er das gesamte Risiko des Projektes übernehmen müßte. Das aber ist häufig nicht der Fall, weil es i.d.R. das Risiko vermindernde Bezüge zwischen zu bewertendem Projekt und bereits realisierten Projekten gibt. Die Equity-Methode, die auf CAPM-basierte Risikoadjustierungen der Diskontierungssätze $k^F_{s,t}$ zurückgreift, bietet ein ganz anderes Paradigma: Investoren werden als voll diversifizierte Positionen haltende Individuen modelliert, die bei der Bewertung neuer Projekte lediglich auf das Kovarianzrisiko bzw. das systematische Risiko achten. Man könnte diese Sichtweise als die obere Intervallgrenze der realisierbaren Diversifikationsgrade bezeichnen. Die Sichtweise der Vertreter der Ertragswert-Methode definierte dann eine untere Intervallgrenze, nämlich den Diversifikationsgrad von Null. Entscheidend ist nun, wie die empirischen Diversifikationsgrade von Investoren beschaffen sind. Und hier darf man den Diversifikationsgrad von Null für Käufer bzw. Verkäufer von Unternehmen bzw. wesentlichen Beteiligungen ohne Risiko, große Fehler zu begehen, ausschließen. Die Sichtweise der Vertreter der Ertragswert-Methode geht insoweit an den empirischen Gegebenheiten vorbei. Auch für Käufer bzw. Verkäufer von Kleinbeteiligungen ist die Sichtweise der Vertreter der Ertragswert-Methode kaum haltbar. Warum sollte die angemessene Abfindung für (abzufindene) Kleinaktionäre einer Aktiengesellschaft (§ 305 AktG), die beherrschtes Unternehmen wird, so berechnet werden, als hielten diese Aktionäre ausschließlich die Aktien *dieses* Unternehmens. Seit den Arbeiten von Harry Markowitz (1959) ist bekannt, warum Diversifikation für risikoaverse Investoren sinnvoll ist und zahlreiche empirische Untersuchungen belegen, daß unsystematisches Risiko bereits mit geringen Diversifikationsgraden entscheidend abgebaut werden kann. Folglich ist es schlicht unbegründet, diese Aktionäre so zu behandeln, als hätten sie das gesamte Risiko, also systematisches und unsystematisches Risiko, zu tragen. Ohne große Übertreibung kann man formulieren, daß eine Handhabung der Ertragswert-Methode, die Diversifikationsgrade der zu Beratenden (Abzufindenden) von Null unterstellt, seit mehr als 30 Jahren bekannte Botschaften der Bewertungstheorie übersieht. Es mag einige (wenige) Fälle geben, in denen die Annahme eines Diversifikationsgrades von Null problemadäquat ist. Generell akzeptabel ist die Annahme nicht.

Die Handhabung der Ertragswert-Methode stößt auf weitere unbeantwortete Probleme: Die gewollte Subjektivität des Kalküls verlangt, daß auf die investorspezifische Risikonutzenfunktion zurückgegriffen wird.[281] Wie sieht die Lösung aus, wenn ein Kollektiv von Investoren die Eigentumsrechte an einer GmbH erwerben möchte? Wie ist vorzuge-

---

281 Probleme der empirischen Erhebung der erforderlichen Daten, der zeitlichen Stabilität der Funktion und der zugrundeliegenden Axiomatik werden hier nicht diskutiert.

hen, wenn eine Mehrzahl von aussenstehenden Eigentümern abzufinden ist? Kann man Risikonutzenfunktionen „typisieren", ohne den Anspruch der Abbildung empirischer Risikoeinstellungen zu verwässern?

Der Rückgriff auf eine investorspezifische (individuelle) Risikonutzenfunktion wirft schließlich die Frage nach dem Umfang der Beratungsaufgabe auf. Lautet die Aufgabenbeschreibung „Ermittlung des subjektiven Grenzpreises des zu verkaufenden Unternehmens", könnte man die Sache mit der Ermittlung des (subjektiven) Ertragswertes (=Wertes des Eigenkapitals) für erledigt halten. Das ist sie aber nur bei ganz enger Definition von „Beratung". Angenommen, ein Investor erwiese sich als sehr risikoscheu. Die Risikoscheu senkt den Ertragswert. Was ist von einer Beratung zu halten, die dem zu Beratenden verschweigt, daß die zu erwartende Überschußverteilung aus dem Unternehmen durch Bildung eines Portefeuilles aus Aktien und festverzinslicher Anlage nur zu einem den berechneten Ertragswert deutlich übersteigenden (Mitteleinsatz) Marktpreis dupliziert werden kann? Wird ihm diese Information verschwiegen, ist seine Verhandlungsposition geschwächt; der zu Beratende erzielt bei Verkauf Preise, die niedriger sind als die, die er bei voller Information durch den Beratenden hätte erzielen können. Die Vertreter der Ertragswert-Methode benötigen eine Legitimation dafür, potentielle Marktpreise von Einzahlungsverteilungen gänzlich aus dem Bewertungskalkül auszublenden und statt dessen auf *beliebige*, mit dem Prädikat „individuell" verbrämte Risikonutzenfunktionen zu setzen. Meine Ansicht ist, daß damit nur ein Teil der Beratungsaufgabe eingelöst wird.[282]

Die Equity-Methode unterstellt über den Rückgriff auf aus dem CAPM abgeleitete Diskontierungssätze einen Diversifikationsgrad, der der oberen Intervallgrenze entspricht. Auch diese Annahme kann überzogen und somit unbegründet sein. Außerdem ist diese Lösung mit den dem CAPM anhaftenden Problemen belastet. Seine empirische Geltung ist nicht unbestritten. Die im Mehrperiodenkontext auftauchenden Probleme sind z.T. ungelöst. Dennoch erscheint der marktorientierte Ansatz zur Be-

---

282 Der Unterschied subjektiver Ertragswert vs. geschätzter Marktwert hat auch Bedeutung, wenn der Investor eine geringere Risikoaversion zeigt, als sie in risikoadjustierten Diskontierungssätzen zum Ausdruck kommt. Das Unternehmen ist - ceteris paribus - zum ermittelten subjektiven Grenzpreis nur sehr schwer zu verkaufen. Auch diese Information, mit angefügter Begründung, sollte Bestandteil der Beratung sein.

wertung unsicherer Überschußverteilungen erfolgversprechender als die Anwendung entscheidungstheoretischer Prinzipien mit beliebigen individuellen Risikonutzenfunktionen auf Überschußverteilungen unter der impliziten Annahme eines Diversifikationsgrades von Null, wie er im Rahmen der Ertragswert-Methode erfolgt.

Anhänge zum 5. Kapitel

Anhang 1: Durchschnittliche Kapitalkosten in einer Welt mit einer einfachen Gewinnbesteuerung

Im Rentenfall gilt: $V^F = \frac{\overline{CF}^E}{WACC}$ und $V^F = V^E + s_K F$.

$\overline{CF}^E$ bezeichnet den erwarteten Cash-flow aus einem ausschließlich eigenfinanzierten Unternehmen.

Aus $V^E = V^F - s_K F$ folgt

$$k_s \frac{V^E}{V^F} = k_s \frac{V^F}{V^F} - s_K \frac{F}{V^F}$$

$$WACC = k_s \left[1 - s_K \frac{F}{V^F} \right] \quad (1)$$

Nun findet man die WACC-Definition auch in Form von (2):

$$WACC = i\left(1 - s_K\right) \frac{F}{V^F} + k_s^F \frac{E^F}{V^F} \quad (2)$$

Die Äquivalenz von (1) mit (2) folgt, wenn man k_s^F ersetzt durch (3)

$$k_s^F = k_s + \left(k_s - i\right)\left(1 - s_K\right)\frac{F}{E^F} \quad (3)$$

$$\text{WACC} = i\left(1 - s_K\right)\frac{F}{V^F} + \left[k_s + \left(k_s - i\right)\left(1 - s_K\right)\frac{F}{E^F}\right]\frac{E^F}{V^F}$$

$$= i\left(1 - s_K\right)\frac{F}{V^F} + k_s\frac{E^F}{V^F} + k_s\left(1 - s_K\right)\frac{F}{V^F} - i\left(1 - s_K\right)\frac{F}{V^F}$$

$$= k_s\left[\frac{E^F}{V^F} + \frac{F}{V^F} - s_K\frac{F}{V^F}\right]$$

$$\boxed{\text{WACC} \quad = \quad k_s\left[1 - s_K\frac{F}{V^F}\right]}$$

Anhang 2: Durchschnittliche Kapitalkosten in einer Welt mit Doppelbesteuerung

Zu begründen ist die Formel (51):

$$\text{WACC} = k_s\left[1 - s_K\frac{F}{V^F}\right]. \tag{51}$$

Es gilt:

$$\text{WACC} = i\left(1 - s_I\right)\left(1 - s_K\right)\frac{F}{V^F} + k_s^F\frac{E^F}{V^F} \tag{1}$$

$$k_s^F = k_s + \left[k_s\left(1 - s_K\right) - i\left(1 - s_K\right)\left(1 - s_I\right)\right]\frac{F}{E^F}. \tag{2}$$

(2) in (1) einsetzen:

$$\text{WACC} = i(1-s_I)(1-s_K)\frac{F}{V^F}$$

$$+\left\{k_s + \left[k_s(1-s_K) - i(1-s_K)(1-s_I)\right]\frac{F}{E^F}\right\}\frac{E^F}{V^F}$$

$$= i(1-s_I)(1-s_K)\frac{F}{V^F} + k_s\frac{E^F}{V^F} + k_s(1-s_K)\frac{F}{V^F}$$

$$- i(1-s_K)(1-s_I)\frac{F}{V^F}$$

$$= k_s\frac{E^F + F}{V^F} - k_s\, s_K\frac{F}{V^F}$$

$$\text{WACC} \quad = \quad k_s\left[1 - s_K\frac{F}{V_F}\right]$$

Anhang 3: Durchschnittliche Kapitalkosten unter deutschen Rahmenbedingungen (Dauerschulden, Rentenfall).

$$V^F = V^E + F\,\alpha\,\frac{1}{i} \tag{61}$$

$$V^F = V^E + F\left[s_1 + s_2\frac{1}{i}\right] \tag{61'}$$

mit $s_1 = 0{,}5\,s_{GE}$ und $s_2 = 0{,}75\,s_V\,\frac{1}{1-s_K^T} + 0{,}5\,s_{GK} - 0{,}5\,s_{GK}\,s_{GE}$

$\overline{CF}^E \equiv$ erwarteter Cash-flow aus einem ausschließlich eigenfinanzierten Unternehmen

$k_s \equiv$ erwartete Rendite aus einem ausschließlich eigenfinanzierten Unternehmen

Im Rentenfall gilt:

$$V^F = \frac{\overline{CF}^E}{WACC} \Rightarrow WACC = \frac{\overline{CF}^E}{V^F}$$

$$V^F - F\left(s_1 + s_2 \frac{1}{i}\right) = V^E = \frac{\overline{CF}^E}{k_s}$$

$$V^F\left[1 - \left(s_1 + s_2 \frac{1}{i}\right) \frac{F}{V^F}\right] = \overline{CF}^E \frac{1}{k_s}$$

Multipliziere mit k_s und dividiere durch V^F!

$$k_s\left[1 - \left(s_1 + s_2 \frac{1}{i}\right) \frac{F}{V^F}\right] = \frac{\overline{CF}^E}{V^F}$$

$$WACC = k_s\left[1 - \left(s_1 + s_2 \frac{1}{i}\right) \frac{F}{V^F}\right]$$

$$\boxed{WACC = k_s\left[1 - \frac{\alpha}{i} \frac{F}{V^F}\right].}$$

$$\boxed{WACC = k_s\left[1 - s\frac{F}{V^F}\right]} \qquad \text{mit } s = \frac{\alpha}{i}.$$

Anhang 4

Zu begründen ist die Formel: $\operatorname{cov}\left(\widetilde{NE}, \tilde{r}_M\right) = p_n \left(r_{Mn} - E[\tilde{r}_M]\right)$.

Die Berechnung der Kovarianz soll für den Zwei-Zustands-Fall bewiesen werden. Die Berechnung für mehr als zwei Umweltzustände ist analog, da die Einzahlungen in einem Zustand 1, in allen anderen Zuständen Null betragen.

Das einfache Investitionsprojekt sieht so aus:

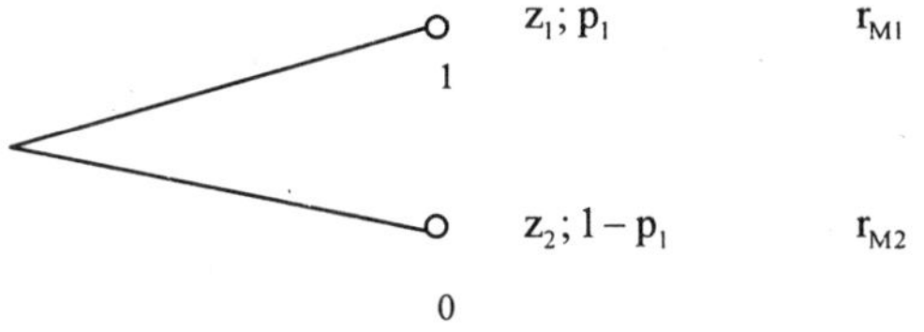

$$E[\tilde{r}_M] = p_1 \cdot r_{M1} + (1-p_1)\, r_{M2}$$

$$E\left[\widetilde{NE}\right] = p_1$$

$$\begin{aligned}
\operatorname{cov}\left(\widetilde{NE}, \tilde{r}_M\right) &= E\left[\left(\widetilde{NE} - E\left[\widetilde{NE}\right]\right)\left(\tilde{r}_M - E[\tilde{r}_M]\right)\right] \\
&= (1-p_1)\left(r_{M1} - E[\tilde{r}_M]\right) p_1 + (0-p_1)\left(r_{M2} - E[\tilde{r}_M]\right)(1-p_1) \\
&= (1-p_1)\, p_1 \left[\left(r_{M1} - E[\tilde{r}_M]\right) - \left(r_{M2} - E[\tilde{r}_M]\right)\right] \\
&= (1-p_1)\, p_1 \left(r_{M1} - r_{M2}\right).
\end{aligned}$$

Wegen

$$r_{M2} = \frac{E[\tilde{r}_M] - r_{M1}\, p_1}{1-p_1}$$

folgt

$$\begin{aligned}
\operatorname{cov}\left(N\tilde{E}, \tilde{r}_M\right) &= (1-p_1)p_1\left[r_{M1} - \frac{E\left[\tilde{r}_M\right] - r_{M1}\cdot p_1}{1-p_1}\right] \\
&= (1-p_1)\,p_1\,r_{M1} - p_1\left(E\left[\tilde{r}_M\right] - r_{M1}\cdot p_1\right) \\
&= p_1\cdot r_{M1} - p_1\cdot p_1\cdot r_{M1} - p_1\,E\left[\tilde{r}_M\right] + p_1\cdot p_1\cdot r_{M1} \\
&= p_1\left(r_{M1} - E\left[\tilde{r}_M\right]\right).
\end{aligned}$$

Anhang 5

Zu belegen ist (90): $\operatorname{cov}\left(\tilde{r}_j^{\,F}, \tilde{r}_M\right) = \left(1 + \frac{F}{E^F}\right)\operatorname{cov}\left(\tilde{r}_j^{\,u}, \tilde{r}_M\right).$

Für den Fall der reinen Eigenfinanzierung gilt

$$\operatorname{cov}\left(\tilde{r}_j^{\,u}, \tilde{r}_M\right) = E\left[\left(\tilde{r}_j^{\,u} - E\left[\tilde{r}_j^{\,u}\right]\right)\left(\tilde{r}_M - E\left[\tilde{r}_M\right]\right)\right].$$

Für den Fall partieller Fremdfinanzierung ist die Rendite der Eigentümer definiert durch

$$\tilde{r}_j^{\,F} = \tilde{r}_j^{\,u} + \left(\tilde{r}_j^{\,u} - i\right)\frac{F}{E^F} = \tilde{r}_j^{\,u}\left(1 + \frac{F}{E^F}\right) - i\,\frac{F}{E^F}.$$

Daraus folgt unter der Prämisse sicherer Positionen der Gläubiger:

$$\begin{aligned}
\operatorname{cov}\left(\tilde{r}_j^{\,F}, \tilde{r}_M\right) = E\Bigg[&\left(\left(\tilde{r}_j^{\,u}\left(1 + \frac{F}{E^F}\right) - i\,\frac{F}{E^F}\right) - \left(E\left[\tilde{r}_j^{\,u}\right]\left(1 + \frac{F}{E^F}\right) - i\,\frac{F}{E^F}\right)\right) \\
&\left(\tilde{r}_M - E\left[\tilde{r}_M\right]\right)\Bigg]
\end{aligned}$$

$$= E\left[\left(1+\frac{F}{E^F}\right)\left(\tilde{r}_j^{\,u} - E\left[\tilde{r}_j^{\,u}\right]\right)\left(\tilde{r}_M - E\left[\tilde{r}_M\right]\right)\right]$$

$$= \left(1+\frac{F}{E^F}\right) E\left[\left(\tilde{r}_j^{\,u} - E\left[\tilde{r}_j^{\,u}\right]\right)\left(\tilde{r}_M - E\left[\tilde{r}_M\right]\right)\right]$$

$$= \left(1+\frac{F}{E^F}\right) \operatorname{cov}\left(\tilde{r}_j^{\,u}, \tilde{r}_M\right).$$

Es folgt somit

$$\beta_j^F = \beta_j^u \left(1+\frac{F}{E^F}\right).$$

Für den Fall einer einfachen Gewinnsteuer (s_K) ist die Rendite der Eigentümer definiert durch:

$$\tilde{r}_j^{\,F} = \tilde{r}_j^{\,u} + \left(\tilde{r}_j^{\,u} - i\right)\left(1 - s_K\right)\frac{F}{E^F}$$

$$= \tilde{r}_j^{\,u}\left[1+\left(1 - s_K\frac{F}{E^F}\right)\right] - i\left(1 - s_K\right)\frac{F}{E^F}$$

Unter der Prämisse, daß Fremdkapitalgeber kein Risiko übernehmen, gilt:

$$\operatorname{cov}\left(\tilde{r}_j^{\,F}, \tilde{r}_M\right) = E\left[\left(\left(\tilde{r}_j^{\,u}\left(1+\left(1-s_K\right)\frac{F}{E^F}\right) - i\left(1-s_K\right)\frac{F}{E^F}\right)\right.\right.$$

$$\left.\left. - \left(E\left[\tilde{r}_j^{\,u}\right]\left(1+\left(1-s_K\right)\frac{F}{E^F}\right) - i\left(1-s_K\right)\frac{F}{E^F}\right)\right)\left(\tilde{r}_M - E\left[\tilde{r}_M\right]\right)\right]$$

$$= E\left[\left(1+\left(1-s_K\right)\frac{F}{E^F}\right)\left(\tilde{r}_j^{\,u} - E\left[\tilde{r}_j^{\,u}\right]\right)\left(\tilde{r}_M - E\left[\tilde{r}_M\right]\right)\right]$$

$$= \left(1+\left(1-s_K\right)\frac{F}{E^F}\right) E\left[\left(\tilde{r}_j^{\,u} - E\left[\tilde{r}_j^{\,u}\right]\right)\left(\tilde{r}_M - E\left[\tilde{r}_M\right]\right)\right]$$

$$= \left(1+\left(1-s_K\right)\frac{F}{E^F}\right) \operatorname{cov}\left(\tilde{r}_j^{\,u}, \tilde{r}_M\right).$$

Es folgt: $\beta_j^F = \beta_j^u \left(1 + (1 - s_K)\frac{F}{E^F}\right)$.

Zu belegen ist die Formel: $\operatorname{cov}\left(\tilde{r}_j^F, \tilde{r}_M\right) = \left[1 + \left(1 - \frac{\alpha}{i}\right)\frac{F}{E^F}\right] \operatorname{cov}\left(\tilde{r}_j^u, \tilde{r}_M\right)$.

Wir unterstellen, daß das Unternehmen in jeder Periode seinen Zinsverpflichtungen nachkommt und die durch die Finanzierung bedingten Steuervorteile in jeder Periode nutzen kann.

Im Fall vollständiger Eigenfinanzierung ist die Rendite der Eigentümer nach Einkommensteuer im Rentenfall definiert durch

$$\tilde{r}_j^u = \frac{\left[N\tilde{E} - 0{,}75 s_V \frac{1}{1 - s_K^T} RBV - s_{GK}\, RBV - s_{GE}\left(N\tilde{E} - s_{GK}\, RBV\right)\right](1 - s_I)}{V^E}$$

Wir bezeichnen den Zähler im folgenden mit $N\tilde{E}_s$.

Im Fall der Mischfinanzierung gilt für die Rendite der Eigentümer:

$$\tilde{r}_j^F = \frac{N\tilde{E}_s - (iF - \alpha F)(1 - s_I)}{E^F}$$

mit $\alpha = 0{,}75 s_V \frac{1}{1 - s_K^T} + 0{,}5\, s_{GK} - 0{,}5\, s_{GK}\, s_{GE} + 0{,}5\, i\, s_{GE}$.[283]

Wegen $N\tilde{E}_s = \tilde{r}_j \cdot V^E = \tilde{r}_j\left(E^F + F - \frac{\alpha}{i} F\right)$ folgt

$$\tilde{r}_j^F = \frac{\tilde{r}_j^u\left(E^F + F - \frac{\alpha}{i} F\right) - F(i - \alpha)(1 - s_I)}{E^F}$$

$$\tilde{r}_j^F = \tilde{r}_j^u + \left[\left(\tilde{r}_j^u - \tilde{r}_j^u \frac{\alpha}{i}\right)\frac{F}{E^F} - \left(i\,(1 - s_I) - \alpha\,(1 - s_I)\right)\frac{F}{E^F}\right]$$

283 Es werden steuerliche Dauerschulden unterstellt.

$$\tilde{r}_j^{\,F} = \tilde{r}_j^{\,u} + \left(\tilde{r}_j^{\,u}\left(1-\frac{\alpha}{i}\right) - (i-\alpha)(1-s_I)\right)\frac{F}{E^F}\ .$$

$$\begin{aligned}\operatorname{cov}\left(\tilde{r}_j^{\,F}, \tilde{r}_M\right) = E\Bigg[\Bigg(&\tilde{r}_j^{\,u} + \left(\tilde{r}_j^{\,u}\left(1-\frac{\alpha}{i}\right) - (i-\alpha)(1-s_I)\right)\frac{F}{E^F}\\ &- \left[E\tilde{r}_j^{\,u} + \left(\tilde{r}_j^{\,u}\left(1-\frac{\alpha}{i}\right) - (i-\alpha)(1-s_I)\right)\frac{F}{E^F}\right]\Bigg)\\ &\left(\tilde{r}_M - E\left[\tilde{r}_M\right]\right)\Bigg]\\ = E\Bigg[&\left(\tilde{r}_j^{\,u}\left(1+\left(1-\frac{\alpha}{i}\right)\frac{F}{E^F}\right) - E\left[\tilde{r}_j^{\,u}\left(1+\left(1-\frac{\alpha}{i}\right)\frac{F}{E^F}\right)\right]\right)\\ &\left(\tilde{r}_M - E\left[\tilde{r}_M\right]\right)\Bigg]\end{aligned}$$

$$\operatorname{cov}\left(\tilde{r}_j^{\,F}, \tilde{r}_M\right) = \left[\left(1+\left(1-\frac{\alpha}{i}\right)\right)\frac{F}{E^F}\right]\operatorname{cov}\left(\tilde{r}_j^{\,u}, \tilde{r}_M\right)$$

Für β_j^F gilt dann:

$$\beta_j^F = \beta_j^u\left[1+\left(1-\frac{\alpha}{i}\right)\frac{F}{E^F}\right].$$

Anhang 6

Zu begründen ist die Formel (83).

$$WACC_{t,s} = k_s \frac{V_t^E}{V_t^F} + \frac{i\left(V_t^{USt} - s_K F_t\right)}{V_t^F}$$

$$WACC_{t,s} = i\left(1 - s_K\right)\frac{F_t}{V_t^F} + k_{t,s}^F \frac{E_t^F}{V_t^F}$$

$$k_{t,s}^F = k_s + \left(k_s - i\right)\frac{F_t - V_t^{USt}}{E_t^F}$$

$$WACC_{t,s} = i\left(1 - s_K\right)\frac{F_t}{V_t^F} + \left[k_s + \left(k_s - i\right)\frac{F_t - V_t^{USt}}{E_t^F}\right]\frac{E_t^F}{V_t^F}$$

$$= k_s \frac{E_t^F}{V_t^F} + k_s \frac{F_t - V_t^{USt}}{V_t^F} + i\left(1 - s_K\right)\frac{F_t}{V_t^F} - i\,\frac{F_t - V_t^{USt}}{V_t^F}$$

$$= k_s \frac{V_t^E}{V_t^F} + i\left(1 - s_K\right)\frac{F_t}{V_t^F} - i\,\frac{F_t - V_t^{USt}}{V_t^F}$$

$$WACC_{t,s} = k_s \frac{V_t^E}{V_t^F} + i\left(V_t^{USt} - s_K F_t\right)\frac{1}{V_t^F}$$

6. Kapitel: Ausgewählte Aspekte

I. Bewertung und Geldentwertung

1. Preissteigerungen und Bewertung - Das Prinzip

Angenommen, der risikolose nominale Zinssatz i für eine Geldanlage für ein Jahr sei 10 %. Ein Investor, der im Zeitpunkt 0 1.000 DM anlegt, erhält im Zeitpunkt 1 1.100 DM. Da Investitionsentscheidungen vor dem Ziel der Einkommenserzielung zu sehen sind, ist die Frage, was der Investor sich im Zeitpunkt 1 für den Nominalbetrag von 1.100 DM kaufen kann, relevant für die Beurteilung der Investition. Angenommen, alle Konsumgüterpreise seien zwischen dem Zeitpunkt 0 und 1 um 6 % gestiegen. Dann beträgt der im Zeitpunkt 1 mögliche Mehrkonsum (im Vergleich zum Konsumpotential im Zeitpunkt 0) offenbar nicht 10 %, sondern weniger. Er beträgt nur $1{,}10/1{,}06 = 1{,}038$, also 3,8 %. Wir bezeichnen die 3,8 % als den realen Zinssatz und benutzen das Symbol i_r. Es gilt:

$$i_r = \frac{1+i}{1+g} - 1 = \frac{i-g}{1+g},$$

wobei g die Preissteigerungsrate zwischen dem Zeitpunkt 0 und 1 bezeichnet.

Was bedeuten Preissteigerungen für die Bewertung von Nettoeinzahlungen? Die Antwort ist im Prinzip einfach. Man kann eine nominale Rechnung aufmachen: Nettoeinzahlungen und Diskontierungssatz sind als *nominale* Größen zu definieren. Man kann auch eine reale Rechnung aufmachen: Nettoeinzahlungen und Diskontierungssatz sind *real* zu definieren.[284] Welche Methode man vorzieht, ist eine Frage des persönlichen Geschmacks bzw. der Frage, welche Methode sich einfacher umsetzen läßt. Betrachten wir ein Beispiel. Ein Projekt mit einer Lebens-

---

284 Es gilt das Homogenitätsprinzip. Vgl. Moxter, A. (1983), S. 185-204.

dauer von 3 Jahren löst die folgenden sicheren, nominalen Zahlungen aus:

0	1	2	3
- 1.000	300	650	450

Die nominale Alternativrendite (i) beträgt 12 %. Die Geldentwertungsrate für den hier relevanten Zeitraum (g) beträgt 5 % pro Jahr. Eine nominale Rechnung führt zu einem Nettokapitalwert von 106,33. Eine reale Rechnung sieht so aus:

0	1	2	3
- 1.000	285,71 $= 300 \cdot 1{,}05^{-1}$	589,57 $= 650 \cdot 1{,}05^{-2}$	388,73 $= 450 \cdot 1{,}05^{-3}$

Diese realen Nettoeinzahlungen sind mit $i_r = 0{,}06667$ zu diskontieren. Der Nettokapitalwert beträgt 106,33. Welche Methode man vorzieht ist, wie gesagt, eine Frage des Geschmacks bzw. des einfacher umzusetzenden Ansatzes. Manche Unternehmen prognostizieren in Mengen definierte Umsätze. Werden diese Mengen mit dem im Zeitpunkt 0 gegebenen Absatzpreis multipliziert und steigen die Absatzpreise genau mit der Preissteigerungsrate g, ist es einfacher, den im Zeitpunkt 0 gegebenen Preis auch für die künftigen Perioden zu unterstellen (also mit realen Nettoeinzahlungen zu rechnen) und mit i_r zu diskontieren. Andererseits sind Steuerzahlungen generell von Bedeutung für Bewertungsentscheidungen. Steuerbemessungsgrundlagen aber sind regelmäßig in nominalen Größen definiert. Ein reales Bewertungskalkül muß somit immer von einem in Nominalgrößen aufgemachten Steuerkalkül begleitet sein. I.d.R. wird es deshalb weniger arbeitsaufwendig sein, wenn mit nominalen Größen gerechnet wird.

2. Preissteigerungen und entziehbare Überschüsse

Preissteigerungen berühren nicht nur die Kaufkraft nominal entziehbarer Überschüsse. Sie beeinflussen auch die entziehbaren Überschüsse selbst, weil auch die Preise der Produktionsfaktoren und Mitteleinsätze des Unternehmens von Preissteigerungen beeinflußt werden. Das Management des Unternehmens wird versuchen, steigende Beschaffungspreise für Einsatzfaktoren weiterzuwälzen. Inwieweit diese Überwälzung gelingt, ist abhängig von der Marktstruktur und der Reputation der Produkte des Unternehmens. Wir unterscheiden im folgenden drei Grade der Überwälzbarkeit.

Fall 1: Mit „voller Überwälzbarkeit" bezeichnen wir den Fall, daß Preissteigerungen für Beschaffungsgüter vom Unternehmen über Preiserhöhungen der Produkte (Dienstleistungen) so weitergegeben werden können, daß die entziehbaren Überschüsse ebenfalls mit der Preissteigerungsrate g wachsen. Das bedeutet, daß die vom Unternehmen erzielbaren Nettoumsatzerlöse mit der Preissteigerungsrate g wachsen müssen. Angenommen, die Nettoeinzahlungen in einer Welt ohne Preissteigerungsraten sähen so aus:

	0	1	2	3
Investitionsauszahlung (I_0)	- 1.000			
Umsatzeinzahlungen (UE_t)		700	1.050	850
Auszahlungen (A_t)		- 400	-400	- 400
Nettoeinzahlungen (NE_t)		300	650	450

Nun betrage die Preissteigerungsrate für Auszahlungen (A_t) 5 % pro Periode. Die Nettoeinzahlungen wachsen genau mit 5 %, wenn es dem Unternehmen gelingt, die Umsatzeinzahlungen (UE_t) ebenfalls mit der Rate g = 5 % zu steigern. Es folgt dann:

	0	1	2	3
I_0	- 1.000			
UE_t		735	1.157,63	983,98
A_t		- 420	- 441,00	- 463,05
NE_t		315	716,63	520,93

Der Fall der „vollen Überwälzbarkeit" gewährleistet somit, daß die Eigentümer des Unternehmens einen der Kaufkraft im Zeitpunkt 0 äquivalenten Einkommensstrom erhalten. Das Überwälzungspotential des Unternehmens im Fall 1 schützt sie gegen Kaufkraftverluste, wobei das Preisniveau des Zeitpunktes 0 die Bezugsbasis darstellt. Bei einer unveränderten nominalen Alternativrendite von 12 % ist der Nettokapitalwert des Projektes jetzt 223,33.

Fall 2: Wir führen den Fall der „entnahmeneutralen Überwälzbarkeit" ein. Das Unternehmen kann Preissteigerungen an die Abnehmer seiner Produkte (Dienstleistungen) so weitergeben, daß die nominalen Nettoeinzahlungen auf dem Niveau verharren, das sie in einer Welt ohne Preissteigerungsraten hätten. Die Eigentümer des Unternehmens erfahren keine nominalen Einkommenseinbußen, wohl aber reale. Für das obige Beispiel müßte gelten, daß die Umsatzeinzahlungen bei einer Preissteigerungsrate von g = 5 % pro Periode für die Einsatzfaktoren 720, 1091 bzw. 913,05 betragen, wenn die nominalen Nettoeinzahlungen in einer Welt ohne Preissteigerungsraten genau erreicht werden sollen. Das hierzu notwendige Überwälzungspotential der Unternehmens für Periode 1 ergibt sich aus $g_t \cdot A_t / UE_t$. Für Periode 1 folgt $0{,}05 \cdot 400/700 = 0{,}02857$.[285]

Fall 3: Fall 3 erfaßt alle von den beiden geschilderten Spezialfällen abweichenden Formen der Weiterwälzung von Preissteigerungen. Interessant ist der Fall, in dem die entziehbaren Überschüsse *sinken*. Hat das Unternehmen keine oder nur ganz geringe Weiterwälzungsmöglichkeiten, sinken die entziehbaren nominalen Überschüsse, wenn man von einer Aufgabe des betreffenden Geschäftes zunächst absieht. Dabei schlagen steigende Preise für Beschaffungsgüter umso stärker auf die nominalen entziehbaren Überschüsse durch, je höher der Quotient aus Auszahlungen (A_t) und Umsatzeinzahlungen (UE_t) ist.

Der Grad der Überwälzbarkeit von Preissteigerungen der Beschaffungsgüter ist für die Prognose der entziehbaren Überschüsse von großer Bedeutung. Die Vergangenheitsanalyse und die Analyse der Branche bringen wertvolle Anhaltspunkte für die Prognoserechnung.

3. Exkurs: Preissteigerungen und Jahresüberschuß-bezogene Vollausschüttung

Preissteigerungen für Beschaffungsgüter werfen ein Problem auf, wenn man dem HFA-Gutachten 2/1983 folgend, die Grundsätze der erfolgsorientierten Substanzerhaltung und der Jahresüberschuß-bezogenen Vollausschüttung beachten möchte. Interpretiert man den Substanzerhal-

---

285 $700 \cdot (1 + 0{,}02857) = 720.$

tungsgrundsatz so, daß die technische Leistungsfähigkeit des Unternehmens durch die Beschaffung gleich leistungsfähiger Anlagen erhalten werden soll, dann sind die Auszahlungen für Investitionen um die erwartete Preissteigerungsrate zu erhöhen. Handelsrechtliche Jahresabschlüsse basieren auf der Idee der nominalen Kapitalerhaltung. Bei anhaltenden Preissteigerungen im Zeitablauf sind Jahresüberschüsse nur dann voll ausschüttbar, wenn die Investitionsauszahlungen, die die durch Abschreibungen geschaffenen Innenfinanzierungsvolumen übersteigen, auf anderen Wegen finanziert werden. Hierfür bestehen mehrere Möglichkeiten: Die erforderlichen Beträge werden über Kredite finanziert. Die Finanzbedarfsrechnung ist dann entsprechend anzupassen, soweit die Kapitalstrukturplanung Kredite überhaupt zuläßt.[286] Auch die Eigentümer können die notwendigen Mittel aufbringen, indem sie ausgeschüttete Mittel wiedereinlegen oder auf Ausschüttungen teilweise verzichten, also vom Prinzip der Vollausschüttung der Jahresüberschüsse abgehen oder neue Eigentümer gegen Entrichtung eines angemessenen Eintrittspreises aufnehmen. Was die Eigentümer tun, ist eine Frage der steuerlichen Optimierung und der Kapitalstrukturplanung. Die Stellungnahme HFA 2/1983 empfiehlt „Abschreibungen für die bisher getätigten Investitionen sowie für die Reinvestitionen auf Basis der Wiederbeschaffungswerte derjenigen Produktionskapazität (zu ermitteln, J.D.), die unter dem Gesichtspunkt der Substanzerhaltung zur Sicherstellung der Ertragskraft erforderlich ist.“[287] Diese Formulierung ist im Ergebnis ein Plädoyer für die Selbstfinanzierung des über die zulässige Abschreibungsverrechnung hinausgehenden Mittelbedarfs. Von der Jahresüberschuß-bezogenen Vollausschüttung kann abgewichen werden, wenn „die Sicherstellung der Ertragskraft“ dies erfordert. Oben in Abschnitt VII. 2. c. wurde verdeutlicht, wie schwer sich die Stellungnahme HFA 2/1983 tut, ein System von miteinander kompatiblen Grundsätzen aufzustellen. Wir treffen hier erneut auf diesen Aspekt. Die Empfehlung *kann* unter finanziellem und/oder steuerlichem Aspekt optimal sein. Sie kann aber auch ganz unangebracht sein, weil sie grenzpreis*senkend* wirken kann.

---

[286] Vgl. hierzu die Übungsaufgaben 26 und 27.

[287] HFA 2/1983, S. 476.

4. Preissteigerungen, Überwälzbarkeit und Bewertung

Wie wirken die unterschiedlichen Grade der Überwälzbarkeit auf den Grenzpreis einer Entnahmereihe? Unsicherheit wird zunächst ausgeblendet. Wir betrachten aus Vereinfachungsgründen den Fall uniformer, unbegrenzt entziehbarer Überschüsse. In einer Welt ohne Preissteigerungen berechnet sich der Grenzpreis gemäß $GP_0 = NE/i$.

In einer Welt mit Preissteigerungen sollen die nominalen entziehbaren Überschüsse mit einer konstanten Rate w wachsen. Der Wert von w hängt davon ab, welcher Grad an Überwälzbarkeit im konkreten Bewertungsfall vorliegt. Im Rahmen einer nominalen Rechnung ergibt sich der Grenzpreis gemäß (108):

$$GP_0 = \frac{NE_0\,(1+w)}{i-w} = \frac{NE_1}{i-w}\,. \tag{108}$$

Wird real gerechnet, ist zunächst die nominale Wachstumsrate der Überschüsse (w) in eine reale Wachstumsrate w_r umzurechnen. Sie gibt an, wie die entziehbaren Überschüsse, gemessen in der Kaufkraft des Zeitpunktes 0, wachsen.

$$w_r = \frac{1+w}{1+g} - 1 \tag{109}$$

Die Formel zeigt, daß die Überschüsse der Perioden genau dann kaufkraftgleich sind, wenn sie mit der Preissteigerungsrate g wachsen.

Mittels der realen Wachstumsrate w_r kann der Grenzpreis wie folgt berechnet werden:

$$GP_0 = \frac{NE_0(1+w_r)}{i_r - w_r}\,. \tag{110}$$

Angenommen, es gilt: $NE_0 = 100; i = 8\%; g = 5\%; w = 3\%$. Der Grenzpreis bei nominaler Rechnung beträgt gemäß (108) 2.060. i_r ist 0,02857; w_r beträgt - 0,01905. Der Grenzpreis gemäß realer Rechnung ergibt sich aus $\frac{100(1-0{,}01905)}{0{,}02857-(-0{,}01905)} = 2.060$.

Die oben dargestellten Grade der Überwälzbarkeit lassen sich nun abbilden. Wir beginnen mit dem Fall 1, der vollständigen Überwälzbarkeit der Preissteigerungen: Die entziehbaren nominalen Überschüsse wachsen mit der Preissteigerungsrate g. Es gilt w = g. Rechnet man nominal, gilt für den Grenzpreis:

$$GP_0 = \frac{NE_0(1+g)}{i-g} \,. \qquad (111)$$

Für die Daten des Beispiels folgt $GP_0 = \frac{105}{0{,}08 - 0{,}05} = 3.500$.

Rechnet man real, ist w_r, die Wachstumsrate der realen entziehbaren Überschüsse zu berechnen: $w_r = 0$, da w = g. Die reale Verzinsung beträgt $i_r = 0{,}02857$. Der Grenzpreis ist $100/0{,}02857 = 3.500$. Nominale und reale Rechnung führen zum gleichen Ergebnis.

Betrachten wir Fall 2. Die Überwälzbarkeit von Preissteigerungen durch das Unternehmen läßt hier die nominalen entziehbaren Überschüsse der Welt ohne Preissteigerungen unverändert. Rechnet man nominal, folgt $GP_0 = NE/i$. Für die oben angenommenen Daten gilt $GP_0 = 1.250$. Der Grenzpreis beträgt weniger als die Hälfte des Ergebnisses aus Fall 1.

Soll der Grenzpreis mittels einer realen Rechnung ermittelt werden, sind w_r und i_r zu bestimmen. Es gilt $i_r = 0{,}02857$. Da die Preissteigerungsrate g positiv ist und die nominalen entziehbaren Überschüsse in der Welt mit positiven Preissteigerungsraten konstant bleiben, muß w_r einen negativen Wert annehmen. Der reale Wert konstanter nominaler Überschüsse sinkt im Zeitablauf: $w_r = -0{,}04762$. Der Grenzpreis beträgt somit $GP_0 = 100(1-0{,}04762)/[0{,}02857-(-0{,}04762)] = 1.250$. Nominal- und Realrechnung führen wieder zum gleichen Ergebnis.

Der dritte Fall, der beliebige Grade der Überwälzbarkeit von Preissteigerungsraten zuläßt, umfaßt alle sonstigen Konstellationen von g und w.[288] Wenn das Unternehmen z.B. nur einen Teil der Preissteigerungen g weiterwälzen kann, steigen die entziehbaren Überschüsse mit einer nominalen Wachstumsrate w < g.

---

288 Ausgenommen die Fälle w = g und w = 0.

Ist z.B. $g = 0{,}05$ und $w = 0{,}02$ folgt für das obige Beispiel bei nominaler Rechnung $GP_0 = 100(1+0{,}02)/(0{,}08-0{,}02) = 1.700$ und bei realer Rechnung[289] $GP_0 = 100(1-0{,}02857)/\left[0{,}02857-(-0{,}02857)\right] = 1.700$. Der Grenzpreis liegt erwartungsgemäß zwischen dem Grenzpreis des Falles 1 (w = g) und dem des weniger günstigen Falles 2 (w = 0). Der für ein Unternehmen erreichbare Grad der Überwälzbarkeit von Preissteigerungen ist somit eine ganz wesentliche Bestimmungsgröße für Grenzpreise.

Die Rechtsprechung zur Unternehmens- und Anteilsbewertung berücksichtigt Preissteigerungen (Geldentwertung) häufig durch einen Abschlag vom Diskontierungssatz.[290] Die obigen Überlegungen haben gezeigt, daß ein Abschlag vom Diskontierungssatz bei nominaler Rechnung zum richtigen Ergebnis führt. Der Abschlag muß indessen exakt der Wachstumsrate w der künftigen entziehbaren nominalen Überschüsse entsprechen. Wachsen diese nicht, ist also w = 0, ist ein Abschlag vom Diskontierungssatz völlig unangebracht. Der Abzug vom Diskontierungssatz kann nämlich nicht mit einem Verweis auf die Geldentwertung begründet werden, sondern nur mit der mathematisch korrekten Berücksichtigung einer mit der Rate w geometrisch wachsenden unendlichen Reihe entziehbarer Überschüsse. Es ist also allein der *Grad der Überwälzungsfähigkeit* von Preissteigerungen durch das zu bewertende Unternehmen, der einen Abschlag vom Diskontierungssatz begründen kann. Für einen allgemein anzusetzenden Geldentwertungsabschlag ist in Bewertungskalkülen überhaupt kein Platz. Nur eine genaue Analyse des Überwälzungspotentials des Unternehmens kann einen Abschlag in Höhe von w (und nicht etwa von g) begründen. Lediglich in dem Ausnahmefall, daß der Grad der Überwälzung wie im Fall 1 vollständig ist und somit w = g gilt, ist ein Abschlag in Höhe von w = g begründet.

Es sind auch Fälle denkbar, in denen ein Inflations*zuschlag* zum Diskontierungssatz zum richtigen Grenzpreis führt. Kann ein Unternehmen Preissteigerungen nur in begrenztem Umfang weitergeben, *sinken* die nominalen entziehbaren Überschüsse im Zeitablauf. Dann ist die Wachstumsrate w negativ. Der „bereinigte“ Diskontierungssatz i - w ist

---

289 $i_r = 0{,}02857$; $w_r = -0{,}02857$.

290 Vgl. z.B. Künnemann, M. (1985), S. 377-390; Ballwieser, W. (1988); Piltz, D. (1994), S. 179 - 185, S. 361.

dann größer als i. Der Wert eines Unternehmens, das nicht einmal den Zustand „entnahmeneutraler" Überwälzbarkeit herstellen kann, sinkt entsprechend. Ist w = – 1 % und gelten ansonsten die Daten des oben benutzten Beispiels, folgt bei nominaler Rechnung:
$GP_0 = 100(1-0{,}01)/\left[0{,}08-(-0{,}01)\right] = 1.100.$

5. Unsichere Überschüsse und sichere Preissteigerungen

Wie ändert sich der Bewertungskalkül, wenn die Annahme sicherer entziehbarer Überschüsse aufgegeben wird und an die Stelle risikoloser (einwertiger) Überschüsse Wahrscheinlichkeitsverteilungen oder Bandbreiten von entziehbaren Überschüssen treten? Aus Kapitel 4 ist bekannt, daß der Verbund der Überschußverteilungen der einzelnen Zeitpunkte Einfluß auf die Bestimmung des Grenzpreises hat. Wir nehmen hier an, daß die Überschußverteilungen der einzelnen Perioden unabhängig von den Ereignissen der Vorperioden sind. Für eine unendliche Reihe von identischen Überschußverteilungen bestimmt sich der Grenzpreis im Fall fehlender Preissteigerungen entweder als Barwert der Sicherheitsäquivalente S bzw. der mit einem Risikozuschlag (z) zum Satz i diskontierten Erwartungswerte der entziehbaren Überschüsse. Es gilt also[291]

$$GP_0 = \frac{S}{i} \text{ oder}$$

$$GP_0 = \sum_{t=1}^{\infty} E\left[N\widetilde{E}\right]\left(1+i+z^*\right)^{-1}(1+i)^{-t+1}.$$

Wir benutzen im folgenden aus didaktischen Gründen die Methode der Sicherheitsäquivalente. Die Geldentwertungsrate g sei sicher. Außerdem unterstellen wir den Fall der entnahmeneutralen Überwälzbarkeit; die Verteilung der nominalen entziehbaren Überschüsse bleibt auch für den Fall g > 0 unverändert.

Angenommen, die Verteilung der nominalen entziehbaren Überschüsse für jede Periode t sieht so aus:

291 Wir unterstellen eine konstante Risikonutzenfunktion für alle Perioden t.

p_j	0,5	0,5
NE_j	75	100

Die Risikonutzenfunktion des zu beratenden Investors lautet $u(NE_j) = \ln(NE_j)$. In einer Welt ohne Preissteigerungen berechnet man einen Erwartungsnutzen von 4,461329 und ein Sicherheitsäquivalent in Höhe von 86,6025. Ist der risikolose nominale Zinssatz i 10 %, folgt ein Grenzpreis von 866,03.

Jetzt führen wir eine sichere Preissteigerungsrate g in Höhe von 5 % ein, die für jeden Umweltzustand gilt. Wegen der angenommenen Fähigkeit des Unternehmens zur entnahmeneutralen Überwälzung ändern sich die nominalen entziehbaren Überschüsse und somit die Sicherheitsäquivalente nicht. Folglich ist der Grenzpreis des Unternehmens bei unveränderter nominaler Alternativrendite (10 %) 866,03.

Rechnet man real, sind zunächst die zustandsabhängigen realen, d.h. der Kaufkraft im Zeitpunkt 0 äquivalenten Überschüsse zu berechnen. Die Wachstumsrate der realen Überschüsse w_r beträgt $1{,}0/1{,}05 - 1 = -0{,}04762$. Die Verteilung der realen Überschüsse sieht für Periode 1 dann so aus:

p_j	0,5	0,5
NE_j	75	100
NE_j^r	$75(1-0{,}04762)$	$100(1-0{,}04762)$
	$=71{,}428$	$=95{,}238$

Der Erwartungsnutzen berechnet sich gemäß $0{,}5 \cdot \ln(71{,}428) + 0{,}5 \cdot \ln(95{,}238)$ und beträgt 4,41253. Das Sicherheitsäquivalent S_r ist 82,478.[292] Es entspricht dem nominalen Sicherheitsäquivalent S multipliziert mit dem Faktor $(1 + w_r)$. Es gilt also $S_r = S(1 + w_r)$. Die Wachstumsrate des realen Sicherheitsäquivalents beträgt somit w_r. Der Grenzpreis für die geometrisch wachsende Zahlungsreihe der Sicherheitsäquivalente beträgt somit

292 $w_r = \frac{1+0}{1+0{,}05} - 1 = -0{,}04762;\ 86{,}6025 \cdot (1 - 0{,}04762) = 82{,}478.$

$$GP_0 = \frac{S(\widetilde{NE}_0)(1+w_r)}{i_r - w_r} = \frac{86{,}6025(1-0{,}04762)}{0{,}04762-(-0{,}04762)} = \frac{82{,}4785}{0{,}09524}$$

$$= 866{,}03.$$

Auch bei Unsicherheit über die entziehbaren nominalen Überschüsse gilt insoweit das Homogenitätsprinzip. Wie im Fall der Sicherheit ist die Wahl, ob man nominal oder real rechnet eine Frage, die man unter dem Aspekt der Aufwandsminimierung entscheiden sollte.

Die folgende Tabelle stellt die Bewertungsformeln für eine nominale bzw. reale Rechnung zusammen.

	Nominale Rechnung	Reale Rechnung
Allgemeine Bewertungsformel	$GP_0 = \frac{S(\widetilde{NE}_0)(1+w)}{i-w}$	$GP_0 = \frac{S(\widetilde{NE}_0)(1+w_r)}{i_r - w_r}$ $i_r = \frac{1+i}{1+g} - 1$ $w_r = \frac{1+w}{1+g} - 1$
Bewertungsformel bei entnahmeneutraler Überwälzung; w = 0	$GP_0 = \frac{S(\widetilde{NE})}{i}$	$GP_0 = \frac{S(\widetilde{NE}_0)(1+w_r)}{i_r - w_r}$ $i_r = \frac{1+i}{1+g} - 1$ $w_r = \frac{1+w}{1+g} - 1$
Bewertungsformel bei voller Überwälzung; w = g. Es folgt: $w_r = 0$.	$GP_0 = \frac{S(\widetilde{NE}_0)(1+g)}{i-g}$	$GP_0 = \frac{S(\widetilde{NE}_0)(1+w_r)}{i_r - w_r}$ $= \frac{S(\widetilde{NE}_0)}{i_r}$ $i_r = \frac{1+i}{1+g} - 1$

Tabelle 33: Nominale und reale Rechnungen

6. Unsichere Überschüsse und unsichere Preissteigerungen

Oben wurde unterstellt, die Preissteigerungsrate g sei sicher. Nun wird man annehmen können, daß künftige Preissteigerungsraten unsicher sind. Diesen Fall wollen wir jetzt betrachten. Die Unsicherheit über die Preissteigerungsrate g kann auf verschiedene Weise ins Spiel gebracht werden.[293] Denkbar wäre ein einfaches Unsicherheitsmuster: In Periode 1 ist die Preissteigerungsrate g zustandsabhängig. Hat sich die Preissteigerungsrate im Zeitpunkt 1 konkretisiert, bleibt sie für alle künftigen Perioden in dieser Höhe bestehen.

Wir wollen hier den Fall betrachten, in dem die Preissteigerungsrate in *jeder* Periode des Bewertungszeitraums eine andere Ausprägung annehmen kann. Wir bilden die Erwartungen über die Preissteigerungsraten in Form einer Wahrscheinlichkeitsverteilung ab. Diese Verteilung soll für jede Periode gelten und die Verteilungen der Perioden sollen unabhängig voneinander sein. Für das folgende Beispiel soll gelten:[294]

p_j	0,5	0,5
g_j	0	10

Die risikolose Rendite i beträgt 10 %; die Risikonutzenfunktion des Investors ist $u(NE_j) = \ln(NE_j)$. Wir unterstellen außerdem den Fall der entnahmeneutralen Überwälzung: Das Unternehmen kann jede eintretende Preissteigerungsrate so weitergeben, daß die nominalen Überschüsse, die in einer Welt ohne Preissteigerungsraten erwartet werden, unverändert bleiben. Die Wachstumsrate w der nominalen Überschüsse ist somit Null.

Rechnet man nominal, ergibt sich der Grenzpreis aus

$$GP_0 = \frac{S(\widetilde{NE})}{i}.$$

Für das aus dem vorhergehenden Abschnitt 5. bekannte Sicherheitsäquivalent in Höhe von 86,6025 und die nominale, risikolose Alternativrendite i = 0,10 folgt ein Grenzpreis von 866,03.

293 Vgl. hierzu z.B. Ballwieser, W. (1988), S. 803 - 807.

294 g_j bezeichnet die zustandsabhängige Preissteigerungsrate in %.

Eine reale Rechnung ist weit komplizierter. Zunächst sind die zustandsabhängigen Wachstumsraten der realen Überschüsse, $w_{r,j}$, zu bestimmen. Diese betragen (in %):[295]

p_j	0,5	0,5
$w_{r,j}$	0	- 9,091

Dann ist die Wahrscheinlichkeitsverteilung der realen Überschüsse der ersten Periode zu ermitteln. Kombiniert man die Verteilung der nominalen Überschüsse mit der Verteilung der Preissteigerungsraten, dann sind die folgenden Überschüsse möglich:

p_j	0,25	0,25	0,25	0,25
$NE_{r,j}$	$75(1-0)$ $=75$	$75(1-0{,}09091)$ $=68{,}1818$	$100(1-0)$ $=100$	$100(1-0{,}09091)$ $=90{,}9090$

Für die angenommene Risikonutzenfunktion errechnet sich ein Erwartungsnutzen von 4,41367.[296] Das zugehörige Sicherheitsäquivalent ist 82,572. Es ist der der realen Überschußverteilung in der ersten Periode äquivalente sichere Betrag.

Im Gegensatz zu dem oben betrachteten Fall der einwertigen (sicheren) und konstanten Geldentwertungsrate g bleibt hier die Zahl der möglichen Ausprägungen der realen Überschüsse nicht konstant, sondern wächst wegen der Unsicherheit der Preissteigerungsrate in jeder Periode mit dem Faktor 2. Für den Zeitpunkt 2 erhält man wegen der Kombination der einperiodigen Preissteigerungsraten bereits vier mögliche Preissteigerungsraten $g_{j,2}$ für die Umrechnung der nominalen Überschüsse in dem Zeitpunkt 0 kaufkraftäquivalente Überschüsse (in %):

p_j	0,25	0,25	0,25	0,25
$g_{j,2}$	$(1+0)(1+0)-1$ $=0$	$(1+0)(1+0{,}1)-1$ $=10$	$(1+0{,}1)(1+0)-1=10$	$(1+0{,}1)(1+0{,}1)-1$ $=21$

---

295 $w_{r,j} = \frac{1+w}{1+g_j} - 1; \quad w = 0.$

296 $E\left[u\left(NE_j\right)\right] = 0{,}25 \cdot \ln(75) + 0{,}25 \cdot \ln(68{,}1818) + 0{,}25 \cdot \ln(100) + 0{,}25 \cdot \ln(90{,}9090)$ $= 4{,}14367.$

Nach Umrechnung in die realen Wachstumsraten $w_{r,j}$ und Kombination mit den beiden möglichen nominalen Überschüssen erhält man für den Zeitpunkt 2 acht mögliche reale Überschüsse. Die Wachstumsrate der realen Überschüsse (w_r) ist nun selbst Zufallsvariable. Um Sicherheitsäquivalente für die Verteilung der realen Überschüsse zu ermitteln, wären diese von Periode 0 ausgehend zunächst zu berechnen. Dies ist wegen der von Periode zu Periode schnell wachsenden Zahl von Abfolgen von Geldentwertungsraten ein nur mit hohem Aufwand zu lösendes Problem.

Nun hat Ballwieser[297] in einem lesenswerten Beitrag einen Ausweg aus dem Problem gezeigt. Der Ausweg besteht darin, daß unter einer bestimmten Bedingung von der Wachstumsrate $\tilde{w}_r$ der realen Überschüsse auf die Wachstumsrate des zugehörigen Sicherheitsäquivalents w_r^S geschlossen werden kann. Läßt sich das Risikoverhalten des Investors durch eine Risikonutzenfunktion beschreiben, die eine konstante relative Risikoaversion (RRA)[298] zeigt, dann gilt für die Wachstumsrate des Sicherheitsäquivalentes realer Überschüsse:

$$w_r^S = S\left(1+\tilde{w}_r\right)-1. \tag{112}$$

Wir müssen also zunächst die Wahrscheinlichkeitsverteilung für $\left(1+\tilde{w}_r\right)$ ermitteln:

p_j	0,5	0,5
$1+w_{r,j}$	$1+0$ $=1$	$1-0{,}09091$ $=0{,}9091$

Über den Erwartungsnutzen $E\left[u\left(1+\tilde{w}_{r,j}\right)\right] = -\,0{,}04765$ erhält man das Sicherheitsäquivalent $S\left(1+\tilde{w}_r\right)$ mit 0,95347. Die Wachstumsrate des Sicherheitsäquivalentes, w_r^S, beträgt dann $0{,}95347-1=-\,0{,}04653$. Wegen der Risikoaversion des Investors fällt das Sicherheitsäquivalent realer

297 Ballwieser, W. (1988).

298 $RRA = -\dfrac{u''(NE)}{u'(NE)} \cdot NE$. Für die hier benutzte Risikonutzenfunktion $u(NE)=\ln(NE)$ ist die RRA konstant.

Überschußverteilungen mit einer stärkeren Rate als der erwarteten Wachstumsrate. Diese beträgt nämlich $0{,}5 \cdot 0 + 0{,}5 \cdot (-0{,}09091) = 0{,}04545$. Man kann also bei Unsicherheit über die Preissteigerungsraten nicht mit der erwarteten Wachstumsrate $E[\tilde{w}_r]$ rechnen, sondern muß mit der sicherheitsäquivalenten Wachstumsrate w_r^S rechnen.[299]

Nun ist der Diskontierungsfaktor zur Bewertung der realen Sicherheitsäquivalente zu bestimmen. Weil die Preissteigerungsrate unsicher ist, gibt es keinen risikolosen realen Zinssatz i_r. Wir können jedoch das Sicherheitsäquivalent für die Verteilung der realen Zinssätze, also $S(i_r)$, bestimmen und unter der genannten Bedingung hinsichtlich der Risikonutzenfunktion des Investors verwenden.

$$S(i_r) = S(1 + \tilde{i}_r) - 1 \qquad (113)$$

Für den Zeitpunkt 1 werden die beiden folgenden zustandsabhängigen Realzinssätze erwartet (i = 0,10):[300]

p_j	0,5	0,5
g_j	0	10
$i_{r,j}$	10	0

Über den Erwartungsnutzen $E[u(1 + i_{r,j})]$ in Höhe von 0,047655[301] erhält man das Sicherheitsäquivalent $S(1 + \tilde{i}_r)$ mit 1,048809. Der sicherheitsäquivalente Realzinssatz ist somit 4,8809 %. Auch hier wird die Risikoaversion des Investors deutlich: Der sicherheitsäquivalente Realzins liegt unterhalb des Erwartungswertes des Realzinses, der 5 % beträgt.

Jetzt, nachdem also w_r^S und der sicherheitsäquivalente Realzins $S(i_r)$ berechnet wurde, können wir uns dem Problem der Grenzpreisermittlung

299 Die Wachstumsrate des Sicherheitsäquivalentes, w_r^S läßt sich unmittelbar aus den Sicherheitsäquivalenten der realen Überschußverteilungen der Zeitpunkte 0 und 1 ableiten: $w_r^S = \frac{S(\widetilde{NE}_{r,1})}{S(\widetilde{NE}_{r,0})} - 1 = \frac{82{,}572}{86{,}6025} - 1 = -0{,}04654$.

300 $i_{r,j} = \frac{1+i}{1+g_j} - 1$

301 $0{,}5 \cdot \ln(1{,}1) + 0{,}5 \cdot \ln(1) = 0{,}047655$.

zuwenden. Wir wissen, daß das Sicherheitsäquivalent der realen Überschüsse mit der Rate w_r^S wächst, wenn dem Unternehmen, wie angenommen, eine entnahmeneutrale Überwälzung gelingt. Es gilt dann:

$$GP_0 = \frac{S(\widetilde{NE}_0)(1+w_r^S)}{S(i_r)-w_r^S}. \qquad (114)$$

Für das Beispiel folgt:

$$GP_0 = \frac{86{,}6025\,(1-0{,}0465378)}{0{,}048809-(-0{,}0465378)} = \frac{82{,}57221}{0{,}09535} = 866{,}02.$$

Dies ist, von einem Rundungsfehler abgesehen, exakt das Ergebnis, das wir oben bei nominaler Rechnung erhalten haben. Auch jetzt führen nominale und reale Rechnung zum gleichen Ergebnis. Allerdings ist die nominale Rechnung hier deutlich einfacher. Wegen der Annahme der entnahmeneutralen Überwälzung bleiben die nominalen Überschüsse im Vergleich zu einer Welt ohne Preissteigerungsraten unverändert. Die entziehbaren Überschüsse aus dem Unternehmen und die der Alternative unterscheiden sich somit unter dem Aspekt der Anpassungsmöglichkeit an auftretende Preisänderungen nicht. Die Bewertungsformel ist entsprechend einfach.

Für alle anderen Grade der Überwälzbarkeit wächst das Sicherheitsäquivalent mit einer von Null verschiedenen Wachstumsrate. Im Rahmen einer nominalen Rechnung ist die sicherheitsäquivalente Wachstumsrate w^S zu ermitteln:

$$w^S = S\,(1+\widetilde{w})-1.$$

Die Formel für den Grenzpreis lautet dann:

$$GP_0 = \frac{S(\widetilde{NE}_0)(1+w^S)}{i-w^S}.$$

Für die reale Rechnung gilt weiterhin:

$$GP_0 = \frac{S(\widetilde{NE}_0)(1+w_r^S)}{S(\tilde{i}_r)-w_r^S}.$$

Auch hier spricht wenig dafür, eine reale Rechnung aufzumachen.

Im Fall der vollen Überwälzbarkeit werden die unsicheren Preissteigerungen generell voll weitergewälzt. Verglichen mit einer Welt ohne Preissteigerungen erfährt der Investor keinerlei Einkommensänderungen. Die kaufkraftäquivalente Überschußverteilung entspricht in jeder Periode der nominalen Überschußverteilung in einer Welt ohne Preissteigerungen. Die zustandsabhängigen Wachstumsraten der *realen* Überschüsse sind generell Null. Deshalb ist auch die Wachstumsrate w_r^S der realen Sicherheitsäquivalente gleich Null. Bei realer Rechnung vereinfacht sich die Grenzpreisbestimmung dann zu

$$GP_0 = \frac{S(\widetilde{NE}_0)}{S(\tilde{i}_r)} .$$

Weil die nominalen Überschüsse bei voller Überwälzbarkeit mit der zustandsabhängigen Preissteigerungsrate g_j wachsen, kann die Wachstumsrate der Sicherheitsäquivalente, w^S, unmittelbar aus der Verteilung der Preissteigerungsraten, $\tilde{g}$, abgeleitet werden. Es gilt also $w^S = S(1+\tilde{g}) - 1$.

7. Literaturhinweise

Ballwieser, W. (1981): Die Wahl des Kalkulationszinsfußes bei der Unternehmensbewertung unter Berücksichtigung von Risiko und Geldentwertung. In: BFuP, 33. Jg., S. 97-114.

Ballwieser, W. (1988): Unternehmensbewertung bei unsicherer Geldentwertung. In: ZfbF, 40. Jg., S. 798-812.

Hackmann, A. (1987): Unternehmensbewertung und Rechtsprechung, Wiesbaden.

Künnemann, M. (1985): Objektivierte Unternehmensbewertung, Frankfurt/Main, Bern, New York.

Matschke, M. J. (1979): Funktionale Unternehmensbewertung, Bd. II., Der Arbitriumwert der Unternehmung, Wiesbaden.

Matschke, M. J. (1986): Geldentwertung und Unternehmensbewertung. In: Wpg, 39. Jg., S. 549-555.

Moxter, A. (1983): Grundsätze ordnungsmäßiger Unternehmensbewertung, 2. A., Wiesbaden, Kapitel 24.

Piltz, D. (1994): Die Unternehmensbewertung in der Rechtsprechung, 3. A., Düsseldorf.

Schneider, D. (1990): Investition, Finanzierung und Besteuerung, 6. vollständig neu bearbeitete A., Wiesbaden, S. 301-310.

Sieben, G. (1976): Zur Problematik einer auf Bilanzgewinnen basierenden Unternehmensbewertung in Zeiten der Geldentwertung. In: Bilanzfragen, Festschrift für U. Leffson, J. Baetge u.a. (Hrsg.), Düsseldorf, S. 255-271.

Schildbach, Th. (1977): Die Berücksichtigung der Geldentwertung bei der Unternehmensbewertung. In: Moderne Unternehmensbewertung und Grundsätze ihrer ordnungsmäßigen Durchführung, W. Goetzke und G. Sieben (Hrsg.), Köln, S. 225-235.

II. Bewertung und Verlustvorträge

1. Zur Struktur des Problems

Die Bewertung von Verlustvorträgen im Rahmen der Unternehmensbewertung ist von erheblicher praktischer Bedeutung und theoretisch anspruchsvoll. In der einschlägigen Literatur zur Unternehmensbewertung finden sich grundlegende Überlegungen.[302] In den offiziellen Verlautbarungen des IdW fehlen bislang verwertbare Hinweise auf die Lösungsmöglichkeiten des Problems.[303] Eine Standardmeinung ist, daß der Wert von gewerbe- bzw. körperschaftsteuerlichen Verlustvorträgen sich in Höhe der diskontierten Steuervorteile berechne.[304] Das ist nicht ganz falsch, aber doch zugleich viel zu ungenau, weil diese Ansicht offen läßt, *wann* die Eigentümer in den Genuß der Vorteile aus vermiedenen Steuerbelastungen kommen, wie *hoch* diese Vorteile dann (noch) sind und mit *welchen* Zinssätzen diese Vorteile ggf. zu bewerten sind. Die erzielbaren Steuervorteile sind nur der Startpunkt des Bewertungsproblems. Eine präzisere Behandlung setzt voraus, daß das Umfeld des Bewertungsproblems genau spezifiziert wird. Bewertungsrelevant ist insbesondere, ob

- das zu bewertende Unternehmen - es wird eine Kapitalgesellschaft unterstellt - neben gewerbe- und körperschaftsteuerlichen Verlustvorträgen auch Verlustvorträge in der Handelsbilanz ausweist oder nicht,
- wie auf Unternehmensebene erzielte Steuerersparnisse ggf. in Verbindung mit weiteren thesaurierten Mitteln verwendet werden,
- wann der Strom der zu versteuernden Überschüsse die steuerlichen und ggf. handelsbilanziellen Verlustvorträge aufgebraucht hat, womit Struktur und Herkunft der künftigen zu versteuernden Erträge relevant wird,

---

302 Vgl. etwa Briese, U. (1977); Hötzel, O. (1993); Lutz, H. (1993); Ballwieser, W. (1995), S. 25-29; König, W./Zeidler, G.W. (1996).

303 IdW (1983), Stellungnahme HFA 2/1983; IdW (1992).

304 So etwa das OLG Düsseldorf, Beschluß vom 11.4.1988 in: ZIP (1988), S. 1555-1562.

- wie die risikoäquivalenten Renditen auf der Ebene der Eigentümer aussehen und wie die Eigentümer besteuert werden und
- wie die Struktur des verwendbaren Eigenkapitals des Unternehmens in der Start- und der Endphase der Analyse aussieht.

Im folgenden wird unterstellt, daß bestehende Verlustvorträge im Rahmen einer Grenzpreis-Ermittlung zu bewerten sind. Zu bestimmen ist der maximale Kauf- bzw. Mindestverkaufspreis für einen Investor bzw. den Verkäufer, der die Eigentumsrechte an der Kapitalgesellschaft in einer nicht dominierten Verhandlungssituation, also freiwillig, erwerben bzw. veräußern möchte. Der Kalkül dient somit der *privaten* Vorbereitung von Verhandlungen und nicht etwa der Publikation und Information von Dritten.[305]

Im folgenden wird das Bewertungsumfeld genauer beschrieben. Vereinfachend wird angenommen, daß gewerbe- und körperschaftsteuerliche Verlustvorträge in gleicher Höhe vorliegen. Diese Annahme ist nicht generell realistisch. Die Hinzurechnung der Hälfte der Zinsen auf Dauerschulden führt tendenziell zu niedrigeren gewerbesteuerlichen Verlustvorträgen. Dieser Tendenz wirkt der nach § 10d EStG mögliche Verlustrücktrag, der nur im Rahmen der Körperschaftsteuer möglich ist, entgegen. Verläßliche empirische Daten über die relative Höhe der Verlustvorträge liegen jedoch nicht vor. Um die Rechnungen zu vereinfachen, wird die obige Annahme gleich hoher Verlustvorträge gesetzt.

Bedeutungsvoll ist die Frage, ob neben den (als gleich hoch angenommenen) gewerbe- und körperschaftsteuerlichen Verlustvorträgen auch handelsbilanzielle Verlustvorträge vorliegen und in welcher Relation letztere zu ersteren stehen. Auch hier liegen m.W. keine empirischen Daten vor. Doch liegt die Vermutung nahe, daß Unterschiede zwischen steuerlichen und handelsbilanziellen Verlustvorträgen weit deutlicher ausfallen könnten als die Unterschiede zwischen gewerbe- und körperschaftsteuerlichen Verlustvorträgen. Hier helfen nur Annahmen weiter. Zunächst ist jedoch die Relevanz der Unterscheidung hervorzuheben. Liegen neben steuerlichen auch handelsbilanzielle Verlustvorträge vor,

---

305 Damit wird die Frage, wie Verlustvorträge im Rahmen sog. objektivierter Unternehmensbewertungen, was immer dies sei, zu behandeln sind, ausgeklammert. Einen interessanten Vorgeschmack auf mögliche Ergebnisse liefert der Beitrag von Mertens; Mertens, H.-J. (1992), S. 334-335.

sind Ausschüttungen erst dann möglich, wenn das bilanzielle Haftungskapital durch eine Kapitalherabsetzung mit begleitender Kapitalerhöhung oder durch laufende Thesaurierungen wieder aufgefüllt ist. Wenn eine Kapitalherabsetzung, die ggf. von einer Kapitalerhöhung begleitet sein wird, ausgeblendet wird, verlangen handelsbilanzielle Verlustvorträge Thesaurierungen, bis den Auffüllregeln des Gesellschaftsrechts Genüge getan ist. Die Ausschüttung von dem Unternehmen zufließenden und prinzipiell zu besteuernden Erträgen scheidet damit solange aus, bis die Auffüllung des Haftkapitals abgeschlossen ist.

Liegen dagegen nur steuerliche, aber keine handelsbilanziellen Verlustvorträge vor, ist das dem Unternehmen zufließende und prinzipiell zu versteuernde Einkommen auch ausschüttungsfähig. Damit ist das Verwendungsspektrum der Mittel, unabhängig von der Frage der Vorteilhaftigkeit einer Ausschüttung, prinzipiell größer als im zuvor diskutierten Fall. An dieser Stelle gewinnt dann auch die Struktur des verwendbaren Eigenkapitals des Unternehmens im Bewertungszeitpunkt an Bedeutung. Es ist nämlich die Struktur des verwendbaren Eigenkapitals, die darüber entscheidet, ob und in welchem Umfang Einkommen ohne Körperschaftsteuerbelastung thesauriert und Ausschüttungen ohne steuerliche Belastung auf Unternehmensebene an die Eigentümer geleistet werden können.

Bewertungsrelevant ist weiterhin die Verwendung von Mitteln in Höhe nicht geleisteter Steuerzahlungen des Unternehmens und ggf. zusätzlich thesaurierter Mittel auf Unternehmensebene. Bestehen auch handelsbilanzielle Verlustvorträge, sind die Mittel verwendbar für a) die Anlage in Realinvestitionen, b) die Tilgung von Fremdmitteln oder c) den Aufbau von Finanzanlagen in Form von Wertpapierbeständen. Liegen handelsbilanzielle Verlustvorträge nicht vor, könnten die Mittel auch ausgeschüttet werden.

Die Entscheidung über die Verwendung der Mittel auf Unternehmensebene bestimmt zugleich den Diskontierungssatz, mit dem die zusätzlichen Erfolge aus der Verwendung der Mittel zu diskontieren sind. Der Risikogehalt der zu bewertenden zusätzlichen Erfolge und der Risikogehalt des Diskontierungssatzes, der die Alternative repräsentiert, müssen übereinstimmen. Verwendungsentscheidung und Diskontierungssatz sind somit voneinander abhängig.[306]

Wie oben erläutert, soll die Bewertung von Verlustvorträgen im Rahmen eines Grenzpreiskalküls erfolgen. Neben Substanzsteuern und Gewerbeertragsteuer sind Körperschaftsteuern und Einkommensteuern der Eigentümer (Investoren) relevant.[307]

Abbildung 17 gibt einen Überblick über die Struktur des Problems.

---

306 Moxter, A. (1983), S. 116-122.

307 Vgl. etwa Wagner, F.W./ Dirrigl, H. (1981); Leuthier, R. (1988); Ballwieser, W. (1995); Wagner, F.W./Rümmele, P. (1995); Popp, M. (1997); Drukarczyk, J. (1997).

I. Handelsbilanz weist Verlustvortrag in Höhe der steuerlichen Verlustvorträge aus	**II. Handelsbilanz weist keine Verlustvorträge aus** • keine Auffüllpflicht • Mittel sind prinzipiell ausschüttbar	
• Auffüllpflicht gemäß Kapitalerhaltungsregeln • Ausschüttungen sind erst möglich nach erfolgter Auffüllung	1. Nutzung von steuerlichen Verlustvorträgen im Thesaurierungsfall	2. Nutzung von steuerlichen Verlustvorträgen bei gleichzeitiger Ausschüttung von Mitteln
Verwendung der Mittel aus Steuerminderzahlungen und anderen thesaurierten Mitteln: • Tilgung Fremdkapital • Aufbau Finanzanlagen • Finanzierung von Realinvestitionen	Verwendung der Mittel	Verwendung von Steuerminderzahlungen und ggf. Teilthesaurierungen
Herkunft, zeitliche Struktur und Unsicherheit des zu versteuernden Einkommens: • Höhe der Körperschaftsteuerbelastung • zeitliche Abfolge des zu versteuernden Einkommens • Risikogehalt	Herkunft, zeitliche Struktur und Unsicherheit des zu versteuernden Einkommens	Herkunft, zeitliche Struktur und Unsicherheit des zu versteuernden Einkommens
Struktur des verwendbaren Eigenkapitals	Struktur des verwendbaren Eigenkapitals	Struktur des verwendbaren Eigenkapitals
	Behandlung analog zu I.	

Abbildung 17: Bestimmungsgrößen des Wertes von steuerlichen Verlustvorträgen

Vereinfachend wird unterstellt, daß ein Verlustvortrag in der Handelsbilanz besteht und daß der handelsbilanzielle Verlustvortrag den steuerlichen Verlustvorträgen *gleicht*. Dies ist, wie schon gesagt, nicht generell realistisch, macht die Beispielrechnungen aber übersichtlicher. Aus dieser Annahme folgt, daß die Kapitalgesellschaft Ausschüttungen bis zu dem Zeitpunkt, zu dem die Auffüllung des Haftkapitals abgeschlossen ist, nicht leisten kann: Thesaurierung lautet das Gebot. Die Annahme über das Vorliegen handelsbilanzieller Verlustvorträge schließt damit die Behandlung des interessanten Problems, wie Verlustvorträge zu bewerten sind, wenn Gesellschaften zugleich Ausschüttungen vornehmen - also die Konstellation II. (2) in Abbildung 17 - aus.

2. Ein vereinfachtes Beispiel: Sicherheit über das zukünftig zu versteuernde Einkommen

a. Aufbau des Kalküls

Lutz[308] schlägt vor, dem die Verlustvorträge ausweisenden Unternehmen (im folgenden VV-Unternehmen) als Bezugspunkt ein identisches Vergleichsunternehmen (im folgenden B-Unternehmen) gegenüberzustellen, das sich nur in den fehlenden Verlustvorträgen vom VV-Unternehmen unterscheidet. Der Wert der Verlustvorträge könne aus der Differenz der Unternehmenswerte von VV- bzw. B-Unternehmen hergeleitet werden. Sinn der Konstruktion ist es, ein Partialkalkül zu entwickeln, das *allein* die Bewertung der bestehenden steuerlichen Verlustvorträge zum Gegenstand hat. Die ökonomischen Ursachen, die zur Entstehung des Verlustvortrages führten, werden explizit nicht beachtet. Es ist im Rahmen des Kalküls somit nicht von Bedeutung, ob die Verlustvorträge durch Antizipation künftiger drohender Auszahlungen z.B. in Form von Rückstellungen für drohende Belastungen aus Schadensersatzprozessen resultieren oder ob die Verlustvorträge der bilanzielle Reflex bereits eingetretener finanzieller und bilanzieller Unterdeckungen sind. Die ökonomischen Ursachen, die im VV-Unternehmen zu einem Verlustvortrag führen, beeinflussen die ökonomische Lage beider Unternehmen in glei-

308 Vgl. Lutz, H. (1993), S. 71.

cher Weise und sind insoweit für die Bewertung des Verlustvortrages unerheblich.[309]

Die Annahme der Identität von VV- und B-Unternehmen - die Verlustvorträge ausgenommen - bezieht sich nur auf den Startpunkt der Betrachtung, der zugleich Bewertungszeitpunkt ist. Nur für den Startzeitpunkt wird unterstellt, daß die bereits realisierten Investitionsprojekte, die künftig realisierbaren Projekte und die aus der realisierten Kapitalstruktur folgenden vertraglichen Zahlungsverpflichtungen von VV- und B-Unternehmen identisch sind. Für spätere Zeitpunkte des Bewertungskalküls gilt die Identitätsannahme nicht, weil es für das VV-Unternehmen einerseits und das B-Unternehmen anderseits gute Gründe gibt, unterschiedliche Entscheidungen über Reinvestition, Ausschüttung bzw. Kapitalstruktur zu treffen.
Für die folgenden Überlegungen wird unterstellt, daß das Entstehen von zu versteuerndem Einkommen mit einem gleich hohen Mittelzufluß verbunden ist. Eine Prüfung der Finanzierbarkeit der geplanten Verwendung der Mittel kann dann unterbleiben.

b. Die Struktur des verwendbaren Eigenkapitals im Bewertungszeitpunkt

Nach § 30 (1) KStG ist das verwendbare Eigenkapital zum Schluß eines jeden Wirtschaftsjahres entsprechend seiner Tarifbelastung zu gliedern. Zu unterscheiden sind die Teilbeträge EK 50, EK 45, EK 30 und EK 0. Der Teilbetrag EK 0 ist in maximal 4 Positionen unterteilt, für die sich die Kurzformen EK 01, EK 02, EK 03 und EK 04 entwickelt haben.[310] EK 01 besteht im wesentlichen aus steuerfreien ausländischen Einkünften, EK 02 aus nicht der Körperschaftsteuer unterworfenen Vermögensmehrungen, soweit sie nicht zu EK 01, EK 03 oder EK 04 zählen; EK 03 nimmt das sog. Altkapital, d.h. vor dem 1.1.1977 entstandenes verwendbares Eigenkapital auf; EK 04 enthält Einlagen der Eigentümer, die diese (nach dem 1.1.1977) außerhalb von Nennkapitalerhöhungen ihrer Gesellschaft zugeführt haben. Für die Zwecke dieses Beitrages ist es sinn-

---

309 Für die Bewertung von Unternehmen sind die Ursachen der Verlustvorträge relevant. Es ist ein Unterschied, ob die Verlustvorträge zurückliegenden finanziellen Unterdeckungen oder künftigen unsicheren Auszahlungen ihre Entstehung verdanken.

310 Vgl. Rose, G. (1995), S. 166.

voll, sich auf einen hoch verdichteten Gehalt der sehr komplexen Regelungen des KStG und des Anrechnungsverfahrens zurückzuziehen:

- Zu versteuerndes Einkommen ist mit den nach Körperschaftsteuerbelastung verbleibenden Beträgen den Teilbeträgen zuzuordnen, die der jeweiligen Körperschaftsteuerbelastung entsprechen.[311]

- Inländische steuerfreie Erträge sind EK 02, ausländische steuerfreie Erträge sind EK 01 zuzuordnen.

- Bei Gewinnausschüttungen gilt die Verwendungsfiktion von § 28 (3) KStG: Die Gewinnausschüttungen sind im höchstmöglichen Umfang von dem Teilbetrag mit der höchsten Körperschaftsteuerbelastung abzuziehen. Nach der Erschöpfung der Teilbeträge EK 50 bis EK 30 ist EK 0 in der Reihenfolge EK 01, EK 02, EK 03, EK 04 in Anspruch zu nehmen. Übersteigt eine Gewinnausschüttung alle positiven EK-Teilbeträge, ist ein negativer Teilbetrag in EK 02 zu bilden.[312]

- Brutto-Ausschüttungen, das sind die Ausschüttungen *vor* Körperschaftsteuerabzug, werden mit der Ausschüttungsbelastung (von 30%) belegt. Dieser Ausschüttungskörperschaftsteuer entspricht die Anrechnungskörperschaftsteuer auf Eigentümerebene. Die Ausschüttungsbelastung, die eine Schuld der Kapitalgesellschaft ist, ist nicht herzustellen bei Verwendung von aus dem Ausland stammenden steuerfreien Einkünften (EK 01) und der Wiederausschüttung von Einlagen der Gesellschafter (EK 04).

- Die Herstellung der Ausschüttungsbelastung auf die Brutto-Ausschüttung kann zu Ermäßigungen, Erhöhungen und Nichtveränderungen der Körperschaftsteuer führen, die die Kapitalgesellschaft zu zahlen hat. Es gibt somit latente, von der Struktur der Teilbeträge des verwendbaren Eigenkapitals abhängige, durch Ausschüttungsgestaltung aktivierbare körperschaftsteuerliche Reserven und Lasten.

- Körperschaftsteuerliche Verluste mindern das verwendbare Eigenkapital. Sie sind im Verlustentstehungsjahr vom Teilbetrag EK 02 abzu-

---

311 Zur Einordnung der Zugänge nach ihrer Tarifbelastung vgl. Rose, G. (1995), S. 169-173.

312 Dieser negative Teilbetrag ist mit künftig zu versteuerndem Einkommen nicht verrechenbar.

ziehen (§ 33 (1) KStG). In vielen Fällen entstehen negative Bestände. In den Verlustanrechnungsjahren ist der negative Betrag in EK 02 durch Hinzurechnungen auszugleichen. Dadurch tritt eine Körperschaftsteuerminderung ein, soweit die zufließenden Einkommen zu versteuern sind.

Die Struktur des verwendbaren Eigenkapitals (SvEK) ist im Rahmen von Unternehmensbewertungen grundsätzlich bewertungsrelevant,[313] weil sie u.a. wertrelevante Ausschüttungsgestaltungen zuläßt. In dem hier zu diskutierenden Problem ist die Bedeutung der SvEK durch die Annahme eines im Bewertungszeitpunkt bestehenden identischen Unternehmens[314] gemildert. Beide Unternehmen haben - wiederum abgesehen vom Verlustvortrag - im Startpunkt der Betrachtung gleiche körperschaftsteuerliche Reserven bzw. Lasten.

c. Die Verwendung der Mittel auf Unternehmensebene

Fließt zu versteuerndes Einkommen in Periode t zu, bewirkt die Existenz von gewerbe- und körperschaftsteuerlichen Verlustvorträgen in Verbindung mit der durch den handelsbilanziellen Verlustvortrag bewirkten Ausschüttungssperre, daß der zugeflossene Betrag vor Steuern auf Unternehmensebene zu verwenden ist. Als Verwendungsmöglichkeiten bieten sich an: die Tilgung von Fremdmitteln, der Aufbau von Wertpapierbeständen, die Verwendung der Mittel für die Finanzierung von Realinvestitionen. Werden Fremdmittel getilgt, ist prinzipiell zu klären, ob es sich um steuerliche Dauerschulden handelt oder nicht, wie dies die Ausschüttungen beeinflußt und welche Rückwirkungen die Tilgungen auf das Finanzierungsrisiko der Eigentümer hätten. Wir wollen diesen Fragen hier nicht nachgehen, schließen diese Verwendungsannahme also aus. Unterstellte man eine Verwendung der Mittel für Realinvestitionen, implizierte dies, daß das Realinvestitionsprogramm in einer für die Eigentümer vorteilhaften Weise ausgedehnt werden kann und somit vor Nutzung der steuerlichen Verlustvorträge nicht optimal wäre. Wenn man unterstellen darf, daß als vorteilhaft eingestufte Realinvestitionen auch dann realisiert werden, wenn die durch Verlustvorträge bedingten Steu-

---

313 Vgl. Briese, U. (1977); Dirrigl, H. (1988), S. 320 ff.; Popp, M. (1997).

314 Den steuerlichen Verlustvortrag und damit den negativen EK 02-Bestand natürlich ausgenommen.

erminderzahlungen ausbleiben, dann kann auch diese Verwendungsform unbeachtet bleiben.[315] Wir wollen hier die dritte Verwendungsannahme unterstellen: Die Mittel werden für den Erwerb von Finanzanlagen verwendet. Ob dies im konkreten Bewertungsfall eine zielentsprechende Annahme ist, ist jeweils zu prüfen. Richtschnur ist, die Verwendungsform zu unterstellen, die das Vermögen der Eigentümer unter Beachtung der institutionellen Rahmenbedingungen und des Entscheidungsfeldes am meisten steigert.

d. Die Bewertung eines körperschaftsteuerlichen Verlustvortrages

Eine GmbH weise einen gewerbe- und körperschaftsteuerlichen Verlustvortrag in Höhe von je 215.000 DM auf.[316] Dem entspreche ein handelsbilanzieller Verlustvortrag in gleicher Höhe. Der gewerbesteuerliche Verlustvortrag hat unabhängig von der Ausschüttungspolitik der Gesellschaft stets einen positiven Wert, soweit zu versteuerndes Einkommen auf der Ebene der Gesellschaft anfällt. Sein Wert im Bewertungszeitpunkt hängt ab von

- der Länge des Zeitraumes, die benötigt wird, um den gewerbesteuerlichen Verlustvortrag „abzuarbeiten“,
- der Verwendung der Minderzahlungen für Gewerbesteuer und damit der Wiederanlagerendite,
- dem Zeitpunkt, ab dem Erfolge aus der durch Steuerminderzahlungen finanzierten Investition ausgeschüttet werden können,
- der persönlichen Einkommensteuerbelastung der Eigentümer und
- dem anzuwendenden Diskontierungssatz.

---

315 Konstellationen, in denen erst die Nutzung von steuerlichen Verlustvorträgen den finanziellen Spielraum der Gesellschaft so erweitert, daß vorteilhafte Realinvestitionen realisiert werden können, sind indessen denkbar und nicht einmal unplausibel. In diesen Fällen kann die Verwendung von durch Verlustvorträgen induzierten Mitteln für Realinvestitionen natürlich nicht ausgeschlossen werden. Die zusätzlichen (durch *diese* Realinvestitionen ausgelösten) Erfolge sind nach allen relevanten Steuerwirkungen mit einem risikoäquivalenten Diskontierungssatz nach Steuern zu diskontieren.

316 Das Beispiel ist angelehnt an die Bewertung des Verlustvortrages der Sachsenmilch AG, die der Autor zusammen mit Herrn WP/StB Dr. Helmut Huth, Partner der C&L Deutsche Revision AG in Frankfurt/Main, erarbeitet hat.

Wir blenden diesen gewerbesteuerlichen Verlustvortrag zunächst aus und betrachten ausschließlich den körperschaftsteuerlichen Verlustvortrag. Wir vergleichen den Wert des Eigenkapitals einer GmbH, die über einen körperschaftsteuerlichen Verlustvortrag der genannten Höhe verfügt, mit dem einer ansonsten identischen GmbH ohne körperschaftsteuerlichen Verlustvortrag.

Wir treffen einige vereinfachende Annahmen:

(1) Das Steuersystem sei sehr einfach. Einbehaltene Überschüsse werden mit einer Körperschaftsteuer in Höhe von $s_K^T = 0{,}50$ belegt. Ausgeschüttete Überschüsse werden mit einem Einkommensteuersatz von $s_I = 0{,}50$ belegt. Andere Steuerarten existieren nicht.

(2) Der körperschaftsteuerliche Verlustvortrag wird von einem handelsbilanziellen Verlustvortrag begleitet, der die gleiche Höhe wie ersterer hat. Die betrachtete GmbH wäre nur ausschüttungsfähig, wenn sie diesen Verlustvortrag durch Auflösung von Gewinnrücklagen oder eine vereinfachte Kapitalherabsetzung zuvor ausgliche. Keine dieser Maßnahmen findet statt.

(3) Der Verlustvortrag ist unbeschränkt vortragsfähig. Verlustrückträge in die letzten beiden vorangegangenen Perioden werden ausgeschlossen. Rechtssprünge des Gesetzgebers, die die steuerliche Nutzung von Verlustvorträgen tangieren, werden ebenfalls ausgeblendet.

(4) Investitionen auf Unternehmensebene, die durch die Existenz des Verlustvortrages bedingt sind, erfolgen in Form von Finanzanlagevermögen zu einer risikolosen Bruttorendite von 10 %.

(5) Die zukünftig zu versteuernden Einkommen sind sicher.

(6) Die risikolose Außenrendite der Eigentümer beträgt ebenfalls 10 % vor Steuern. Die Anlage von Mitteln in Finanzanlagen auf Unternehmensebene ist insoweit vorteilsneutral.

Fall A berechnet die entziehbaren Überschüsse der GmbH mit körperschaftsteuerlichem Verlustvortrag, also die des VV-Unternehmens. Fall B berechnet die entziehbaren Überschüsse des B-Unternehmens. Im Fall A kann die GmbH bis zur Tilgung des handelsbilanziellen Verlustvortrages und damit der Auffüllung des satzungsmäßigen Stammkapitals keine Ausschüttungen leisten. Überschüsse sind deshalb bis zu diesem Zeitpunkt zu thesaurieren und Annahme (4) folgend in Finanzanlagen zu investieren. Die Realinvestitionen in den Fällen A und B unterscheiden sich nicht und sind deshalb für eventuelle Wertdifferenzen nicht ausschlaggebend. Der Unterschied zwischen den Fällen A und B dokumentiert sich in unterschiedlich hohen Beständen an Finanzanlagen zu dem Zeitpunkt, zu dem der Verlustvortrag aufgezehrt und somit das satzungsmäßige Stammkapital wiederhergestellt ist. Dieser Zeitpunkt hängt von der zeitlichen Entwicklung der operativen Überschüsse vor Körperschaftsteuer, den Bruttorenditen auf die Finanzanlagen und der Höhe der Ertragsbesteuerung ab. In der Modellrechnung ist dieser Zeitpunkt im September der Periode 4 erreicht.

Tabelle 34 zeigt, wie der Aufbau eines Finanzanlagevermögens finanziert wird. Operative Gewinne vor Körperschaftsteuer sind wegen des Verlustvortrages nicht zu versteuern und wegen des gleichzeitig bestehenden handelsbilanziellen Verlustvortrages nicht ausschüttungsfähig. Sie werden gemäß Annahme ebenso in Finanzanlagen investiert wie die in späteren Perioden erzielten Zinsen auf Finanzanlagen, die bis zur Beseitigung des Verlustvortrages nicht ausschüttbar sind. Der Verlustvortrag ist genau dann aufgezehrt, wenn ein Finanzanlagevolumen in Höhe des Verlustvortrages besteht, den dieser zu Beginn von Periode 1 hatte.

Tabelle 35 bildet den zeitlichen Aufbau eines Finanzanlagevolumens für die gleiche Gesellschaft ab, die annahmegemäß über keinen Verlustvortrag verfügt und Überschüsse thesauriert. Diese Rechnung unterstellt, daß die Realinvestitionen in den Fällen A und B identisch sind.

	1	2	3	4
(1) Stand des Verlustvortrages	215	165	110,0	49,50[317]
(2) Operativer Gewinn vor Steuern	50	50	50,0	37,22
(3) Körperschaftsteuer $\left(s_K^T = 0{,}50\right)$	-	-	-	-
(4) Bestand an Finanzanlagen	50	105	165,5	215,00
(5) Erträge aus Finanzanlagen vor Steuern	-	5	10,5	12,32
(6) Minderung des Verlustvortrages	50	55	60,5	49,50
(7) Zu thesaurierender Betrag	50	55	60,5	49,50

Tabelle 34: Entwicklung der zu thesaurierenden Beträge und des Finanzanlagevolumens bei vorhandenem körperschaftsteuerlichem Verlustvortrag im Fall A, (Angaben in TDM)

	1	2	3	4
(1) Operativer Gewinn vor Steuern	50	50,00	50,00	37,22[318]
(2) Körperschaftsteuer auf operative Gewinne	- 25	- 25,00	- 25,00	- 18,61
(3) Bestand an Finanzanlagen	25	51,25	78,81	100,35
(4) Erträge aus Finanzanlagen vor Steuern	-	2,50	5,13	5,87
(5) Körperschaftsteuer auf Erträge aus Finanzanlagen	-	- 1,25	- 2,56	-2,93
(6) Zu thesaurierender Betrag	25	26,25	27,56	21,54

Tabelle 35: Entwicklung der zu thesaurierenden Beträge und des Finanzanlagevolumens bei fehlendem körperschaftsteuerlichem Verlustvortrag im Fall B, (Angaben in TDM)

Damit wird die Rendite der Realinvestitionen aus der Bewertung von Verlustvorträgen herausgehalten. Dies ist ein Vorteil, da man sich über die mittels Realinvestitionen erzielbaren Renditen trefflich streiten kann.

---

317 Unter der Annahme, daß operative Gewinne und Zinserträge gleichmäßig zuwachsen ist der zu Beginn der Periode 4 verbleibende Verlustvortrag nach ca. 268 Tagen, also zum 28.9. des Jahres, aufgezehrt. Das Jahr wird mit 12 Monaten à 30 Tage definiert.

318 Das Finanzanlagevolumen wird bis zu dem Zeitpunkt aufgebaut, ab dem der Verlustvortrag im Fall A aufgezehrt ist. Dies ist der 28.9. der Periode 4.

Zudem führt die Annahme, thesaurierte Mittel würden in Realinvestitionen umgewandelt, generell zu der Frage der Bestimmung eines risikoäquivalenten Diskontierungssatzes, eine Frage, die bei der Wahl risikoloser Finanzanlagen auf relativ einfache Weise beantwortet werden kann.

Die Annahme, daß das B-Unternehmen ebenfalls ein Finanzanlagevolumen aufbaut, schließt die Ausschüttung der operativen Erfolge und deren Besteuerung auf der Ebene der Eigentümer aus. Diese Folgerung ist in diesem einfachen Beispiel ohne Bedeutung für das Ergebnis, weil die Nach-Steuer-Rendite auf Unternehmensebene der Nach-Steuer-Rendite auf Eigentümerebene gleicht. Ausschüttung und Reinvestition in Finanzanlagen auf Unternehmensebene sind somit ökonomisch äquivalente Lösungen. Das wird sich unten ändern.

Wie ist nun der Wert des Verlustvortrages zu bestimmen? Die Tabellen 34 und 35 weisen unterschiedlich hohe Bestände an Finanzanlagen zum gemeinsamen Stichtag aus: Im Fall A liegen Finanzanlagen im Wert von 215.000 DM, im Fall B im Wert von 100.350 DM vor. Nun können die Finanzanlagen im Fall A nicht verkauft und ausgeschüttet werden.[319] Ausschüttungsfähig sind nur die Zinsen auf den Finanzanlagenbestand. Die Wertdifferenz zwischen den Fällen A und B und somit der Wert des Verlustvortrages ergibt sich aus der Differenz der Barwerte der durch die Bestände an Finanzanlagen ermöglichten zusätzlichen Ausschüttungen. Wenn wir zur Vereinfachung den Fall der unendlichen Rente unterstellen, ergeben sich ab Periode 5 die folgenden zusätzlichen Ausschüttungen pro Periode (in TDM):

Fall A	$215{,}00 \cdot i\left(1-s_I\right) =$	10,7500
Fall B	$100{,}35 \cdot i\left(1-s_I\right) =$	5,0175
Differenz		5,7325

Für den unterstellten Rentenfall ergibt sich zum 28.9. der Periode 4 ein Wert in Höhe von 114,65.[320] Zum 1.1. der Periode 1 beträgt der Wert

---

319 Der Fall einer die Ausschüttung ermöglichenden (ordentlichen) Kapitalherabsetzung wird ausgeschlossen.

320 Diskontierungssatz ist $i\left(1-s_I\right)=0{,}05$. Der Wert entspricht der Differenz der nominalen Bestände an Finanzanlagen.

95,42.[321] Dies ist der ökonomische Wert des Verlustvortrages zu Beginn der Periode 1. Er entspricht unter den gesetzten Bedingungen den mit 5 % diskontierten, dem Verlustvortrag zurechenbaren Steuervorteilen im Zeitablauf. Zu diesen zählt auch die Freistellung der auf Finanzanlagen erzielten Zinserträge von der Körperschaftsteuer.

	1	2	3	4
(1) Steuerbefreite Thesaurierungen	50	55,0	60,50	49,50
(2) Steuerersparnis in Höhe von $s_K^T \cdot (1)$	25	27,5	30,25	24,75

Die Rechnung unterstellt, daß die Steuerersparnis der Periode 4 an dem Tag anfällt, an dem der Verlustvortrag genau aufgezehrt ist (28.9.). Der Wert des Verlustvortrages entspricht hier (und nur hier) exakt dem Barwert der durch den Verlustvortrag ausgelösten Steuerersparnisse. Dieses Ergebnis tritt ein, weil die in einer Periode t erzielten Steuerersparnisse, die den Eigentümern *nicht* in der gleichen Periode t zufließen, durch Anlage in Finanzanlagen in einen *äquivalenten* Barwert transformiert werden. Gelingt diese Transformation in einen äquivalenten Barwert nicht, führt die Bewertung von Verlustvorträgen nach der Faustregel „Barwert der erzielten Steuerersparnisse" zu fehlerhaften Ergebnissen.

e. Kombination von gewerbesteuerlichem und körperschaftsteuerlichem Verlustvortrag

Wir betrachten nun die Kombination von gewerbesteuerlichem und körperschaftsteuerlichem Verlustvortrag: Beide betragen 215.000 DM. Die zukünftig zu versteuernden Einkommen sind sicher. Der Gewerbeertragsteuersatz beträgt $s_{GE} = 0{,}1667$. Verglichen wird die VV-Gesellschaft mit einer ansonsten identischen B-Gesellschaft, die nicht über steuerliche und handelsbilanzielle Verlustvorträge verfügt.

---

321 $114{,}65\left(1+\frac{0{,}05}{360}\right)^{-268} \cdot (1{,}05)^{-3} = 95{,}42\,.$

Unterschiede zwischen jährlicher und täglicher Verzinsung bleiben vereinfachend unbeachtet. Unbeachtet bleibt auch, daß die Ausschüttung von Zinserträgen zum 28.9 eines Jahres keine praxisnahe Annahme ist. Soll die Ausschüttung der Zinserträge am Ende der jeweiligen Periode erfolgen, sind die Finanzanlagenbestände zum 31.12. relevant. Die in den Tabellen 34 und 35 ausgewiesenen Bestände an Finanzanlagen sind um die zwischen dem 28.9 und 31.12 zuwachsenden Zinserträge zu erhöhen.

Tabelle 36 zeigt die Entwicklung des Bestandes an Finanzanlagen und den von der zeitlichen Struktur der operativen Gewinne vor Steuern und der Erträge aus Finanzanlagen abhängigen Abbau der Verlustvorträge für den Fall A. Das VV-Unternehmen verfügt in Periode 4 über einen Bestand an Finanzanlagen, der genau die Höhe der zu Beginn des Betrachtungszeitraums vorliegenden Verlustvorträge (215) erreicht. Die steuerlichen Verlustvorträge sind aufgezehrt; das bilanzielle Haftkapital ist wieder aufgefüllt. Ausschüttungen sind wieder zulässig.

	1	2	3	4[322]
(1) Stand des körperschaftsteuerlichen Verlustvortrages	215	165	110,0	49,50
(2) Stand des gewerbesteuerlichen Verlustvortrages	215	165	110,0	49,50
(3) Operativer Gewinn vor Steuern	50	50	50,0	37,22
(4) Gewerbeertragsteuer $\left(s_{GE} = 0{,}1667\right)$	-	-	-	-
(5) Körperschaftsteuer $\left(s_K^T = 0{,}50\right)$	-	-	-	-
(6) Bestand an Finanzanlagen	50	105	165,5	215,00
(7) Erträge aus Finanzanlagen vor Steuern	-	5	10,5	12,32
(8) Minderung des gewerbesteuerlichen Verlustvortrages	50	55	60,5	49,50
(9) Minderung des körperschaftsteuerlichen Verlustvortrages	50	55	60,5	49,50

Tabelle 36: Entwicklung der zu thesaurierenden Beträge, der Finanzanlagen und der körperschaftsteuerlichen und gewerbesteuerlichen Verlustvorträge im Fall A, (Angaben in TDM)

In einem ersten Schritt sei angenommen, daß auch das (im Zeitpunkt 0) identische B-Unternehmen thesauriert und die Mittel in Finanzanlagen investiert. Tabelle 37 zeigt den zum Stichtag in Periode 4[323] erreichten Bestand an Finanzanlagen, der aufgrund der Steuerbelastung durch Gewerbeertrag- und Körperschaftsteuer deutlich kleiner ausfällt als im Fall A.

322 Unter der Annahme gleichmäßig anfallender operativer Erfolge und Zinserträge sind die Verlustvorträge nach 268 Tagen aufgezehrt.

323 Das ist der 28.9. der Periode 4.

	1	2	3	4[324]
(1) Operativer Gewinn vor Steuern	50,00	50,00	50,00	37,22
(2) Gewerbeertragsteuer auf operative Gewinne $(s_{GE} = 0{,}1667)$	- 8,34	- 8,34	- 8,34	- 6,20
(3) Körperschaftsteuer auf operative Gewinne $(s_K^T = 0{,}50)$	- 20,83	-20,83	- 20,83	- 15,51
(4) Bestand an Finanzanlagen	20,83	42,52	65,12	82,65
(5) Erträge aus Finanzanlagen vor Steuern	-	2,08	4,25	4,85
(6) Ertragsteuerbelastung von (5), $(s_E = 0{,}58335)$	-	- 1,22	- 2,48	- 2,83
(7) zu thesaurierender Betrag	20,83	21,69	22,60	17,53[325]

Tabelle 37: Entwicklung der thesaurierten Beträge und der Finanzanlagen bei fehlenden Verlustvorträgen im Fall B, (Angaben in TDM)

Nun ist der Wert der Verlustvorträge zu bestimmen. Es wäre nicht korrekt, ihren Wert an der Differenz der Wertpapier-Bestände abzulesen. Das gilt auch dann, wenn die Marktpreise sich mit den in Tabelle 36 bzw. 37 ausgewiesenen Daten deckten. Die Finanzanlagen des VV-Unternehmens können zwar verkauft, die Erlöse aber nicht ausgeschüttet werden. Ausschüttungsfähig sind nur die *Erträge* aus dem Finanzanlagenbestand, nachdem die Verlustvorträge vollständig abgebaut worden sind.

Diese Restriktion gilt nicht für das B-Unternehmen. Hier können die Finanzanlagenbestände veräußert und die Erlöse ausgeschüttet werden. Wir wollen jedoch zunächst unterstellen, auch das B-Unternehmen hielte die Finanzanlagen im Bestand und schüttete die zugehörigen Zinserträge aus. Unterstellt man vereinfachend den Fall der unendlichen Rente, beträgt die Differenz zwischen den den Finanzanlagen zurechenbaren Ausschüttungen ab dem 28.9. der Periode 5 $(215 - 82{,}65) \cdot 0{,}1 \cdot (1 - s_{GE})$ $(1 - s_I) = 5{,}514$.

324 Analog zu Tabelle 36 wird hier bis zum 28.9. der Periode 4 gerechnet.

325 $37{,}22 + 4{,}85 - 6{,}20 - 15{,}51 - 2{,}83 = 17{,}53$.

Der Barwert der zusätzlichen Ausschüttungen[326] bezogen auf den 28.9. der Periode 4 beträgt 110,29; der Barwert zu Beginn der Periode 1 ist 91,79.[327] Dieser Betrag stellt den Wert der beiden Verlustvorträge im Rahmen der gesetzten Annahmen dar. Dieser Wert entspricht *nicht* dem Betrag der diskontierten Steuerersparnisse. Die den Verlustvorträgen zurechenbaren Steuerersparnisse sehen so aus:

	1	2	3	4
(1) Steuerbefreite Thesaurierungen	50,00	55,00	60,50	49,50
(2) Steuerersparnis in Höhe von $s_{GE} \cdot (1)$	8,34	9,17	10,09	8,25
(3) Steuerersparnis in Höhe von $(1 - s_{GE}) \cdot s_K^T \cdot (1)$	20,83	22,92	25,21	20,62
(4) Summe Steuerersparnisse	29,17	32,09	35,30	28,87

Tabelle 38: Den Verlustvorträgen zurechenbare Steuerersparnisse

Der Barwert berechnet mit $i(1 - s_I) = 0{,}05$ auf den Beginn der Periode 1 beträgt 111,41 und ist deutlich höher als der oben berechnete Wert. Was ist die Ursache?

Ursache ist, daß der Verlustvortrag in der Handelsbilanz der Gesellschaft verhindert, daß in Periode t erzielte Steuervorteile den Eigentümern in der gleichen Periode zufließen. Die gesellschaftsrechtlich verankerte Ausschüttungssperre wirkt als Allokationsbremse,[328] die zur hier suboptimalen Reinvestition zwingt: Die Vor-Steuer-Rendite der Finanzanlage beträgt 10%. Die Nach-Steuer-Rendite der auf Unternehmensebene gehaltenen Finanzanlagen ist bei Ausblendung von Substanzsteuern und

---

326 Diskontierungssatz ist $i(1-s_I) = 0{,}05$. Eine mögliche private Vermögensteuer auf Eigentümerebene bleibt unbeachtet.

327 $110{,}29 \cdot \left[1 + \frac{0{,}05}{360}\right]^{-268} \cdot (1 + 0{,}05)^{-3} = 91{,}79.$

Unterschiede zwischen jährlicher und täglicher Verzinsung bleiben vereinfachend unbeachtet. Unbeachtet bleibt auch, daß die Ausschüttung von Zinserträgen zum 28.9. der Periode keine praxisnahe Annahme ist. Soll die Ausschüttung der Zinserträge am Ende der jeweiligen Periode erfolgen, sind die Finanzanlagenbestände zum 31.12. relevant. Die in Tabelle 36 und 37 ausgewiesenen Bestände sind um die zwischen dem 28.9. und 31.12. der Periode 4 zuwachsenden Zinserträge zu erhöhen. Dem Finanzanlagenbestand im Fall A wachsen dann in Periode 4 Zinserträge von 16,55 vor Steuern (anstelle von 12,32) zu. Der Einfluß auf den Barwert der resultierenden Ausschüttungsreihen (91,49) ist sehr klein. Er bleibt im folgenden unbeachtet.

328 Drukarczyk, J. (1978), S. 100.

Ausschüttung der Zinserträge mit $i_{FA}(1-s_{GE})(1-s_I)=0{,}04167$ niedriger als sie auf Anteilseignerebene wäre (0,05). Eigenfinanzierte Wertpapieranlagen auf Unternehmensebene lohnen insoweit nicht. Dies mindert den ökonomischen Wert der Verlustvorträge, was an der oben ermittelten Wertdifferenz abgelesen werden kann. Es gelingt der Gesellschaft im Beispiel nicht, die steuerlichen Vorteile ungeschmälert an die Eigentümer weiterzureichen. Rechnerisch bliebe die Wertminderung genau dann aus, wenn die Nach-Steuer-Rendite der Finanzanlagen auf Unternehmensebene der Nach-Steuer-Rendite auf Eigentümerebene entspräche.[329]

Ob diese Annahme in der Realität gesetzt werden kann, ist sehr zweifelhaft. Auch hat man zu bedenken, daß die Zinserträge auf Unternehmensebene in der Vergangenheit durch Substanzsteuern gemindert wurden.

f. Folgerungen

Die Annahme, daß durch Verlustvorträge ausgelöste Steuerminderzahlungen und erzwungene Thesaurierungen in Finanzanlagen geparkt werden, bis die Gesellschaft ihre Ausschüttungsfähigkeit wieder erlangt hat, wird häufig bewirken, daß der Wert von Verlustvorträgen unterhalb des Betrages liegt, den man auf den ersten Blick anzusetzen geneigt wäre. Der Effekt bleibt nur aus, wenn die Vor-Steuer-Rendite von Finanzanlagen auf Unternehmensebene die auf Eigentümerebene erzielbare deutlich übersteigt.

Wenn die Nach-Steuer-Rendite der (eigenfinanzierten) Wertpapieranlagen auf Unternehmensebene kleiner ist als die auf Eigentümerebene erzielbare, ist die oben für das B-Unternehmen unterstellte Strategie suboptimal. Der Aufbau von mit Eigenkapital finanzierten Wertpapierbeständen lohnt nicht und senkt daher den Unternehmenswert des B-Unternehmens. Die Annahme, VV- und B-Unternehmen seien - von den Verlustvorträgen abgesehen - identisch, bezieht sich nur auf den Startpunkt des Kalküls. Nach diesem Zeitpunkt können Investitions-, Kapitalstruktur- und Ausschüttungsentscheidungen in VV- bzw. B-Unternehmen prinzipiell divergieren. Für das B-Unternehmen ist es unter den Bedingungen des Beispiels vorteilhaft, die ausschüttungsfähigen Beträge auszuschütten. Bis zum Stichtag, dem 28.9. der Periode 4, erhielten die

329 Bei Ausblendung von Substanzsteuern hätte die Vor-Steuer-Rendite auf Unternehmensebene dann 12% zu betragen: 0,12 (1 - 0,1667) (1 - 0,5) = 0,05.

Eigentümer des B-Unternehmens die in Zeile (1) der folgenden Tabelle ausgewiesenen Barausschüttungen einschließlich Körperschaftsteuergutschriften.

	1	2	3	4
(1) Ausschüttung einschl. KöSt-Gutschrift	41,67	41,67	41,67	31,02[330]
(2) Ausschüttung nach Einkommensteuer	20,83	20,83	20,83	15,51

Nach Einkommensteuer verfügten sie über die in Zeile (2) ausgewiesenen Beträge. Der Barwert dieser Ausschüttungen, berechnet mit $i(1-s_I)=0{,}05$[331] beträgt zu Beginn der Periode 1 69,65. Er übersteigt damit den Barwert der aus dem Finanzanlagevolumen resultierenden zusätzlichen Ausschüttungen, der nur 57,32 beträgt,[332] was die Suboptimalität des zuerst angenommenen Arrangements zeigt. Es folgt auch, daß die Suboptimalität der Vergleichsbasis den Wert der Verlustvorträge erhöht hat. In einem korrigierten Kalkül sind deshalb die Ausschüttungen des B-Unternehmens bis zum Stichtag (28.9. der Periode 4) den aus den Finanzanlagen ermöglichten zusätzlichen Ausschüttungen des VV-Unternehmens ab diesem Stichtag gegenüberzustellen. Der Wert der Ausschüttungsreihe des B-Unternehmens nach Gewerbeertrag- und Einkommensteuer beträgt zu Beginn der Periode 1 69,65. Der Wert der durch die Finanzanlage induzierten Ausschüttungen des VV-Unternehmens zu Beginn der Periode 1 ist 149,11.[333] Die Differenz entspricht dem Wert der Verlustvorträge. Er ist mit 79,46 erwartungsgemäß niedriger als der zunächst berechnete Wert (91,79). Natürlich ist der Wert der Verlustvorträge erneut kleiner als die Summe der diskontierten Steuerersparnisse.

---

330 $41{,}67 \cdot \frac{268}{360} = 30{,}02.$

331 Die zukünftigen zu versteuernden Einkommen sind annahmegemäß risikolos. Wird die Annahme sicherer Überschüsse aufgegeben, sind risikoäquivalente Diskontierungssätze zu verwenden.

332 Unterstellt wird der Fall der unendlichen Rente:

$$82{,}65 \cdot \frac{i(1-s_{GE})(1-s_I)}{i(1-s_I)} \cdot \left[1+\frac{i(1-s_I)}{360}\right]^{-268} \cdot \left(1+i(1-s_I)\right)^{-3} = 57{,}32.$$

333 $$215 \cdot \frac{0{,}1 \cdot (1-0{,}1667)(1-0{,}5)}{0{,}1(1-0{,}5)} \cdot 1{,}05^{-3} \cdot \left[1+\frac{0{,}05}{360}\right]^{-268} = 149{,}11.$$

Die Annahme, das B-Unternehmen schütte die Überschüsse voll aus, beseitigt auch einen potentiell bewertungsrelevanten Tatbestand, nämlich unterschiedliche Strukturen des verwendbaren Eigenkapitals beim VV- bzw. B-Unternehmen in Periode 4. Thesaurierte das B-Unternehmen zu versteuerndes Einkommen bis zum errechneten Stichtag, entstünden Bestände an EK 50 (bzw. EK 45), die latentes Ausschüttungspotential darstellen.[334] Dessen Berücksichtigung bei der Bewertung der Verlustvorträge kann nur dann unterbleiben, wenn - wie oben unterstellt - von deren Wiederbelebung für immer abgesehen wird. Ist dies nicht der Fall, ist der Zeitpunkt der Nutzung des Ausschüttungspotentials bewertungsrelevant. Der Wert der Ausschüttungen des B-Unternehmens steigt;[335] der Wert der Verlustvorträge sinkt. Die Bewertung von Verlustvorträgen wird bei der Annahme, auch das B-Unternehmen thesauriere, durch die Aufgabe erschwert, den Zeitpunkt der Wiederbelebung der latenten Körperschaftsteuerreserve des B-Unternehmens zu prognostizieren. Schüttet das B-Unternehmen dagegen die Überschüsse aus, entstehen keine latenten Körperschaftsteuerreserven, die ggf. werterhöhend genutzt werden könnten. Die Strukturen des verwendbaren Eigenkapitals von VV- und B-Unternehmen, die im Startpunkt um den negativen EK 02-Bestand divergierten, unterscheiden sich im Endpunkt (also dem 28.9. der Periode 4) nicht mehr. Die negativen EK 02-Bestände sind abgebaut; die EK 50- (bzw. EK 45-) Bestände bei VV- und B-Unternehmen sind gleich. Bewertungsrelevante, in der Struktur des verwendbaren Eigenkapitals begründete Unterschiede bestehen insoweit nicht.

Neben der zeitlichen Struktur der der Gesellschaft zufließenden zu versteuernden operativen Gewinne, ist die Besteuerungsintensität dieser Einkommen von Bedeutung für den Wert der Verlustvorträge. Im Inland nicht (mehr) zu versteuernde Überschüsse füllen zwar den handelsbilanziellen Verlustvortrag auf, nutzen aber nicht den im körperschaftsteuerlichen Verlustvortrag schlummernden Vorrat an Steuerminderzahlungen. Damit erlangt die Zusammensetzung der der Gesellschaft zufließenden Erträge (z.B. ausländische vs. inländische) Bedeutung für die Bewertung von Verlustvorträgen.

---

334 Das Argument unterstellt, daß das zu versteuernde Einkommen der Tarifbelastung unterliegt.

335 Jedenfalls dann, wenn $s_I < s_K^T$ gilt; nur dann lohnt die Wiederbelebung der Reserve.

3. Unsicheres zukünftig zu versteuerndes Einkommen

In Abschnitt 2. wurde angenommen, daß die zeitliche Abfolge der zu versteuernden Überschüsse der Gesellschaft und deren steuerlich relevante Zusammensetzung im Bewertungszeitpunkt bekannt war. Die oben skizzierten Kalküle sind Rechnungen unter Sicherheit. Sie sind unter didaktischem Aspekt gut geeignet, um zu demonstrieren, welche Parameter warum bewertungsrelevant sind. In einem anspruchsvollen Sinn realistisch sind sie noch nicht, weil sie die Unsicherheit über die bewertungsrelevanten Parameter ausblenden. Die Entwicklung eines implementierbaren Kalküls unter Beachtung von Risiko ist nicht Gegenstand dieses Abschnittes. Zwei Anmerkungen erscheinen angebracht. Die Existenz steuerlicher und handelsbilanzieller Verlustvorträge von Gewicht verlangt prinzipiell eine Ausdehnung der expliziten Planungsphase,[336] weil Ausschüttungen bis zur Abarbeitung des handelsbilanziellen Verlustvortrages nicht möglich und unter Beachtung der steuerlichen Verlustvorträge i.d.R. nicht vorteilhaft sind. Folglich muß der Zeithorizont von auf Ausschüttungen basierenden Kalkülen ausgedehnt werden. Der Kalkül wird auch deshalb anspruchsvoller, weil kein Weg an einem zeitzustandsabhängigen Aufspannen möglicher Abläufe vorbeizuführen scheint. Die möglichen Vorteile aus dem Abarbeiten von Verlustvorträgen sind nämlich auch dann unsicher, wenn man sich zu der Annahme entschließt, Steuerminderzahlungen entsprechende Mittel würden in Wertpapierbestände mit risikolosen Bruttorenditen investiert.

4. Verlustvorträge und angemessene Abfindung

Mertens[337] führt aus, daß steuerliche Verlustvorträge des abhängigen bzw. einzugliedernden Unternehmens im Rahmen der Bestimmung der angemessenen Abfindung von Minderheiten nach § 305, § 320 b AktG so gut wie keine Bedeutung hätten. Diese Folgerung baut auf zwei Argumentationsfolgen auf. Hier ist nur die erste von Interesse. In dieser greift Mertens auf die Grundsätze zur Durchführung von Unternehmensbewertungen des HFA zurück; diese stellten anerkannte fachliche Regeln dar. Zu diesen fachlichen Regeln gehöre der Grundsatz der Vollaus-

---

336 Vgl. zur Phasenmethode IdW (1992), S. 49/50.

337 Mertens, H.-J. (1992), S. 334-335.

schüttung: Überschüsse nach Unternehmenssteuern und nach Abzug der für die Erhaltung der Substanz erforderlichen Reinvestition gelten als finanzierbar und ausschüttungsfähig. Verfügte eine Gesellschaft über körperschaftsteuerliche Verlustvorträge, bestünde keine Möglichkeit, hieraus Vorteile an die Aktionäre zu übertragen.[338] Zwar könne die Gesellschaft selbst aus dem Verlustvortrag steuerliche Vorteile ziehen, indem sie Gewinne im Unternehmen thesaurierte und auf Ausschüttungen verzichtete. Für Aktionäre entstünde aber lediglich ein Steuerstundungseffekt. Für das Unternehmen selbst folgte, daß die Ertragsüberschüsse um die thesaurierten Beträge zu mindern wären. Damit reduzierte sich der Unternehmenswert.[339] Dieser Wertreduktion stünde lediglich ein sehr viel geringerer positiver Effekt auf den Ertragswert aus ersparten Zinsen gegenüber.[340] Man darf daraus folgern, daß Mertens die die Steuerlast mindernde Nutzung von Verlustvorträgen durch Thesaurierungen generell für wertmindernd hält.

Mertens hält Thesaurierungen nicht nur generell für wertsenkend, sondern die Vollausschüttung auch für geboten. „Die Vollausschüttungsfiktion hat nicht nur den Zweck, die Ertragswertberechnung zu erleichtern, sondern ist durch das gesellschaftsrechtliche Gleichbehandlungsgebot geboten und steht nicht zur Disposition des Bewerters."[341] Und natürlich dürfe innerhalb der Hypothese der Vollausschüttung auch nicht mit der Annahme gearbeitet werden, daß entgegen dieser Hypothese Gewinne im Unternehmen thesauriert würden, ohne daß dies aus Gründen erfolgsorientierter Substanzerhaltung zwingend erforderlich wäre.[342]

Der Leser wird schnell merken, daß diese Ausführungen überaus merkwürdig sind. Denn Bewerter von Unternehmen mit hohen körperschaftsteuerlichen Verlustvorträgen mit dünnen Argumenten zur Vollausschüttungsfiktion zu drängen, bedeutet, ihnen einen weitgehenden Verzicht auf erhebliche Körperschaftsteuerersparnisse und deren Reinvestition nahezulegen, weil diese z. T. erheblichen Verlustvorträge dann lediglich durch nicht abzugsfähige Betriebsausgaben (Vermögensteuer, die Hälfte der Vergütungen von Aufsichtsräten) gemindert werden

338 Mertens, H.-J. (1992), S. 334.

339 ebenda, S. 334.

340 ebenda, S. 334.

341 ebenda, S. 334, Fußnote 74.

342 ebenda, S. 334.

könnten. Nach dem Wegfall der Vermögensteuer für Unternehmen verschwände die Nutzbarkeit nahezu gänzlich: Bei der relativen Geringfügigkeit der letztgenannten Position blieben körperschaftsteuerliche Verlustvorträge von Gewicht über viele Jahrzehnte ungenutzt. Deshalb muß in diesen Fällen die Vollausschüttungsfiktion aufgegeben werden,[343] um eine realitätsnahe Bewertung von Verlustvorträgen zu erreichen. Für Minderheitsaktionäre sind körperschaftsteuerliche Verlustvorträge ein Vermögensgegenstand, der immer dann werthaltig ist, wenn die Gesellschaft in Zukunft zu versteuernde Überschüsse erzielt. Damit sind Verlustvorträge auch für die Höhe der angemessenen Abfindung relevant. Dies gilt unabhängig davon, ob man das Stand-alone-Prinzip in der Interpretation von Mertens akzeptiert oder nicht. Im übrigen sei angemerkt, daß die Position von Minderheitsaktionären im geltenden deutschen Konzernrecht ohnehin schwach ist. Sie durch fehlerhaftes pseudoökonomisches Raisonnieren zusätzlich zu schwächen, besteht kein Anlaß.

5. Zusammenfassung

Ziel des Abschnittes ist es zu belegen, daß die Problemstruktur bei der Bewertung von steuerlichen Verlustvorträgen etwas komplexer ist als manche einschlägige Veröffentlichung vermuten läßt. Für den hier unterstellten Fall des gleichzeitigen Vorliegens von bilanziellen und steuerlichen Verlustvorträgen wird erläutert, wie ein Bewertungskalkül strukturiert werden könnte. Es erscheint sinnvoll, dem VV-Unternehmen ein im *Bewertungszeitpunkt* identisches Vergleichsunternehmen (B-Unternehmen) gegenüberzustellen, das allerdings keine Verlustvorträge aufweist. Ob die für die Bewertungsphase zu unterstellenden Realinvestitionen für beide Unternehmen als identisch angenommen werden können, hängt von der Finanzierbarkeit der Investitionsauszahlungen für das optimale Investitionsprogramm ab. Oben wurde diese Finanzierbarkeit als gegeben unterstellt. Dann können Mittel, generiert durch Steuerminderzahlungen und zusätzliche Thesaurierungen in Finanzanlagen investiert werden. Für die Maßnahmen *nach* dem Bewertungszeitpunkt auf der Ebene des VV- bzw. B-Unternehmens besteht kein Bedürfnis nach

---

343 Soweit dies nicht ohnehin durch handelsrechtliche Vorschriften erzwungen wird.

Gleichklang. Hier sind die den jeweiligen Unternehmenswert maximierenden Entscheidungen zu unterstellen. Wegen des unterschiedlichen institutionellen Umfeldes von VV- und B-Unternehmen werden diese Entscheidungen häufig divergieren. Der Wert der Verlustvorträge ergibt sich als Differenz der Werte des Eigenkapitals. Suboptimale Gestaltungsmaßnahmen auf der Ebene des VV- bzw. des B-Unternehmens senken bzw. erhöhen den Wert der Verlustvorträge. Auch wenn man geplante Suboptimalität ausschließt, kann der Wert von steuerlichen Verlustvorträgen mehr oder weniger deutlich unter dem rechnerischen Wert der diskontierten Steuervorteile liegen.[344]

---

[344] Der Wert von Verlustvorträgen kann auch *über* dem Barwert der induzierten Steuerminderzahlungen liegen. Bedingung ist, daß die den Verlustvorträgen zurechenbaren Mittelfreisetzungen zur Realisierung vorteilhafter Realinvestitionen verwendet werden, die die Gesellschaft ansonsten (wegen bestehender Finanzierungsrestriktionen) nicht hätte realisieren können. Dieser Sachverhalt wurde oben durch die Annahme gleicher (Real)Investitions-strategien bei VV- und B-Unternehmen ausgeklammert.

III. Bewertung und sonstige Rückstellungen

1. Einführung

Die Bilanzgliederung des § 266 Abs. 3 HGB unterscheidet in 1. Rückstellungen für Pensionen und ähnliche Verpflichtungen, 2. Steuerrückstellungen und 3. sonstige Rückstellungen. Zu den sonstigen Rückstellungen zählen gemäß § 249 HGB:

- Rückstellungen für ungewisse Verbindlichkeiten und für drohende Verluste aus schwebenden Geschäften,
- Rückstellungen für im Geschäftsjahr unterlassene Instandhaltungen, die im folgenden Geschäftsjahr innerhalb von drei Monaten nachgeholt werden,
- Rückstellungen für im Geschäftsjahr unterlassene Abraumbeseitigung, die im folgenden Geschäftsjahr nachgeholt wird,
- Rückstellungen für Gewährleistungen, die ohne rechtliche Verpflichtung erbracht werden,
- Rückstellungen für im Geschäftsjahr unterlassene Instandhaltungen, die im folgenden Geschäftsjahr nach Ablauf von drei Monaten nachgeholt werden.

Die empirische Bedeutung der Position „Sonstiger Rückstellungen" auf den Passivseiten der Bilanzen deutscher Unternehmen ist hoch. Ihr Anteil an den Bilanzsummen der 100 größten deutschen Aktiengesellschaften liegt 1996 durchschnittlich bei etwa 19 %.

Wir wollen im folgenden die Zahlungswirkungen von sonstigen Rückstellungen näher beleuchten, ihre Kapitalkosten beziffern und ihre Wirkung im Rahmen der Bewertung von Unternehmen, insbesondere im Rahmen des APV-Ansatzes betrachten.

2. Zahlungswirkungen und Kapitalkosten von sonstigen Rückstellungen

Wir wollen zunächst das Problemfeld einengen. Wir nehmen an, daß die den Anstoß zur Rückstellungsbildung gebenden Gründe operativ, d. h. durch die Kernaktivitäten des Unternehmens bedingt sind. Auch bei sorgfältiger Planung und Entscheidungsfindung sind die künftigen (unsicheren) Zahlungsbelastungen, die durch Rückstellungsbildung aufwandsmäßig antizipiert werden, nicht vermeidbar. Wenn deshalb im folgenden von den „Kapitalkosten" sonstiger Rückstellungen gesprochen wird, sind nicht diese unvermeidbaren Zahlungsbelastungen gemeint, sondern die Kosten der Antizipation der Zahlungsbelastungen durch Rückstellungsbildung. Wir nehmen weiterhin an, daß die Rückstellungsbildung auch steuerlich anerkannt wird. Dies ist regelmäßig der Fall, wenn gemäß den Grundsätzen ordnungsmäßiger Buchführung in der Handelsbilanz Passivierungspflicht besteht. Es soll auch gelten, daß die Rückstellungsbildung die Ausschüttungsfähigkeit in der Periode t verkürzt, aber dennoch eine positive Ausschüttung in t möglich ist.

Um die Zahlungswirkungen einer Rückstellungsbildung[345] abzubilden und die Kapitalkosten zu beziffern, benutzen wir im folgenden ein Vergleichsunternehmen, das dem gleichen operativen Risiko ausgesetzt ist, das durch die Rückstellungsbildung in Periode t bilanzmäßig abgebildet werden soll, das aber auf die Rückstellungsbildung in Periode t verzichtet.[346] Beide Unternehmen, das die Rückstellung in Periode t bildende Unternehmen - im folgenden RS-Unternehmen - und das Vergleichsunternehmen - im folgenden V-Unternehmen - sind durch die *gleiche* (unsichere) künftige Zahlungsbelastung in Periode t^* bedroht. Das RS-Unternehmen bildet eine Rückstellung in t in Höhe der erwarteten Zahlungsbelastung; das V-Unternehmen unterläßt die Bildung und leistet die in t^* eintretende Zahlungsbelastung aus dem operativen Cash-flow vor Steuern.

Die Fiktion des V-Unternehmens ist begründungsbedürftig, da oben angenommen wurde, der Rückstellungsgrund löse eine Pflicht zur Passivierung aus; die Alternative eines Verzichts auf die Passivierung der Rückstellung besteht insoweit nicht. Nun könnte man die Rechnungslegungsvorschriften gedanklich ersetzen durch ein System, das der Aufwandsantizipation weniger Aufmerksamkeit widmet und auf erzwungene Ansparvorgänge im Wege der Innenfinanzierung verzichtet, sondern im Belastungsfall auf Kürzungen der Ausschüttung bzw. auf (Wieder)Ein-lagen der Eigentümer setzt. Das V-Unternehmen ist Reprä-

---

345 Es handelt sich im folgenden ausschließlich um die Bildung sonstiger Rückstellungen. Die Wirkungen von Pensionsrückstellungen im Rahmen der Entity-Methode und des APV-Ansatzes wurden in Kapitel 5 besprochen.

346 Vgl. zu diesem Vorgehen Wieland, J. E. (1991), S. 210-215; Drukarczyk, J. (1993), S. 410-413; Schwetzler, B. (1994), (1996).

sentant einer solchen Rechnungslegungswelt.[347] Insoweit folgerichtig stehen Eigentümern für die ansonsten ausschüttungsgesperrten Mittel dann auch risikoäquivalente Alternativrenditen offen. Damit sind auch Kapitalkosten bezifferbar.

Wir wollen die Überlegung an einem Beispiel erläutern: In Periode t^* drohe einen Zahlungsbelastung in Höhe von 100. Sie ist durch Rückstellungsbildung in Periode $t = 0$ antizipierbar. Das RS-Unternehmen muß eine Rückstellung bilden; das V-Unternehmen bildet keine Rückstellung. Die Rückstellung in Periode $t = 0$ beträgt 100; Probleme einer eventuellen Abzinsung des Belastungsbetrages und solche der Quantifizierung einer unsicheren Zahlungsbelastung in t^* werden ausgeklammert.

Die Rückstellungsbildung bindet Mittel auf Unternehmensebene, über deren Verwendung zu entscheiden ist. Etwas vereinfachend wird angenommen, daß die vorteilhaften Realinvestitionen auch dann realisiert werden, wenn die Rückstellungsbildung ausbleibt. Folglich können die Mittel nur in Finanzanlagen investiert werden oder zur Rückführung von Fremdmitteln benutzt werden. Über die jeweilige Verwendungsform ist unter Rendite- und Risikogesichtspunkten zu befinden; sie muß sicherstellen, daß die Mittel bei Inanspruchnahme des Unternehmens - im Beispiel also in t^* - auch abgerufen werden können. Werden die Mittel in Finanzanlagen geparkt, sind diese zu verkaufen. Werden sie zur Rückführung kurz- oder mittelfristiger Fremdmittel benutzt, müssen Kreditgeber bereit sein, bei Inanspruchnahme des Unternehmens das ursprüngliche Kreditvolumen wiederherzustellen. Das RS-Unternehmen im Beispiel entscheidet für das Parken der Mittel in Finanzanlagen mit einer Bruttorendite in Höhe von $i_{FA} = 0{,}10$.

---

347 Wir schließen aus, daß das unterschiedliche Bilanzierungsverhalten von RS- und V-Unternehmen Eigentümer zu unterschiedlichen Einschätzungen des Investitionsrisikos veranlaßt.

	0	1	2	…	t^*
(1) Überschuß vor GewESt und KöSt bzw. ESt	200	200	200	…	200
(2) Inanspruchnahme aus Rückstellungsgrund vor Steuern					–100
(3) Rückstellungsveränderung	(100)				(–100)
(4) Finanzierung des WP-Bestandes	–100				100
(5) Zinserträge *nach* Steuern[348]		4,58	4,58		4,58
(6) Gewerbeertragsteuer (0,1667)	–16,67	–33,34	–33,34	…	–33,34
(7) Einkommensteuer (0,45)	–37,50	–75	–75	…	–75
(8) Cash-flow auf der Ebene der Eigentümer	45,83	96,24	96,24	…	96,24

Tabelle 39: Ausschüttungen des RS-Unternehmens

Tabelle 39 verdeutlicht:

- In der Periode der Rückstellungsbildung tritt eine Ausschüttungsverkürzung ein. Diese beträgt $RS_0\left[1-\left(0{,}45+0{,}1667-0{,}1667\cdot 0{,}45\right)\right]$. Die Rückstellungsbildung in Höhe von RS_0 kürzt die Ausschüttung nicht um 100, sondern um 100 abzüglich der durch RS_0 bewirkten Minderung der Steuerzahlungen.
- Die Minderung der Steuerzahlungen im Jahr der Rückstellungsbildung beträgt $RS_0\left(s_I+s_{GE}-s_{GE}s_I\right)=100\cdot 0{,}54169=54{,}17$.
- Die auf den Wertpapierbestand erzielten Zinserträge nach Steuern erhöhen die Ausschüttungen in den Perioden 1 bis t^*.
- In Periode t^* tritt annahmegemäß die Zahlungsbelastung in Höhe von 100 ein. Zur Finanzierung wird der in 0 gebildete Wertpapierbestand aufgelöst. Die Rückstellung wird ebenfalls aufgelöst und mit der Zahlungsbelastung von 100 erfolgsneutral verrechnet. Steuerwirkungen treten insoweit nicht ein.

348 $i_{FA}=0{,}10;\quad i_{FA,s}=0{,}10\left(1-0{,}1667\right)\left(1-0{,}45\right)=0{,}04583.$

Das V-Unternehmen bildet im Zeitpunkt 0 keine Rückstellung. Die Zahlungsbelastung in t^* wird aus dem operativen Cash-flow vor Steuern finanziert. Tabelle 40 zeigt die Ausschüttungen an die Eigentümer.

	0	1	2	...	t^*
(1) Überschuß vor GewESt und KöSt bzw. ESt	200	200	200	...	200
(2) Inanspruchnahme aus Rückstellungsgrund vor Steuern					100
(3) Gewerbeertragsteuer (0,1667)	–33,34	–33,34	–33,34	...	–16,67
(4) Einkommensteuer (0,45)	–75	–75	–75	...	–37,50
(5) Cash-flow auf der Ebene der Eigentümer	91,66	91,66	91,66	...	45,83

Tabelle 40: Ausschüttungen des V-Unternehmens

Die Ausschüttungsverkürzung tritt hier in Periode t^* ein. Zum Aufbau eines Wertpapierbestandes in 0 kommt es nicht. Stattdessen erhalten die Eigentümer eine um $100\left[1-\left(0{,}45+0{,}1667-0{,}45\cdot 0{,}1667\right)\right]=45{,}83$ höhere Ausschüttung, die sie alternativ und risikoäquivalent anlegen können.

Welche Zahlungswirkungen hat die Rückstellungsbildung im Zeitpunkt 0? Sie bewirkt eine Steuerminderzahlung in Höhe von $RS_0\left(s_I+s_{GE}-s_I s_{GE}\right)=54{,}17$. Wir können diese Steuerminderzahlung als Kredit des Fiskus ansehen (Steuerkredit). Dieser Kredit kostet keine Zinsen. Angenommen, die Inanspruchnahme des Unternehmens in t^* erfolgte nicht. Die Rückstellung ist dann erfolgswirksam aufzulösen; Steuerzahlungen in Höhe von 54,17 sind zu entrichten, Entgelte für die Kapitalüberlassung sind nicht zu zahlen. Der Kredit ist folglich kostenlos.

Die Rückstellungsbildung bewirkt außerdem einen Ausschüttungsverzicht der Eigentümer in Höhe von $RS_0\left[1-\left(s_I+s_{GE}-s_I s_{GE}\right)\right]$ $=RS_0\cdot 0{,}4583$. Vor dem Hintergrund der alternativen Rechnungslegungswelt, für die das V-Unternehmen steht, verursacht die Ausschüttungsverkürzung Kosten für die Eigentümer: Sie verzichten auf die risikoäquivalente Außenrendite, die bei Ausschüttung erzielbar gewesen wäre. Angenommen, diese Außenrendite der Anleger sei vor Steuern ebenfalls $i_{FA} = 0{,}10$. Nach Steuern beträgt die Rendite - die private Vermögensteuer bleibt unbeachtet - 0,10 (1 – 0,45) = 0,055. Jetzt sind die Kapitalkosten der Maßnahme Rückstellungsbildung im Zeitpunkt 0 quantifizierbar.[349]

Sie betragen: $RS_0(1-s_{GE})(1-s_I)i_{FA}(1-s_I)+RS_0(s_I+s_{GE}-s_I s_{GE})\cdot 0$

$$=RS_0(1-s_{GE})(1-s_I)i_{FA}(1-s_I).$$

Bezogen auf eine Geldeinheit an sonstigen Rückstellungen ist der Kapitalkostensatz somit $i_{FA}(1-s_I)(1-s_{GE})(1-s_I)=0{,}0252$ und damit sehr niedrig. Ursache ist die Kapitalkostenfreiheit des Kredits des Fiskus, der bei den gegebenen Steuersätzen mehr als die Hälfte von RS_0 ausmacht.

Die so berechneten Kapitalkosten sind niedriger als die auf Unternehmensebene erzielbare Nach-Steuer-Rendite auf die Wertpapierbestände. Diese beträgt bei unverändert unterstellter Vollausschüttung $i_{FA}(1-s_{GE})(1-s_I)=0{,}04583$. Daraus folgt, daß die Antizipation der Zahlungsbelastung durch die Rückstellungsbildung im Zeitpunkt 0 ganz im Sinn der Eigentümer und damit werterhöhend ist: Sie verzichten auf eine Ausschüttung in Höhe von 45,83; diesen Betrag hätten sie zu einer Nach-Steuer-Rendite von $i_{FA}(1-s_I)=0{,}055$ risikoäquivalent anlegen können. Das Unternehmen kann Mittel in Finanzanlagen zu einer nur niedrigeren Nach-Steuer-Rendite in Höhe von $i_{FA}(1-s_{GE})(1-s_I)$ = 0,04583 anlegen;[350] insoweit besteht ein Renditenachteil. Dieser wird überkompensiert durch das auf Unternehmensebene höhere Anlagevolumen: Das RS-Unternehmen baut Wertpapierbestände in Höhe von RS_0 auf; die Eigentümer können in ihrer Gesamtheit nur Mittel in Höhe von $RS_0(1-s_{GE})(1-s_I)$ anlegen, wenn - wie im V-Unternehmen - auf die Rückstellungsbildung verzichtet würde. Anders ausgedrückt: Der (kostenlose) fiskalische Kredit steht nur dem RS-Unternehmen, nicht den Anlegern zur Verfügung.

---

349 Vgl. Schwetzler, B. (1994), S. 796-798; ders. (1996), S. 20.

350 Substanzsteuern spielten auch bei ihrer Fortgeltung auf Unternehmensebene keine Rolle, da sich die Beiträge zu den jeweiligen Bemessungsgrundlagen durch die Wertpapierbestände einerseits und die Rückstellung andererseits genau kompensierten.

Daraus folgt, daß der Wert des RS-Unternehmens unter sonst gleichen Bedingungen den des V-Unternehmens übersteigen muß. Den Wertvorsprung könnte man so berechnen: Er resultiert aus dem über die Rückstellungsbildung finanzierten Wertpapierbestand. Dessen Ausschüttungsbeiträge sind $RS_0\, i_{FA}(1-s_{GE})(1-s_I)$ im Zeitraum 1 bis t^*. Um sie zu erhalten ist ein Ausschüttungsverzicht in 0 in Höhe von $RS_0(1-s_{GE})(1-s_I)$ erforderlich. Im Zeitpunkt der Inanspruchnahme, t^*, ist die Ausschüttung des RS-Unternehmens um $RS_0(1-s_{GE})(1-s_I)$ höher als die des V-Unternehmens. Folglich ist zu rechnen:

$$\Delta V = \sum_{t=1}^{t^*} RS_0\, i_{FA}(1-s_{GE})(1-s_I)(1+i_s^*)^{-t} + RS_0(1-s_{GE})(1-s_I)(1+i_s^*)^{-t^*} - RS_0(1-s_{GE})(1-s_I) \qquad (115)$$

i_s^* könnte für den privaten Kreditzinssatz nach Steuern stehen: Die Eigentümer prüfen, ob sie die Ausschüttungsminderung durch Kredit kompensieren und Zins und Tilgung über die Mehrausschüttungen des RS-Unternehmens finanzieren können. Diese Interpretation bringt implizit Ausschüttungspräferenzen der Eigentümer ins Spiel. Der Satz i_s^* kann auch als Alternativrendite nach Steuern interpretiert werden. ΔV bezeichnet dann den Nettokapitalwert einer Anlage, die die oben quantifizierten Einzahlungen im Zeitraum 1 bis t^* liefert und im Zeitpunkt 0 den Betrag $RS_0(1-s_{GE})(1-s_I)$ kostet. Wenn wir für das obige Beispiel $t^* = 4$ setzen, sind die folgenden Ausschüttungsdifferenzen zu bewerten:

0	1	2	3	4
−45,83	4,58	4,58	4,58	4,58
				45,83

Bei $i_s^* = 0{,}10(1-0{,}45) = 0{,}055$ folgt $\Delta V = 7{,}22$. Der Aufbau des Wertpapierbestandes auf Unternehmensebene ist vorteilhaft. Er wäre es auch, wenn $t^* = 1$ oder die Lebensdauer des Rückstellungsbestandes noch kürzer wäre. Der Grund ist klar: Die Eigentümer verdienen im Beispiel auf ihren Ausschüttungsverzicht in Höhe von $RS_0(1-s_{GE})(1-s_I)$ eine *Nach-Steuer-Rendite* von 10 %. Bei Ausschütung erzielten sie nur 5,5 %.

Die Vorteilhaftigkeit der Belastungsantizipation durch Rückstellungsbildung gilt auch, wenn das Unternehmen andere Mittelverwendungen beschließt, also z.B. Realinvestitionen finanziert, die risikoäquivalente Vor-Steuer-Renditen abwerfen oder Kredite tilgt, die zu marktüblichen Sätzen zu verzinsen sind.

3. Zur Wirkung von sonstigen Rückstellungen auf den Unternehmenswert

Wir wollen unsere Überlegungen etwas weiterführen, um die mögliche Bedeutung von Beständen an sonstigen Rückstellungen für die Unternehmensbewertung anzudeuten. Wir werden ausschließlich die APV-Methode als Argumentationsbasis benutzen. Der erste Bewertungsschritt besteht hier in der Ermittlung des Unternehmenswertes bei reiner Eigenfinanzierung. Wir wollen dies aus didaktischen Gründen ganz puristisch interpretieren: Das Unternehmen weise auch keine sonstigen Rückstellungen aus und entspricht somit dem oben betrachteten V-Unternehmen, das die Inanspruchnahmen aus ansonsten Rückstellungsbildungen veranlassenden Gründen aus dem operativen Cash-flow vor Steuern leistet oder über Eigenkapitaleinlagen finanziert. Die Zahlungsbelastungen aus den operativen Risiken, die ansonsten per Rückstellungsbildung antizipiert werden, kürzen somit korrekt die künftigen Cash-flows und damit die Ausschüttungen an die Anteilseigner. Diesen Wert bezeichnen wir mit V^E. Ist dieses Unternehmen auch fremdfinanziert, treten Unternehmenssteuereffekte auf. Es gilt $V^F = V^E + V^{USt}$.[351] Der Wert des Eigenkapitals beträgt $E^F = V^F - F$.

Das ansonsten identische RS-Unternehmen bilde im Zeitpunkt 1 eine sonstige Rückstellung RS_1. Wenn das optimale Programm an Realinvestitionen bereits geplant und finanziert ist, sind die auf Unternehmensebene gebundenen Mittel entweder zur Tilgung von Fremdkapital oder zum Aufbau von Finanzanlagen zu verwenden. Wir wollen zunächst annehmen, daß Fremdmittel, die steuerlich Dauerschulden darstellen, im Zeitpunkt 1 in Höhe von RS_1 getilgt und in t^*, dem Zeitpunkt der Inanspruchnahme des Unternehmens (und damit der Auflösung der Rückstellung), wieder aufgenommen werden. Der resultierende Unterneh-

351 Einkommensteuereffekte bleiben zur Vereinfachung im folgenden unbeachtet.

menssteuereffekt hat vier Bestandteile, wenn Bezugspunkt das die Rückstellung nicht bildende V-Unternehmen ist:

(1) Die durch den Einsatz von Fremdkapital bedingten steuerlichen Vorteile in Höhe von $RS_1\,\alpha(1-s_I)$ entfallen im Zeitraum 2 bis t^*.[352]

(2) Es entstehen steuerliche Vorteile in Periode 1 durch die Bildung von RS_1: Diese betragen $RS_1(s_I + s_{GE} - s_I s_{GE}) = RS_1 \cdot 0{,}5417$.

(3) In der Zeitspanne von 2 bis t^* löst der Bestand an sonstigen Rückstellungen Substanzsteuerersparnisse aus. Diese betragen nach Einkommensteuern in jeder Periode des genannten Zeitraums $RS_1\left[s_{GK}(1-s_{GE}) + 0{,}75 s_V \frac{1}{1-s_K^T}\right](1-s_I)$. Bei Wegfall der Substanzsteuern entfällt dieser Bestandteil.

(4) In Periode t^* entsteht ein steuerlicher Nachteil in Höhe von $RS_1(s_I + s_{GE} - s_I s_{GE})$ gegenüber dem V-Unternehmen.

Die relevanten steuerlichen Effekte aus der Sicht des RS-Unternehmens sehen somit so aus:

1	2	...	t^*
$RS_1(s_{GE} + s_I - s_{GE} s_I)$	$RS_1\left[0{,}5 s_{GK}(1-s_{GE}) - 0{,}5 i\, s_{GE}\right] \cdot (1-s_I)$	...	$RS_1\left[0{,}5 s_{GK}(1-s_{GE}) - 0{,}5 i\, s_{GE}\right] \cdot (1-s_I)$
(a)	(b)		$-RS_1(s_{GE} + s_I - s_{GE} s_I)$

(a) bezeichnet die Gewerbeertragsteuer- und Einkommensteuerwirkung bei Bildung der Rückstellung; (b) bezeichnet den Nettoeffekt, wenn durch Rückstellungsbildung ausgelöste Innenfinanzierungsbeträge zur Tilgung von Dauerschulden verwendet werden. Ausdruck (b) wird für realistische Kreditzinssätze negativ sein.[353] Folglich ist der Diskontie-

---

352 Bei Existenz von Substanzsteuern gilt:

$$\alpha = \left[0{,}75 s_V \frac{1}{1-s_K^T} + 0{,}5 s_{GK}(1-s_{GE}) + 0{,}5 i\, s_{GE}\right]$$

. Bei Wegfall der Substanzsteuern gilt $\alpha = 0{,}5 i\, s_{GE}$.

353 Das bedeutet, daß das RS-Unternehmen ceteris paribus in der Summe *mehr* Steuern bezahlt als das V-Unternehmen. Die zeitliche Struktur der Steuerzahlungen, die das RS-Unternehmen zu leisten hat, ist demnach wertvoller als die des V-Unternehmens.

rungssatz und die Zeitspanne, für die der Steuerkredit zur Verfügung steht, von Bedeutung für den Unternehmenssteuereffekt. Entfallen die Substanzsteuern , entfällt der positive Teil des Terms in (b); die Attraktivität der Substitution von Dauerschulden durch Rückstellungen wird gemindert.

Baut das RS-Unternehmen Wertpapierbestände mit Mitteln auf, die durch die Bildung von Rückstellungen ausschüttungsgesperrt wurden, und sind diese, wie oben unterstellt, durch die operativen Risiken der Kernaktivitäten des Unternehmens bedingt, erscheint es sinnvoll, diese Wertpapierbestände nicht als nicht betriebsnotwendiges Vermögen zu behandeln, sondern als zum operativen Geschäft gehörend zu betrachten.[354] Nur positive Überhänge von Wertpapierbeständen, die nicht als durch operativ bedingte Rückstellungsbestände finanziert gelten können, sind als nicht betriebsnotwendiges Vermögen zu behandeln.

Betrachten wir die steuerlichen Effekte aus der Sicht des RS-Unternehmens im Vergleich zum V-Unternehmen.

1	2	…	t^*
$RS_I(s_{GE} + s_I - s_{GE} s_I)$	$RS_I \cdot 0$	…	$RS_I \cdot 0$
(a)	(b)		$-RS_I(s_{GE} + s_I - s_{GE} s_I)$

Man sieht, daß (unabhängig von der Höhe der erzielbaren Zinserträge) diese Struktur der steuerlichen Wirkungen derjenigen bei unterstellter Tilgung von Fremdkapital überlegen ist. Es ist somit nicht belanglos, ob das RS-Unternehmen die Mittel, die sich zusammensetzen aus Ausschüttungsverzicht und Steuerkredit, zur Tilgung von Fremdkapital einsetzt oder zum Aufbau von Wertpapierbeständen.

354 Das schließt nicht aus, daß diese Bestände getrennt bewertet werden.

IV. Literaturhinweise

Ballwieser, W. (1995): Unternehmensbewertung und Steuern. In: Unternehmenstheorie und Besteuerung, Festschrift für Dieter Schneider; Elschen, R./Siegel, Th./Wagner, F.W. (Hrsg.), Wiesbaden, S. 15-37.

Briese, U. (1977): Körperschaftsteuerliches Anrechnungsverfahren und „moderne" Unternehmensbewertung. In: WPg, 30. Jg., S. 399-405.

Drukarczyk, J. (1978): Ausschüttungssperre, Ausschüttungsregel und Kapital- bzw. Substanzerhaltung. In: WiSt, 7. Jg., S. 97-103.

Drukarczyk, J. (1993): Theorie und Politik der Finanzierung, 2. A. München, Kapitel 12.

Drukarczyk, J. (1997): Zur Bewertung von Verlustvorträgen. In: Deutsches Steuerrecht, 35. Jg., S. 464-469.

Hötzel, O. (1993): Die steuerliche Relevanz des verwendbaren Eigenkapitals beim Unternehmenskauf. In: Deutsches Steuerrecht, 31. Jg., S. 712-714.

König, W./Zeidler, G. W. (1996): Die Behandlung von Steuern bei der Unternehmensbewertung. In: Deutsches Steuerrecht, 34. Jg., S. 1098-1103.

Kräußlein, Th. (1992): Ertragsteuerliche Verlustkompensationsstrategien in Krisenunternehmen, Köln.

Leuthier, R. (1988): Zur Berücksichtigung der Besteuerung bei der Unternehmensbewertung. In: BFuP, 40. Jg., S. 505-521.

Lutz, H. (1993): Zum Wert körperschaftsteuerlicher Verlustvorträge bei der Ertragswertermittlung. In: BFuP, Jg., S. 66-78.

Marx, F. J. (1988): Zur Grenzpreisbildung beim Mantelkauf. In: GmbH-Rundschau, S. 113-120.

Mertens, H.-J. (1992): Zur Geltung des Stand-alone-Prinzips für die Unternehmensbewertung bei der Zusammenführung von Unternehmen. In: AG, 37. Jg., S. 321-335.

OLG Düsseldorf, Beschluß vom 11.4.1988 - 19 W 32/86. In: Zip, 12. Jg., S. 1555-1562.

Peemöller, V. H. (1997): Unternehmensbewertung bei ertragsteuerlichen Verlustvorträgen. In: BB, 52. Jg., S.303-309.

Popp, M. (1997): Bewertung ertragsteuerlicher Verlustvorträge im Rahmen der entscheidungsorientierten Unternehmensbewertungslehre, München.

Rose, G. (1995): Die Ertragsteuern, 14. A., Wiesbaden.

Schult, E. (1984): Der Ertragsteuereinfluß auf die Verkaufs - bzw. Kaufentscheidung bei unrentablen Betrieben. In: StuW, S. 141-147.

Schwetzler, B. (1994): Innenfinanzierung durch Rückstellungen, der Erwerb festverzinslicher Wertpapiere und das Informationsdilemma bei Publikums-Gesellschaften. In: DBW, 54. Jg., S. 787-803.

Schwetzler, B. (1996): Die Kapitalkosten von Rückstellungen - Zur Anwendung des Shareholder-Value-Konzeptes in Deutschland; Handelshochschule Leipzig, Arbeitspapier Nr. 5.

Schwetzler, B. (1996 a): Die Kapitalkosten von kurzfristigen Rückstellungen. In: BFuP, 48. Jg., S. 442-466.

Sieben, G./Lutz, H. (1984): Die Bewertung eines ertragsschwachen Unternehmens im Rahmen der Bestimmung der angemessenen Barabfindung beim Abschluß eines Gewinnabführungs- und Beherrschungsvertrages. In: BFuP, 36. Jg., S. 566-576.

Wagner, F.W. (1994): Unternehmensbewertung und vertragliche Abfindungsbemessung. In: BFuP, 46. Jg., S. 477-498.

Wagner, F./Dirrigl, H. (1980): Die Steuerplanung der Unternehmung, Stuttgart, New York, S. 54-66.

Wagner, F./Rümmele, P. (1995): Ertragsteuern in der Unternehmensbewertung: Zum Einfluß von Steuerrechtsänderungen. In: WPg, 48. Jg., S. 433-441.

Wieland, J. E. (1991): Bausteine zu einer strategischen Finanzplanung, Frankfurt/M., Bern, New York, Paris.

Lösungshinweise zu den Übungsaufgaben

Aufgabe 1

a) Maximaler Kaufpreis = BKW_0 = 502,53.

b) Mindestverkaufspreis Verkäufer = Maximaler Kaufpreis Käufer.

Aufgabe 2

a) NKW_0 (A) = 9,46; NKW_0 (B) = -11,22.

b) Bedeutung der Struktur der Nettoeinzahlungen; Projekt B ist „zinsreagibler".

Aufgabe 3

a) E. zieht Vertragsgestaltung II vor: NKW_{II} = 18,30; NKW_I ist negativ!

b) M. zieht Vertragsgestaltung I vor, kann diese Lösung aber nicht durchsetzen.

c) Die Durchführung des Projektes erhöht den Unternehmenswert um 116,99. Folglich könnte M. den mit Vertragsgestaltung II einhergehenden Vorteil für E. in Höhe von 18,30 auch in Kauf nehmen.

Aufgabe 4

1. Nettoeinzahlungen für den Zeitraum 1993 - 2000: -3.550; -1.070; 900; 1.020; 1.152; 1.297,2; 1.457; 3.632,6.
2. Nettoeinzahlungen für den Zeitraum 1993 - 2001: -3.550; -1.070; -7.100; 220; 272; 329,2; 392,2; 2.461,4; 12.884.

Aufgabe 5

1. $NKW_0 = 1.807{,}9$;
   $NKW_0 = -1.385{,}1$.

2. a) Die Kreditaufnahme zu Beginn der Periode 1994 beträgt 2.099,1.

   b) Der Barwert der Entnahmen beträgt 5.357,88. Dieser Betrag ist gleich dem BKW des Projektes.

Aufgabe 6

1. a) $NKW_0 = 11{,}94$.
   Barwert der Steuerersparnisse aus der Abschreibung = 519,77.

   b) $NKW_0 = 15{,}03$.
   Barwert der Steuerersparnisse aus der Abschreibung = 522,85.

   c) Schnellere Abschreibung lohnt.

2. a) $NKW_0 = 15{,}03$.

   b) Finanzierung hat keinen Einfluß.

Aufgabe 7

1. Nettoeinzahlungen nach Steuern: 140,42; 125,79; 106,39; 101,08; 101,08; 101,08.

2. a) Kreditkosten nach Steuern sind 6,554 %.
   Maximaler Tilgungsbetrag am Ende der Laufzeit: 551,58.

   b) Der Finanzplan muß die kumulierte Tilgung in Höhe von 551,58 belegen.

   c) Projekt ist vorteilhaft, da das auf den Zeitpunkt 0 bezogene Tilgungsvolumen die Anschaffungsauszahlung deutlich übersteigt.

Aufgabe 8

1. Ausschüttungen an Gesellschafter nach Steuern: 145,00; 131,50; 112,05; 107,15; 107,15; 107,15.

2. Kosten der privaten Kredite nach Steuern sind 7,8 %.
   Das maximal tilgbare Kreditvolumen beträgt 558,34.
   Die Unterschiede zur Lösung in Aufgabe 7 ergeben sich, weil $s_K > s_I$ und weil die Zinsbelastung auf Gesellschafterebene (7,8 %) höher ist als auf Unternehmensebene (6,554 %).

3. 588,37.

Aufgabe 9

1. – 32.000; 1.708,34; 3.200; . . . .; 3.200; 5.149,21.
2. Rendite: 8,37 %.
3. Kosten des Kredits: 7,94 %.
4. Rendite des „Pakets“: 9,151 %.

Aufgabe 10

1. $i_{V,s} = 0{,}03966$;

   Tilgbares Kreditvolumen, bezogen auf den Zeitpunkt 0: 78.517, 78.517 > 75.000.

2. $i^{P}_{V,s} = 0{,}042$;

   Tilgbares Kreditvolumen, bezogen auf den Zeitpunkt 0: 77.320; 77.320 > 75.000.

3. $s_K^T = 0{,}50$; $s_I = 0{,}53$;

   $i_{V,s} < i^{P}_{V,s}$

   Vermögensteuerbelastung bei Einbehaltung größer als bei Ausschüttung.

Aufgabe 11

1. 17,85 Mio. DM.
2. $BKW_0 = 704{,}43$ Mio. DM. Projekt ist vorteilhaft.
3. $BKW_0 = 686{,}32$ Mio. DM. Projekt lohnt nicht mehr.

Aufgabe 12

1. $\bar{u}(A) = 1.979{,}2 > u(108) = 1.926{,}7$.
2. GP (A) = 103,13.
3. Projekt B ist besser.

Aufgabe 13

1. $NKW_0 = 804{,}2$.
2. a) Die Verkaufserlöse bei Ausstieg nach Steuern sind 1.500 in Periode 1 und 750 in Periode 2.
   b) $BKW_0 = 3.651{,}90$.
   c) Projekt lohnt auch jetzt noch; aber Vorteilhaftigkeit sinkt.

Aufgabe 14

1. a) Nettoeinzahlungen bei schneearmen Wintern: 5; 5; 50.
   Nettoeinzahlungen bei schneereichen Wintern: 1.550; 1.550; 1.550.
   b) $BKW_0 = 3.804{,}2$.
   c) Wegen der gewählten Form der Abhängigkeit folgt ein unverändertes Ergebnis.
2. a) Nettoeinzahlungen bei schneearmen Wintern: 1.505; 0; 0.
   Nettoeinzahlungen bei schneereichen Wintern: 1.550; 1.550; 1.550.
   b) $BKW_0 = 3.942{,}3$.
   c) Vorschlag des Assistenten ist jetzt werterhöhend.

Aufgabe 15

1. $BKW_0 = \text{Grenzpreis} = 508{,}8$.
2. Risikozuschläge: z_{11}: 0,07084; z_{21}: 0,05051; in t_0: 0,19975.

3. Der Mindestverkaufspreis des Pächters beträgt 530,48. Daher besteht kein Einigungsbereich.

Aufgabe 16

1. Entziehbare Überschüsse: 1.736; 1.765.
2. Deckung der Finanzierungsdefizite durch Kreditaufnahmen: 236; 685.

Aufgabe 17

1. a) Plan A: $k^F = 0{,}11$;

   Plan B: $k^F = 0{,}0933$.

   b) Plan A und B: $k^F = 0{,}16$.

   c) Er ist indifferent; Illiquiditätsrisiken bestehen nicht.

2. a) Plan A: $V^F = 10.000.000$;

   Plan B: $V^F = 8.750.000$.

   b) Plan A: WACC = 0,05;

   Plan B: WACC = 0,05714.

   c) Plan A: $k_s^F = 0{,}11$;

   Plan B: $k_s^F = 0{,}0933$.

3. Cash-flow Eigentümer:

   Plan A: 75.000;

   Plan B: 30.000.

Aufgabe 18

1. Auch intensive Diversifikationsanstrengungen auf Unternehmensebene bewirken keine risikolosen Erfolge. Diversifikation auf Anteilseignerebene beseitigt nur das unsystematische Risiko. Kons rechnet zudem vor Steuern.

2. M_1 benutzt korrekte Formeln, prüft aber nicht die Anwendungsbedingungen für WACC.
3. M_2 macht mehrere Fehler: Die Erhöhung von F führt zu einem veränderten V^F. WACC ist dann 10,77 %. Er definiert die zu diskontierende Erfolgsgröße falsch. Zu diskontieren sind Erfolge in Höhe von 830.000. Er will den Verschuldungsgrad der AG anheben. Das ist nicht erforderlich; nur die Projekt-Kapitalstruktur ist zu verändern. Die Anwendung von WACC beachtet nicht den im Zeitablauf steigenden Verschuldungsgrad des Projektes.
4. APV-Methode (bei unterstellter Endtilgung): $V_0^E = 5.704.532$; $F_0 = 2.000.000$; $V_0^{USt} = 853.982$.

Aufgabe 19

1. WACC = 0,08667. Aber die Anwendungsbedingungen sind zu prüfen. Verschuldungsgrad des Projektes ist vermutlich deutlich kleiner als 2/3. Auch ist die Konstanz von F/V^F für das Projekt allenfalls zufällig gegeben. Finanzvorstand diskontiert falsche Erfolgsgröße. Ergebnis ist somit falsch.
2. Eine korrekte Rechnung setzt eine Annahme über die Tilgungsstruktur des Fremdkapitals, das zur Projektfinanzierung eingesetzt wird, voraus. Dann APV-Methode nutzen!
3. WACC ist unverändert 0,08667 unter den gesetzten Annahmen. Aber Projekt lohnt sich nicht mehr wegen der jetzt doppelten Besteuerung der Projekterfolge.

Aufgabe 20

1. $V^F = 1.254{,}3$.

   Für einen 49 %-Anteil beträgt der Maximalpreis 271,6; $0{,}49 \cdot [1.254{,}3 - 700] = 271{,}6$.
2. Die Antwort ist nicht eindeutig, da die Kapitalstruktur im Zeitablauf Veränderungen unterliegt. Im Zeitpunkt 0 gilt $F/E = 700/554{,}3 = 1{,}263$; im Zeitpunkt 4 gilt $700/580 = 1{,}207$. k_t^F sinkt somit im

Zeitablauf. Der kleinere Fehler entsteht, wenn man sich für k_4^F entscheidet (0,11207).

3. a) $V^E = 950$ gemäß Annahme;

   $V^F = 1.116{,}25$; $E^F = 416{,}25$.

   b) $V^F = 1.045{,}20$; $E^F = 345{,}20$.

Aufgabe 21

1. $WACC_{DP-AG} = 0{,}11453$.
2. Relevant sind die Kapitalkosten des zu erwerbenden Projekts. Die Höhe der Kapitalkosten hängt ab von i, $E[\tilde{r}_M] - i$, dem Investitionsrisiko und der Kapitalstruktur des Projekts (Unternehmens). Das Gewicht des Arguments ist somit offen.
3. $\beta_{DP-AG}^F = 1{,}3$;

   $\beta_{DP-AG}^u = 1{,}12461$;

   $\beta^G \equiv$ Beta-Wert der operativen Geschäfte;

   $\beta^G = 1{,}6264 = \beta_{D-AG}$;

   $WACC_{D-AG} = 0{,}10504$.
4. $V^F = 10{,}71$ Mio. DM;

   $E^F = 4{,}28$ Mio. DM.

Aufgabe 22

1. Cash-flows nach Einkommensteuer bei Eigenfinanzierung: 2.037,1; 2.820,0; - 2.882,2; 3.136,6; 2.783,4; 3.299,4 ff.;

   $V^E = 26.374{,}3$.
2. Vorteile aus der realisierten Kapitalstruktur:

   21,1; 17,8; 16,2; 48,7; 47,6; 49,4 ff.;

   $V^{USt} = 1.148{,}5$; $i_s = 0{,}085(1 - 0{,}53) = 0{,}03995$;

$V^F = 26.374,3 + 1.148,5 = 27.522,8.$

3. Die Druck GmbH tilgt in den Perioden 1, 2 und 4 Fremdmittel und finanziert dies durch Gewinnthesaurierungen. Wegen $s_I > s_K^T$ entstehen positive Einkommensteuereffekte.

4. $V^F = 27.522,8$;

   $F = 1.300,0$;

   $P = 1.025,0$;

   $E^F = 25.197,8$.

Aufgabe 23

- Die benutzte Formel für die Beta-Zerlegung gilt nur in einem einfachen Gewinnsteuersystem, paßt also nicht auf das Problem.
- Es fehlt eine Begründung, warum der Beta-Wert der Siemens AG bei der Bewertung des Projektes hilfreich sein könnte.
- Die Berechnung der Abschreibungsbeträge ist falsch.
- Die Nettoeinzahlungen nach Steuern sind infolge der fehlerhaften Abschreibungsbeträge korrekturbedürftig.
- Ohne Begründung wird der Verschuldungsgrad F/E über Buchwerte definiert.
- Ohne Begründung werden die Bilanzansätze von Pensionsrückstellungen und sonstigen Rückstellungen dem Fremdkapital gleichgesetzt.

Aufgabe 24

1. Bilanzieller Überschuß ist hier identisch mit entziehbarem Überschuß;

   $GP_0 = 1.875,58$ Mio. DM.

2. a) Projekt lohnt.

   Grenzpreis steigt um den NKW_0 des Projektes.

   $NKW_0 = 30 \cdot 1,1^{-1} = 27,27.$

   b) Bilanzielle Überschüsse: 190; 183; 203; 208; . . . .; 208.

$GP_0^{bil} = 2.039{,}22$ Mio. DM.

c) Nettoeinzahlungen: 40; 183; 203; 208; . . . .; 208.

$GP_0^{NE} = 1.902{,}85$ Mio. DM.

d) Differenz $GP_0^{bil} - GP_0^{NE} = 136{,}37$. Die Ursache ist, daß neben den aus der Investition resultierenden Nettoeinzahlungen (18) auch der Investitionsbetrag im Zeitpunkt 1 (150) als werterhöhend bei der Berechnung von GP_0^{bil} angesetzt wird: $150\left(1{,}1\right)^{-1} = 136{,}37$.

3. a) Argument übersieht die den Reinvestitionen zurechenbaren zusätzlichen Überschüsse.

b) Bilanzielle Überschüsse: 190; 183; 203; 208; 190; . . . . ; 190.

$GP_0^{bil} = 1.916{,}28$ Mio. DM.

Nettoeinzahlungen: 40; 183; 203; 358; 190; . . . . ; 190.

$GP_0^{NE} = 1.882{,}36$ Mio. DM.

c) Differenz $GP_0^{bil} - GP_0^{NE} = 33{,}91$ Mio. DM.

$33{,}91 = 150 \cdot 1{,}1^{-1} - 150 \cdot 1{,}1^{-4}$.

4. a) Wie werden vorteilhafte Investitionen finanziert, wenn die notwendigen Auszahlungen das bei Jahresüberschuß-bezogener Vollausschüttung mögliche Volumen an Innenfinanzierung übersteigen?

Lösungen: Wiedereinlage von Mitteln, Kreditfinanzierung, Aufnahme neuer Eigentümer.

Würden die vorteilhaften Investitionsprojekte im Kalkül unberücksichtigt bleiben, folgten zu niedrige Grenzpreise.

b) Bilanzielle Überschüsse: 190; 171; 191; 196; . . . . ; 196.

$GP_0 = 1.930{,}13$ Mio. DM.

c) Entziehbare Einzahlungsüberschüsse: 190; 171; 191; 196; . . . . ; 196

Aufgabe 25

1. a) $i + z = 0{,}12;$

   $GP_0 = 4.958{,}33.$

   b) Nein; $z_{max} = 0{,}0258.$

2. $GP_0 = 7.287{,}31;$

   $z = 0{,}00165.$

3. $z_{prag} = 0{,}0195;$

   $GP_0 = 5.979{,}9.$

   Die Abweichung zwischen den beiden Grenzpreisen ist erheblich. Ursache ist, daß der pragmatische Ansatz von Ballwieser eine deutlich größere Risikoaversion des Bewerters impliziert als die angenommene Risikonutzenfunktion: z_{prag} ist 11,8 mal so groß wie der implizierte Risikozuschlag.

4. a) $z^* = 0{,}02226;$

   b) $GP_0^S = 1.502{,}41;$

   $$GP_0^{RZ} = \sum_{t=1}^{3} E\left[\widetilde{NE}_t\right]\left(1 + i + z^*\right)^{-1}\left(1 + i\right)^{-t+1}$$

   $$= 1.502{,}41;$$

   $z^* = 0{,}02226.$

   c) $GP_0 = 1.473{,}81.$

Aufgabe 26

1. Tabelle 31 stellt bis Zeile (12) einschließlich eine bilanzielle Rechnung dar. Der Übergang zu einer Zahlungsrechnung erfolgt in Zeile (13). Die verrechneten Abschreibungen (8.000) übersteigen die geplante Reinvestition um 5.500. Sonstige Differenzen zwischen einer Aufwands- und Ertragsrechnung bzw. Ein- und Auszahlungsrechnung bestehen, wenn man der Tabelle folgt, nicht. Es wird unterstellt, daß die Liquiditätsdefizite durch Kredite gedeckt werden (Finanzbedarfsrechnungen). Tilgungen von Krediten finden nur in 1997 und 1998

statt. 1999 soll eine Politik der Vollausschüttung stattfinden. Dies ist, wie zu zeigen ist, weder zulässig noch sinnvoll.

2. Eigenkapitalbestand: -52.46 Mio. DM.

   Fremdkapitalbestand: 278,44 Mio. DM

   Diese Finanzierungsstrategie ist weder zulässig, die Deckel AG ist vermutlich überschuldet, noch möglich, da Gläubiger, die diese Strategie finanzieren, kaum zu finden sein werden.

3. Der Eigenkapitalbestand zum Ende 1998 beträgt dann etwa 4,6 % der Bilanzsumme. Die Rechnung ist überschlägig, weil sie unbeachtet läßt, daß durch die Zuführungen von Eigenkapital Zinsaufwendungen sinken, Steuerzahlungen reagieren und Fehlbeträge schrumpfen.

   - Gläubiger würden - immer vorausgesetzt sie trügen diese Finanzierungsstrategie überhaupt mit - Vollausschüttung ab 1999 nie zulassen.
   - Ausschüttungen sind nur zulässig, wenn zuvor das satzungsmäßige gezeichnete Kapital wieder hergestellt ist. Das ist nicht der Fall, weil die Eigenkapitalzuführungen die kumulierten Fehlbeträge nicht ausgleichen. Folglich scheiden Ausschüttungen aus.
   - Das Management hätte allen Anlaß, Eigenkapital zu gewinnen. Die Eigenkapitalquote liegt schließlich eindeutig unter dem Branchendurchschnitt. Hier ist Selbstfinanzierung ein möglicher Weg.
   - Vollausschüttung ist wertvernichtend, da die hohen körperschaftsteuerlichen Verlustvorträge dann auf Jahrzehnte ungenutzt bleiben.

Aufgabe 27

1.

1993	1994	1995	1996	1997	1998	1999ff.
-36.432	-35.424	-17.308	-2.016	10.035	17.740	13.576

2. Verbindlichkeiten gegenüber Kreditinstituten am 31.12.1998: 121,984 Mio. DM;

   Eigenkapitalbestand am 31.12.1998: 45,26 Mio. DM.

3. Ertragswert = 5,868 Mio. DM.
4. Ursachen für Differenzen:
   - Die von den Bewertern angenommene Finanzierungsstrategie ist nicht durchführbar. Damit sind die Ausschüttungen gemäß Tabelle 31 nicht realisierbar.
   - Die Gutachter lassen das sehr hohe Insolvenzrisiko unbeachtet.
   - Wird die in dieser Aufgabe unterstellte Finanzierungsstrategie verfolgt, sinkt das Finanzierungsrisiko und damit der anzuwendende Diskontierungssatz. Angenommen, er fiele auf 8,5 %, wäre der Ertragswert 36,77 Mio. DM.

Aufgabe 28

1. Bewertet werden die den Eigentümern nach Einkommennsteuer zufließenden Beträge: 975; 980; 980; 728; 895; 895; . . . . ; 895.
2. Mitteldefizite: -720; -700; -320; -730; 0; . . . . ; 0.
3. a) Jahresüberschüsse: 1.241; 1.210; 1.174; 837; 1.013; . . . . ; 1.013.

   b) Die Ausschüttungen sind finanzierbar.

   c) Zu bewerten sind die dem Käufer zufließenden Überschüsse nach Einkommensteuern ($s_I = 0{,}45$).
   $GP_0 = 8{,}25$ Mio. DM.
4. Ausschüttung: 325; 356; 840; -2; 1.140; 1.140; . . . . ; 1.140.
   In Periode 4 ist eine Wiedereinlage von Mitteln notwendig, um das Investitionsprogramm vollständig finanzieren zu können.
   Der Diskontierungssatz muß wegen des reduzierten Verschuldungsgrades niedriger angesetzt werden.

Anhang

Zinsfaktoren

Tabelle I: Endwerte für eine einmalige, über n Perioden angelegte Zahlung zum Zinssatz i

Formel: $(1 + i)^n$ (Aufzinsungsfaktor)

Period	1%	2%	3%	4%	5%	6%	7%	8%	9%	10%	12%	14%	15%	16%	18%	20%	24%	28%	32%	36%
1	1,01000	1,02000	1,03000	1,04000	1,05000	1,06000	1,07000	1,08000	1,09000	1,10000	1,12000	1,14000	1,15000	1,16000	1,18000	1,20000	1,24000	1,28000	1,32000	1,36000
2	1,02010	1,04040	1,06090	1,08160	1,10250	1,12360	1,14490	1,16640	1,18810	1,21000	1,25440	1,29960	1,32250	1,34560	1,39240	1,44000	1,53760	1,63840	1,74240	1,84960
3	1,03030	1,06121	1,09273	1,12486	1,15763	1,19102	1,22504	1,25971	1,29503	1,33100	1,40493	1,48154	1,52088	1,56090	1,64303	1,72800	1,90662	2,09715	2,29997	2,51546
4	1,04060	1,08243	1,12551	1,16986	1,21551	1,26248	1,31080	1,36049	1,41158	1,46410	1,57352	1,68896	1,74901	1,81064	1,93878	2,07360	2,36421	2,68435	3,03596	3,42102
5	1,05101	1,10408	1,15927	1,21665	1,27628	1,33823	1,40255	1,46933	1,53862	1,61051	1,76234	1,92541	2,01136	2,10034	2,28776	2,48832	2,93163	3,43597	4,00746	4,65259
6	1,06152	1,12616	1,19405	1,26532	1,34010	1,41852	1,50073	1,58687	1,67710	1,77156	1,97382	2,19497	2,31306	2,43640	2,69955	2,98598	3,63522	4,39805	5,28985	6,32752
7	1,07214	1,14869	1,22987	1,31593	1,40710	1,50363	1,60578	1,71382	1,82804	1,94872	2,21068	2,50227	2,66002	2,82622	3,18547	3,58318	4,50767	5,62950	6,98261	8,60543
8	1,08286	1,17166	1,26677	1,36857	1,47746	1,59385	1,71819	1,85093	1,99256	2,14359	2,47596	2,85259	3,05902	3,27841	3,75886	4,29982	5,58951	7,20576	9,21704	11,7034
9	1,09369	1,19509	1,30477	1,42331	1,55133	1,68948	1,83846	1,99900	2,17189	2,35795	2,77308	3,25195	3,51788	3,80296	4,43545	5,15978	6,93099	9,22337	12,1665	15,9166
10	1,10462	1,21899	1,34392	1,48024	1,62889	1,79085	1,96715	2,15892	2,36736	2,59374	3,10585	3,70722	4,04556	4,41144	5,23384	6,19174	8,59443	11,8059	16,0598	21,6466
11	1,11567	1,24337	1,38423	1,53945	1,71034	1,89830	2,10485	2,33164	2,58043	2,85312	3,47855	4,22623	4,65239	5,11726	6,17593	7,43008	10,6571	15,1116	21,1989	29,4393
12	1,12683	1,26824	1,42576	1,60103	1,79586	2,01220	2,25219	2,51817	2,81266	3,13843	3,89598	4,81790	5,35025	5,93603	7,28759	8,91610	13,2148	19,3428	27,9825	40,0375
13	1,13809	1,29361	1,46853	1,66507	1,88565	2,13293	2,40985	2,71962	3,06580	3,45227	4,36349	5,49241	6,15279	6,88579	8,59936	10,6993	16,3863	24,7588	36,9370	54,4510
14	1,14947	1,31948	1,51259	1,73168	1,97993	2,26090	2,57853	2,93719	3,34173	3,79750	4,88711	6,26135	7,07571	7,98752	10,1472	12,8392	20,3191	31,6913	48,7568	74,0534
15	1,16097	1,34587	1,55797	1,80094	2,07893	2,39656	2,75903	3,17217	3,64248	4,17725	5,47357	7,13794	8,13706	9,26552	11,9737	15,4070	25,1956	40,5648	64,3590	100,713
16	1,17258	1,37279	1,60471	1,87298	2,18287	2,54035	2,95216	3,42594	3,97031	4,59497	6,13039	8,13725	9,35762	10,7480	14,1290	18,4884	31,2426	51,9230	84,9538	136,969
17	1,18430	1,40024	1,65285	1,94790	2,29202	2,69277	3,15882	3,70002	4,32763	5,05447	6,86604	9,27646	10,7613	12,4677	16,6722	22,1861	38,7408	66,4614	112,139	186,278
18	1,19615	1,42825	1,70243	2,02582	2,40662	2,85434	3,37993	3,99602	4,71712	5,55992	7,68997	10,5752	12,3755	14,4625	19,6733	26,6233	48,0386	85,0706	148,024	253,338
19	1,20811	1,45681	1,75351	2,10685	2,52695	3,02560	3,61653	4,31570	5,14166	6,11591	8,61276	12,0557	14,2318	16,7765	23,2144	31,9480	59,5679	108,890	195,391	344,540
20	1,22019	1,48595	1,80611	2,19112	2,65330	3,20714	3,86968	4,66096	5,60441	6,72750	9,64629	13,7435	16,3665	19,4608	27,3930	38,3376	73,8641	139,380	257,916	468,574
21	1,23239	1,51567	1,86029	2,27877	2,78596	3,39956	4,14056	5,03383	6,10881	7,40025	10,8038	15,6676	18,8215	22,5745	32,3238	46,0051	91,5915	178,406	340,449	637,261
22	1,24472	1,54598	1,91610	2,36992	2,92526	3,60354	4,43040	5,43654	6,65860	8,14027	12,1003	17,8610	21,6447	26,1864	38,1421	55,2061	113,574	228,360	449,393	866,674
23	1,25716	1,57690	1,97359	2,46472	3,07152	3,81975	4,74053	5,87146	7,25787	8,95430	13,5523	20,3616	24,8915	30,3762	45,0076	66,2474	140,831	292,300	593,199	1178,68
24	1,26973	1,60844	2,03279	2,56330	3,22510	4,04893	5,07237	6,34118	7,91108	9,84973	15,1786	23,2122	28,6252	35,2364	53,1090	79,4968	174,631	374,144	783,023	1603,00
25	1,28243	1,64061	2,09378	2,66584	3,38635	4,29187	5,42743	6,84848	8,62308	10,8347	17,0001	26,4619	32,9190	40,8742	62,6686	95,3962	216,542	478,905	1033,59	2180,08
26	1,29526	1,67342	2,15659	2,77247	3,55567	4,54938	5,80735	7,39635	9,39916	11,9182	19,0401	30,1666	37,8568	47,4141	73,9490	114,475	268,512	612,998	1364,34	2964,91
27	1,30821	1,70689	2,22129	2,88337	3,73346	4,82235	6,21387	7,98806	10,2451	13,1100	21,3249	34,3899	43,5353	55,0004	87,2598	137,371	332,955	784,638	1800,93	4032,28
28	1,32129	1,74102	2,28793	2,99870	3,92013	5,11169	6,64884	8,62711	11,1671	14,4210	23,8839	39,2045	50,0656	63,8004	102,967	164,845	412,864	1004,34	2377,22	5483,90
29	1,33450	1,77584	2,35657	3,11865	4,11614	5,41839	7,11426	9,31727	12,1722	15,8631	26,7499	44,6931	57,5755	74,0085	121,501	197,814	511,952	1285,55	3137,94	7458,10
30	1,34785	1,81136	2,42726	3,24340	4,32194	5,74349	7,61226	10,0627	13,2677	17,4494	29,9599	50,9502	66,2118	85,8499	143,371	237,376	634,820	1645,50	4142,07	10143,0
40	1,48886	2,20804	3,26204	4,80102	7,03999	10,2857	14,9745	21,7245	31,4094	45,2593	93,0510	188,884	267,864	378,721	750,378	1469,77	5455,91	19426,7	66520,8	219562
50	1,64463	2,69159	4,38391	7,10668	11,4674	18,4202	29,4570	46,9016	74,3575	117,391	289,002	700,233	1083,66	1670,70	3927,36	9100,44	46890,4	229350	*	*
60	1,81670	3,28103	5,89160	10,5196	18,6792	32,9877	57,9464	101,257	176,031	304,482	897,597	2595,92	4384,00	7370,20	20555,1	56347,5	402996	*	*	*

* FVIF > 999.999

Tabelle II: Barwerte für eine einmalige, nach n Perioden anfallende Zahlung beim Zinssatz i

Formel: $(1 + i)^{-n}$ (Abzinsungsfaktor)

Period	1%	2%	3%	4%	5%	6%	7%	8%	9%	10%	12%	14%	15%	16%	18%	20%	24%	28%	32%	36%
1	0,99010	0,98039	0,97087	0,96154	0,95238	0,94340	0,93458	0,92593	0,91743	0,90909	0,89286	0,87719	0,86957	0,86207	0,84746	0,83333	0,80645	0,78125	0,75758	0,73529
2	0,98030	0,96117	0,94260	0,92456	0,90703	0,89000	0,87344	0,85734	0,84168	0,82645	0,79719	0,76947	0,75614	0,74316	0,71818	0,69444	0,65036	0,61035	0,57392	0,54066
3	0,97059	0,94232	0,91514	0,88900	0,86384	0,83962	0,81630	0,79383	0,77218	0,75131	0,71178	0,67497	0,65752	0,64066	0,60863	0,57870	0,52449	0,47684	0,43479	0,39754
4	0,96098	0,92385	0,88849	0,85480	0,82270	0,79209	0,76290	0,73503	0,70843	0,68301	0,63552	0,59208	0,57175	0,55229	0,51579	0,48225	0,42297	0,37253	0,32939	0,29231
5	0,95147	0,90573	0,86261	0,82193	0,78353	0,74726	0,71299	0,68058	0,64993	0,62092	0,56743	0,51937	0,49718	0,47611	0,43711	0,40188	0,34111	0,29104	0,24953	0,21493
6	0,94205	0,88797	0,83748	0,79031	0,74622	0,70496	0,66634	0,63017	0,59627	0,56447	0,50663	0,45559	0,43233	0,41044	0,37043	0,33490	0,27509	0,22737	0,18904	0,15804
7	0,93272	0,87056	0,81309	0,75992	0,71068	0,66506	0,62275	0,58349	0,54703	0,51316	0,45235	0,39964	0,37594	0,35383	0,31393	0,27908	0,22184	0,17764	0,14321	0,11621
8	0,92348	0,85349	0,78941	0,73069	0,67684	0,62741	0,58201	0,54027	0,50187	0,46651	0,40388	0,35056	0,32690	0,30503	0,26604	0,23257	0,17891	0,13878	0,10849	0,08545
9	0,91434	0,83676	0,76642	0,70259	0,64461	0,59190	0,54393	0,50025	0,46043	0,42410	0,36061	0,30751	0,28426	0,26295	0,22546	0,19381	0,14428	0,10842	0,08219	0,06283
10	0,90529	0,82035	0,74409	0,67556	0,61391	0,55839	0,50835	0,46319	0,42241	0,38554	0,32197	0,26974	0,24718	0,22668	0,19106	0,16151	0,11635	0,08470	0,06227	0,04620
11	0,89632	0,80426	0,72242	0,64958	0,58468	0,52679	0,47509	0,42888	0,38753	0,35049	0,28748	0,23662	0,21494	0,19542	0,16192	0,13459	0,09383	0,06617	0,04717	0,03397
12	0,88745	0,78849	0,70138	0,62460	0,55684	0,49697	0,44401	0,39711	0,35553	0,31863	0,25668	0,20756	0,18691	0,16846	0,13722	0,11216	0,07567	0,05170	0,03574	0,02498
13	0,87866	0,77303	0,68095	0,60057	0,53032	0,46884	0,41496	0,36770	0,32618	0,28966	0,22917	0,18207	0,16253	0,14523	0,11629	0,09346	0,06103	0,04039	0,02707	0,01837
14	0,86996	0,75788	0,66112	0,57748	0,50507	0,44230	0,38782	0,34046	0,29925	0,26333	0,20462	0,15971	0,14133	0,12520	0,09855	0,07789	0,04921	0,03155	0,02051	0,01350
15	0,86135	0,74301	0,64186	0,55526	0,48102	0,41727	0,36245	0,31524	0,27454	0,23939	0,18270	0,14010	0,12289	0,10793	0,08352	0,06491	0,03969	0,02465	0,01554	0,00993
16	0,85282	0,72845	0,62317	0,53391	0,45811	0,39365	0,33873	0,29189	0,25187	0,21763	0,16312	0,12289	0,10686	0,09304	0,07078	0,05409	0,03201	0,01926	0,01177	0,00730
17	0,84438	0,71416	0,60502	0,51337	0,43630	0,37136	0,31657	0,27027	0,23107	0,19784	0,14564	0,10780	0,09293	0,08021	0,05998	0,04507	0,02581	0,01505	0,00892	0,00537
18	0,83602	0,70016	0,58739	0,49363	0,41552	0,35034	0,29586	0,25025	0,21199	0,17986	0,13004	0,09456	0,08081	0,06914	0,05083	0,03756	0,02082	0,01175	0,00676	0,00395
19	0,82774	0,68643	0,57029	0,47464	0,39573	0,33051	0,27651	0,23171	0,19449	0,16351	0,11611	0,08295	0,07027	0,05961	0,04308	0,03130	0,01679	0,00918	0,00512	0,00290
20	0,81954	0,67297	0,55368	0,45639	0,37689	0,31180	0,25842	0,21455	0,17843	0,14864	0,10367	0,07276	0,06110	0,05139	0,03651	0,02608	0,01354	0,00717	0,00388	0,00213
21	0,81143	0,65978	0,53755	0,43883	0,35894	0,29416	0,24151	0,19866	0,16370	0,13513	0,09256	0,06383	0,05313	0,04430	0,03094	0,02174	0,01092	0,00561	0,00294	0,00157
22	0,80340	0,64684	0,52189	0,42196	0,34185	0,27751	0,22571	0,18394	0,15018	0,12285	0,08264	0,05599	0,04620	0,03819	0,02622	0,01811	0,00880	0,00438	0,00223	0,00115
23	0,79544	0,63416	0,50669	0,40573	0,32557	0,26180	0,21095	0,17032	0,13778	0,11168	0,07379	0,04911	0,04017	0,03292	0,02222	0,01509	0,00710	0,00342	0,00169	0,00085
24	0,78757	0,62172	0,49193	0,39012	0,31007	0,24698	0,19715	0,15770	0,12640	0,10153	0,06588	0,04308	0,03493	0,02838	0,01883	0,01258	0,00573	0,00267	0,00128	0,00062
25	0,77977	0,60953	0,47761	0,37512	0,29530	0,23300	0,18425	0,14602	0,11597	0,09230	0,05882	0,03779	0,03038	0,02447	0,01596	0,01048	0,00462	0,00209	0,00097	0,00046
26	0,77205	0,59758	0,46369	0,36069	0,28124	0,21981	0,17220	0,13520	0,10639	0,08391	0,05252	0,03315	0,02642	0,02109	0,01352	0,00874	0,00372	0,00163	0,00073	0,00034
27	0,76440	0,58586	0,45019	0,34682	0,26785	0,20737	0,16093	0,12519	0,09761	0,07628	0,04689	0,02908	0,02297	0,01818	0,01146	0,00728	0,00300	0,00127	0,00056	0,00025
28	0,75684	0,57437	0,43708	0,33348	0,25509	0,19563	0,15040	0,11591	0,08955	0,06934	0,04187	0,02551	0,01997	0,01567	0,00971	0,00607	0,00242	0,00100	0,00042	0,00018
29	0,74934	0,56311	0,42435	0,32065	0,24295	0,18456	0,14056	0,10733	0,08215	0,06304	0,03738	0,02237	0,01737	0,01351	0,00823	0,00506	0,00195	0,00078	0,00032	0,00013
30	0,74192	0,55207	0,41199	0,30832	0,23138	0,17411	0,13137	0,09938	0,07537	0,05731	0,03338	0,01963	0,01510	0,01165	0,00697	0,00421	0,00158	0,00061	0,00024	0,00010
40	0,67165	0,45289	0,30656	0,20829	0,14205	0,09722	0,06678	0,04603	0,03184	0,02209	0,01075	0,00529	0,00373	0,00264	0,00133	0,00068	0,00018	0,00005	0,00002	*
50	0,60804	0,37153	0,22811	0,14071	0,08720	0,05429	0,03395	0,02132	0,01345	0,00852	0,00346	0,00143	0,00092	0,00060	0,00025	0,00011	0,00002	*	*	*
60	0,55045	0,30478	0,16973	0,09506	0,05354	0,03031	0,01726	0,00988	0,00568	0,00328	0,00111	0,00039	0,00023	0,00014	0,00005	0,00002	*	*	*	*

* The factor is zero to five decimal places.

Tabelle III: Endwerte für eine Reihe gleich großer (endfälliger) Zahlungen in einem n Perioden umfassenden Zeitraum zum Zinssatz i

Formel: $\frac{(1+i)^n - 1}{i}$ (Endwertfaktor)

Period	1%	2%	3%	4%	5%	6%	7%	8%	9%	10%	12%	14%	15%	16%	18%	20%	24%	28%	32%	36%
1	1,00000	1,00000	1,00000	1,00000	1,00000	1,00000	1,00000	1,00000	1,00000	1,00000	1,00000	1,00000	1,00000	1,00000	1,00000	1,00000	1,00000	1,00000	1,00000	1,00000
2	2,01000	2,02000	2,03000	2,04000	2,05000	2,06000	2,07000	2,08000	2,09000	2,10000	2,12000	2,14000	2,15000	2,16000	2,18000	2,20000	2,24000	2,28000	2,32000	2,36000
3	3,03010	3,06040	3,09090	3,12160	3,15250	3,18360	3,21490	3,24640	3,27810	3,31000	3,37440	3,43960	3,47250	3,50560	3,57240	3,64000	3,77760	3,91840	4,06240	4,20960
4	4,06040	4,12161	4,18363	4,24646	4,31013	4,37462	4,43994	4,50611	4,57313	4,64100	4,77933	4,92114	4,99338	5,06650	5,21543	5,36800	5,68422	6,01555	6,36237	6,72506
5	5,10101	5,20404	5,30914	5,41632	5,52563	5,63709	5,75074	5,86660	5,98471	6,10510	6,35285	6,61010	6,74238	6,87714	7,15421	7,44160	8,04844	8,69991	9,39833	10,1461
6	6,15202	6,30812	6,46841	6,63298	6,80191	6,97532	7,15329	7,33593	7,52333	7,71561	8,11519	8,53552	8,75374	8,97748	9,44197	9,92992	10,9801	12,1359	13,4058	14,7987
7	7,21354	7,43428	7,66246	7,89829	8,14201	8,39384	8,65402	8,92280	9,20043	9,48717	10,0890	10,7305	11,0668	11,4139	12,1415	12,9159	14,6153	16,5339	18,6956	21,1262
8	8,28567	8,58297	8,89234	9,21423	9,54911	9,89747	10,2598	10,6366	11,0285	11,4359	12,2997	13,2328	13,7268	14,2401	15,3270	16,4991	19,1229	22,1634	25,6782	29,7316
9	9,36853	9,75463	10,1591	10,5828	11,0266	11,4913	11,9780	12,4876	13,0210	13,5795	14,7757	16,0853	16,7858	17,5185	19,0859	20,7989	24,7125	29,3692	34,8953	41,4350
10	10,4622	10,9497	11,4639	12,0061	12,5779	13,1808	13,8164	14,4866	15,1929	15,9374	17,5487	19,3373	20,3037	21,3215	23,5213	25,9587	31,6434	38,5926	47,0618	57,3516
11	11,5668	12,1687	12,8078	13,4864	14,2068	14,9716	15,7836	16,6455	17,5603	18,5312	20,6546	23,0445	24,3493	25,7329	28,7551	32,1504	40,2379	50,3985	63,1215	78,9982
12	12,6825	13,4121	14,1920	15,0258	15,9171	16,8699	17,8885	18,9771	20,1407	21,3843	24,1331	27,2707	29,0017	30,8502	34,9311	39,5805	50,8950	65,5100	84,3204	108,437
13	13,8093	14,6803	15,6178	16,6268	17,7130	18,8821	20,1406	21,4953	22,9534	24,5227	28,0291	32,0887	34,3519	36,7862	42,2187	48,4966	64,1097	84,8529	112,303	148,475
14	14,9474	15,9739	17,0863	18,2919	19,5986	21,0151	22,5505	24,2149	26,0192	27,9750	32,3926	37,5811	40,5047	43,6720	50,8180	59,1959	80,4961	109,612	149,240	202,926
15	16,0969	17,2934	18,5989	20,0236	21,5786	23,2760	25,1290	27,1521	29,3609	31,7725	37,2797	43,8424	47,5804	51,6595	60,9653	72,0351	100,815	141,303	197,997	276,979
16	17,2579	18,6393	20,1569	21,8245	23,6575	25,6725	27,8881	30,3243	33,0034	35,9497	42,7533	50,9804	55,7175	60,9250	72,9390	87,4421	126,011	181,868	262,356	377,692
17	18,4304	20,0121	21,7616	23,6975	25,8404	28,2129	30,8402	33,7502	36,9737	40,5447	48,8837	59,1176	65,0751	71,6730	87,0680	105,931	157,253	233,791	347,309	514,661
18	19,6147	21,4123	23,4144	25,6454	28,1324	30,9057	33,9990	37,4502	41,3013	45,5992	55,7497	68,3941	75,8364	84,1407	103,740	128,117	195,994	300,252	459,449	700,939
19	20,8109	22,8406	25,1169	27,6712	30,5390	33,7600	37,3790	41,4463	46,0185	51,1591	63,4397	78,9692	88,2118	98,6032	123,414	154,740	244,033	385,323	607,472	954,277
20	22,0190	24,2974	26,8704	29,7781	33,0660	36,7856	40,9955	45,7620	51,1601	57,2750	72,0524	91,0249	102,444	115,380	146,628	186,688	303,601	494,213	802,863	1298,82
21	23,2392	25,7833	28,6765	31,9692	35,7193	39,9927	44,8652	50,4229	56,7645	64,0025	81,6987	104,768	118,810	134,841	174,021	225,026	377,465	633,593	1060,78	1767,39
22	24,4716	27,2990	30,5368	34,2480	38,5052	43,3923	49,0057	55,4568	62,8733	71,4027	92,5026	120,436	137,632	157,415	206,345	271,031	469,056	811,999	1401,23	2404,65
23	25,7163	28,8450	32,4529	36,6179	41,4305	46,9958	53,4361	60,8933	69,5319	79,5430	104,603	138,297	159,276	183,601	244,487	326,237	582,630	1040,36	1850,62	3271,33
24	26,9735	30,4219	34,4265	39,0826	44,5020	50,8156	58,1767	66,7648	76,7898	88,4973	118,155	158,659	184,168	213,978	289,494	392,484	723,461	1332,66	2443,82	4450,00
25	28,2432	32,0303	36,4593	41,6459	47,7271	54,8645	63,2490	73,1059	84,7009	98,3471	133,334	181,871	212,793	249,214	342,603	471,981	898,092	1706,80	3226,84	6053,00
26	29,5256	33,6709	38,5530	44,3117	51,1135	59,1564	68,6765	79,9544	93,3240	109,182	150,334	208,333	245,712	290,088	405,272	567,377	1114,63	2185,71	4260,43	8233,09
27	30,8209	35,3443	40,7096	47,0842	54,6691	63,7058	74,4838	87,3508	102,723	121,100	169,374	238,499	283,569	337,502	479,221	681,853	1383,15	2798,71	5624,77	11198,0
28	32,1291	37,0512	42,9309	49,9676	58,4026	68,5281	80,6977	95,3388	112,968	134,210	190,699	272,889	327,104	392,503	566,481	819,223	1716,10	3583,34	7425,70	15230,3
29	33,4504	38,7922	45,2189	52,9663	62,3227	73,6398	87,3465	103,966	124,135	148,631	214,583	312,094	377,170	456,303	669,447	984,068	2128,96	4587,68	9802,92	20714,2
30	34,7849	40,5681	47,5754	56,0849	66,4388	79,0582	94,4608	113,283	136,308	164,494	241,333	356,787	434,745	530,312	790,948	1181,88	2640,92	5873,23	12940,9	28172,3
40	48,8864	60,4020	75,4013	95,0255	120,800	154,762	199,635	259,057	337,882	442,593	767,091	1342,03	1779,09	2360,76	4163,21	7343,86	22728,8	69377,5	207874	609890
50	64,4632	84,5794	112,797	152,667	209,348	290,336	406,529	573,770	815,084	1163,91	2400,02	4994,52	7217,72	10435,6	21813,1	45497,2	195373	819103	*	*
60	81,6697	114,052	163,053	237,991	353,584	533,128	813,520	1253,21	1944,79	3034,82	7471,64	18535,1	29220,0	46057,5	114190	281733	*	*	*	*

* CVIFA > 999.999

Tabelle IV: Barwerte einer Reihe gleich großer (endfälliger) Zahlungen, die in einem n Perioden umfassenden Zeitraum anfallen, zum Zinssatz i

Formel: $$\frac{(1+i)^n - 1}{(1+i)^n * i}$$ (Rentenbarwertfaktor)

Period	1%	2%	3%	4%	5%	6%	7%	8%	9%	10%	12%	14%	15%	16%	18%	20%	24%	28%	32%	36%
1	0,99010	0,98039	0,97087	0,96154	0,95238	0,94340	0,93458	0,92593	0,91743	0,90909	0,89286	0,87719	0,86957	0,86207	0,84746	0,83333	0,80645	0,78125	0,75758	0,73529
2	1,97040	1,94156	1,91347	1,88609	1,85941	1,83339	1,80802	1,78326	1,75911	1,73554	1,69005	1,64666	1,62571	1,60523	1,56564	1,52778	1,45682	1,39160	1,33150	1,27595
3	2,94099	2,88388	2,82861	2,77509	2,72325	2,67301	2,62432	2,57710	2,53129	2,48685	2,40183	2,32163	2,28323	2,24589	2,17427	2,10648	1,98130	1,86844	1,76629	1,67349
4	3,90197	3,80773	3,71710	3,62990	3,54595	3,46511	3,38721	3,31213	3,23972	3,16987	3,03735	2,91371	2,85498	2,79818	2,69006	2,58873	2,40428	2,24097	2,09567	1,96580
5	4,85343	4,71346	4,57971	4,45182	4,32948	4,21236	4,10020	3,99271	3,88965	3,79079	3,60478	3,43308	3,35216	3,27429	3,12717	2,99061	2,74538	2,53201	2,34521	2,18074
6	5,79548	5,60143	5,41719	5,24214	5,07569	4,91732	4,76654	4,62288	4,48592	4,35526	4,11141	3,88867	3,78448	3,68474	3,49760	3,32551	3,02047	2,75938	2,53425	2,33878
7	6,72819	6,47199	6,23028	6,00205	5,78637	5,58238	5,38929	5,20637	5,03295	4,86842	4,56376	4,28830	4,16042	4,03857	3,81153	3,60459	3,24232	2,93702	2,67746	2,45498
8	7,65168	7,32548	7,01969	6,73274	6,46321	6,20979	5,97130	5,74664	5,53482	5,33493	4,96764	4,63886	4,48732	4,34359	4,07757	3,83716	3,42122	3,07579	2,78595	2,54043
9	8,56602	8,16224	7,78611	7,43533	7,10782	6,80169	6,51523	6,24689	5,99525	5,75902	5,32825	4,94637	4,77158	4,60654	4,30302	4,03097	3,56550	3,18421	2,86815	2,60326
10	9,47130	8,98259	8,53020	8,11090	7,72173	7,36009	7,02358	6,71008	6,41766	6,14457	5,65022	5,21612	5,01877	4,83323	4,49409	4,19247	3,68186	3,26892	2,93041	2,64945
11	10,3676	9,78685	9,25262	8,76048	8,30641	7,88687	7,49867	7,13896	6,80519	6,49506	5,93770	5,45273	5,23371	5,02864	4,65601	4,32706	3,77569	3,33509	2,97759	2,68342
12	11,2551	10,5753	9,95400	9,38507	8,86325	8,38384	7,94269	7,53608	7,16073	6,81369	6,19437	5,66029	5,42062	5,19711	4,79322	4,43922	3,85136	3,38679	3,01332	2,70840
13	12,1337	11,3484	10,6350	9,98565	9,39357	8,85268	8,35765	7,90378	7,48690	7,10336	6,42355	5,84236	5,58315	5,34233	4,90951	4,53268	3,91239	3,42718	3,04040	2,72676
14	13,0037	12,1062	11,2961	10,5631	9,89864	9,29498	8,74547	8,24424	7,78615	7,36669	6,62817	6,00207	5,72448	5,46753	5,00806	4,61057	3,96160	3,45873	3,06091	2,74027
15	13,8651	12,8493	11,9379	11,1184	10,3797	9,71225	9,10791	8,55948	8,06069	7,60608	6,81086	6,14217	5,84737	5,57546	5,09158	4,67547	4,00129	3,48339	3,07644	2,75020
16	14,7179	13,5777	12,5611	11,6523	10,8378	10,1059	9,44665	8,85137	8,31256	7,82371	6,97399	6,26506	5,95423	5,66850	5,16235	4,72956	4,03330	3,50265	3,08822	2,75750
17	15,5623	14,2919	13,1661	12,1657	11,2741	10,4773	9,76322	9,12164	8,54363	8,02155	7,11963	6,37286	6,04716	5,74870	5,22233	4,77463	4,05911	3,51769	3,09713	2,76287
18	16,3983	14,9920	13,7535	12,6593	11,6896	10,8276	10,0591	9,37189	8,75563	8,20141	7,24967	6,46742	6,12797	5,81785	5,27316	4,81219	4,07993	3,52945	3,10389	2,76681
19	17,2260	15,6785	14,3238	13,1339	12,0853	11,1581	10,3356	9,60360	8,95011	8,36492	7,36578	6,55037	6,19823	5,87746	5,31624	4,84350	4,09672	3,53863	3,10901	2,76972
20	18,0456	16,3514	14,8775	13,5903	12,4622	11,4699	10,5940	9,81815	9,12855	8,51356	7,46944	6,62313	6,25933	5,92884	5,35275	4,86958	4,11026	3,54580	3,11288	2,77185
25	18,8570	17,0112	15,4150	14,0292	12,8212	11,7641	10,8355	10,0168	9,29224	8,64869	7,56200	6,68696	6,31246	5,97314	5,38368	4,89132	4,12117	3,55141	3,11582	2,77342
30	19,6604	17,6580	15,9369	14,4511	13,1630	12,0416	11,0612	10,2007	9,44243	8,77154	7,64465	6,74294	6,35866	6,01133	5,40990	4,90943	4,12998	3,55579	3,11805	2,77457
40	20,4558	18,2922	16,4436	14,8568	13,4886	12,3034	11,2722	10,3711	9,58021	8,88322	7,71843	6,79206	6,39884	6,04425	5,43212	4,92453	4,13708	3,55921	3,11973	2,77542
50	21,2434	18,9139	16,9355	15,2470	13,7986	12,5504	11,4693	10,5288	9,70661	8,98474	7,78432	6,83514	6,43377	6,07263	5,45095	4,93710	4,14281	3,56188	3,12101	2,77604
60	22,0232	19,5235	17,4131	15,6221	14,0939	12,7834	11,6536	10,6748	9,82258	9,07704	7,84314	6,87293	6,46415	6,09709	5,46691	4,94759	4,14742	3,56397	3,12198	2,77650
	22,7952	20,1210	17,8768	15,9828	14,3752	13,0032	11,8258	10,8100	9,92897	9,16095	7,89566	6,90608	6,49056	6,11818	5,48043	4,95632	4,15115	3,56560	3,12271	2,77684
	23,5596	20,7069	18,3270	16,3296	14,6430	13,2105	11,9867	10,9352	10,0266	9,23722	7,94255	6,93515	6,51353	6,13636	5,49189	4,96360	4,15415	3,56688	3,12326	2,77709
	24,3164	21,2813	18,7641	16,6631	14,8981	13,4062	12,1371	11,0511	10,1161	9,30657	7,98442	6,96066	6,53351	6,15204	5,50160	4,96967	4,15657	3,56787	3,12369	2,77727
	25,0658	21,8444	19,1885	16,9837	15,1411	13,5907	12,2777	11,1584	10,1983	9,36961	8,02181	6,98304	6,55088	6,16555	5,50983	4,97472	4,15853	3,56865	3,12400	2,77741
	25,8077	22,3965	19,6004	17,2920	15,3725	13,7648	12,4090	11,2578	10,2737	9,42691	8,05518	7,00266	6,56598	6,17720	5,51681	4,97894	4,16010	3,56926	3,12425	2,77750
	32,8347	27,3555	23,1148	19,7928	17,1591	15,0463	13,3317	11,9246	10,7574	9,77905	8,24378	7,10504	6,64178	6,23350	5,54815	4,99660	4,16590	3,57124	3,12495	2,77777
	39,1961	31,4236	25,7298	21,4822	18,2559	15,7619	13,8007	12,2335	10,9617	9,91481	8,30450	7,13266	6,66051	6,24626	5,55414	4,99945	4,16658	3,57141	3,12500	2,77778
	44,9550	34,7609	27,6756	22,6235	18,9293	16,1614	14,0392	12,3766	11,0480	9,96716	8,32405	7,14011	6,66515	6,24915	5,55529	4,99991	4,16666	3,57143	3,12500	2,77778

Tabelle V: Annuitäten in einem n Perioden umfassenden Zeitraum zum Zinssatz i

Formel: $\frac{(1+i)^n * i}{(1+i)^n - 1}$ (Annuitätenfaktor)

Period	1%	2%	3%	4%	5%	6%	7%	8%	9%	10%	12%	14%	15%	16%	18%	20%	24%	28%	32%	36%
1	1,01000	1,02000	1,03000	1,04000	1,05000	1,06000	1,07000	1,08000	1,09000	1,10000	1,12000	1,14000	1,15000	1,16000	1,18000	1,20000	1,24000	1,28000	1,32000	1,36000
2	0,50751	0,51505	0,52261	0,53020	0,53780	0,54544	0,55309	0,56077	0,56847	0,57619	0,59170	0,60729	0,61512	0,62296	0,63872	0,65455	0,68643	0,71860	0,75103	0,78373
3	0,34002	0,34675	0,35353	0,36035	0,36721	0,37411	0,38105	0,38803	0,39505	0,40211	0,41635	0,43073	0,43798	0,44526	0,45992	0,47473	0,50472	0,53521	0,56616	0,59755
4	0,25628	0,26262	0,26903	0,27549	0,28201	0,28859	0,29523	0,30192	0,30867	0,31547	0,32923	0,34320	0,35027	0,35738	0,37174	0,38629	0,41593	0,44624	0,47717	0,50870
5	0,20604	0,21216	0,21835	0,22463	0,23097	0,23740	0,24389	0,25046	0,25709	0,26380	0,27741	0,29128	0,29832	0,30541	0,31978	0,33438	0,36425	0,39494	0,42640	0,45856
6	0,17255	0,17853	0,18460	0,19076	0,19702	0,20336	0,20980	0,21632	0,22292	0,22961	0,24323	0,25716	0,26424	0,27139	0,28591	0,30071	0,33107	0,36240	0,39459	0,42757
7	0,14863	0,15451	0,16051	0,16661	0,17282	0,17914	0,18555	0,19207	0,19869	0,20541	0,21912	0,23319	0,24036	0,24761	0,26236	0,27742	0,30842	0,34048	0,37349	0,40733
8	0,13069	0,13651	0,14246	0,14853	0,15472	0,16104	0,16747	0,17401	0,18067	0,18744	0,20130	0,21557	0,22285	0,23022	0,24524	0,26061	0,29229	0,32512	0,35894	0,39363
9	0,11674	0,12252	0,12843	0,13449	0,14069	0,14702	0,15349	0,16008	0,16680	0,17364	0,18768	0,20217	0,20957	0,21708	0,23239	0,24808	0,28047	0,31405	0,34866	0,38413
10	0,10558	0,11133	0,11723	0,12329	0,12950	0,13587	0,14238	0,14903	0,15582	0,16275	0,17698	0,19171	0,19925	0,20690	0,22251	0,23852	0,27160	0,30591	0,34125	0,37744
11	0,09645	0,10218	0,10808	0,11415	0,12039	0,12679	0,13336	0,14008	0,14695	0,15396	0,16842	0,18339	0,19107	0,19886	0,21478	0,23110	0,26485	0,29984	0,33584	0,37266
12	0,08885	0,09456	0,10046	0,10655	0,11283	0,11928	0,12590	0,13270	0,13965	0,14676	0,16144	0,17667	0,18448	0,19241	0,20863	0,22526	0,25965	0,29526	0,33186	0,36922
13	0,08241	0,08812	0,09403	0,10014	0,10646	0,11296	0,11965	0,12652	0,13357	0,14078	0,15568	0,17116	0,17911	0,18718	0,20369	0,22062	0,25560	0,29179	0,32890	0,36674
14	0,07690	0,08260	0,08853	0,09467	0,10102	0,10758	0,11434	0,12130	0,12843	0,13575	0,15087	0,16661	0,17469	0,18290	0,19968	0,21689	0,25242	0,28912	0,32670	0,36493
15	0,07212	0,07783	0,08377	0,08994	0,09634	0,10296	0,10979	0,11683	0,12406	0,13147	0,14682	0,16281	0,17102	0,17936	0,19640	0,21388	0,24992	0,28708	0,32505	0,36361
16	0,06794	0,07365	0,07961	0,08582	0,09227	0,09895	0,10586	0,11298	0,12030	0,12782	0,14339	0,15962	0,16795	0,17641	0,19371	0,21144	0,24794	0,28550	0,32381	0,36265
17	0,06426	0,06997	0,07595	0,08220	0,08870	0,09544	0,10243	0,10963	0,11705	0,12466	0,14046	0,15692	0,16537	0,17395	0,19149	0,20944	0,24636	0,28428	0,32288	0,36194
18	0,06098	0,06670	0,07271	0,07899	0,08555	0,09236	0,09941	0,10670	0,11421	0,12193	0,13794	0,15462	0,16319	0,17188	0,18964	0,20781	0,24510	0,28333	0,32218	0,36143
19	0,05805	0,06378	0,06981	0,07614	0,08275	0,08962	0,09675	0,10413	0,11173	0,11955	0,13576	0,15266	0,16134	0,17014	0,18810	0,20646	0,24410	0,28260	0,32165	0,36105
20	0,05542	0,06116	0,06722	0,07358	0,08024	0,08718	0,09439	0,10185	0,10955	0,11746	0,13388	0,15099	0,15976	0,16867	0,18682	0,20536	0,24329	0,28202	0,32125	0,36077
21	0,05303	0,05878	0,06487	0,07128	0,07800	0,08500	0,09229	0,09983	0,10762	0,11562	0,13224	0,14954	0,15842	0,16742	0,18575	0,20444	0,24265	0,28158	0,32094	0,36057
22	0,05086	0,05663	0,06275	0,06920	0,07597	0,08305	0,09041	0,09803	0,10590	0,11401	0,13081	0,14830	0,15727	0,16635	0,18485	0,20369	0,24213	0,28123	0,32071	0,36042
23	0,04889	0,05467	0,06081	0,06731	0,07414	0,08128	0,08871	0,09642	0,10438	0,11257	0,12956	0,14723	0,15628	0,16545	0,18409	0,20307	0,24172	0,28096	0,32054	0,36031
24	0,04707	0,05287	0,05905	0,06559	0,07247	0,07968	0,08719	0,09498	0,10302	0,11130	0,12846	0,14630	0,15543	0,16467	0,18345	0,20255	0,24138	0,28075	0,32041	0,36022
25	0,04541	0,05122	0,05743	0,06401	0,07095	0,07823	0,08581	0,09368	0,10181	0,11017	0,12750	0,14550	0,15470	0,16401	0,18292	0,20212	0,24111	0,28059	0,32031	0,36017
26	0,04387	0,04970	0,05594	0,06257	0,06956	0,07690	0,08456	0,09251	0,10072	0,10916	0,12665	0,14480	0,15407	0,16345	0,18247	0,20176	0,24090	0,28046	0,32023	0,36012
27	0,04245	0,04829	0,05456	0,06124	0,06829	0,07570	0,08343	0,09145	0,09973	0,10826	0,12590	0,14419	0,15353	0,16296	0,18209	0,20147	0,24072	0,28036	0,32018	0,36009
28	0,04112	0,04699	0,05329	0,06001	0,06712	0,07459	0,08239	0,09049	0,09885	0,10745	0,12524	0,14366	0,15306	0,16255	0,18177	0,20122	0,24058	0,28028	0,32013	0,36007
29	0,03990	0,04578	0,05211	0,05888	0,06605	0,07358	0,08145	0,08962	0,09806	0,10673	0,12466	0,14320	0,15265	0,16219	0,18149	0,20102	0,24047	0,28022	0,32010	0,36005
30	0,03875	0,04465	0,05102	0,05783	0,06505	0,07265	0,08059	0,08883	0,09734	0,10608	0,12414	0,14280	0,15230	0,16189	0,18126	0,20085	0,24038	0,28017	0,32008	0,36004
40	0,03046	0,03656	0,04326	0,05052	0,05828	0,06646	0,07501	0,08386	0,09296	0,10226	0,12130	0,14075	0,15056	0,16042	0,18024	0,20014	0,24004	0,28001	0,32000	0,36000
50	0,02551	0,03182	0,03887	0,04655	0,05478	0,06344	0,07246	0,08174	0,09123	0,10086	0,12042	0,14020	0,15014	0,16010	0,18005	0,20002	0,24001	0,28000	0,32000	0,36000
60	0,02224	0,02877	0,03613	0,04420	0,05283	0,06188	0,07123	0,08080	0,09051	0,10033	0,12013	0,14005	0,15003	0,16002	0,18001	0,20000	0,24000	0,28000	0,32000	0,36000